Vom Nil bis an den Hindukusch

Der Nahe Osten
und die neue Weltordnung

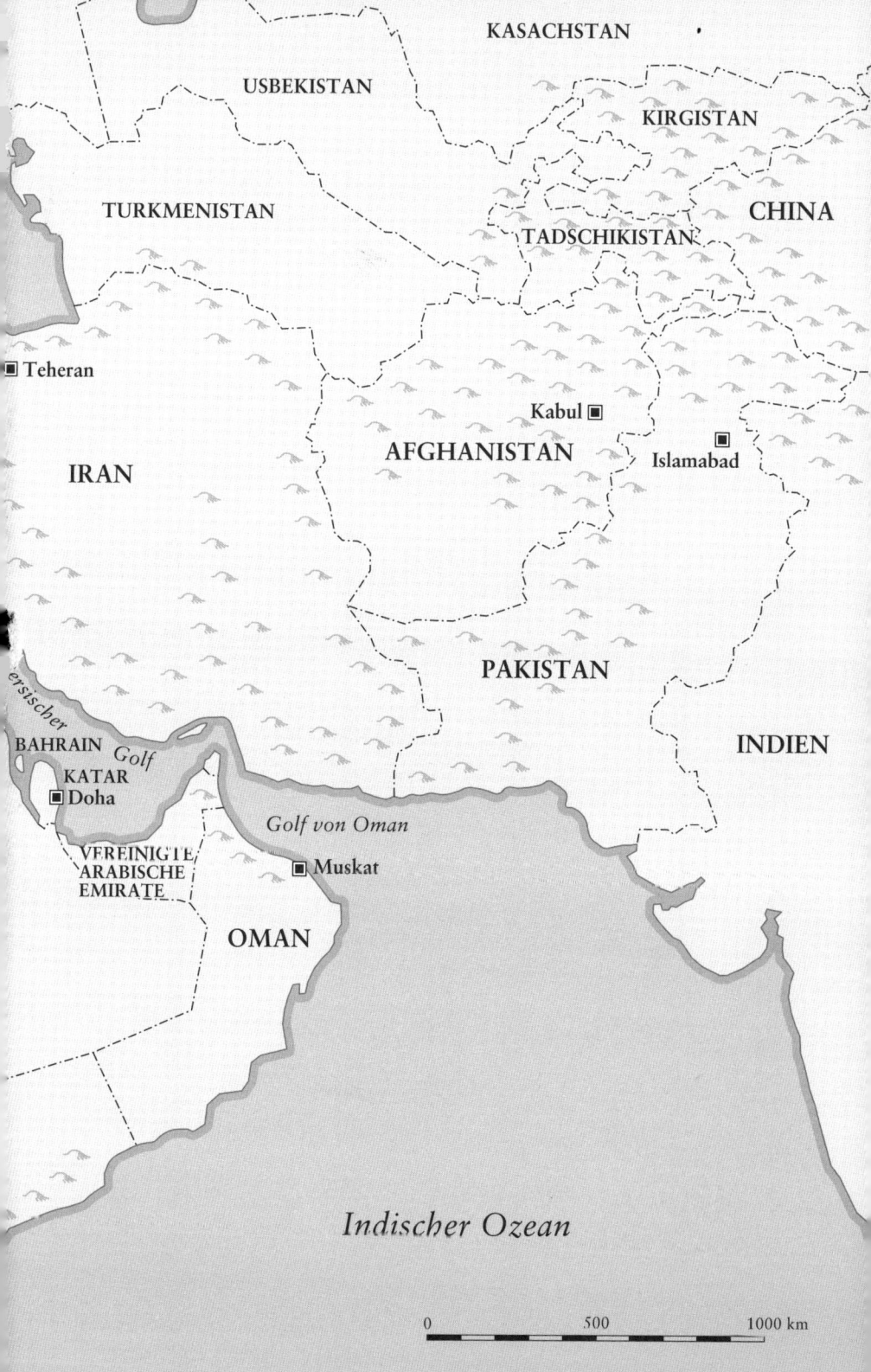

Heiko Flottau

Vom Nil bis an den Hindukusch

Der Nahe Osten
und die neue Weltordnung

Droemer

1,04

Besuchen Sie uns im Internet:
www.droemer-knaur.de

Die Folie des Schutzumschlags sowie die Einschweißfolie sind PE-Folien
und biologisch abbaubar.
Dieses Buch wurde auf chlor- und säurefreiem Papier gedruckt.

Umschlaggestaltung: ZERO Werbeagentur, München
Umschlagfoto/-illustration: FinePic
Satz: Wilhelm Vornehm, München
Druck und Bindung: Ebner & Spiegel, Ulm
Printed in Germany
ISBN 3-426-27324-1

2   4   5   3   1

Für Irene

Inhalt

Vorwort 9

**Teil I
Kleine Geschichte
imperialer Befreiungen**

Kapitel 1
Von Urban II. zu Bush II. 13

Kapitel 2
Neue Weltordnung – alte Weltordnung 22

**Teil II
Nahostkonflikte – in Europa gemacht**

Kapitel 3
Palästina – zwei Völker kämpfen um ein Land 49

Kapitel 4
Irak – eine koloniale Frankensteingeburt 86

Kapitel 5
Saudi-Arabien – ein fundamentalistischer Gottesstaat 137

**Teil III
Die Unterworfenen wehren sich**

Kapitel 6
Vom Mahdi zu Hafis al-Assad 171

Kapitel 7
Ariel Scharon – vergebliche Lektionen gegen den Terror . . . 189

Kapitel 8
Jassir Arafat – vom Revolutionär zum Autokraten 201

Kapitel 9
Hamas und Hisbollah – Palästina als »islamische Stiftung« 217

Teil IV
Verhinderte Völker – versteinerte Regime

Kapitel 10
Arabien – Tagträume vom verlorenen Glanz 233

Kapitel 11
Islam – Hassliebe zum gescholtenen Westen 253

Teil V
Östlich von Suez – Amerika statt England

Kapitel 12
Amerika – das neue Rom 273

Kapitel 13
Öl – das Aggregat mittelöstlicher Geschichte 292

Kapitel 14
Afghanistan – Neuauflage eines kolonialen Klassikers 309

Anhang

Danksagung 325

Anmerkungen 327

Literaturverzeichnis 339

Zeittafel 345

Personenregister 355

Vorwort

Die Absicht dieses Buches ist es, die heutigen Konflikte in der Region, speziell in Israel/Palästina, im Irak und in Saudi-Arabien, mit einem Ausblick auf Afghanistan aus der unvermeidlich verkürzenden Tagesperspektive von Fernsehsendungen und auch Zeitungen herauszulösen. Es gilt, ihnen durch eine kleine Zeitreise jene historische Tiefe zu verleihen, ohne die sie nicht verständlich sind. Denn das Plateau vom Mittelmeer über den Iran bis nach Afghanistan, das wegen der Energiefunde am Kaspischen Meer und seiner reichen Ölvorkommen besonders von den USA als geostrategisch außerordentlich wichtig bezeichnet wird, muss als eine Einheit betrachtet werden.

Die Krisenherde im historischen Palästina, im Irak, in Saudi-Arabien, die anhaltende Ungewissheit um den Iran oder den Konflikt in Afghanistan getrennt zu betrachten würde die Deutung der Ereignisse auf fatale Weise verzerren. Womöglich ohne es zu wollen, hat der britische Premierminister Tony Blair die Notwendigkeit einer solchen Gesamtsicht bestätigt, als er vor der Invasion des Irak im März 2003 erklärte, eine Beseitigung Saddam Husseins würde helfen, den Konflikt zwischen Arabern und Israelis zu lösen. Und schon US-Präsident George Bush senior hatte während des Kuwaitkrieges 1991 verkündet, eine Niederlage Saddam Husseins werde die Beendigung des Palästinakonfliktes erleichtern.

Dass dieses Buch nicht nur die sonst vorherrschende eurozentrische, bewusst oder unbewusst mitunter immer noch imperiale Weltsicht erörtert, sondern auch die Wirkung in Betracht zieht, welche die Politik westlicher Mächte bis auf den heutigen Tag auf die Betroffenen hat, liegt nicht nur am Wohnort des Autors, der seit Jahren in Kairo lebt. Ohne die Perspektive von der anderen Seite der zivilisatorischen und kulturellen Trennungslinie, man könnte auch sagen, von der anderen Seite der kolonialen Front, würden die Ereignisse der letzten gut einhundert Jahre eine recht einseitige Darstellung der Geschichte bleiben.

Es versteht sich von selbst, dass es dabei nicht um eine Heroisierung unterworfener oder beherrschter Völker gehen kann. Ebenso versteht es sich, dass die im Folgenden ausgeführten Interpretationen meine eigenen sind.

Kairo, im Januar 2004   Heiko Flottau

10

Teil I
Kleine Geschichte
imperialer Befreiungen

Kapitel I
Von Urban II. zu Bush II.

»Die gesamte Geschichte, unabhängig von Zeit und Ort, durchzieht das Phänomen, dass Regierungen und Regierende eine Politik betreiben, die den eigenen Interessen zuwiderläuft. In der Regierungskunst, so scheint es, bleiben die Leistungen der Menschheit weit hinter dem zurück, was sie auf fast allen anderen Gebieten vollbracht hat... Warum agieren Inhaber hoher Ämter so oft in einer Weise, die der Vernunft und dem aufgeklärten Eigeninteresse zuwiderläuft?«

Barbara Tuchman, *Die Torheit der Regierenden.*
Von Troja bis Vietnam, 1984

Es gibt Worte, die so klingen, als seien sie einzigartig, als könnten sie nur einmal Geschichte machen. »Menschen von Bagdad, erinnert euch der Generationen, in denen ihr unter fremden Tyrannen gelitten habt... Friede und Wohlstand können sich nicht entwickeln, wo Unterdrückung und Misswirtschaft herrschen.« Diese denkwürdigen Sätze sollten den Menschen von Bagdad die Erlösung von jahrelanger Tyrannei und den Beginn einer neuen Epoche verkünden. Allerdings stammen sie nicht aus dem April des Jahres 2003. Der Autor der Proklamation, welche die Menschen des Zweistromlandes in eine neue, glückliche Ära führen sollte, war Mark Sykes, ein hoher Beamter des britischen Foreign Office. Verkündet wurde das goldene Zeitalter von Sir Stanley Maude, dem Oberbefehlshaber der britischen Truppen, die im März 1917, kurz vor Ende des Ersten Weltkrieges, in Bagdad einrückten.

Die Worte von der Befreiung des Irak sind auch heute wieder wohlfeil. Sie wurden, zum Beispiel, zu einem Textbaustein in jener Rede, die der amerikanische Präsident George W. Bush am 26. Februar 2003 – zwanzig Tage vor Beginn eines neuen Krieges

13

gegen den Irak – vor Mitgliedern des »American Enterprise Institute« in Washington hielt. Das während des Zweiten Weltkrieges gegründete Institut hatte es sich zum Ziel gesetzt, angesichts des vom nationalsozialistischen Deutschland vom Zaun gebrochenen Angriffskrieges und des Holocaust die amerikanischen Werte von Freiheit und Demokratie in der Welt zu verbreiten. Sechs Jahrzehnte später bestimmte eine Gruppe von neokonservativen Politikern und Publizisten – allen voran Richard Perle – die ideologische Richtung des Institutes. Perle bekannte später, dass er eine der treibenden Kräfte gewesen sei, welche die Regierung Bush zur Invasion des Irak getrieben habe.

In seiner Ansprache lobte George W. Bush die Anwesenden mit den Worten, unter ihnen seien einige der besten Denker Amerikas. Auch benutzte der Präsident Schmeicheleien, die den Neokonservativen das Dinner noch besser schmecken ließen, welche aber für die Menschen zwischen Kairo und Kabul, zwischen Istanbul und Aden selten einen guten Klang hatten. Denn immer, wenn Herrscher aus dem Westen ostwärts gezogen waren und Parolen wie Befreiung auf ihre Fahnen geschrieben hatten, waren ihre eigentlichen Ziele ganz profaner Natur gewesen.

Im Irak, sagte Bush, verberge ein Tyrann furchtbare Waffen, mit denen er den Nahen Osten beherrschen und »die zivilisierte Welt« bedrohen könne. »Der Gefahr müssen wir begegnen«, beschwor Bush die Mitglieder der konservativen Denkfabrik. Ein »befreiter Irak« werde es den Menschen dieser »Schlüsselregion« ermöglichen, ein besseres Leben zu führen. Pflichtgemäß versicherte George W. Bush seinen Zuhörern, dass die amerikanische Armee natürlich keinen Tag länger als notwendig im Irak bleiben werde. In Wirklichkeit war die Befreiung von 23 Millionen Irakern vom Joch der Despotie Saddam Husseins keineswegs das primäre Ziel des amerikanischen Feldzuges »Iraqi Freedom« (Irakische Freiheit). Einen guten Monat zuvor, am 21. Januar 2003, hatte George Friedman, Inhaber des Mediendienstes »Strategic Forecast« (Stratfor), bei seinen Kunden folgende Analyse verbreitet: Ein Angriff auf den Irak werde einen möglichen Verbündeten

Osama Bin Ladens ausschalten; die Eroberung des Irak schaffe die Möglichkeit, amerikanische Truppen im »strategischen Herzen des Mittleren Ostens« zu stationieren. Schließlich würde eine Besetzung des Irak die Fähigkeit der Regime in der Region schwächen, Al-Qaida direkt oder indirekt zu unterstützen.[1]

Befreiungen – Regimewechsel

Angesichts dieser in der Region nicht unbekannten, durch und durch realpolitischen Ziele trafen Worte wie Zivilisation, Befreiung und das Versprechen, den Irakern ein besseres Leben zu bringen, bei den Arabern auf wenig Gehör. Denn die Geschichte hatte den Menschen gezeigt, dass die neue Ordnung, welche Invasoren aus dem Westen im Orient installierten, stets eine Ordnung war, die eher den Befreiern als den angeblich Befreiten diente.

»Menschen von Bagdad, erinnert euch der Generationen, in denen ihr unter fremden Tyrannen gelitten habt.« Mit dieser eingangs zitierten Botschaft setzten Mark Sykes und Generalleutnant Stanley Maude am 8. März 1917 den Präzedenzfall. Der George W. Bush der Epoche hieß David Lloyd George und war britischer Premierminister. Die Rolle von Tommy Frank, des alliierten Oberkommandierenden des Irakkrieges 2003, spielte 1917 der Brite Stanley Maude. Auch einen Jay Garner bzw. einen Paul Bremer gab es schon 86 Jahre vor dem Irakkrieg des Jahres 2003. Der britische Verwalter des Irak hieß damals zuerst Arnold Wilson, danach Sir Percy Cox. Ihr Auftrag allerdings war, zunächst wenigstens, noch komplizierter als jener von Garner und Bremer. Einen Staat namens Irak gab es damals, am 8. März 1917, noch nicht. Wilson und Cox sollten diesen Staat erst aus der Erbmasse des vor dem Zusammenbruch stehenden osmanischen Vielvölkerstaates herausschälen. Denn mit der Niederlage Deutschlands war auch das Schicksal des seit Jahrzehnten dahinsiechenden Osmanischen Reiches besiegelt.

Auch andere Passagen der Bagdader Proklamation von Mark Sykes und Generalleutnant Stanley Maude könnten als Vorlage für Reden von George Bush und Tony Blair gedient haben. Maude etwa sagte: »Unsere militärischen Operationen haben die Niederlage des Feindes zum Ziel ... Um diese Aufgabe zu erfüllen, ist mir die absolute und oberste Kontrolle aller Regionen übertragen worden, in welchen britische Truppen operieren; aber unsere Armeen kommen nicht als Besatzer, sondern als Befreier. Es ist nicht nur der Wunsch meines Königs, sondern auch der Wunsch der großen Nationen, mit denen er Bündnisse geschlossen hat, dass ihr (die Menschen Mesopotamiens) ebenso in Wohlstand leben sollt wie in der Vergangenheit, als euer Land fruchtbar war, als eure Vorfahren der Welt Literatur, Wissenschaft und Kunst gaben und als Bagdad eines der Weltwunder war.«[2] Wie 86 Jahre später George W. Bush lobte Stanley Maude die kulturellen Leistungen der Menschen Mesopotamiens. Und wie 86 Jahre später Tommy Franks, der Oberkommandierende der Alliierten, kam Stanley Maude als »Befreier«.

Das Wort von den Befreiern wurde damals so inflationär gebraucht wie heutzutage auch. Neun Monate nach der Bagdader Proklamation Stanley Maudes machte der siegreiche britische General Sir Edmund Allenby am 8. Dezember 1917 einen Gang durch das den Osmanen entrissene Jerusalem. Allenby zeigte sich geschichtsbewusst – und vom endgültigen Sieg des Abendlandes über den Orient überzeugt: »Heute sind die Kreuzzüge zu einem Ende gekommen.«[3] Bertha Spafford Vester von der »American Colony« in Jerusalem, einer nur wenige Jahrzehnte zuvor gegründeten protestantischen Missionsstation, schrieb in ihren Memoiren: »Wir glaubten damals, den Triumph des letzten Kreuzzuges zu erleben. Eine christliche Nation hatte Jerusalem erobert.«[4]

Drei Jahre danach, am 26. Juli 1920, besetzten die Franzosen Damaskus und vertrieben den von den britischen kolonialen Rivalen aus Britannien eingesetzten König Faisal. Wenig später trat der französische Oberkommandierende, General Henri Gouraud, vor das Mausoleum des großen arabischen Heerführers und Staatsmannes Salah al-Din (im Westen als Saladin bekannt). Der kleine, aber eindrucksvolle Kuppelbau liegt neben der berühmten Umayaden-Moschee in der historischen Altstadt von Damaskus. Der

General aus dem Abendland verharrte ein paar Sekunden vor dem Sarkophag des doch ein wenig berühmteren Vorgängers. Trotzig und mit dem Selbstbewusstsein des Siegers rückte der Franzose dann die historischen Dimensionen in seinem Sinne zurecht: »Saladin, wir sind zurück.«[5]

Saladin, Kreuzzüge, Abendland, Orient, Jerusalem: In der jahrhundertelangen Auseinandersetzung zwischen dem christlichen Westen und der muslimischen Welt haben diese Begriffe einen fast magischen, für beide Seiten jedoch höchst unterschiedlichen Klang. Der Westen verbindet mit ihnen die Wiedergewinnung christlicher Stätten, die an den Islam verlorengingen. Für den Orient bedeuten diese Begriffe dagegen die Unterwerfung unter einen erbarmungslosen Eroberer.

Eines der ersten Kapitel westlicher Befreiungsversuche wurde im europäischen Hochmittelalter geschrieben. Damals wurde ein Wort geprägt, das im Nahen Osten noch heute Erschauern hervorruft. Auf dem Konzil von Clermont im Jahre 1095 verkündete Papst Urban II. seine Idee vom *Kreuzzug*, vom heiligen Krieg der Christen, der die Befreiung Jerusalems vom muslimischen Joch zum Ziel hatte. Die Christenheit des Westens möge aufbrechen, um den Osten zu erretten. Indem Reich und Arm diesen gerechten Krieg führten, würden sie Gottes Willen erfüllen, rief der Papst den versammelten kirchlichen Würdenträgern zu. Diese unterbrachen die Rede ihres Oberhirten immer wieder mit den Worten »Deus le volt« – »Gott will es.«[6]

Die Heerscharen, welche der Papst dann in Marsch setzte, benahmen sich allerdings wenig christlich. Die Verantwortlichen für die Eroberung Jerusalems am 15. Juli 1099 würden heute von jedem Kriegsverbrechertribunal verurteilt werden. Der libanesische Autor Amin Maalouf[7] beschrieb die Eroberung Jerusalems durch die päpstlichen »Befreier« so: »Die Flüchtlinge zitterten noch lange, wenn sie vom Fall der Stadt sprachen. Sie starrten ins Leere, so als sähen sie immer noch die hellhaarigen, wohlbewaffneten Krieger durch die Straßen rasen, die Schwerter in der Hand, Männer, Frauen und Kinder abschlachtend, Häuser plündernd,

Moscheen zerstörend. Zwei Tage später war kein einziger Muslim in der Stadt mehr am Leben.«

In ihrem Siegesrausch von 1099 verfassten die Eroberer aus dem Abendland ein Lied, das sie mit Inbrunst sangen: »Von Blut viel Ströme fließen/Indem wir ohn' Verdrießen/Das Volk des Irrtums spießen – Jerusalem frohlocke! Des Tempels Pflastersteine/Bedeckt sind vom Gebeine/Der Toten allgemeine – Jerusalem frohlocke! Stoßt sie in Feuersgluten/Oh jauchzet auf, ihr Guten/Derweil die Bösen bluten – Jerusalem frohlocke.«[8]

Dagegen habe, schreibt Amin Maalouf, der erste muslimische Eroberer Jerusalems, Kalif Umar Ibn al-Khattab die Stadt und ihre Einwohner geschont, als er 638 in Jerusalem einmarschiert sei. Umar hatte sich vom Patriarchen Sophronius durch die Stadt führen lassen, dann seinen Gebetsteppich außerhalb des Martyriums der Grabeskirche aufgeschlagen, die Kirche aber im Besitz der Christen belassen. Die christlichen Bürger der Stadt waren unbehelligt geblieben. Ebenso handelte Salah al-Din, als er Jerusalem im Jahre 1187 zurückeroberte. Der beste Kenner der Kreuzzüge, der Historiker Steven Runciman, lobt die muslimischen Eroberer mit den Worten, sie hätten sich »korrekt und menschlich« verhalten: »Wo die Franken 88 Jahre zuvor durch das Blut ihrer Opfer gewatet waren, wurde nicht ein Gebäude geplündert, nicht ein Mensch verletzt.« So wurde Salah al-Din zu einer der wenigen Lichtgestalten, welche die abendländische Öffentlichkeit im düsteren muslimischen Orient über Jahrhunderte hin zu entdecken vermochte. Auch Henri Gourauds trotzige Worte am Sarkophag des muslimischen Heerführers in Damaskus konnten an dieser Wertschätzung nichts ändern.

Ein neuer Eroberer aus dem Westen, der von Befreiung sprach, dabei aber ebenfalls ganz eigennützige Ziele verfolgte, war Napoleon Bonaparte. Als er, aus dem revolutionären Frankreich kommend, Anfang Juli 1798, ziemlich genau sieben Jahrhunderte nach der Einnahme Jerusalems durch die Kreuzritter, mit einer starken Kriegsflotte in Abukir an der ägyptischen Mittelmeerküste landete, diente das Ideal der Französischen Revolution als ideologischer Überbau für den Überfall auf ein fernes Land. Zunächst aber versuchte Napoleon, sich mit Passagen aus dem muslimischen Glaubensbekenntnis bei den Eroberten einzuschmeicheln: »Im Namen Gottes, des barmherzigen Erbarmers. Es gibt keinen Gott außer Gott.« Weil er wusste, dass die Muslime die Lehre von der christlichen Dreieinigkeit für Vielgötterei halten, fügte Napoleon noch hinzu, dass »Gott keinen Sohn« habe. Die »Scheichs, Kadis und Imame« forderte er auf, dem ägyptischen Volk mitzuteilen, dass die »Franzosen ebenfalls gute Muslime sind«.[9] Schließlich verkündete Napoleon das französische Kolonialprogramm: »Von Seiten Frankreichs, das auf der Freiheit und der Gleichheit beruht, tut der Oberbefehlshaber, Kommandant der französischen Heere, Bonaparte, allen Bewohnern Ägyptens kund, dass die Herren, die über Ägypten herrschen, die Rechte der französischen Nation missachtet und geschädigt und ihren Händlern durch aller Art Schikanen Feindseligkeit und Unrecht getan haben.« Der Eroberer aus dem Westen versprach den Eingeborenen die Segnungen der europäischen Zivilisation, drohte aber zugleich mit dem Schwert. Jedes Dorf, ließ Napoleon wissen, das sich gegen das französische Heer wende, werde »mit Feuer« verbrannt.

Nach diesem später immer wieder befolgten Handlungsmuster begann vor gut zwei Jahrhunderten eine neue Phase der Begegnung oder auch der Konfrontation des Westens mit der weitgehend stagnierenden orientalischen Welt. Seinen Kampf gegen England trug Napoleon nach Ägypten, das nominell dem Osmanischen Reich unterstand. Am Nil wollte der Franzose den Briten den Zugang zu ihrem Kolonialreich in Indien erschweren – zumindest aber möglichst viele britische Kräfte binden, um den Gegner an der europäischen Heimatfront zu schwächen.

Napoleon brachte ein ganzes Expeditionskorps von Wissenschaftlern in den Orient. Der Kriegsherr aus dem Abendland ließ die pharaonische (aber auch die islamische) Kultur des Landes erforschen und wurde so zum Begründer der Ägyptologie. Tausende von archäologischen Funden fanden ihren Weg in die Museen Frankreichs – eine ganze Kultur wurde zur Beute des Westens.

Napoleons Eroberung Ägyptens fand ihre Apologeten. Zu ihnen zählte Ende des 18. Jahrhunderts auch Charles-Maurice Talleyrand, Frankreichs berühmtester Staatsmann der Epoche. Ägypten sei einst eine Provinz der Römischen Republik gewesen, nun müsse Ägypten eine Provinz der Französischen Republik werden, schrieb Talleyrand in einem Memorandum an das Direktorium der Republik. Und: Der Eroberung der Römer sei eine Epoche der Dekadenz gefolgt, der Eroberung durch Frankreich werde in Ägypten eine Epoche des Glanzes folgen.

Wie einst die Einwohner Jerusalems betrachteten auch die Bürger Kairos die unerbetenen Gäste aus dem Abendland mit etwas anderen Augen. Abdel Rahman al-Garbati, ein Würdenträger Kairos, hat die Epoche der französischen Besatzung Ägyptens in einer umfassenden Chronik beschrieben. An der Proklamation Napoleons an die Ägypter hatte er nicht nur das schlechte Arabisch zu bemängeln. Was unterstand sich da ein Ungläubiger, das muslimische Glaubensbekenntnis für seine imperialistischen Zwecke zu missbrauchen, vom »glorreichen Koran« zu sprechen und zu behaupten, die Franzosen seien die wahren Muslime? »Diese Leute«, schrieb Al-Garbati, »sind sowohl gegen den christlichen als auch gegen den muslimischen Glauben gewandt. Sie sind mit gar keiner Religion verbunden. Man sieht, dass sie Materialisten sind.« Die Zeit nach der Eroberung Kairos am 22. Juli 1798 beschrieb Al-Garbati folgendermaßen: »Es war das erste Jahr großen endzeitlichen Gemetzels und schwerwiegenden Wechsels, in dem Ereignisse auf uns niederprasselten, so dass wir erblassten: Vervielfachung des Schlimmen, Überstürzung der Dinge, Aufeinanderfolgen von Unglück, voll von Missgeschick, Umkehrung alles Natürlichen, Revolution alles Gebührlichen, Abfolge von Scheußlichkeit, allgemeine Zerstörung, Verwirrung und Empörung; Gott zerstörte durch Tyrannen die Dörfer und den Frieden ihrer Mannen.«[10]

Napoleon musste sein Ägyptenabenteuer 1799 abbrechen. Aber trotz der Skepsis eines Mannes wie Al-Garbati hatte die Expedition aus dem revolutionären Frankreich tiefe Spuren in Ägypten hinterlassen. Bald waren es Ägypter, die in den Westen zogen, um die Errungenschaften der abendländischen Zivilisation zu studieren. Denn Napoleons Invasion hat den Orient nicht nur mit der Frage konfrontiert, wie er sich des Ansturms westlicher Armeen erwehren solle. Seit Napoleon steht der Orient auch vor dem Problem, wie er mit der säkularen, laizistischen, demokratischen Zivilisation des Westens umgehen soll (siehe dazu Kapitel 11).

In einer Rede vor der »Nationalen Stiftung für Demokratie« hat Präsident George Bush Anfang November 2003 eine umfassende Demokratisierung des Nahen Ostens angekündigt. Sicher würde ein solcher Regimewechsel von den meisten Menschen begrüßt werden. Nur: Die Menschen haben ein gutes Gedächtnis. Was sie vor allem auch wollen, ist eine Befreiung von der jahrzehntelangen westlichen Vorherrschaft. Schmerzlich erinnern sie sich an die Aufteilung der Region durch Briten und Franzosen nach dem Ersten Weltkrieg. Und Tag für Tag erleben sie, dass Amerika, solange es zu seinem Nutzen ist, jene autokratischen Regime fördert, die ihnen Freiheit und Wohlstand vorenthalten. Nun, da diese Regime Terror gebären, suchen die USA in der Demokratie ein Gegenmittel zur Gewalt. Weil er in erster Linie eine Funktion des Antiterrorkampfes ist, entbehrt Amerikas Kreuzzug für Demokratie und Regimewechsel aus der Sicht der Menschen in Kairo, Riad, Damaskus und Bagdad der Ehrlichkeit.

Im Kontext der Begegnung des Westens mit dem Orient jedoch konfrontiert der von George Bush geplante Demokratie-Export die Menschen der arabisch-muslimischen Welt abermals mit der Existenzfrage, wie dem westlichen, speziell dem amerikanischen, Ansturm – manche nennen ihn Kulturimperialismus – zu begegnen sei.

Kapitel 2
Neue Weltordnung – alte Weltordnung

»Das Ziel, welches Frankreich und Großbritannien mit ihrem ihnen von Deutschlands Ambitionen aufgezwungenen Krieg im Osten verfolgen, ist die vollkommene und endgültige Befreiung der Völker, welche so lange von den Türken unterdrückt wurden, sowie die Einsetzung von Regierungen und Verwaltungen, welche ihre Autorität von der freien Ausübung der Initiative ... der einheimischen Bevölkerungen ableiten.«

Deklaration von Briten und Franzosen über ihre
Kriegsziele im Orient, 7. November 1918.[1]

Wie der kurze historische Rückblick zeigt, ist das Konzept des Regimewechsels keineswegs eine Erfindung von US-Präsident George W. Bush. Die Versuche, den Nahen und Mittleren Osten so umzugestalten, dass die orientalische Staatenwelt westlichen Interessen dient, sind zahlreich.

Der umfangreichste und folgenschwerste stammt aus den Jahren nach dem Ersten Weltkrieg. Das Osmanische Reich war zusammengebrochen, für die westlichen Siegermächte galt es, die Erbfolge zu regeln. In Bagdad hatte Generalleutnant Stanley Maude die Bürger 1917 zur Kooperation aufgerufen. Hätten diese aber damals sogleich gewusst, wer der Verfasser dieser Heilsbotschaft war, wäre ihre Skepsis gegenüber den neuen Herren aus dem Westen vermutlich noch größer gewesen. Denn Mark Sykes, der Autor der Bagdader Proklamation, hatte im Weltkriegsjahr 1916 zusammen mit dem Franzosen Georges Picot in einem Geheimabkommen eine Neuordnung des Nahen Ostens skizziert, die arabische Wünsche nach einem einheitlichen Staat auf dem arabischen Territorium des Osmanischen Reiches weitgehend außer Betracht ließ.

Das Abkommen wurde neben Sykes und Picot auch vom russischen Außenminister Sergej Sasonow ausgehandelt. Es sah vor, Frankreich in den Gebieten des heutigen Libanon und des heutigen Syrien die Oberhoheit zu geben. Das Gebiet der heutigen Staaten Jordanien und Irak sollte unter britische Kontrolle fallen. Für Jerusalem war eine internationale Verwaltung vorgesehen. Ein Landstrich um die Hafenstadt Haifa wurde ebenfalls Großbritannien zugesprochen. Gemeint war Palästina. (Später bauten die Briten eine Pipeline von der irakischen Ölstadt Kirkuk direkt nach Haifa.) Das Geheimabkommen sprach zwar von einem arabischen Staat unter der Dynastie der Mekka regierenden Haschemiten. Aber in Wahrheit sollte dieser Staat unter der Oberhoheit Englands und Frankreichs stehen.

Russland nahm sich in dem Vertrag das Recht heraus, Istanbul, die Hauptstadt des Osmanischen Reiches, einzunehmen und beide Ufer des Bosporus zu besetzen. Mit der Unterschrift unter das Abkommen wähnte sich das Zarenreich kurz vor einem Ziel, das es lange erstrebt hatte – dem freien Zugang zum Mittelmeer.

Dieses Geheimabkommen war jedoch weitgehend »unvereinbar mit den Versprechen, die man vorher den Arabern gemacht hatte«.[2] Denn während Sykes, Picot und Sasonow schon über die Aufteilung der arabischen Welt verhandelten, machte der Britische Hochkommissar von Ägypten, Sir Henry McMahon, den Arabern ein lang erwartetes Versprechen. In einem Brief an Hussein, den Herrscher von Mekka, schrieb McMahon, dass Großbritannien die Vorstellungen der Araber von der Gründung eines unabhängigen Staates teile. Nach den Plänen Husseins sollte dieser Staat die gesamte Arabische Halbinsel, das heutige Kuwait sowie Jerusalem, Amman, Bagdad, Damaskus, Hama, Homs und Aleppo umfassen. Außer einem Küstenstreifen um die heute türkischen Stätte Mersin und Iskenderun (und natürlich mit Ausnahme des britisch besetzten Ägypten) sollte dieser Staat praktisch alle arabischen Kerngebiete umfassen. Großbritannien sei bereit, schrieb Sir Henry McMahon am 24. Oktober 1915 an den Emir von Mekka, »die Unabhängigkeit der Araber anzuerkennen und zu unterstützen«.[3]

McMahons Zusagen wurden niemals eingelöst. Als McMahon den Arabern einen Staat versprach, glaubte man, die Araber im Kampf gegen die Türken zu benötigen. Im Gegenzug versprach Emir Hussein nämlich den Briten, der alliierten Kriegführung im Nahen Osten durch die Organisation eines arabischen Aufstandes gegen die Türken zu Hilfe zu kommen. Tatsächlich brach dieser Aufstand 1916 los – tatkräftig unterstützt von T. E. Lawrence (»Lawrence von Arabien«), einem britischen Abenteurer, Offizier und Geheimdienstmann. Doch nach der Eroberung von Bagdad, Jerusalem und Damaskus erinnerte man sich in den westlichen Hauptstädten nicht mehr gerne an die während des Krieges gemachten Versprechen arabischer Selbstbestimmung. Sogar ein in der Literatur als Romantiker und Freund der Araber bezeichneter Mann wie Lawrence hielt nicht viel von nationaler Unabhängigkeit der Araber, wie er am 5. Dezember 1918 im Kreise britischer Minister kundtat. In vieler Hinsicht sei Selbstbestimmung eine »törichte Idee«, gab Lawrence zu Protokoll. Allenfalls könne man jenen Völkern das Recht auf Freiheit einräumen, die zusammen mit den Briten gegen die Türken gekämpft hätten. Die Araber aber, welche gegen die Briten gefochten hätten, verdienten es in keiner Weise, ihr politisches Schicksal selbst in die Hand zu nehmen, erklärte der als »Lawrence von Arabien« verklärte Offizier.

Auf welch triviale Weise die Geschichte des Nahen Ostens oft gemacht wurde, beschrieb am 11. Dezember 1920 der britische Kabinettssekretär Maurice Hankey in einem Tagebucheintrag: »Clemenceau … war nach dem Waffenstillstand herüber (nach London) gekommen und mit einem großen militärischen und öffentlichen Empfang geehrt worden. Lloyd George und Clemenceau waren in die Französische Botschaft gefahren. Als sie alleine waren, sagte Clemenceau: ›Nun, über was wollen wir diskutieren?‹ – ›Über Mesopotamien und Palästina‹, antwortete Lloyd George. ›Sagen Sie mir, was Sie wollen‹, antwortete Clemenceau. ›Ich will Mosul‹, sagte Lloyd George. ›Sie sollen es haben‹, sagte Clemenceau, ›noch etwas?‹ – ›Ich möchte auch Jerusalem‹, fuhr

Lloyd George fort. ›Sie sollen es haben‹, antwortete Clemenceau.«
Der Autor dieses privaten Tagebuchs konnte nicht umhin, trocken
anzufügen: »Und so wird Geschichte gemacht.«[4]

Die Vormundschaft der »fortgeschrittenen Völker«

Die Araber konnten ihr Schicksal nicht wenden – obwohl Faisal,
der Sohn Emir Husseins und spätere König des Irak, auf der Frie-
denskonferenz von Paris einen ehrenhaften Versuch unternahm.
Bei seinem Debüt auf internationalem Parkett erschien Faisal
in Paris in traditionellen arabischen Gewändern, begleitet von
Lawrence, der sich ebenfalls im Habitus eines Beduinen präsen-
tierte. Das exotische Paar erstaunte und irritierte die europäische
Diplomatengesellschaft. Lawrence plädierte für die arabische
Unabhängigkeit, die er zwei Monate zuvor im engen Zirkel von
Vertrauten noch als töricht bezeichnet hatte. Faisal sprach mit der
Würde eines arabischen Stammesfürsten. Seine Forderung nach
arabischer Souveränität begründete er mit dem Hinweis, dass
Arabien Heimat einer bedeutenden Zivilisation sei, dass die Menschen alle der arabischen Muttersprache mächtig seien, dass
alle Einwohner der semitischen Rasse angehörten und dass die
arabischen Stämme an der Seite der Alliierten gegen die Türken
gekämpft hätten.[5]
Als ein westlicher Delegierter einwarf, die Araber seien doch ein
kulturloses, unzivilisiertes Volk, kam es zu einem kleinen diplomatischen Eklat. Dem europäischen Vorurteil begegnete Faisal
unbeirrt mit dem Argument, er gehöre einem Volk an, das schon
zivilisiert gewesen sei, »als jedes andere Land, das in diesem Raum
vertreten ist, noch von Barbaren bevölkert war«. Italiens Premierminister Vittorio Emmanuele Orlando interpretierte die selbstbe-
wusste Aussage des Arabers als eine Attacke auf das antike Rom.
Der stolze Faisal ließ sich jedoch nicht beirren und gab zurück:
»Ja, auch als Rom noch nicht existierte.«[6]
Doch aller Einsatz half nichts. Am 8. Januar 1918 hatte zwar der
amerikanische Präsident Woodrow Wilson in seinem später berühmt gewordenen 14-Punkte-Geheimabkommen zwischen den

Völkern und Geheimverhandlungen generell eine Absage erteilt. Er hatte einen freien Welthandel, den Abbau wirtschaftlicher Barrieren und eine generelle Abrüstung gefordert. In Punkt 12 hatte er dem türkischen Teil des Osmanischen Reiches eine »sichere Souveränität«, den anderen Völkern Sicherheit und unbehinderte autonome Entwicklung zugesagt. Aber es kam anders. Die Vorurteile – und die Machtinteressen der Sieger – überwogen.

Lord Cromer, von 1883 bis 1907 britischer Herrscher über Ägypten, war der Meinung, dass »Muslime kaum darauf hoffen können, sich selber zu regieren«.[7] In der Verfassung des am 28. Juni 1919 gegründeten Völkerbundes, des Vorläufers der Vereinten Nationen, wurden die Araber folgerichtig unter jene Kategorie von Völkern eingegliedert, welche »noch nicht fähig sind, unter den strengen Bedingungen der modernen Welt für sich selbst zu sorgen (to stand by themselves under the strenuous conditions of the modern world)«, wie es im berühmt-notorischen Artikel 22 heißt. Das Wohlergehen und die Entwicklung dieser Völker, so lautet Artikel 22 weiter, seien ein »heiliges Anliegen der Zivilisation«. Das beste Mittel, dieses Anliegen zu verwirklichen, sei es, die »Vormundschaft über diese Völker« den »fortschrittlichen Nationen« anzuvertrauen, welche aufgrund ihrer Mittel, ihrer Erfahrung und ihrer geographischen Lage diese Verantwortung am besten übernehmen könnten.

Mit diesen Worten war die neue Weltordnung, welche die Sieger des Ersten Weltkrieges im Nahen Osten schufen, auf Jahrzehnte hinaus besiegelt. Auf der Konferenz von San Remo wurden 1920 die Grenzen der Mandatsgebiete festgelegt. Frankreich erhielt, wie geplant, das »Mandat« über die Gebiete des heutigen Libanon und des heutigen Syrien. England wurden der heutige Irak, Transjordanien und Palästina anvertraut. Und für Palästina hatten die Briten ganz besondere Pläne.

Faisals politische Gegner auf der Friedenskonferenz hießen nominell zwar Chaim Weizmann, der Präsident des Zionistischen Weltkongresses, und Nahum Sokolow, neben Weizman Leiter der zionistischen Delegation in Paris. Doch hinter den beiden standen die großen Mächte, England und die USA. Während einer Privataudienz beim amerikanischen Präsidenten Woodrow Wilson hatten die beiden am 15. Januar 1919 aus einem Memorandum der Zionisten zitiert: Im Namen der Menschen, die achtzehn Jahrhunderte Martyrium hinter sich hätten, wolle die zionistische Vereinigung nach Friedensschluss ihren Glaubensbrüdern in der Ukraine, in Polen und in anderen Teilen Osteuropas mitteilen, dass »einige von ihnen nach Palästina gebracht würden, um sich dort niederzulassen«.[8] Unterstützung für dieses zionistische Programm hatte bereits im November 1917 das britische Empire zugesagt. Gegen diese politische Übermacht hatte Emir Faisal keine Chance.

Die Balfour-Erklärung

Acht Monate nachdem Generalleutnant Stanley Maude den Menschen von Bagdad am 8. März 1917 in einer von Sir Mark Sykes in London verfassten Proklamation mitgeteilt hatte, die Briten kämen nicht als Okkupatoren, sondern als Befreier, wurde in London ein noch folgenschwereres Schriftstück veröffentlicht. In dem als Balfour-Erklärung in die Geschichte eingegangenen Dokument versicherte der britische Außenminister Lord Balfour einem adeligen Kollegen, dem jüdischen Lord Rothschild, dass die »Regierung Seiner Majestät« die Gründung einer nationalen Heimstatt für das jüdische Volk in Palästina »mit Wohlwollen« betrachte. Allerdings dürfe nichts unternommen werden, was die bürgerlichen und religiösen Rechte der einheimischen, nichtjüdischen Gemeinschaften beeinträchtigen könne. »Ich wäre Ihnen dankbar«, beschließt Lord Balfour seinen Brief an Lord Rothschild, »wenn Sie diese Erklärung der Zionistischen Föderation zur Kenntnis bringen würden.«[9]

Die Erklärung Arthur Balfours hat sich als Zeitbombe erwiesen, die im Nahen Osten bis auf den heutigen Tag für Zündstoff sorgt. Seit 1917 gilt die Balfour-Erklärung als eines der rechtlichen Fundamente für die Gründung eines jüdischen Gemeinwesens. Die Erklärung hat die Art und Weise bestimmt, wie jahrzehntelang mit den in Palästina wohnenden Menschen umgegangen wurde. Die Balfour-Erklärung spricht nicht von »Arabern«, sondern von »einheimischen, nichtjüdischen Gemeinschaften«. Die Araber wurden also durch eine Eigenschaft definiert, welche sie *nicht* hatten: Sie waren keine Juden. Dem jüdischen Volk bescherte die Balfour-Erklärung mehr als eine Heimstatt, nämlich einen Staat. Eine Heimstatt, wie von Balfour gefordert, wäre ein Gebiet, in welchem eine ethnische Gruppe dieselben politischen und kulturellen Rechte hätte wie die Mehrheit. Ein Staat aber bedeutet Souveränität über ein Territorium und, wie sich später herausstellte, auch über dessen ursprüngliche Bewohner.

Nicht alle Juden strebten nach staatlicher Souveränität in Palästina. Norman Bentwich, unter dem britischen Mandat für einige Zeit Generalstaatsanwalt in Palästina, schrieb 1919: »Staatliche Souveränität ist nicht essentiell für die nationale Idee der Juden. Die Freiheit, sich in seiner eigenen Umgebung nach seiner eigenen Tradition zu entwickeln, ist die hauptsächliche, wenn nicht die ganze Forderung.«[10] Als die jüdische Heimstatt in Palästina mit militärischen Mitteln zum Staat Israel gemacht wurde, flohen in zwei Kriegen 1948 und 1967 über eine Million Araber. Die Folge: Der jüdische Nationalismus, geboren im Europa des 19. Jahrhunderts, erzeugte arabischen Nationalismus. Aus den Arabern, die im geographischen Gebiet Palästina lebten, wurden national gesinnte Palästinenser – auch wenn die spätere israelische Ministerpräsidentin Golda Meir sagte, sie kenne kein palästinensisches Volk.

Rücksichtnahme auf die Wünsche der einheimischen Bevölkerung lag von Anfang an nicht im Konzept der Briten. In einem Memorandum an die Regierung in London erklärte Arthur Balfour am 11. August 1919: »In Palästina denken wir nicht daran, die Wünsche der gegenwärtigen Bevölkerung zu konsultieren... Die vier Großmächte sind dem Zionismus verpflichtet. Und der Zionismus ist – zu Recht oder zu Unrecht, im Guten wie im Schlechten – in jahrhundertealten Traditionen verwurzelt, in gegenwärtigen Notwendigkeiten, in zukünftigen Hoffnungen. All dies ist von ungleich größerer Bedeutung als die Wünsche und Vorurteile von 700 000 Arabern, welche jetzt dieses alte Land bewohnen.«[11]

Die Araber selbst hörten, offiziell wenigstens, von der Balfour-Erklärung erst am 28. April 1920. An diesem Tag setzte der britische General und Chefverwalter Palästinas, Sir Louis Bols, muslimische und christliche Araber in Nablus von den Absichten der britischen Regierung in Kenntnis. Einen Monat zuvor hatte Bols der Regierung in London gekabelt, dass »90 Prozent der Bevölkerung Palästinas zutiefst antizionistisch eingestellt« seien. »Die Opposition umfasst alle Moslems und Christen und einen nicht unbeträchtlichen Teil der Juden. Ich möchte deutlich erklären, dass eine solche Politik mit Sicherheit eine Revolution hervorrufen wird. Diese Revolution wird mit Sicherheit die Juden vertreiben – es sei denn, sie würden von starken militärischen Truppen der Mandatsmacht unterstützt.«[12]

Die von Sir Louis Bois vorhergesagte Revolution brach sechzehn Jahre später aus. Von 1936 bis 1939 rebellierten die Araber gegen die jüdische Einwanderung und gegen die britische Mandatsmacht. Der Aufstand, heute würde man von der ersten palästinensischen Intifada sprechen, wurde niedergeschlagen – weil, wie Sir Louis Bols vorausgesagt hatte, die Zionisten in der britischen Mandatsmacht einen mächtigen Verbündeten hatten (siehe Kapitel 7).

Die Balfour-Erklärung beruhte auf dem Recht des (zukünftigen) Siegers. Als sie 1917 veröffentlicht wurde, gab es noch ein international anerkanntes Osmanisches Reich, auf dessen Territorium Palästina lag. Weder das Land noch seine Bewohner unterlagen der Rechtsprechung und der staatlichen Souveränität der Briten. In der Balfour-Erklärung habe, so formulierte es 1957 die »American Bar Association«, die Vertretung der amerikanischen Rechtsanwälte, »ein Land feierlich einem anderen Volk das Land eines Dritten« versprochen.[13] Die Wurzeln vieler Konflikte, welche heute die Region heimsuchen, liegen also bereits in den Jahren 1914 bis 1922. Der Friede, der nach dem Ersten Weltkrieg geschlossen wurde, entpuppte sich im Nahen Osten als ein »Friede, der jeden Frieden beendet«, wie David Fromkin sein umfassendes Werk über die Entstehung des zeitgenössischen Nahen Ostens zutreffend nennt.

Jenseits von Palästina

Im Osten des Orontes-Flusses und des syrischen Städtegürtels Aleppo, Hama, Homs, Damaskus, im Osten der Beeka-Ebene des heutigen Libanon und jenseits des fruchtbaren Jordantals erstrecken sich weite, unwirtliche Stein-, Geröll- und Sandwüsten. Mehr als tausend Kilometer muss man fahren, bis das Land wieder grün wird, bis man Menschen sieht, die Äcker bestellen. Die ersten Palmenhaine und bewässerten Felder sind untrügliche Zeichen dafür, dass sich der Reisende dem Zweistromland von Euphrat und Tigris nähert. Politisch war das Gebiet vom Nil bis zum Euphrat unter den Osmanen eine Einheit. Nun schufen Großbritannien und Frankreich Nationalstaaten, zu denen es allerdings noch keine passenden Völker gab. Das einstmals einheitliche Osmanische Reich, in welchem die Menschen frei, ohne Grenzen zu überschreiten und ohne Pässe zu präsentieren, reisen konnten, wurde parzelliert und mit Grenzposten versehen. Diese trennten Menschen voneinander, die über Jahrhunderte zusammengelebt hatten.

Doch für die Briten hatte die Neuordnung ihres im Weltkrieg eroberten Plateaus zwischen Mittelmeer und Euphrat Vorrang vor den Wünschen der Menschen. Um die vom Empire erworbenen neuen Liegenschaften zu ordnen, lud Kolonialminister Winston Churchill im Jahre 1921 zu einer Konferenz nach Kairo. T. E. Lawrence war ebenso anwesend wie Gertrude Bell, eine der viktorianischen Enge entflohene Frau, die in vielen Reisen durch Arabien grundlegende Kenntnisse über die Region erworben hatte. Churchills Ziel war es, die Region so aufzuteilen, dass kein einheitlicher arabischer Staat entstand. Die Willkür der Grenzziehung zeigt sich exemplarisch am Beispiel Jordaniens. Eigentlich nämlich gab es keinerlei triftigen Grund, aus den öden Wüstengebieten östlich des Jordan, welche die Briten Transjordanien nannten, einen eigenen Staat zu formen – außer dem einen, dass dies »im Interesse Großbritanniens lag«. Ebensogut hätte Transjordanien ein Teil Syriens, Saudi-Arabiens oder des Irak werden können.[14]

Doch nach dem Willen Englands sollte Transjordanien, später das »Haschemitische Königreich Jordanien«, die Funktion eines Pufferstaates übernehmen. Der Kunststaat sollte Syrien vom Hedschas (dem Kernstück des heutigen Saudi-Arabien) und Palästina mit seiner künftigen jüdischen »Heimstatt« vom Irak trennen. Gleichzeitig sollte das neue Gebilde zusammen mit dem Irak einen strategischen Korridor zwischen dem Persischen Golf und Palästina bilden. Als Emir und später als König setzte Winston Churchill den Haschemitenprinzen Abdallah aus Mekka ein. Churchill begründete diesen Beschluss mit dem Argument, Abdallah besitze die Fähigkeit, sowohl die in der Region aufkommende antizionistische Propaganda als auch die feindliche Haltung gegen die in Syrien regierenden Franzosen zu kanalisieren. T. E. Lawrence hielt Abdallah deshalb für geeignet, weil »er eine Person war, die nicht zu viel Macht besaß« und deshalb auf »Seiner Majestät Regierung baute, um sein Amt zu behalten«. Den Einwand, der aufstrebende Ibn Saud aus Riad werde sich womöglich gegen die Aufwertung seines Konkurrenten zur Wehr setzen, erledigte Winston Churchill mit einem Griff in die Londoner Staatskasse: Er ließ die jährlichen Subsidien an den aufstrebenden Wüstenfürsten Ibn Saud auf 100 000 Pfund anheben.[15]

Abdallah selbst wiederum brauchte England vor allem deshalb, weil sein von Englands Gnaden geschaffener Wüstenstaat allein zunächst kaum lebensfähig war und sich deshalb territorial ausdehnen musste. Nach dem ersten Nahostkrieg 1948 annektierte Abdallah tatsächlich Teile des Westjordanlandes. Diese waren im Teilungsbeschluss der UNO von 1947 eigentlich für einen eigenständigen arabisch-palästinensischen Staat vorgesehen.

Auch östlich des Zweistromlandes, im Iran, versuchten die Briten nach dem Weltkrieg, ihre strategische Position zu festigen. Lord

Curzon, der neue Außenminister, hatte sich intensiv mit Persien und dessen östlichem Nachbarn, Afghanistan, beschäftigt. Den von ihm befürchteten sowjetischen Expansionismus versuchte Curzon mit einer Art Kordon von moslemischen Staaten zu begegnen, die unter der Kuratel und dem Schutz Englands stehen wollten. So schloss er 1919 mit dem Iran einen Vertrag, der das Land innerlich so stärken sollte, dass es zu einem antirussischen bzw. antisowjetischen Bollwerk taugte. Die Briten versprachen den Bau eines nationalen Schienennetzes, die Neuordnung der Staatsfinanzen und des Zollwesens, und einen beträchtlichen Kredit. Um die Unterschrift unter diesen von der iranischen Öffentlichkeit weitgehend abgelehnten Vertrag zu erhalten, musste Lord Curzon so wie schon Winston Churchill in die Staatskasse greifen. Den iranischen Verhandlungsführern zahlte er 130 000 britische Pfund.[16]

In Mesopotamien, dem geographischen Zentralstück britischer Akquisitionen in Nahost, wartete eine noch diffizilere Aufgabe. Arnold Wilson, der erste Zivilverwalter in Bagdad, kabelte nach London, der neue Staat Irak sei »ein Rezept für Desaster und die Antithese eines demokratischen Staatswesens«. Drei Viertel der Bevölkerung des zukünftigen Irak bestand aus Stämmen, die eine zentrale Autorität niemals akzeptiert hatten. Anfangs hatte man nicht einmal einen Namen für die »koloniale Frankensteingeburt.[17] Der ursprünglich Irak genannte Landstrich – der Begriff bedeutet so viel wie »wohl verwurzelt« – war eine mittelalterliche Provinz des islamischen Staates, welche das nördliche Zweistromland ausschloss, dafür aber einen Teil des westlichen Iran umfasste.[18] Offiziell wurde das Wort erstmals am 11. Oktober 1920 gebraucht, als der zweite britische Hochkommissar, Sir Percy Cox, eine Ansprache an Persönlichkeiten Bagdads hielt. Er habe den Auftrag von Seiner Majestät Regierung, sagte Cox, für »die Menschen des Irak« eine arabische Regierung unter der Oberaufsicht Großbritanniens zu bilden.

Ein Vergleich zwischen den zwanziger Jahren des letzten Jahrhunderts, als sich die Briten auf ihrem neu gewonnenen strategischen

Plateau einrichteten, und den Monaten nach der angloamerikanischen Besetzung des Irak 2003 zeigt frappierende Ähnlichkeiten. Damals wie heute mussten die Eroberer mit dem wachsenden Widerstand einer Bevölkerung zurechtkommen, die alles andere als homogen war. Damals war die Mehrheit der Bevölkerung mit der Besatzungspolitik nicht zufrieden – besonders klagte man über den Mangel an Selbstbestimmung. Heute sind die Iraker froh über die Befreiung vom Joch der Diktatur Saddam Husseins. Doch volle Souveränität wird ihnen vorenthalten.

Wie im benachbarten Transjordanien hievten die Briten auch im Irak ein Mitglied des haschemitischen Herrscherhauses auf den Thron. Es war Emir Faisal, der Bruder des jordanischen Emirs Abdallah. Faisal war zuvor von den Syrern zum König erkoren, dann aber, nachdem der Völkerbund Frankreich das Mandat über Syrien und den späteren Libanon zugeteilt hatte, von den Franzosen aus Damaskus vertrieben worden. Faisal wurde durch eine sorgsam orchestrierte Volksabstimmung inthronisiert – nachdem der einzige genuin irakische Bewerber ausgeschaltet worden war.

Diese neue Weltordnung war von vornherein konfliktbeladen und trächtig an neuerlichen Katastrophen. In Transjordanien, aus dem die Briten 1946 das »Haschemitische Königreich Jordanien« formten, herrschen noch immer die Nachkommen des Emirs Hussein von Mekka. Doch ohne regelmäßige massive Finanzhilfe aus London und Washington können sie und ihr aus der Wüste herausgeschnittener Kunststaat nicht überleben. Ihr Wohlverhalten im Irakkrieg von 2003 wurde mit einer Subvention von ca. 1,1 Milliarden Dollar belohnt.

In Palästina dagegen herrscht seit den Zeiten des britischen Mandates praktisch Krieg – mal in Form von Aufständen wie dem von 1936 bis 1939, mal in Form von veritablen Kriegen wie denen von 1948, 1956, 1967 und 1973. Auch die israelische Libanoninvasion von 1982, der libanesische Bürgerkrieg von 1975 bis 1990, der Krieg der Hisbollah gegen Israel von 1982 bis 2000 sowie die erste und die zweite Intifada (1987 bis 1993 bzw.

seit September 2000) sind Spätfolgen der nach 1918 geschaffenen Ordnung.

Heute ist die gesamte Region praktisch auf ihren Ausgangspunkt im Jahre 1920 zurückgeworfen. Die Geschichte dreht sich im Kreise. Nur versuchen sich anstelle der Briten jetzt deren imperiale Nachfolger, die Amerikaner, mit dem Aufbau einer stabilen regionalen Staatengemeinschaft. Die Zeichen stehen allerdings nicht gut. Dass Amerikaner und Briten im Jahre 2003 argumentierten, sie müssten den Irak auch deshalb erobern, weil sie nun endlich den israelisch-palästinensischen Konflikt lösen wollten, ist ein schlagender Beweis dafür, wie brüchig jene Ordnung war und ist, welche Briten und Franzosen vor knapp einem Jahrhundert im Nahen und Mittleren Osten etablierten.

Regimewechsel, Kriege, Bürgerkriege, Aufstände und neuerdings Terrorakte sind das Charakteristikum der Region. Weder die Besatzer noch die sie ablösenden einheimischen Tyrannen haben die Probleme gelöst. Die historische Erfahrung lehrt, dass der Irakkrieg des Jahres 2003 kaum der letzte Krieg in der Region gewesen sein dürfte. Denn südlich ebenso wie östlich von Basra und Bagdad brauen sich weitere politische Unwetter zusammen. Auch deren Ursachen lassen sich Jahrzehnte zurückverfolgen – wie etwa die Krise des saudischen Königreiches und der Konflikt zwischen dem Iran und den USA bzw. Großbritannien.

Ibn Saud, Mustafa Kemal, Schah Resa Pahlewi

Nur ein Land brachte einen Führer hervor, der sich dem kolonialen Zugriff der Sieger erfolgreich widersetzte. Er hatte in einer vom Februar 1915 bis Januar 1916 dauernden Schlacht den Alliierten auf der Halbinsel Gallipoli an den Dardanellen eine verheerende Niederlage beigebracht, war türkischer Nationalität und hieß Mustafa Kemal. Weil er zum Gründer des modernen, unabhängigen türkischen Nationalstaates wurde, nannten ihn die Türken später Atatürk, Vater der Türken. Ein anderer, Schah Resa Pahlewi, versuchte – wie später sein Sohn Mohammed Resa Pahlewi – , sein Land mit Brachialgewalt von oben zu modernisieren.

34

Eine dritte Persönlichkeit, die nach alter arabischer Stammestradition zunächst eine eigenständige Politik verfolgte, war ein Mann, der als Ibn Saud in die Geschichte eingegangen ist. Ibn Saud wurde zum Gründer des »Königreiches Saudi-Arabien«.

Aber weder Emir Hussein von Mekka, noch die Haschemitenkönige Faisal im Irak und Emir Abdallah in Transjordanien, noch Ibn Saud wurden zu Staatsmännern, welche die arabische Nation – so es denn eine solche gab – geeinigt und erfolgreich gegen die neuen Besatzer geführt haben.

Abdul Asis Ibn Abdul Rahman Ibn Faisal al-Saud

Während in Europa, in Palästina und in Mesopotamien der Erste Weltkrieg tobte, nutzte auf der Arabischen Halbinsel einer der vielen Stammesfürsten die Gunst der Stunde, um sich und seinem Clan ein kleines Imperium zu schaffen. Der Mann hieß Abdul Asis Ibn Abdul Rahman Ibn Faisal al-Saud, im Westen kurz Ibn Saud genannt. 1901 brach Ibn Saud mit einer kleinen Truppe aus Kuwait auf, eroberte Riad und begann dann einen umfangreichen Kriegszug. Dreißig Jahre später hatte der Stammeskrieger einen großen Teil der Arabischen Halbinsel erobert (siehe Kapitel 5). 1932 gründete er das Königreich Saudi-Arabien. Das neue Stammesreich hatte einen gehörigen Fehler. Es war der erste und bisher einzige fundamentalistische Gottesstaat auf arabischem Boden.

Wie konnte ein solcher Staat überleben? Dem Staatsgründer Ibn Saud kam ein unerwarteter Stabilisator zu Hilfe: das Öl. Stolz zeigen die Saudis noch heute vielen Besuchern in der Stadt Damman am Persischen Golf das berühmte Bohrloch Nummer sieben. Hier wurde im Jahre 1938, nur sechs Jahre nach Gründung des Königreiches, Öl gefunden. Damals begann eine wirtschaftliche und politische Romanze zwischen zwei Partnern, die verschiedener nicht hätten sein können. Der Rohstoff Öl rief den Vorreiter der westlichen Demokratie auf den Plan, die USA. Der Stammeskrieger Ibn Saud nahm den Beistand der Weltmacht gerne an. In der unsicheren Welt der arabischen Stammesfehden war ihm ein mächtiger Verbündeter willkommen. Die USA waren allerdings nicht an den Disputen unter den Stämmen interessiert, sondern nur am Öl. Schatten auf die Zweckehe fielen erst am 11. September 2001. Mit Erstaunen und Entsetzen wurde dem saudischen Schutzherrn Amerika erstmals richtig bewusst, dass er fast sechseinhalb Jahrzehnte lang einen fundamentalistischen islamischen Staat gestützt hatte. Denn fünfzehn der neunzehn Attentäter des 11. September waren saudische Bürger.

Die westlichen Konzerne und Regierungen ließen sich vom saudischen Ölreichtum sogleich benebeln. Wie in Trance vergaßen sie die politischen Realitäten des neuen Königreiches und bedrängten die Saudis, nach immer neuen Ölquellen suchen zu dürfen. Denn die Vorräte in Damman würden nur für eineinhalb Jahrzehnte reichen. Natürlich sicherten sich die Amerikaner den Löwenanteil am saudischen Ölreichtum. An der »Arabian-American Oil Company« (ARAMCO) hielten Standard Oil of California, Texaco und Esso-Excon jeweils Anteile von 30 Prozent, Mobil Oil gehörten 10 Prozent. Die Profite von ARAMCO überstiegen bald jene von Firestone-Rubber in Liberia und von United Fruit in Lateinamerika. Ein Maßstab für den Erfolg der amerikanischen Ölkonzerne war, dass sie bereits kurze Zeit nach dem Fund vom März 1938 dabei behilflich waren, die Außenpolitik der Familie Saud zu gestalten.[19]

Denn nach den Ölmagnaten kamen die Politiker. 1942 reiste die erste amerikanische Regierungsdelegation nach Saudi-Arabien, 1943 verkündete Präsident Franklin Delano Roosevelt, das Königreich sei »entscheidend« für die Verteidigung Amerikas. 1950 erklärte der stellvertretende amerikanische Außenminister George McGee, die USA seien an der Sicherheit Saudi-Arabiens, am saudischen Öl und an einer möglichen Nutzung des Luftwaffenstützpunktes Dahran am Persischen Golf interessiert. Und 53 Jahre später, nach dem bösen Erwachen des 11. September 2001, diskutierten Kongressabgeordnete in Washington die (vage) Möglichkeit, die saudischen Ölfelder zu besetzen.

Gut sieben Jahrzehnte nach Gründung des Königreiches ist die Stabilität des Regimes erstmals ernsthaft gefährdet. Die Krise der

Dynastie war einer von vielen Gründen, die zum Irakkrieg von 2003 führten. Denn die Ölwirtschaft Saudi-Arabiens besitzt eine Fähigkeit, die nur der Irak – allerdings erst nach einer grundlegenden Modernisierung seiner Ölindustrie – vorweisen kann. Steigt der Ölpreis, ist Saudi-Arabien innerhalb von Tagen in der Lage, die Produktion hochzufahren und den Preis wieder zu stabilisieren. Sollte das saudische Regime einst gestürzt und durch ein weniger amerikafreundliches ersetzt werden, brauchte Amerika eine andere Basis in Nahost.

Mustafa Kemal Atatürk

Als einer der wenigen Herrscher der Region befreite sich der Türke Mustafa Kemal vom Joch der westlichen Siegermächte. Gleichzeitig versuchte er, den neuen türkischen Nationalstaat am pluralistischen westlichen Gesellschaftsmodell zu orientieren.

Mustafa Kemal war aus dem »Komitee für Einheit und Fortschritt« innerhalb der jungtürkischen Bewegung hervorgegangen. Diese hatte 1908 Sultan Abdulhamid II. gezwungen, die Verfassung von 1876 wieder in Kraft zu setzen. Vor allem hatten es sich die Jungtürken zum Ziel gesetzt, den Verfall des Vielvölkerstaates aufzuhalten. Doch der Erste Weltkrieg war für die Türkei verlorengegangen, das Osmanische Reich existierte nicht mehr. Wie die nichtarabischen Teile des Imperiums wollten die Sieger auch die türkischen Stammlande zersplittern und weitgehend unter sich aufteilen. Am 10. August 1920 unterschrieb die noch amtierende alte türkische Regierung in Sèvres ein Friedensdiktat. Die Türkei trat Mosul an Großbritannien bzw. an den von London besetzten Irak ab, in Südostanatolien sollte ein kurdischer Staat gegründet werden. Thrakien (der europäische Teil des Reiches) und Teile Westanatoliens wurden an Griechenland abgetreten. Die Meerengen des Bosporus wurden entmilitarisiert, Frankreich und Italien teilten sich die anatolischen Restgebiete in »Einflusszonen« auf. In dieser desperaten Situation übernahm Mustafa Kemal die Führung der national gesinnten türkischen Kräfte. Griechenland hatte unter seinem Führer Elefteros Venizelos die westanatolische Küste besetzt, wo Griechen seit Jahrhunderten siedelten. Am 23. August 1921 jedoch wurde das griechische Expeditionskorps von den Truppen Mustafa Kemals bei Ankara geschlagen, am 9. September 1922 eroberten die Türken Izmir an der Ägäisküste von den Griechen zurück. Der Athener Traum von einem Groß-Griechenland war ausgeträumt.

Der türkische Sieg war die Geburtsstunde der türkischen Republik. Mit Mustafa Kemal hatte es ein Führer geschafft, sich dem westlichen Diktat zu widersetzen. Der Sieg ermöglichte es dem neuen türkischen Nationalhelden, ein umfangreiches Reformprogramm zu verwirklichen. Zunächst schaffte Mustafa Kemal im November 1922 das Sultanat ab – die Alleinherrschaft eines durch Erbfolge innerhalb der Familie Osman bestimmten Sultans. Der für die Türkei erniedrigende Friedensvertrag von Sèvres wurde am 24. Juli 1923 in Lausanne durch einen neuen Vertrag ersetzt, der die Existenz der türkischen Republik anerkannte. Am 3. März 1924 löste Mustafa Kemal daraufhin das Kalifat auf. Seit Eroberung der arabisch-muslimischen Welt im 16. Jahrhundert hatte sich der osmanische Sultan auch Kalif, Nachfolger des Propheten Mohammed, genannt. Zum 1. Januar 1926 wurde die islamische Zeitrechnung durch den christlichen Kalender ersetzt. Am 10. April 1928 ließ der neue Herrscher die Verfassung ändern: Der Islam wurde nicht mehr als Staatsreligion erwähnt. Und am 10. November 1928 verordnete Kemal schließlich, dass die türkische Sprache in Zukunft nicht mehr mit arabischen, sondern mit lateinischen Buchstaben zu schreiben sei.

Besonders die Abschaffung von Sultanat und Kalifat bedeuteten einen absoluten Bruch mit der islamischen Vergangenheit. Mehr als dreizehn Jahrhunderte waren die Kalifen Symbole der Einheit des sunnitischen Islam gewesen. Nach der Revolution des Agnostikers Mustafa Kemal hat es nur schwache Versuche gegeben, erneut einen Kalifen zu etablieren. Emir Hussein von Mekka spielte mit dem Gedanken, sich zum Kalifen auszurufen. Das Beben, das Mustafa Kemal in der islamischen Welt hervorrief,

38

erschütterte auch den frommen ägyptischen Muslim Hassan al-Banna. Mit der Gründung der Muslimbruderschaft 1928 entwarf Hassan al-Banna ein Gegenkonzept zum türkischen Laizismus und Nationalismus (Kapitel 11). In der Türkei aber ist es bis heute verboten, mit einer islamischen Kopfbedeckung öffentliche Gebäude zu betreten. Um den Bruch mit der osmanisch-islamischen Vergangenheit noch deutlicher zu machen, verlegte Mustafa Kemal die Hauptstadt der neuen Türkei vom osmanisch geprägten Istanbul ins Zentrum des anatolischen Hochlandes – nach Ankara.

Schah Resa Pahlewi

Die türkische Republik war eine Insel der Unabhängigkeit in der von den Alliierten dominierten Region zwischen Mittelmeer und Zweistromland. Weiter östlich von Euphrat und Tigris stellte sich die Lage etwas anders dar. Zwar wollte auch hier, im Iran, ein Herrscher eine Revolution von oben inszenieren. Es war Schah Resa, der Begründer der Pahlewi-Dynastie, der in den Jahren nach 1921 seinen Landsleuten einbleute, dass sie arbeiten müssten, wenn sie morgens aufstünden, und dass sie den Tag abends mit Arbeit beschließen müssten. Resa hatte 1921 den letzten Schah der Qajarendynastie entmachtet, sich selbst 1926 auf den Pfauenthron gesetzt und mit diesem Coup die Dynastie der Pahlewis gegründet.

Sein großes Vorbild war der Türke Mustafa Kemal. Allerdings hatte Schah Resa nicht die Größe, auf den Thron zu verzichten und, wie Mustafa Kemal, eine Republik auszurufen. Auch war der Begründer der Pahlewi-Dynastie, wie später sein Sohn Mohammed Resa Pahlewi, zeit seines Lebens ein Despot. Dennoch: Als er 1934 die Türkei besuchte und feststellte, wie schnell die Reformen Mustafa Kemals an Boden gewannen, kehrte er mit neuem Eifer in den Iran zurück. Schah Resa verfügte allerdings nicht über das politische Geschick des türkischen Reformers. Ein Beispiel: Einmal hörte er, in einem Dorf gebe es kein Brot, weil die Bäcker das Mehl zurückhielten, um höhere Preise zu erzielen. Umgehend ließ er den ersten Bäcker, dessen seine Schergen habhaft wurden, in dessen eigenem Backofen verbrennen.

Dass sich die Bevölkerung, besonders die schiitische Geistlichkeit, gegen ihn wandte, wie später auch gegen seinen Sohn, war eine unausweichliche Folge seines Parforcerittes in die Moderne. Immerhin: Schah Resa befreite die Frauen vom Zwang, einen Schleier tragen zu müssen. Auch modifizierte er die Scheidungsgesetze zu Gunsten der Frauen. Wie Mustafa Kemal sah auch Schah Resa den Westen als Vorbild. Und wie Mustafa Kemal meinte auch Schah Resa, der Islam (im Iran die schiitische Variante) sei ein Hindernis für die »Entwicklung« seines Landes. Allerdings war der Iran größerem ausländischen Druck ausgesetzt als die neue Türkei Mustafa Kemals. Dieser Druck hatte im Iran eine lange, unheilvolle Tradition. Schon der russische Zar Peter der Große drängte über den Iran an die Warmwasserhäfen an der Küste des Persischen Golfs. Im 19. Jahrhundert wollten die Briten den Iran als »Wache für ihr koloniales Kronjuwel Indien« ausbauen. So wichtig wurde der iranische Wachposten für den Schutz dieses Kronjuwels, dass Lord Curzon, 1889 britischer Vizekönig in Indien, in fast lyrisch-romantischen Worten schrieb: »Turkestan, Afghanistan, Transkaspien, Persien – für viele atmen diese Namen nur den Hauch ferner Abgeschlossenheit oder die Erinnerung an fremde Schicksalsschläge und moribunde Romanzen. Für mich, gebe ich zu, sind sie Teile auf einem Schachbrett, auf dem das Spiel um die Herrschaft über die Welt gespielt wird.«[20] Im Jahre 1907 einigten sich Russland und England auf die Beilegung ihrer Meinungsverschiedenheiten – auf Kosten des Iran. Einer der Gründe: Ein neuer Spieler, ein Parvenü auf der Bühne des Kolonialismus, versuchte sein Glück auf dem Schachbrett der imperialen Politik. Das deutsche Kaiserreich war dabei, eine Eisenbahnstrecke durch das Osmanische Reich bis nach Bagdad und Basra zu bauen. Russland dagegen hatte im Krieg gegen Japan an Einfluss verloren. Das Zarenreich war gezwungen, nach einem Arrangement mit den Briten zu suchen. Der Iran, das Opfer der neuen *Entente coloniale* zwischen Briten und Russen, wurde in

Einflusssphären aufgeteilt: Russland sollte im Norden, England im Süden die Vormachtstellung einnehmen. In der Mitte wurde eine sogenannte neutrale Zone mit Teheran als Hauptstadt geschaffen. Im britischen Unterhaus wetterte ein Abgeordneter: »Diese kleine Nation ... liegt zwischen Leben und Tod, wird geteilt, fast auseinander genommen, hilflos und ohne Freunde liegt sie zu unseren Füßen.«

Die britische Zeitschrift *The Spectator* erwies sich angesichts dieser Lage als kühle Propagandistin westlicher Realpolitik, aber auch als Kennerin der iranischen Zustände: »Wenn ein Land seine eigenen Angelegenheiten nicht regeln kann, wenn es unter seinen eigenen Menschen keine Ordnung halten kann, hat es bereits seine Unabhängigkeit verloren; und in diesem Sinne hat Persien schon seit langem aufgehört, ein unabhängiger Staat zu sein.«[21]

Der *Spectator* hatte nicht ganz Unrecht mit seiner Analyse der persischen Zustände. Die letzten Herrscher aus der Dynastie der Qajaren hatten ihr Land praktisch an die Briten verkauft, um weiter in ihrem Prunk leben zu können. Im Jahre 1872 verscherbelte Schah Nassir al-Din die Konzession, die Industrie des Landes zu führen, Ackerland zu bewässern, Bodenschätze auszubeuten, ein Eisenbahnnetz aufzubauen, eine Nationalbank zu gründen und Geld zu drucken, an den Briten Baron Julius de Reuter. Lord Curzon charakterisierte diesen Ausverkauf im Jahre 1892 als die »umfassendste und außerordentlichste Unterwerfung der gesamten industriellen Ressourcen eines Königreiches in ausländische Hände ... in der Geschichte«.[22]

Diese Schwächung der iranischen Zentralgewalt ermöglichte es den Briten, 1908, nach der Entdeckung von Öl im Iran, Konzessionen zur Ausbeutung des Rohstoffes nicht mit dem iranischem Staat, sondern mit den einzelnen Scheichs in den Fundgebieten abzuschließen. Förderquote, Preis und Abgaben an die Scheichs und an die Regierung in Teheran wurden von Großbritannien festgesetzt. Später konnte der Iran dann bessere Konditionen durchsetzen. Das iranische Öl wurde für die Briten im Ersten Weltkrieg zu einer entscheidenden Ressource. Es kann kaum ein Zweifel daran bestehen, dass es iranisches Öl war, das der britischen Armee im Ersten Weltkrieg den Feldzug im Zweistromland ermöglichte und Sir Stanley Maude bis nach Bagdad führte. Winston Churchill nannte die Ölfunde einen »Schatz aus einem Märchenland, der jenseits unserer Träume liegt«.[23]

Im Jahre 1919 machten sich die Briten noch einmal den von der Qajaren-Dynastie begonnenen Ausverkauf des Iran zunutze und diktierten dem schwachen Schah Ahmed, dem letzten Herrscher der Qajaren, einen Vertrag, demzufolge die Briten die Herrschaft über Armee, Staatskasse und Transportsystem des Landes übernahmen. Lord Curzon, inzwischen Außenminister, schrieb: »Wenn wir gefragt würden, warum wir diese Aufgabe überhaupt übernehmen und warum Persien nicht sich selbst und einem pittoresken Verfall überlassen werden sollte, lautet die Antwort, dass seine geographische Lage, die Bedeutsamkeit unserer Interessen im Land und die zukünftige Sicherheit unseres östlichen Empire es unmöglich machen,... uns von den Ereignissen in Persien abzukoppeln.«[24]

Schah Resa begann seine Modernisierungsversuche in den zwanziger Jahren, als der von seinen Vorgängern begonnene Ausverkauf des Landes praktisch irreversibel geworden war. Alle seine Bemühungen gingen wenig später in den Tumulten des Zweiten Weltkrieges unter. Während sich die neue Türkei auch nach Atatürks Tod (1938) klug verhielt und eine Art bewaffnete Neutralität wahrte, setzte Schah Resa – aus Abneigung gegen die alten Feinde England und Russland (nun die Sowjetunion) – auf das nationalsozialistische Deutschland. Resa hatte schon zuvor Sympathien für Mussolini und Hitler gezeigt. Im September 1941 musste er aus dieser Fehlkalkulation die Konsequenz ziehen und abdanken. Er starb 1944 in Südafrika.

Die Geschichte wird selten von Zufälligkeiten bestimmt. Deshalb ist es auch weniger ein Kuriosum, sondern eher ein Beweis für ein kontinuierliches koloniales Engagement der USA, dass zwei amerikanische Militärs gleichen Namens die Region in bestimmender

Weise mitgeformt haben. Es sind Vater und Sohn. Beide heißen sie H. Norman Schwartzkopf.

Der Vater, Colonel Schwartzkopf, wurde nach Amtsantritt Schah Mohammed Resa Pahlewis 1942 in den Iran geschickt, um die Polizei des Landes zu trainieren. Vater Schwartzkopf baute aber auch eine geheime Sicherheitspolizei auf, die zum Schrecken linksgerichteter Intellektueller und Politiker wurde. Und Vater Schwartzkopf war zur Stelle, als der CIA-Agent Kermit Roosevelt 1953 seinen Putsch gegen den aufsässigen Ministerpräsidenten Mohammed Mossadeq plante. Kermit, unter Anspielung auf Rudyard Kiplings Teenagerspion aus dem gleichnamigen Kolonialroman auch Kim genannt, erhielt von Vater Schwartzkopf den Auftrag, den schwachen Schah Mohammed Resa Pahlewi über den bevorstehenden Sturz seines Widersachers zu informieren.[25]

Der Sohn, General H. Norman Schwartzkopf, war 1990/91 alliierter Oberkommandierender im Krieg gegen Saddam Hussein und wäre wohl gerne gleich bis Bagdad durchmarschiert.

Neben dem Iran gab es noch einen anderen Wachtposten im Umfeld des britischen kolonialen Kronjuwels Indien: Afghanistan. Spätestens nachdem Turkstämme wie die Kasachen im 19. Jahrhundert den russischen Zaren gegen chinesische Überfälle zu Hilfe gerufen hatten, machte sich russisches Militär allmählich im Norden von Afghanistan breit. Alma Ata, heute Almaty, bis 1997 Hauptstadt des neuen unabhängigen Staates Kasachstan, ist aus einem solchen russischen Militärposten hervorgegangen. Der Wachtposten Afghanistan war von zwei Seiten bedroht. Im Norden von Russland, das zu den Warmwasserhäfen am Indischen Ozean strebte, im Westen vom Iran. Der russisch-britische Antagonismus in Zentralasien ist als »The Great Game«, als das »Große Spiel«, in die Geschichte eingegangen. Hier, sozusagen auf dem Dach der Welt, zwischen Tientschan-Gebirge, Pamir und Hindukusch, werde, so dachten die Supermächte der Epoche, das Schicksal der Welt entschieden. Briten und Russen kämpften mehrmals in Afghanistan, mussten aber einsehen, dass das Land nicht beherrschbar war.

Heute ist der Preis, der in Zentralasien zu gewinnen ist, ungleich höher. Immense Bodenschätze – Eisenerze, Gold, vor allem aber Öl und Erdgas rund ums Kaspische Meer – ziehen erneut die Großmächte an, diesmal besonders Amerika und die mögliche Supermacht der Zukunft, China. Es locken unschätzbare Vorteile. Und es droht, wenn man sich nicht friedlich einigt, ein neues »Großes Spiel«, eine Neuauflage des Wettkampfes auf jenem zentralasiatischen Schachbrett, von dem schon Lord Curzon gesprochen hatte.

Der mögliche Gewinn ist ein Ölimperium, ein Petrolistan, das sich von Mosul, Kirkuk und Basra bis zum Kaspischen Meer und vom iranischen Abadan über Kuwait bis nach Saudi-Arabien erstreckt. So betrachtet ist – je nach geographischem Blickwinkel – Zentralasien eine Erweiterung des Nahen Ostens oder der Nahe Osten ein Annex Zentralasiens. Die eine wie die andere Region isoliert zu betrachten wäre ein fataler politischer Fehler.

Die historische Erfahrung lehrt, dass beim Rohstoff Öl das normale Verhältnis von Hersteller und Käufer gestört ist. Die Kunden, meistens Industriestaaten aus der westlichen Hemisphäre, begnügen sich nicht mit dem Kauf. Sie halten die Ware, welche sie erstehen wollen, für so wichtig, dass sie die Eigentümer des ersehnten Gutes, die Besitzer der Ölquellen, beherrschen, zumindest aber kontrollieren wollen. Hier liegt eine der Ursachen für jene Krisen, welche die Welt schon zu Beginn des 20. Jahrhunderts heimgesucht haben.

Hundert Jahre später haben sich die politischen Koordinaten nicht wesentlich geändert. Beherrschung der Ölquellen ist noch immer das Ziel mancher westlicher Verbraucherstaaten. Daher sieht die politische Landkarte zwischen dem Nil und dem Hindukusch, zwischen Moskau und Riad heute nicht grundsätzlich anders aus als vor einem knappen Jahrhundert. Die neue Weltordnung, von der Präsident Bush senior am Ende des Kuwaitkrieges 1991 sprach, ist fast ein Abziehbild der alten, zu Beginn des vorigen Jahrhunderts etablierten Ordnung, auch wenn sich im Laufe der Jahrzehnte die politische Raumausstattung in Details verändert hat. Der »Subkontinent«, wie die Briten ihr indisches Kronjuwel nannten, ist selbstständig geworden. Der Iran hat sich 1979, vorerst, aus der angloamerikanischen Einflusssphäre gelöst, wird dafür aber mit harten Sanktionen abgestraft.

Der Irak unter Saddam Hussein machte 1990 den Fehler, sich mit dem Überfall auf Kuwait aus der angloamerikanischen Einflusssphäre davonstehlen zu wollen. Der Feldzug gegen Bagdad dreizehn Jahre danach war die späte Vergeltung für solche Unbotmäßigkeit.

Syrien, einst Vorreiter des arabischen Nationalismus, liegt einsam und verlassen da und liefert allenfalls verbale Rückzugsgefechte. Die saudische Dynastie kämpft ums Überleben, Israel noch immer um den Bestand seines Staates, die Palästinenser noch immer um ein kleines Stück jenes Landes, das ihnen einst genommen wurde.

Wenig deutet darauf hin, dass diese Konflikte bald befriedigend geregelt werden.

Teil II
Nahostkonflikte –
in Europa gemacht

Kapitel 3
Palästina – zwei Völker
kämpfen um ein Land

»Wir können den Arabern weder innerhalb noch außerhalb Palästinas irgendwelche Versprechen machen.«

»Entweder müssen wir unsere Siedlungsanstrengungen aufgeben, oder wir müssen sie ohne Rücksicht auf die Stimmung der Eingeborenen fortsetzen.«

»Das einzige Mittel, mit ihnen (den Arabern) zu einem Übereinkommen zu gelangen, ist durch eine eiserne Mauer, d. h. durch die Errichtung einer Macht in Palästina, welche in keiner Weise durch arabischen Druck beeinflusst wird.«

Wladimir Jabotinsky, »*Die eiserne Mauer*«, 1923[1]

Eine unheilvolle Prophezeiung ist in Erfüllung gegangen. Eine Mauer trennt Israelis von Palästinensern, aber auch Palästinenser von Palästinensern. Mit ihrem Bau begann Israel im Jahre 2002. Sie soll 450 Kilometer lang werden, ihre Höhe wird streckenweise 3,50 Meter erreichen. Einst waren es die Chinesen, die sich durch eine große Mauer vor ihren Feinden zu schützen versuchten. Die fast undurchlässige, mit Stacheldraht, Minengürteln und Wachhunden undurchdringlich gemachte Grenze, die den Osten vom Westen Europas teilte, wurde »Eiserner Vorhang« genannt. Die von Israel errichtete Mauer teilt das schmale, von Gewalt seit fast einhundert Jahren gebeutelte Land in zwei ungleich große Teile. Nördlich, westlich und südlich des Zaunes liegt Israel. Östlich der neuen Barriere liegt ein durch israelische Siedlungsblocks und speziell für Siedler gebaute Straßen zerstückeltes Westjordanland. Vom arabischen Nachbarn Jordanien sind die Palästinenser abermals durch eine mit hohem Stacheldrahtzaun befestigte Grenze abgeschnitten. Etwa 2,5 Millionen Menschen leben in diesem durch etwa 450 israelische Militärposten und Straßenbarrieren in Zellen eingeteilten Gefängnis, aus dem es kaum ein Entweichen gibt. Oft können die Menschen nicht einmal von einer Zelle in die andere wechseln, weil sie an den Straßensperren aufgehalten werden.

Errichtet wird die Mauer, dieses Monument politischen Versagens, exakt acht Jahrzehnte nachdem ein Mann namens Wladimir Jabotinsky im Jahre 1923 zwei Artikel unter dem Titel »Die eiserne Mauer« geschrieben hat. Diese Artikel haben Geschichte gemacht. Israelische Ministerpräsidenten wie Menachem Begin und Benjamin Netanjahu waren ideologische Nachfolger Jabotinskys, Ariel Scharon ist sein Vollstrecker.

Wladimir Jabotinsky war ein glühender jüdischer Nationalist. Er wurde 1880 im russischen Odessa in eine liberale jüdische Familie hineingeboren. Als Journalist arbeitete Jabotinsky in Rom und Wien. Seinen wahren Ruhm – so sehen dies seine Anhänger – erwarb Jabotinsky aber als Begründer des zionistischen »Revisionismus«. Mit diesem Revisionismus wandte er sich gegen den herrschenden, seiner Meinung nach zu laschen Zionismus Chaim Weizmanns und seiner Anhänger. Deren Version des Zionismus ging nach Jabotinskys Ansicht fälschlicherweise davon aus, die palästinensischen Araber seien Dummköpfe, die man durch eine abgemilderte zionistische Rhetorik beruhigen könne. Jabotinsky suchte eine »Revision« dieser seiner Ansicht nach verfehlten zionistischen Politik durch Anerkennung der Realität. Und diese Realität liege darin, dass »sich jedes eingeborene Volk so lange fremden Siedlern widersetzen werde, wie es Hoffnung habe, sich von der Gefahr ausländischer Besiedlung zu befreien«. Die Araber würden sich demnach so lange der zionistischen Besiedlung widersetzen, wie sie erwarten könnten, die Umwandlung Palästinas in das »Land Israels« zu verhindern. »Entweder müssen wir unsere Siedlungsbemühungen aufgeben; oder wir müssen sie ohne Rücksicht auf die Stimmung der Einheimischen fortsetzen. So kann die Besiedlung unter dem Schutz einer Macht weitergeführt werden, die von der einheimischen Bevölkerung unabhängig ist – hinter einer eisernen Mauer, welche die Einheimischen nicht niederreißen können.«[2]

Niederreißen können die Palästinenser Jabotinskys in Stahl und Beton gegossene Prophezeiung tatsächlich nicht. Streckenweise ist dieser Apartheidwall so hoch, dass den unmittelbar am Sperrdamm lebenden Palästinensern der Anblick der auf- bzw. untergehenden Sonne verwehrt ist. Im Eiltempo hochgezogen wird das Ungetüm streckenweise auf konfisziertem arabischem Boden – und nicht auf der »grünen Linie«, welche die inoffizielle Grenze zwischen Israel und den besetzten Gebieten markiert. Etwa 160 000 Palästinenser in 51 Dörfern und Städten sind von ihrem Umland und vielfach von ihren Feldern abgeschnitten. Über 100 000 Bäume wurden bereits gefällt, über 13 440 Dunum (1344 Hektar) Land konfisziert.[3]

Jabotinskys eiserne Mauer hatte schon vor acht Jahrzehnten mehr als symbolischen Charakter. Ein Zionist sprach die bittere Wahrheit aus, dass es zwischen Siedlern und Besiedelten – wie einst zwischen den einwandernden Europäern und den amerikanischen Indianern – naturgemäß kaum einen Kompromiss geben könne. Dass aber ein später Revisionist wie Ariel Scharon einst tatsächlich eine Mauer zwischen Palästinensern und Israelis errichten würde, hätte vermutlich auch der Realist Jabotinsky kaum vorausgesehen. Der angesehene israelische Historiker Avi Shlaim, 1945 in Bagdad geboren, heute Professor für Internationale Beziehungen in Oxford, hat Jabotinskys Begriff von der »eisernen Mauer« zum Titel einer umfassenden Studie über Israel und die arabische Welt gemacht. Sein Buch endet mit den Ereignissen des Jahres 1998. Die Überschrift seines letzten Kapitels lautet »Back to the Iron Wall« – zurück zur eisernen Mauer.

Der Konflikt zwischen Israelis und Palästinensern, der durch Jabotinskys Nachfolger und politischen Erben Scharon einen neuen Höhepunkt erreicht, dauert nun schon über ein Jahrhundert. Allerdings: In Ruanda und Burundi, im Kongo, im Südsudan und in Liberia sind in den letzten Jahrzehnten Millionen von Menschen in Bürgerkriegen regelrecht abgeschlachtet worden. Zwar

berichten Diplomaten und Journalisten auch über diese Tragödien. Doch im Vergleich zu den Konflikten in Nahost ist die
Mühe, die man der Beilegung der afrikanischen Tragödien
zuwendet, eher gering. Wie aber kommt es, dass ein – im Vergleich
zu den afrikanischen Metzeleien – kleiner Konflikt die Weltöffentlichkeit, zumindest aber das amerikanische und europäische
Publikum seit Jahrzehnten so sehr in seinen Bann schlägt, während die Schlachtfelder in Afrika mit ihren Millionen von Toten
eher als Nebenkriegsschauplatz gelten?

Palästina gilt vielen als spirituelle Quelle Europas. Über Jahrhunderte pilgerten Menschen nach Palästina, wo die Quellen des
Alten und des Neuen Testaments liegen, wo die Werte der europäischen Kultur, Judaismus und Christentum ihren Ursprung
haben, kurz: wo das »christliche Abendland« entstanden ist. Wie
der Lachs, der mühsam stromaufwärts schwimmt, um zu seinen
Brutstätten zu gelangen (so drückt sich die amerikanische Historikerin Barbara Tuchman aus), reisen Menschen noch heute nach
Palästina und suchen dort den Ursprung ihrer moralischen und
intellektuellen Existenz.[4]

»Der Grund, warum wir uns Palästina zuwenden, liegt darin, dass
Palästina unser Land ist. Ich habe diesen Ausdruck schon einmal
benutzt und ich weigere mich, einen anderen zu gebrauchen.«
Mit diesen entschiedenen, fast schon kompromisslosen Worten
wandte sich im Jahre 1875 der Erzbischof der britischen Stadt
York an die Mitglieder des »Palestine Exploration Fund«. Palästina habe ihm, fuhr der Erzbischof fort, jene Gesetze gegeben,
nach denen er lebe.

Der Erzbischof von York war keineswegs der Erste, der auf der
Suche nach seinen intellektuellen Wurzeln auch eine Besiedlung
oder gar Landnahme in Palästina nicht ausschloss. Ein anderer
war Anthony Ashley Cooper, der siebte Earl of Shaftesbury. Aus
tiefer protestantischer Überzeugung heraus begann er 1840 seine
Idee zu verbreiten, Juden wieder in Palästina anzusiedeln.
Der Earl sah die Bibel als Ganzes, nannte die Juden »Gottes altes
Volk« (»God's ancient people«), glaubte an die Wiederkehr des

Messias und war als Philanthrop und gläubiger Christ zutiefst von seiner Mission überzeugt. Zu den ersten Propheten, welche die Rückkehr der Juden nach Palästina predigten, gehörten mithin nicht nur europäische Juden, sondern tiefgläubige angelsächsische Protestanten. Heute würde man diese religiösen Vordenker einer europäischen Rückkehr nach Palästina als »christliche Zionisten« bezeichnen. Auf eine ähnliche Gruppe protestantischer Zionisten stützt sich US-Präsident George W. Bush (siehe Kapitel 12).

Das von Bischöfen und Adeligen entworfene Konzept der Rückkehr des Abendlandes zu seinen Wurzeln wurde von den Politikern gerne aufgegriffen. Englands Außenminister Lord Palmerston schrieb am 11. August 1840 seinem Botschafter in Istanbul, der Hauptstadt des osmanischen Weltreiches, folgenden Brief: »Gegenwärtig gibt es unter den Juden, welche über Europa verstreut sind, in starkem Maße die Vorstellung, dass die Zeit gekommen ist, zu der ihr Volk nach Palästina zurückkehren wird.« Für den osmanischen Sultan, auf dessen Hoheitsgebiet Palästina lag, wäre es, so schrieb Palmerston weiter, von »manifester Bedeutung«, die jüdische Einwanderung zu unterstützen. Denn die Juden würden mit ihrem Reichtum die Ressourcen des Sultans auffrischen. Seinen Brief beschloss der Minister mit der Weisung, der Botschafter möge die türkische Regierung auffordern, die Einwanderung europäischer Juden zu fördern.

In diesem Brief, geschrieben vor mehr als 160 Jahren, wurde bereits jenes historische Muster gesetzt, nach dem Großbritannien in der Balfour-Erklärung von 1917 handelte: Ein Volk forderte ein anderes auf, Platz für ein drittes zu schaffen. Das Problem jedoch war schon damals, dass Palästina, anders als manche glauben machen wollten, kein menschenleeres Land war. In dem Brief Palmerstons, in der Erklärung Balfours und in den frommen Absichten Shaftesburys wird die Doppelmotivation (heute würde man vielleicht von Doppelmoral sprechen) britischer Politik deutlich. Der Earl von Shaftesbury repräsentiert die Suche des Abendlandes nach seinen Wurzeln; seine Grundlage war die Bibel. Palmerston wiederum repräsentiert den britischen Imperialismus, dessen Grundlage das Schwert wurde.

Kernpunkt des plötzlich wieder in das Zentrum der europäischen Aufmerksamkeit gerückten Palästina war stets Jerusalem. Jahrhundertelang war die von Juden, Muslimen und Christen als religiöse und spirituelle Heimat gepriesene Stadt eine eher unbedeutende Provinzstadt in den Weiten des osmanischen Vielvölkerstaates. Gerade einmal 4000 Muslime, 2750 Christen und 2000 Juden lebten Anfang des 19. Jahrhunderts in *Al-Quds*, der »Heiligen« Stadt. Sechs Jahrzehnte später war Jerusalem die Stadt, in welcher sich viele christliche Institutionen niederlassen wollten. Die Schweizerisch-Deutsche Bruderschaft baute 1860 ein Waisenhaus, Protestanten aus Württemberg gründeten 1871 die »Deutsche Kolonie« mit Kirche, Schule und Krankenhaus. Und schließlich kam 1880 die amerikanische Familie der Staffords und gründete eine protestantische Mission, welche als »American Colony« in die Geschichte der Stadt eingegangen ist.[5] Das damals gebaute Domizil der Staffords beherbergt heute das »American Colony Hotel«.

Assimilation oder Emanzipation?

Während Christen in Jerusalem ihr Seelenheil suchten, wurde für viele Juden die Emigration nach Palästina und in das revitalisierte Jerusalem mehr und mehr zu einer Überlebensfrage. Jahrhundertelang hatte der Gruß »Nächstes Jahr in Jerusalem« eher eine spirituelle Bedeutung. Angesichts des in Europa weit verbreiteten Antisemitismus bekam diese Sehnsucht allmählich auch einen politischen Charakter. Immer öfter wurde unter den Juden Europas eine entscheidende Frage diskutiert. Sie lautete: Sollen sich die Juden den »Wirtsvölkern« (wie Theodor Herzl später formulierte) bis zur Aufgabe ihrer Identität anpassen, sollen sie sich also assimilieren? Oder sollen sie ihre jüdische Identität bewahren, entwickeln und sich so von den Wirtsvölkern emanzipieren? Moses Mendelssohn (1729–1786) versuchte einen Spagat: Emanzipation und Assimilation seien keine unüberwindlichen Gegensätze. Der

Judaismus sei eine Vernunftreligion, Angleichung an die Kultur der Gastvölker bedeute keineswegs die Aufgabe der eigenen Identität.[6] Anders äußerte sich der Schriftsteller Heinrich Heine (1797–1856). Für ihn bedeutete der Übertritt zum Christentum das »Entree-Billet« zur europäischen Kultur. Auch Rahel Varnhagen (1771–1833) und Ludwig Börne suchten mit der christlichen Taufe die Angleichung an die Gesellschaft, in der sie lebten.

Doch Heinrich Heine bereute seinen Übertritt zum Christentum schnell. »Ich bin jetzt bei Christen und Juden verhasst. Ich habe seitdem nichts als Unglück.« Heine dichtete:

»Und du bist zu Kreuze gekrochen
Zu dem Kreuz, das du verachtest
Das du noch vor wenigen Wochen
In den Staub zu treten dachtest.«

Der jüdische Schriftsteller Amos Elon bestätigt die schlimme Erfahrung, welche Heine mit seiner Taufe gemacht hatte. In seinem Buch *The Israelis – Fathers and Sons* argumentiert er, sowohl assimilierte als auch emanzipierte Juden hätten unter dem Antisemitismus gelitten. Trotz ihrer Bemühungen, sich auf die eine oder andere Art der Gesellschaft, in der sie lebten, anzupassen, sei ihnen Gleichberechtigung verwehrt geblieben.

Früh schon wird die Diskussion über Assimilation oder Emanzipation von einem anderen Thema begleitet. Es ist die Frage, ob die Probleme der Juden in Europa nicht am besten durch die Gründung eines eigenen Nationalstaates zu lösen seien. Viele Dokumente der Literatur bezeugen diese Entwicklung. Der spätere britische Premierminister Benjamin Disraeli (1804–1881), der vom Judentum zum Christentum konvertierte, lässt eine der jüdischen Hauptpersonen in seinem Roman *Alroy* sagen: »Sie fragen mich, was ich wünsche. Die Antwort ist, eine nationale Existenz, die wir nicht haben.« 1876 sagt Daniel Deronda in George Eliots gleichnamigem Roman: »Die Idee, von der ich besessen bin, ist, meinem Volk eine politische Existenz zurückzugeben, es wieder zu einem

Volk zu machen. Ihm ein nationales Zentrum zu geben.« 1862 schließlich veröffentlicht Moses Hess (1812–1875) sein Buch *Rom und Jerusalem – Die letzte Nationalitätenfrage*. Er schreibt: »Ein Gedanke, den ich für immer in meiner Brust verstrickt zu haben glaubte, steht wieder lebendig vor mir: der Gedanke an seine (des jüdischen Volkes) Nationalität.« Hess war davon überzeugt, dass angesichts des deutschen Antisemitismus weder Assimilation, noch Emanzipation, noch gesellschaftliche Reformen die Juden retten könnten: »Selbst die Taufe erlöst ihn nicht von dem Alpdruck des deutschen Judenhasses.«

Auch der in Odessa geborene Leo Pinsker sah angesichts der Pogrome in Russland die jüdische Diaspora in einer ausweglosen Lage. Die Krankheit des Antisemitismus sei unheilbar, schrieb Pinsker resigniert. Tatsächlich wurde die Situation der Juden besonders in Osteuropa immer unerträglicher. Nach der Ermordung von Zar Alexander II. 1881 mussten sich Juden in zahlreichen Städten des Zarenreiches gewalttätiger Übergriffe erwehren. 1903 wütete der Mob im moldawischen Kishinew tagelang gegen jüdische Mitbürger. 45 Juden wurden ermordet, 600 verwundet, 1500 jüdische Häuser und Läden waren nur noch Ruinen.

In der Auswanderung nach Palästina sahen die europäischen Juden den einzigen Weg der Errettung. Amos Elon bemerkte, rückschauend, im Jahre 1981: »Der Zionismus [d. h. die Emigration nach Palästina] wurde unvermeidlich für die Juden.«[7]

Doch Auswanderung bedeutete Konflikt mit den in Palästina wohnenden Arabern. Die Araber traf am europäischen Antisemitismus keinerlei Schuld. Deshalb betrachteten sie es als großes Unrecht, dass sie die Konsequenzen des europäischen Antisemitismus und des Holocaust tragen sollten. Araber waren bereit, jüdische Einwanderer aufzunehmen. Sie waren aber nicht bereit, den politischen Flüchtlingen die Herrschaft über ihr Land zu überlassen. 1987 schrieb der palästinensische Wissenschaftler Walid Khalidi:

»Die Palästinenser vermochten nicht einzusehen, warum sie für den Holocaust bezahlen sollten. Sie sahen nicht ein, warum es für die Juden nicht fair sein sollte, eine Minderheit in einem palästinensischen Staat zu sein, warum es dagegen [für die Palästinenser] fair sein sollte ... über Nacht unter einer Fremdherrschaft in eine Minderheit verwandelt zu werden...«[8]

Theodor Herzls »Judenstaat«

Mit einem Paukenschlag trat im Jahre 1896 Theodor Herzl an die europäische Öffentlichkeit. In seiner kleinen Broschüre *Der Judenstaat* formulierte er selbstbewusst: »Wenn Seine Majestät der Sultan uns Palästina gäbe, könnten wir uns dafür anheischig machen, die Finanzen der Türkei gänzlich zu regeln. Für Europa würden wir dort ein Stück des Walles gegen Asien bilden, wir würden den Vorpostendienst der Kultur gegen die Barbarei besorgen.« Die »Judenfrage« interpretiert Theodor Herzl nicht mehr als eine kulturelle Frage oder als ein innenpolitisches Problem der Wirtsvölker. Die Judenfrage sei eine »nationale Frage«, schreibt Theodor Herzl. »Um sie zu lösen, müssen wir sie vor allem zu einer politischen Weltfrage machen, die im Rate der Kulturvölker zu regeln sein wird.«[9]

Theodor Herzl, am 2. Mai 1860 als Bürger des habsburgischen Vielvölkerstaates in Budapest geboren, war zeit seines Lebens ein Jude, der sich für Religion wenig oder gar nicht interessierte. Vielmehr war er ein brillanter intellektueller Kopf, ein hervorragender Journalist. Als ein von seiner Mission Besessener führte er später akribisch Tagebuch über seine Lobbyarbeit. Ursprünglich hatte auch Theodor Herzl den – formalen – Übertritt zum Christentum erwogen, um sich dem Antisemitismus zu entziehen. Doch die Feindseligkeit seiner Umgebung machte seine Assimilationsbemühungen zunichte.

Gleichzeitig gab es eine Reihe von Ereignissen, die ihn in der Meinung bestärkten, die jüdische Frage sei eigentlich ein nationales Problem. Italien löste seine nationale Frage mit der Vereinigung aller seiner Gebiete im Jahre 1870. Serbien, das Anfang des 19. Jahrhunderts erstmals gegen die osmanische Oberhoheit rebelliert hatte, erreichte seine volle Unabhängigkeit auf dem Berliner

Kongress von 1878. Und in der Mitte des Kontinents wurde die nationale Frage Deutschlands durch die Gründung des Deutschen Reiches 1871 gelöst. Parallel zu diesen Entwicklungen bildete sich allmählich auch ein jüdischer Nationalismus heraus. Dieser neue Nationalismus stärkte wiederum den traditionellen europäischen Antisemitismus, und der abermals belebte Antisemitismus förderte erneut den jüdischen Nationalismus. Dieser jüdische Nationalismus hat einen besonderen Namen – Zionismus, benannt nach dem Berg Zion in Jerusalem.

Im Jahre 1894 wurde Theodor Herzl als Korrespondent der angesehenen Wiener Zeitung *Neue Freie Presse* in Paris Zeuge, wie Assimilation und Emanzipation fehlschlugen und neuem Rassismus Platz machten. Am 19. Dezember 1894 begann in Paris der Spionageprozess gegen den Hauptmann Alfred Dreyfus, der einer angesehenen jüdischen Familie angehörte. Ihm wurde fälschlicherweise vorgeworfen, dem deutschen Militärattaché Dokumente des französischen Generalstabes verkauft zu haben. Dreyfus wurde verurteilt, degradiert, deportiert und erst 1906 rehabilitiert. Für Theodor Herzl waren der Prozess und die ihn begleitende Welle des Antisemitismus ein Wendepunkt. Wenn schon ein hoch zivilisiertes Volk wie das der Franzosen auf solche Abwege geriet, gab es in Europa für die Juden kaum noch Hoffnung, sagte sich Theodor Herzl. Ein gutes Jahr später veröffentlichte er seinen *Judenstaat*.

Die »Judenfrage« wird zur Weltfrage
Ein knappes Vierteljahrhundert nachdem protestantische Zionisten wie der Earl of Shaftesbury und Palmerston beschlossen hatten, Bibel und Schwert für die jüdische Einwanderung nach Palästina zu benutzen, waren mit Theodor Herzl nun auch die Betroffenen selbst machtvoll auf den Plan getreten. In den ihm noch verbleibenden wenigen Lebensjahren – Herzl starb am 3. Juli 1904 im Alter von nur 44 Jahren – legte der Autor des »Judenstaates« die Grundlage der bis heute andauernden beispiellosen Lobbyarbeit für das Projekt der Rückkehr der Juden nach Palästina. Er schaffte es in kurzer Zeit, die, wie er 1896 prophezeit

hatte, »jüdische Frage« zu einer »Weltfrage« zu machen. Wie später bei Männern wie Mark Sykes und Lord Balfour spielten dabei die Wünsche der einheimischen Bevölkerung keine Rolle. In einem Tagebucheintrag vom 25. April 1896 berichtet Theodor Herzl von einem Gespräch mit dem Großherzog von Baden: »Würde die Türkei in absehbarer Zeit geteilt, so könnte man in Palästina einen *état tampon* schaffen. Zur Erhaltung der Türkei könnten wir jedoch viel beitragen. Wir würden den Staatshaushalt des Sultans definitiv regeln gegen Überlassung dieses für ihn nicht sehr werthvollen Territoriums.«

Der Großherzog zeigte sich zwar interessiert an dem Plan, wollte aber öffentlich nicht mit ihm in Verbindung gebracht werden. Seine Hoheit fürchtete, sich als Antisemit zu entblößen. An einer anderen Stelle des Tagebucheintrages gibt Theodor Herzl einen kurzen Dialog mit dem Großherzog wieder: »Ich entwickelte dann die allgemeinen Vortheile des Judenstaates für Europa. Wir würden den Krankheitswinkel des Orients assaniren. Wir würden die Schienenwege nach Asien bauen, die Heerstraße der Culturvölker. Der Großherzog sagte: Das würde auch die egyptische Frage lösen. England klammert sich nur an Egypten, weil es da seinen Weg nach Indien sichern muss. Thatsächlich kostet Egypten mehr, als es werth ist.«[10]

Als Kaiser Wilhelm II. 1898 in den Orient reiste, gab er Theodor Herzl zwei Audienzen. Bei der ersten, am 18. Oktober 1898 in Istanbul, bemerkte Seine Majestät süffisant, dass es unter Herzls Landsleuten durchaus »Elemente« gebe, »die in Palästina anzusiedeln recht gut wäre«. Beim zweiten Treffen, am 2. November, begegneten sich die beiden im Gelobten Land selbst, in Haifa. Von seinem Schimmel herab sah der Kaiser Herzl in der Menge stehen. »Wie geht's?«, fragte der Kaiser. »Danke Majestät, ich sehe mir das Land an.« Der Kaiser ließ sich zu einer weiteren kleinen Konversation herab und bemerkte, Palästina sei sehr heiß, brauche viel Wasser, berge aber durchaus Potenziale.

Das imperiale Selbstbewusstsein, mit dem hier europäische Mächte über ein fremdes Stück Land verfügen wollten, kam bei den Betroffenen selbstverständlich nicht gut an. Aus der orientalischen, nicht-eurozentrischen Perspektive betrachtet sah das Problem nämlich völlig anders aus. Zunächst einmal war der europäische Sündenfall des Antisemitismus in der islamischen Welt weitgehend unbekannt. Die Einwohner Palästinas – Araber, Türken und wenige Juden – lebten im Alltag weitgehend friedlich nebeneinander. In den über vierzehn Jahrhunderten arabisch-jüdischer Begegnung waren die Araber tatsächlich die allermeiste Zeit nicht antisemitisch. Denn die Araber waren, wie der amerikanische Islamwissenschaftler Bernard Lewis erklärt, fast alle Muslime. Im Islam aber werde nicht nach der Bibel unterrichtet, muslimische Kinder würden nicht mit Geschichten über den Gottesmord der Juden aufgezogen. Allein schon die Vorstellung von Gottesmord werde vom Koran als blasphemische Absurdität abgelehnt.[11]

Pogrome – ein russisches Wort, das Aufstand und auch Verwüstung bedeutet – gab es nicht in der islamischen Welt. Mit der Förderung der jüdischen Auswanderung hat Europa mithin sein Problem des Antisemitismus in den Orient exportiert.

Es kann daher kaum verwundern, dass der osmanische Sultan keinerlei Grund sah, das rein europäische Problem des Antisemitismus durch die Aufgabe eines wertvollen Landstriches zu lösen. In einem Tagebucheintrag vom 19. Juni 1896 berichtet Theodor Herzl von einem Gespräch, das einer seiner Vertrauten mit dem Sultan hatte. Darin sagte der Herrscher über den osmanischen Vielvölkerstaat: »Ich kann keinen Fußbreit meines Landes veräußern, denn es gehört nicht mir, sondern meinem Volke. Mein Volk hat dieses Reich mit seinem Blut erkämpft und gedüngt. Wir müssen es wieder mit unserem Blut bedecken, bevor man es uns entreißt... Wenn mein Reich zertheilt wird, bekommen sie vielleicht Palästina umsonst. Aber theilen wird man erst unseren Cadaver. Eine Vivisection gebe ich nicht zu.«[12]

Friedlich, das musste Theodor Herzl erkennen, war Palästina nicht zu haben, auch wenn er diese Erkenntnis nur selten öffentlich äußerte. »Im Namen Gottes, lassen Sie Palästina in Frieden« –

diese Worte stammen aus einem 1899 verfassten Brief von Yusuf Zia al-Khalidi, dem osmanischen Bürgermeister von Jerusalem. Gerichtet war das Schreiben an Zadoc Khan, den Rabbi von Frankreich. Theoretisch sei zwar das zionistische Ideal »vollständig natürlich, schön und gerecht«. Wer könne die »Rechte der Juden auf Palästina bestreiten?«, fragte der Bürgermeister. »Gott weiß es, historisch ist es in der Tat euer Land.« Heute aber sei Palästina ein Teil des Osmanischen Reiches, und es sei besiedelt. Wenn die Zionisten bei ihren Absichten blieben, würden sie einen Aufstand riskieren, den selbst die Türken nicht niederschlagen könnten.

Theodor Herzl, der von dem Brief Kenntnis erhielt, beschwichtigte: Niemand habe von der jüdischen Einwanderung etwas zu befürchten, denn die Juden hätten keine militärische Macht hinter sich.[13] Später verfasste Theodor Herzl in seinem Roman *Altneuland* ein jüdisches Utopia für Palästina. In kürzester Zeit werde Palästina ein blühendes Land sein, die Araber würden den Zionisten für die koloniale Wohltat danken. Es war das typische Muster imperialen Denkens, das Theodor Herzl in *Altneuland* ausbreitete: Ob sie diese Wohltat nun akzeptieren wollten oder nicht, die Völker der eroberten Länder würden von den zivilisatorischen Leistungen der neuen europäischen Herren profitieren.

Andere Zionisten beruhigten sich durch Verdrängung der Realität. Zu jenen, die sich selbst wohl mit voller Absicht täuschten, gehörte Theodor Herzls Zeitgenosse Israel Zwangwill. Für ihn war Palästina schlicht »ein Land ohne Volk, das auf ein Volk ohne Land wartete«.[14]

Das Thema, wie die einheimischen Araber aller Voraussicht nach auf die geplante massive jüdische Zuwanderung reagieren würden, suchte die Zionisten immer wieder heim. Ahad Ha-Am, ein jüdischer Denker, war ein Vertreter jener Richtung, welche die »Araber als naiv« und weitgehend »bar von Vernunft und Intelligenz« erachtete.[15] Obwohl Ahad Ha-Am begrenzten arabischen Widerstand voraussah, hielt er die Einheimischen nicht für eine grundsätzliche Bedrohung des großen zionistischen Entwurfes.

Ein anderer, Yitzhak Epstein, ein in Palästina lebender russischer Lehrer, veröffentlichte 1907 einen Artikel, den er mit einer das Problem der Zionisten bezeichnenden Überschrift versah: »Eine verborgene Frage« war sein Beitrag betitelt. Zu den schwierigen Problemen, die das Konzept der Wiedergeburt des jüdischen Volkes auf seinem eigenen Land mit sich brächten, zähle auch die Frage nach »unseren Beziehungen mit den Arabern«.[16]

Es waren indessen weder der Begründer des politischen Zionismus noch sein unwissender Zeitgenosse Israel Zwangwill, die begannen, Herzls großen Plan zu verwirklichen. Schon eineinhalb Jahrzehnte vor Theodor Herzls imperialen Entwurf eines Judenstaates setzte die jüdische Einwanderung nach Palästina ein. Im Jahre 1882, als unter etwa 600 000 Arabern nur etwa 24 000 Juden – meist unter ärmlichen Verhältnissen – in Palästina lebten, begann das, was Historiker die erste *Aliyah* nennen, die erste Einwanderungswelle osteuropäischer Juden, welche dem Antisemitismus in Osteuropa entkommen wollten. Es waren mithin politische Flüchtlinge, die damals in Palästina Asyl erhielten. Bis 1914 stieg die Zahl der jüdischen Einwohner Palästinas auf 85 000. Und 1931 lebten neben 75 700 arabischen Muslimen und 88 907 arabischen Christen bereits 174 606 Juden in Palästina. Ende 1948 zählte der am 15. Mai auf einem Teil Palästinas gegründete Staat Israel 872 700 Einwohner, darunter etwa 726 000 Juden und 146 000 Araber.[17] Viele Juden waren vor den Nationalsozialisten geflohen, und nach 1945 waren Überlebende der Vernichtungslager nach Palästina emigriert. Im zerstörten Nachkriegseuropa sahen sie keinerlei Möglichkeit für einen Neuanfang. Palästina wurde abermals zum Gelobten Land.

Zwar beschleunigte der Holocaust die Gründung von Theodor Herzls Judenstaat. Doch einzige Ursache für die Gründung Israels ist er nicht. Denn der große protestantische und jüdische Entwurf einer religiösen und nationalen Reconquista Palästinas ging dem Holocaust fast ein ganzes Jahrhundert voraus.

Der Fortschritt, welchen die jüdischen Siedler in den Jahrzehnten vor dem Holocaust in Palästina erzielten, war nur möglich, weil eine Reihe von Arabern ihre Geschäftsinteressen über ihr nationales Bewusstsein stellten. In der Hoffnung auf schnellen und bedeutenden Profit verkauften nämlich viele Araber ihr Land an die willig zahlenden betuchten Einwanderer. Die arabische Familie Sursock etwa veräußerte zwischen 1891 und 1920 ihre gesamten ausgedehnten Latifundien einschließlich der Ländereien um den Ort Foule mit einer Kreuzfahrerburg an jüdische Neubürger. Für einen Spottpreis hatten sie die Ländereien 1872 von türkischen Beamten erworben. Indem sie das kostbare Land für einen zehnmal höheren Betrag verhökerten, begingen sie Verrat – so sehen es heute viele Palästinenser – an der Sache der Araber. Wenn auch das arabische Nationalbewusstsein seinerzeit noch nicht so ausgeprägt war wie heute, so gab es dennoch auch damals schon warnende Stimmen. Was sollen wir von Menschen halten, fragte die in Haifa erscheinende Zeitung *Carmel*, die ihr Land an die Zionisten verkaufen und »als ihre Agenten handeln«, in die Dienste der Zionisten treten und dabei ihre Heimat verraten?

Wie heute manch ein Palästinenser insgeheim Israel wegen seiner demokratischen, offenen Gesellschaft bewundert, so gab es auch vor einem Jahrhundert schon eine gewisse Hochachtung vor der Leistung der Zionisten. Trotz aller Kritik am zionistischen Unterfangen zollte ein Mann wie Nadschib Nassar, arabischer Christ und Gründer von *Carmel*, dem politischen Organisationstalent der Einwanderer und besonders der dynamischen Persönlichkeit Theodor Herzls durchaus Respekt. Bis zur Ankunft Herzls sei das jüdische Volk zweitausend Jahre lang über die Welt verteilt gewesen. Nun aber habe es plötzlich eine einheitliche Organisation, kaufe Land und spreche mit einer Stimme. »Wenn wir genauso handeln, werden wir siegen«, ermahnte Nadschib Nassar seine zögernden, oft in orientalischem Phlegma verharrenden Landsleute. »Lasst uns ihnen gleich sein«, rief der Journalist Nadschib Nassar seinen arabischen Landsleuten zu, »es ist ein allgemeines Gesetz der Zivilisation, dass das Land jenem zufällt, der es bearbeitet.«[18] Freilich, viele Araber verkauften ihr Land aus purer wirtschaftlicher Not. Den manchmal exorbitanten Preisen, welche die jüdischen Einwanderer boten, konnten die Landbesitzer nicht widerstehen.

Die Frage, ob der von Nadschib Nassar geforderte zivile und auch zivilisatorische Widerstand – denn auf nichts anderes lief Nadschib Nassars Appell hinaus – von Erfolg gekrönt worden wäre, ist nicht zu beantworten. Letztlich beeinflusste die von Großbritannien unterstützte zionistische Kolonialpolitik die persönliche Existenz eines jeden palästinensischen Arabers: »Es gibt keinen einzigen Araber, der durch den Eintritt der Juden in Palästina nicht verletzt wäre; es gibt keinen einzigen Araber, der sich nicht als Teil der arabischen Rasse sieht. In seinen Augen ist Palästina ein unabhängiges Gebiet. Früher hatte es ein arabisches Gesicht, nun aber ändert sich das.«[19] Es war ein Zionist, Moshe Sharett Shertok, der spätere Außenminister Israels, der diese Einsicht 1936 auf einem Treffen des Mapai-Zentralkomitees (eines Vorläufers der Arbeitspartei) vortrug. Shertok war bewusst, was die jüdische Kolonisation bei den Arabern hervorgerufen hatte: Angst. »Angst«, sagte er, »ist der Hauptfaktor in der arabischen Politik.«

Diese Angst führte zu öffentlichen Protesten und schließlich zu blanker Gewalt. 1921 demonstrierten Araber in Jerusalem gegen die Zionisten. 1929 wurden in Hebron Juden von aufgebrachten Arabern getötet. Und von 1936 bis 1939 rebellierten die arabischen Palästinenser drei Jahre lang gegen die britische Mandatsmacht und gegen die zionistische Kolonisation (siehe Kapitel 7). Doch die Landnahme ließ sich nicht aufhalten, weil Großbritannien seiner in der Balfour-Erklärung entworfenen Politik treu blieb. Nach dem Pogrom von Hebron betonte die Mapai-Partei noch einmal, die Juden kämen nicht als Eroberer, sondern als Erbauer. »Arbeit, Frieden, Selbstverteidigung« – so lautete dieses ursprüngliche jüdische »Verteidigungsethos«, wie dies die israelische Historikerin Anita Shapira nennt.

Angesichts des Holocaust stand das jüdische Volk Anfang der vierziger Jahre vor der größten Katastrophe seiner Geschichte. Im New Yorker Biltmore Hotel tagte im Mai 1942 eine zionistische Konferenz, die eine unbegrenzte jüdische Einwanderung nach

Palästina forderte. Die Führer der Konferenz waren sich der langfristigen Auswirkungen ihres Ansinnens genau bewusst. Eine Realisierung des Biltmore-Programms würde vom »anderen Volk im Land nicht ruhig akzeptiert« werden: »Wir stehen vor dem Krieg zwischen zwei Völkern«, lautete die Einsicht der zionistischen Führung.[20] So verwandelte sich das Verteidigungsethos, welches die frühen jüdischen Siedler für sich in Anspruch genommen hatten, allmählich in ein offensives Ethos« (Anita Shapira).

Das andere Volk im Land – die palästinensischen Araber – traf am Holocaust keinerlei Schuld. Und dennoch waren es die Palästinenser, die mit der Herausgabe ihres Landes bis heute einen Teil der Konsequenzen tragen. Eine heute weitgehend vergessene Episode am Rande dieser die Welt bewegenden Geschichte spielte sich am 14. Februar 1945, also zwei Monate vor der israelischen Staatsgründung, auf dem amerikanischen Kriegsschiff *Quincy* im Suezkanal ab. Dort trafen sich der schon von Krankheit gezeichnete amerikanische Präsident Franklin D. Roosevelt und der neue starke Mann auf der Arabischen Halbinsel, König Ibn Saud von Saudi-Arabien. Roosevelt, der von der Konferenz von Jalta auf der Krim zurückkehrte, warb bei dem Araber um Unterstützung für das zionistische Abenteuer in Palästina. Der Amerikaner erklärte dem Araber ausführlich die lange Leidensgeschichte der europäischen Juden. Insbesondere berichtete er über das Inferno des Holocaust. Der arabische König antwortete höflich, aus den Worten des Präsidenten gehe hervor, dass nicht die Araber, sondern die Deutschen für die Leiden der Juden verantwortlich seien. Deshalb müssten die Deutschen, nicht aber die Araber zur Rechenschaft gezogen werden. »Geben Sie den Juden und ihren Familien die besten Ländereien und die besten Häuser der Deutschen«, sagte Ibn Saud zu Roosevelt. Als der Präsident widersprach, antwortete der König: »Der Verbrecher muss den Preis bezahlen, nicht aber der unschuldige Zeuge.«[21]

Acht Jahrzehnte sind seit Jabotinskys unheilvoller Prophezeiung nun vergangen, man müsse zwischen Arabern und Juden eine

Mauer errichten. Die Hoffnungen eines Theodor Herzl und eines Chaim Weizmann sind in Erfüllung gegangen: Seit 1948 gibt es einen international anerkannten jüdischen Staat in Palästina. Die Palästinenser – und mit ihnen die arabische Welt – haben sich inzwischen zur Koexistenz mit Israel bereit erklärt. Dieser Entschluss entspringt vor allem der allgemeinen arabischen Ohnmacht, die zuletzt im Irakkrieg von 2003 manifest wurde. Auch in den Kriegen, die zur Gründung Israels und danach zur Festigung seiner Existenz führten, waren die Araber meistens die Schwächeren.

Die Israelis jedoch vollendeten im ersten Nahostkrieg von 1948/49 jenes Werk, das die frühen Zionisten Anfang des 20. Jahrhunderts begonnen hatten. Grundlage für die Staatsgründung vom Mai 1948 durch David Ben Gurion war eine internationale Entscheidung der 1945 gegründeten »Vereinten Nationen«. Die Briten, des schon knapp drei Jahrzehnte dauernden Mandates müde, legten das Schicksal Palästinas in die Hände der UNO. Nun sollten die in den Vereinten Nationen zusammengefassten Länder darüber befinden, wie die Araber »die Bürde der Moderne« tragen sollten, vor welcher sie die Schöpfer des Völkerbundes knapp drei Jahrzehnte zuvor noch bewahrt hatten. Am 29. November 1947 beschloss die UN-Generalversammlung in der Resolution 181 die Teilung Palästinas in einen jüdischen und einen arabischen Staat. Immerhin: Nun hielt man die palästinensischen Araber endlich für fähig, einen Staat zu gründen und zu gestalten.

Die Zionisten nahmen die Resolution sofort an, die arabischen Staaten lehnten ab – eine Fehlentscheidung, wie die bitteren Erfahrungen der kommenden Jahrzehnte beweisen sollten. In der üblichen Überschätzung ihrer politischen und militärischen Kraft glaubten sie, die bewaffneten Kräfte der jüdischen Einwanderer leicht aus dem Felde schlagen zu können. Doch die traditionelle arabische Uneinigkeit ließ keine gemeinsame Kriegführung gegen den neuen israelischen Staat zu. Und so setzte sich Israel im ersten Nahostkrieg von 1948/49 erfolgreich gegen die arabischen Armeen zur Wehr.

Wo es Kriege gibt, da gibt es Flüchtlinge. Doch der erste Nahostkrieg war in vieler Hinsicht kein normaler Krieg. Denn dieser
Krieg wurde von einem »Volk ohne Land« geführt, das in einem
»Land mit Volk« siedeln wollte. Israel Zwangwills Parole vom
»Volk ohne Land«, das in Palästina ein »Land ohne Volk« vorfände, sollte auf diese Weise ein wenig in Richtung Realität
zurechtgerückt werden. 750 000 Palästinenser mussten 1948/49
ihr Land verlassen. Viele von ihnen flohen. Viele wurden aber
auch, wie neuere israelische Studien nahelegen, bewusst vertrieben. Es war eine prominente Israelin, Golda Meyerson, später
als Golda Meir israelische Ministerpräsidentin, welche 1948 die
Situation nach der Eroberung der Stadt Haifa folgendermaßen
beschrieb: »Es ist furchtbar, die tote Stadt zu sehen. Am Hafen
fand ich Kinder, Frauen und alte Männer, die darauf warteten zu
fliehen. Ich ging in die Häuser. Es gab Häuser, wo noch der Kaffee
auf dem Tisch stand. Und ich konnte nicht umhin daran zu denken, dass sich dieses Bild in der Tat auch in vielen jüdischen Städten [im Europa des Zweiten Weltkrieges] bot.«[22]
Dass mit Golda Meir eine Jüdin die Flucht von Palästinensern mit
dem Schicksal der Juden Osteuropas in Zusammenhang brachte,
macht das Entsetzen noch glaubwürdiger, von dem noch heute
viele palästinensische Flüchtlinge sprechen.
Doch der neue Staat Israel sollte ein jüdischer Staat werden, kein
binationaler Staat mit zwei Kulturen. Nach einem Besuch in
Haifa schrieb David Ben Gurion, Israels erster Ministerpräsident,
die Juden sollten die »Araber mit ziviler und humaner Gleichheit
(civil and human equality)« behandeln. »Aber es ist nicht unsere
Aufgabe, uns um die Rückkehr der geflohenen Araber zu kümmern.« Israels späterer Außenminister Moshe Sharett kabelte von
einem Besuch in New York: »Schlage vor, Warnung an Araber zu
überlegen, ... dass Rückkehr nicht versprochen wird.«[23]
Vollendet wurde 1948 – und später im Krieg von 1967 –, was
schon Theodor Herzl vorgedacht hatte. In einem Tagebucheintrag vom 12. Juni 1895 spricht der Begründer des politischen Zionismus von einer sozusagen sanften Vertreibung der Araber aus

Palästina: »Die arme Bevölkerung trachten wir unbemerkt über die Grenze zu schaffen, indem wir ihr in den Durchgangsländern Arbeit verschaffen, aber in unserem Land jederlei Arbeit verweigern.«[24]

Theodor Herzls Traumpalast vom sanften Transfer brach im ersten Nahostkrieg zusammen. Ende Mai, Anfang Juni 1948 wurde David Ben Gurion ein Memorandum mit dem Titel »Retroaktiver Transfer« vorgelegt. »Israel«, hieß es darin, »muss weitgehend von Juden bewohnt sein... Die Vertreibung der Araber sollte als Lösung der arabischen Frage im Staate Israel angesehen werden.«[25] Die Israelis beschlossen, so viele verlassene Dörfer wie möglich zu zerstören, um die Rückkehr geflohener Araber zu verhindern, Araber davon abzuhalten, ihr Land zu bebauen, und die Ansiedlung von Juden in den verlassenen Gebieten voranzutreiben, damit »kein Vakuum« entstünde.[26] Der neue Staat handelte mit Rückendeckung aus Europa. Schon 1944 verabschiedete der Kongress der britischen Labour-Partei eine Resolution, in der es hieß: »Lasst uns die Araber ermutigen herauszugehen [aus Palästina], während die Juden hineingehen. Lasst uns sie [die Araber] großzügig entschädigen ... und ihre Ansiedlung anderswo großzügig finanzieren.«[27]

Hatte der Zionismus mit dem Sieg im ersten Nahostkrieg von 1948 sein Ziel erreicht? Warnende Stimmen, dass Israel eher einer Wagenburg als einem freien, unbedrängten Staatswesen gleichen werde, hatte es schon früh gegeben, etwa von der prominenten jüdischen Philosophin Hannah Arendt: »Selbst wenn die Juden den Krieg gewinnen« ... würden die siegreichen Juden umgeben sein von einer ganz und gar feindlichen arabischen Bevölkerung, eingeschlossen innerhalb stets bedrohter Grenzen, stets beschäftigt mit physischer Selbstverteidigung.«[28]

Die arabischen Staaten waren jedoch zunächst überhaupt nicht in der Lage, an einen zweiten Waffengang zu denken. Dennoch siegte in den Jahren nach der Gründung Israels im Kabinett des Staatsgründers David Ben Gurion die von Hannah Arendt befürchtete Wagenburgmentalität. Nicht alle, aber viele Minister befürworteten einen Präventivkrieg gegen Ägypten. Zu den Falken in Israel gehörte auch Moshe Dayan. Im Oktober 1955 erhielt er von David Ben Gurion die Ermächtigung, eine militärische Konfrontation mit Ägypten vorzubereiten. Am 2. November erklärte der Premier vor der Knesset, dem israelischen Parlament, wenn israelische Rechte zu Land oder Wasser bedroht seien und Ägypten einen »Einbahnstraßenkrieg« starte, so werde eine solche Attacke kein »Einbahnstraßenkrieg« bleiben. Um seiner Drohung Wirkung zu verleihen, zerstörte die »Israeli Defense Force« (IDF) kurz darauf einen ägyptischen Militärposten in der Nähe der entmilitarisierten Zone zwischen beiden Ländern. Fünfzig ägyptische Soldaten starben, ebenso viele gerieten in israelische Gefangenschaft.[29]

Der Schlag galt einem Mann, den die Israelis im Grunde zu Unrecht fürchteten. Es war Gamal Abdel Nasser, der am 26. Juli 1952 in einem unblutigen Putsch die Dynastie von König Faruk in Ägypten gestürzt hatte. Dieser Staatsstreich war auch eine Antwort auf die erbärmliche Vorstellung, welche die ägyptischen Streitkräfte im Nahostkrieg von 1948 gegen Israel gegeben hatten. Oberst Nasser versuchte, die von Königen, Sultanen, Emiren, Präsidenten und Putschisten regierte arabische Welt zumindest ideologisch gegen Israel zu einigen. Den von Nasser propagierten Panarabismus sah man in Israel als Bedrohung an. Denn hier sollte dem Zionismus zum ersten Mal mit seiner ureigenen Waffe begegnet werden – mit der Ideologie des Nationalismus.

Für Ägypten, das seit 1882 unter britischer Kuratel stand, bedeutete Nassers neuer Kurs eine Abkehr von seiner traditionell westlichen Orientierung. Der Westen, an der Spitze Amerika und natürlich Israel, fasste daher Nassers Panarabismus als Kampfansage auf. Doch Gamal Abdel Nasser wusste, dass die Araber trotz aller lautstarken Worte, mit denen sie sich selbst Mut machten, zu einem erfolgreichen Waffengang mit Israel nicht in der Lage waren.

Israel aber suchte die Gelegenheit zum Präventivschlag. Sie kam im Oktober 1956. Nachdem sich US-Außenminister John Foster Dulles geweigert hatte, den Staudamm von Assuan mitzufinanzieren, verstaatlichte der ägyptische Präsident kurzerhand die unter britischer Kontrolle stehende Suezkanalgesellschaft. Nach einem vorher sorgfältig abgestimmten diplomatischen Manöver zogen Großbritannien, Frankreich und Israel gegen Nassers Ägypten in den Krieg. Die alten Kolonialmächte und ihr neuer Protegé Israel wollten niemandem das Ausbrechen aus der von ihnen 1920 geschaffenen Ordnung erlauben. Der Kriegsplan habe Ben Gurions Absicht enthüllt, sich mit »imperialistischen Mächten« gegen den »arabischen Nationalismus« zu verbünden, so interpretiert der israelische Historiker Avi Shlaim den Suezkrieg. Zudem habe der Kriegsplan Israels Appetit auf Expansion zu Lasten der Araber gezeigt. Auch habe die Suez-Invasion Ben Gurions »Kavaliershaltung« gegenüber Unabhängigkeit, Souveränität und territorialer Integrität der arabischen Staaten zu Tage gefördert.[30] Israel hielt sich in der Tat keineswegs zurück. Der Neuankömmling in der Region eroberte den gesamten ägyptischen Sinai. Doch der Krieg der imperialen Verbündeten endete in einer politisch-moralischen Sackgasse. Als Israels Truppen auf dem Sinai triumphierten, ließ Sowjetführer Nikita Chruschtschow den ungarischen Volksaufstand niederschlagen. Mit moralischer Empörung protestierte der Westen gegen die Konsolidierung des Sowjetimperiums in Südosteuropa. Gleichzeitig aber verteidigten die Kolonialmächte des Westens ihr Reich in Nahost. Unter dem Druck der USA und ihres Präsidenten Dwight Dean Eisenhower musste sich Israel aus dem Sinai zurückziehen. Die politische Klugheit und die politische Moral hatten gesiegt – ausnahmsweise. Gamal Abdel Nasser stand auf dem Höhepunkt seines Ansehens, obwohl er den Krieg militärisch verloren hatte.

Neben Ägypten gab es noch einen zweiten Staat, von dem sich Israel bedroht fühlte – Syrien. Der Grund dafür lag in der Tatsache, dass sich auch Syrien als Opfer der neuen Weltordnung fühlte, welche die Westmächte zu ihrem Nutzen im Nahen Osten geschaffen hatten. Nach dem Desaster des Suezkrieges hatte es Moshe Dayan auf Syrien und seine strategisch wichtigen Golanhöhen abgesehen. In der Weltpresse wurde in den Monaten vor

dem Sechs-Tage-Krieg von 1967 ständig von syrischen Provoka-
tionen gegen Israel gesprochen: Syrische Artillerie feure vom
Golan herab auf friedliche israelische Bauern. In einem besonders
im Nahen Osten äußerst seltenen Augenblick der Wahrheit hat
kein anderer als Moshe Dayan höchstpersönlich die Vorgeschichte
des Krieges von 1967 zurechtgerückt. Im Jahr 1997, sechzehn
Jahre nach dessen Tod, veröffentlichte der israelische Journalist
Rami Tal Interviews mit Moshe Dayan. In diesen zwanzig Jahre
zuvor geführten Gesprächen enthüllte Dayan, israelischer Verteidigungsminister von 1967 bis 1974, die Hintergründe der Golan-
gefechte: Achtzig Prozent der Zwischenfälle am Golan seien von
Israel provoziert worden. »Wir schickten immer einen Traktor in
ein Gebiet, in dem er nichts bewerkstelligen konnte, nämlich in die
entmilitarisierte Zone. Wir wussten im voraus, dass die Syrer
beginnen würden zu schießen. Wenn sie nicht schossen, beorder-
ten wir den Traktor immer weiter nach vorne, bis sich die Syrer
schließlich ärgern und schießen würden.« Israels »Strategie der
Eskalation an der syrischen Front war«, schreibt Avi Shlaim, »vermutlich der bedeutendste Einzelfaktor, der den Nahen Osten im
Juni 1967 in den Krieg gezerrt hat«.[31]
In der aufgeheizten Atmosphäre machte Gamal Abdel Nasser entscheidende Fehler. Der ägyptische Herrscher wollte keinen Krieg,
glaubte aber, vor der aufgebrachten arabischen Öffentlichkeit
Stärke demonstrieren zu müssen. Er beorderte Truppen auf den
Sinai, schickte die dort stationierte Friedenstruppe der Vereinten
Nationen nach Hause und schloss die am Südostende der Arabischen Halbinsel und dem Horn von Afrika gelegene Straße von
Tiran durch eine Seeblockade für die israelische Schifffahrt. Dieses Vabanque-Spiel führte schließlich zum Desaster der arabischen
Niederlage vom Juni 1967. Zwar war die Schließung der Straße
von Tiran für Israel nicht lebensbedrohlich, denn alle Mittelmeer-
häfen des Landes blieben offen. Doch psychologisch traf der
Schlag tief. Moshe Dayan sah eine hervorragende Gelegenheit, die
politische Niederlage von 1956 wettzumachen. Diesmal würde
niemand die Israelis zurückpfeifen.

Nasser machte zudem den Fehler, den Konflikt mit Israel verbal zu einem Zeitpunkt zu eskalieren, an dem seine besten Truppen noch im jemenitischen Bürgerkrieg auf der Seite der Republikaner gegen das mittelalterliche Regime des Imam kämpften. So war es ein Leichtes für Israel, die ägyptische Luftwaffe im Morgengrauen des 5. Juni zu zerstören und die ägyptischen, syrischen und jordanischen Armeen innerhalb von sechs Tagen aus dem Felde zu schlagen.

König Hussein musste den politischen Kardinalfehler seines Lebens – das Eingreifen auf Seiten Ägyptens gegen Israel – mit dem Verlust des Westjordanlandes bezahlen. Syrien verlor die Golanhöhen, und Ägypten musste den Sinai an Israel abtreten. Auch der seit 1948 unter ägyptischer Verwaltung stehende Gazastreifen wurde von Israel erobert. Am schmerzhaftesten für die arabische und muslimische Welt aber war der Verlust Ostjerusalems mit der Moschee Umars (Felsendom) und der Al-Aqsa-Moschee.

Bis heute ist Israel im Besitz der Golanhöhen (die es annektierte) und ganz Palästinas – vom Jordan bis zum Mittelmeer, von der ägyptischen Grenze bis zum Libanon. Lediglich der Sinai wurde im Friedensvertrag von Camp David 1979 an Ägypten zurückgegeben.

Bewusster noch als neunzehn Jahre zuvor nutzte Israel die Chance, weitere Palästinenser zu vertreiben oder zur Flucht zu bewegen. Am 19. Februar 1988 berichtete der israelische Journalist Yossy Melman, israelische Kommandeure hätten die Gelegenheit genutzt, die »palästinensische Bevölkerung auszudünnen«. So sei etwa das Magharbech-Viertel in Ost-Jerusalem zerstört worden, die Bewohner habe man vertrieben, weil sie zu nahe an der jüdischen Klagemauer gewohnt hätten. Auch seien die etwa 10 000 Einwohner der Dörfer Bayt Nuba Imwas und Yalu zur Flucht gedrängt worden, weil ihre Häuser den Israelis zu nahe an dem militärstrategisch wichtigen, in der Nähe Jerusalems gelegenen Ort Latrun gelegen hätten.[32]

Am 3. April 1970 erklärte Chaim Herzog, erster Militärgouverneur des 1967 eroberten Westjordanlandes und Präsident Israels

LESEZEICHEN

» Karten

» Globen

» Atlanten

» Reiseführer

» Wandern

» Klettern

» Rad

» Ski

Das
Landkartenhaus
Freiburg

Landkartenhaus
von Malchus & Möllendorf OHG
Schiffstraße 6, 79098 Freiburg
Fon +49 (0) 761 / 2 39 08
www.das-landkartenhaus.de
info@das-landkartenhaus.de

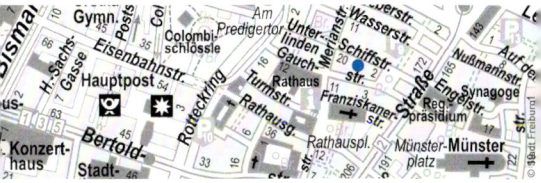

Mo - Fr » 09:30 - 19:00 Uhr und Sa » 09:30 - 18:00 Uhr

von 1983 bis 1993: »Wenn wir die Möglichkeit hätten, eine Million Palästinenser zu nehmen und sie zu vertreiben, wäre dies das Beste.« Im November 1991 gab Chaim Herzog, damals Präsident Israels, zu, dass er zusammen mit dem Militärkommandeur von Jerusalem unmittelbar nach Ende des Krieges von 1967 200 000 Palästinenser zur Flucht bewegt habe.[33]

Der israelische Blitzkrieg hat Europa und Amerika zutiefst beeindruckt. Das Bild vom belagerten, sich tapfer gegen eine Flut von arabischen Armeen wehrende kleine Land hat die Vorstellung der Menschen besonders in der alten Bundesrepublik viele Jahre geprägt. Neben dem militärischen Trumpf trug Israel vor allem einen gewaltigen Public-Relations-Sieg davon. Die Araber dagegen hat die verheerende Niederlage ihrer Armeen in tiefe Depressionen gestürzt. Schon der Verlust eines Teiles von Palästina im Jahre 1948 ist in die arabische Psyche als *Nakhba*, als Katastrophe, eingegangen. Auf die zweite Katastrophe, jene der Blitzniederlage von 1967, reagierten die arabischen Führer trotzig: Nein zu Israel, nein zu Verhandlungen, nein zum Frieden, schleuderten die in Khartum versammelten Staatschefs der Arabischen Liga im Herbst 1967 dem übermächtigen Israel entgegen. Doch die in Khartum entworfene arabische Politik erwies sich als verheerender Fehler. Hätten die Araber damals Verhandlungen angeboten, wären möglicherweise das Westjordanland und Gaza heute nicht mehr besetzt.

Ihre Depression und Hilflosigkeit versuchten zwei arabische Führer durch einen militärischen Befreiungsschlag abzuschütteln. Es waren Ägyptens Präsident Anwar al-Sadat und Syriens Präsident Hafis al-Assad. Sadat war Nachfolger des 1970 gestorbenen Gamal Abdel Nasser. Beide Länder griffen am 6. Oktober 1973 Israel an. In einer militärisch gekonnten, heute aber ein wenig zu sehr heroisierten Aktion überschritten ägyptische Truppen den Suezkanal, Syrien attackierte Israel im Norden. Israel, das gerade das Yom-Kippur-Fest feierte, wurde vollkommen überrascht. Trotzdem schaffte es Israel, Syrer und Ägypter nach ihren anfänglichen Erfolgen zurückzuschlagen. Hätte nicht der damalige

US-Außenminister Henry Kissinger eingegriffen, wären die israelischen Truppen womöglich bis Kairo vorgedrungen. Doch Kissinger erkannte, welch verheerende Folgen für die gesamte Region eine neue totale arabische Niederlage mit sich bringen würde, und handelte einen Waffenstillstand aus.

Immerhin war das ägyptische Selbstbewusstsein durch die anfänglichen Siege gestärkt. Präsident Sadat konnte es, wenn auch erst sieben Jahre später, unter Vermittlung des amerikanischen Präsidenten Jimmy Carter wagen, in Camp David einen Friedensvertrag mit Israel auszuhandeln. Israels Ministerpräsident Menachem Begin musste den besetzten Sinai wieder herausgeben. Ägypten versprach, von Kriegshandlungen gegen Israel in Zukunft abzusehen.

Für die Rückgewinnung des Sinai musste Ägypten einen hohen diplomatischen Preis bezahlen. Ägyptens Mitgliedschaft in der Arabischen Liga wurde suspendiert, der Sitz der Liga wurde von Kairo nach Tunis verlegt. Und: Anwar al-Sadat musste für seine Politik mit dem Leben bezahlen. Am 6. Oktober 1981, dem achten Jahrestag der Überquerung des Suezkanals, fiel er bei der jährlich aus diesem Anlass organisierten Militärparade einem Attentat zum Opfer.

Die Palästinenser erhielten im Vertrag von Camp David ein Trostpflaster – ihnen wurden Verhandlungen in Aussicht gestellt, die das Ziel verfolgen sollten, ihnen einen Autonomiestatus zu gewähren. Erfolg ist diesen Gesprächen nie beschieden gewesen.

Israel musste zwar den Sinai aufgeben, doch das Land errang einen unschätzbaren strategischen Vorteil. Mit Ägypten war der potentiell stärkste arabische Gegner ausgeschaltet. Einen Zweifrontenkrieg hatte das Land in Zukunft nicht mehr zu fürchten. Schon drei Jahre später nutzte Israel die neue strategische Freiheit. Ohne Gefahr zu laufen, an einer zweiten, der ägyptischen Front bedroht zu werden, konnte Verteidigungsminister Ariel Scharon 1982 in den Libanon einfallen, um Jassir Arafats Guerillakämpfer aus Beirut zu vertreiben.

Der Friedensvertrag von Camp David hätte womöglich ein Fenster für einen Friedensvertrag auch mit anderen arabischen Staaten eröffnen können, etwa mit Syrien. Doch Hafis al-Assad weigerte sich, mit dem Staat, den er als Fremdkörper auf arabischem Boden ansah, überhaupt zu sprechen. Und Jordanien war zu schwach, ohne Unterstützung der Palästinenser und der Syrer mit Israel nach dem Vorbild Ägyptens zu verhandeln.

Ägypten blieb geächtet – bis im Jahre 1988 der Palästinensische Nationalkongress in Algier Israel die Anerkennung in den Grenzen vom 4. Juni 1967 anbot und dafür einen eigenen Staat in den 1967 besetzten Gebieten forderte. Dieser lang überfällige Schritt ermöglichte 1989 Ägypten die Rückkehr in die Arabische Liga. Denn nun war Ägypten nicht mehr der einzige Staat, der Israel anerkannte.

War das ein Hoffnungsschimmer? Zunächst versank die Region wieder einmal im Krieg. Diesmal ging es nicht um Palästina. Es ging um das kuwaitische Öl. Palästinenserführer Jassir Arafat versuchte, aus dem Kuwaitkrieg des Jahres 1991 für sich und sein Ansehen Kapital zu schlagen. Nachdem der irakische Despot Saddam Hussein am 2. August 1990 das kleine Emirat überrannt hatte, schloss sich Arafat der antiamerikanischen Rhetorik seiner Landsleute an. Es war ein Fehler von historischen Dimensionen. Statt nicht nur als militärischer, sondern auch als moralischer Führer der Palästinenser aufzutreten, entpuppte sich Arafat wieder einmal als reiner Taktiker. Er versäumte es, seinen Landsleuten zu erklären, dass jede Aggression abzulehnen sei – jene Israels gegen die Palästinenser ebenso wie die Saddam Husseins gegen Kuwait. Der irakische Überfall auf Kuwait war einer jener Momente, in welchem Jassir Arafat an moralischer und politischer Statur hätte gewinnen können – und an internationalem Ansehen.

Für dieses Versagen musste er drei Jahre später bitter bezahlen. US-Präsident George Bush senior versprach während des Krieges um die Befreiung Kuwaits, nach dem Sieg werde er sich an die Lösung des israelisch-palästinensischen Konfliktes machen. Bush wollte, wie er sich ausdrückte, eine »neue Weltordnung« aufbauen. Wie zwölf Jahre später sein Sohn behauptete er, die Lösung des Irakproblems werde die Lösung des palästinensisch-israeli-schen Konfliktes ermöglichen. Auf der Konferenz von Madrid fand man im Herbst 1991 eine Friedensformel – so verstanden es wenigstens die Araber. Die arabische Welt versprach Israel Frieden und Anerkennung in den Grenzen vom 4. Juni 1967. Dafür erwartete man von Israel die Rückgabe aller 1967 eroberten Gebiete einschließlich des Ostteils von Jerusalem.

Knapp zwei Jahre später schien dieses Abkommen tatsächlich Form anzunehmen. In geheimen Verhandlungen waren Israelis und Palästinenser in der norwegischen Hauptstadt Oslo überein-gekommen, »Jahrzehnte der Konfrontation und des Konfliktes zu beenden, ihre gegenseitigen legitimen und politischen Rechte anzuerkennen und danach zu streben, in friedlicher Koexistenz und gegenseitiger Würde zusammenzuleben«. Jassir Arafat und seine PLO sollten nach Palästina zurückkehren dürfen, zuerst nach Gaza und nach Jericho am Toten Meer und dann (wie 1995 vereinbart) auch in andere Teile des Westjordanlandes.

Ein großer Fortschritt – so schien es. Nur: Alle entscheidenden Fragen blieben ungelöst. Weder wurde über die Rückkehr der Flüchtlinge gesprochen, noch über den Status von Jerusalem, noch über die Grenzen. Auch über die Zukunft der Siedlungen wurden keine genaueren Pläne vorgelegt. Alle diese Punkte sollten spätes-tens drei Jahre nach Inkrafttreten des Abkommens von Oslo in Verhandlungen erörtert werden. Die damals auf die lange Bank geschobenen Probleme sind jedoch auch heute nicht gelöst. Tat-sächlich hat sich die palästinensische Delegation in Oslo buch-stäblich über den Tisch ziehen lassen. Arafat, nach dem Krieg um die Befreiung Kuwaits fast in internationaler Acht, versuchte alles, um aus der Isolierung herauszukommen. Ein Abkommen musste her, auch wenn es für die Palästinenser ein schlechtes Abkommen war. Die schon über ein Jahrzehnt in Tunis lebenden palästinensi-schen Delegierten waren mit den geographischen Gegebenheiten Palästinas kaum noch vertraut. Sie hatten nicht einmal exaktes kartographisches Material mitgebracht. Arafat ließ sich zunächst sogar darauf ein, seinen Amtssitz in Jericho am Toten Meer aufzuschlagen – weit entfernt von den Wohngebieten der Palästinenser. Was das gesamte Verhandlungspaket von Oslo (1993–1995) den Palästinensern brachte, war deshalb nicht mehr als eine »Reihe von Gemeindeverwaltungen« in (voneinander isolierten) Gebieten, die den südafrikanischen Bantustans ähnelten.[34] So drückte sich eine palästinensische Autorität aus – der an der Columbia-Universität in den USA lehrende, im September 2003 verstorbene Literaturwissenschaftler Professor Edward Said.

Tatsächlich teilten die Verträge von Oslo das Westjordanland und Gaza in drei Zonen ein, in denen die Israelis in unterschiedlichem Grad letztlich die Kontrolle ausübten. In den großen Städten wie Ramallah ging zwar auch die Polizeiaufsicht an die Palästinenser. Aber wie die Ereignisse der letzten Intifada zeigen, war es für Israel ein Leichtes, diese Städte wieder zu besetzen. Sieht man den Vertrag von Oslo 1993 und danach den gescheiterten Friedensplan von Camp David (Sommer 2000) isoliert und nur unter Aspekten der Tagespolitik, mögen sie vielversprechende Ansätze gehabt haben. Aus der Warte von Theodor Herzls Plänen, langfristig ganz Palästina zu übernehmen, war Oslo nichts anderes als eine Institutionalisierung der Besetzung unter der Beteiligung der Palästinenser.

Viele Dokumente aus den Jahrzehnten zuvor deuten darauf hin, dass Israel eigentlich niemals daran gedacht hat, die besetzten Gebiete wieder herauszugeben. In einem Papier des Pentagon hieß es schon im Juni 1967, vom strikt militärischen Standpunkt aus betrachtet müsse Israel einige Landstriche des eroberten Territoriums behalten.[35] Moshe Dayan äußerte am 25. Juni 1969 laut der Londoner *Times*, im Sechs-Tage-Krieg habe man Suez, Jordanien und den Golan erreicht. Die nächsten Waffenstillstandslinien würden sich »über Jordanien hinaus, vielleicht in den Libanon und womöglich bis in die Mitte Syriens erstrecken«.[36] General Yigal Allon, stellvertretender Premier in einer Regierung der Arbeitspartei nach 1967, dachte an die Annexion von einem Drittel des Westjordanlandes. Ariel Scharon verfasste 1976 ein Dokument, in welchem er schrieb: »Der Zionismus war eine phantastisch erfolgreiche Revolution, welche die Gründung des Staates Israel hervorbrachte. Aber sein revolutionärer Elan begann in den fünfziger Jahren zu verpuffen. Es ist unumgänglich, dass der revolutionäre Aspekt des Zionismus durch die Verfolgung neuer Ziele wiederbelebt wird.«[37]

In einem weiteren Dokument unter dem Titel »Eine Vision Israels am Ende des Jahrhunderts« schlug Scharon, damals Minister für Landwirtschaft und Siedlungen, im Jahre 1977 den Bau eines Siedlungsgürtels auf palästinensischem Gebiet an der Grenze zu Israel vor. 1978 forderte die Zionistische Weltorganisation den Bau von Siedlungen rund um die palästinensischen Städte. Während der verschiedenen Amtszeiten Scharons vergrößerte sich die jüdische Bevölkerung dort beständig. Und nicht von ungefähr kaufte Scharon 1987 im arabischen Ostjerusalem eine Wohnung – mitten unter 20 000 Arabern. Nur 40 Juden lebten in diesem Stadtteil.[38]

In den Jahren seit der Madrider Friedenskonferenz mit ihrem Lösungsvorschlag »Land für Frieden« haben alle Regierungen – sowohl die Kabinette von Yitzhak Rabin, Schimon Peres und Ehud Barak als auch die Likud-Regierungen von Benjamin Netanjahu und Ariel Scharon – den Siedlungsbau intensiv vorangetrieben. In dem Jahrzehnt seit Oslo verdoppelte sich die Siedlerbevölkerung auf ca. 200 000 Personen. Zusätzlich leben noch einmal 180 000 Siedler in jenem Gebiet um Jerusalem, das Israel nach dem Krieg von 1967 annektiert hat.[39]

Mehr noch als in den Jahren zuvor wurde das Westjordanland mit sogenannten Bypass-Straßen überzogen. Diese auf konfisziertem palästinensischem Territorium gebauten breiten Verkehrswege sollen es den Siedlern ermöglichen, unter Umgehung der palästinensischen Dörfer und Städte nach Jerusalem und Tel Aviv zu fahren. Nach den Verträgen von Oslo begannen die Israelis auch erstmals, Palästinenser aus dem Ostteil Jerusalems, dem arabischen Teil, zu vertreiben. Jene Palästinenser, so argumentieren die Israelis, die nicht überwiegend in Jerusalem wohnen, verlören dort ihr Wohnrecht. Von 1995 bis 1999 wurde 3096 Palästinensern das

Recht entzogen, in ihrer Heimatstadt zu leben. Bis 1991 hatten Palästi-nenser auch dann in Jerusalem Wohnrecht, wenn sie sich überwiegend im Westjordanland aufhielten. Und kein Europäer oder Amerikaner büßt sein Recht auf Aufenthalt in Paris oder New York ein, weil er jahrelang im Ausland lebt. In vieler Hinsicht, folgert der israelische Historiker Avi Shlaim, habe der Oslo-prozess die Situation in den besetzten Gebieten verschlechtert und die palästinensischen Hoffnungen auf einen eigenen Staat vermindert oder sogar vereitelt.[40]

Der in Oslo begonnene sogenannte Friedensprozess sollte im Sommer 2000 in Camp David gerettet werden. US-Präsident Bill Clinton wollte einen Frieden nach dem Vorbild seines Vorgängers Jimmy Carter schließen. Doch diesmal ließ sich Jassir Arafat nicht auf einen für die Palästinenser nachteiligen Vertrag ein. Nach israelischen Vorstellungen sollte der zu gründende palästinensische Staat durch die bestehenden Siedlungsgürtel bei Nablus und Jerusalem in drei Teile untergliedert werden. Die Lufthoheit und die Kontrolle der Außengrenzen wären bei Israel geblieben. Arafat lehnte ab.

In der gängigen Diskussion um Camp David II wird immer behauptet, die Palästinenser hätten ein großzügiges israelisches Angebot – die Rückgabe von 97 Prozent des Westjordanlandes und des Gazastreifens – abgelehnt. Die Frage ist nur: 97 Prozent wovon? Die UN-Teilungsresolution von 1947 hat 41 Prozent des historischen Palästinas den Arabern zugewiesen. Im Krieg von 1948 gingen den Palästinensern weite Landstriche dieser 41 Prozent verloren. Das Westjordanland, das nach 1967 für einen palästinensischen Staat zur Verfügung stand, umfasste gerade einmal 22 Prozent des historischen Palästinas. Auf diesen 22 Prozent hat Israel seit 1967 zahlreiche Siedlungen gebaut, Land konfisziert und Bypass-Straßen gebaut. Vor allem wurde Jerusalem mit einem riesigen Siedlungsgürtel umgeben, der fast bis ans Tote Meer reicht. Das Land, auf welchem diese wie Trutzburgen aussehenden Siedlungen stehen, gehörte einst zu jenen 22 Prozent, die nach 1967 für die Palästinenser noch übrig blieben. In Camp

David argumentierte Arafat deshalb, er habe 1988 in Algier und 1993 in Oslo genügend territoriale Kompromisse geschlossen, er habe Israel knapp vier Fünftel Palästinas überlassen, weitere territoriale Zugeständnis seien deshalb nicht möglich.

Ein ganz unverdächtiger Zeuge der Verhandlungen von Camp David im Jahr 2000 ist Robert Malley, einst Präsident Clintons Ratgeber für israelisch-palästinensische Angelegenheiten. Im August 2001, ein Jahr nach Camp David, schrieb er einen umfangreichen Bericht über den Verlauf der Gespräche zwischen der israelischen und der palästinensischen Delegation. Malleys Kernsatz lautet: »Die endgültige und weitgehend nicht zur Kenntnis genommene Konsequenz von Baraks Taktik bestand darin, dass es, kurz gesagt, niemals ein israelisches Angebot gegeben hat. Entschlossen, für den Fall des Scheiterns ihre Positionen zu halten, und ebenso entschlossen, den Palästinensern nicht zu erlauben, aus einseitigen Kompromissen Vorteile zu ziehen, gingen die Israelis niemals so weit, ein Angebot zu machen. Die Ideen, über die man in Camp David sprach, wurden niemals in schriftlicher Form vorgelegt, sondern mündlich übermittelt. Im allgemeinen wurden sie als amerikanische Konzepte, nicht aber als israelische präsentiert... Weil er befürchtete, dass der palästinensische Führer israelische Konzessionen schriftlich festhalten würde, weigerte sich Barak, mit Arafat über substantielle Fragen persönlich zu verhandeln.«[41]

War der Fehlschlag von Camp David also die Ursache für die zweite Intifada? Am 28. September 2000, zwei Monate nach der gescheiterten Friedenskonferenz, inszenierte Ariel Scharon auf dem Tempelberg/Haram al-Sharif in Jerusalem einen martialischen Auftritt. Der israelische Wahlkampf hatte begonnen, und Scharon wollte Regierungschef werden. Ministerpräsident Ehud Barak, einst hoch dekorierter General, hatte seinem Waffenbruder Scharon eine Polizeieskorte mitgegeben. Scharons Wahlkampfauftritt vor Felsendom und Al-Aqsa-Moschee war eine Demonstration des Besitzanspruches Israels auf ganz Jerusalem einschließlich der heiligen muslimischen Stätten. Die Palästinenser beantworteten diese Provokation mit der zweiten Intifada nach der Gründung Israels, der dritten sogar, wenn man den Aufstand der späten dreißiger Jahre hinzurechnet.

Dass diese Intifada von Arafat lange vorher geplant worden sei, wie gelegentlich behauptet wird, ist wohl eine der vielen Legenden, die im Kampf um die öffentliche Meinung gesponnen werden. Autoritäre Führer wie Arafat organisieren keine Volksaufstände. Denn solche Aufstände können aus dem Ruder laufen und letztlich auch die Herrschenden hinwegfegen. Arafat blieben nach Beginn des Aufstandes nur zwei Möglichkeiten: Er hätte sich gegen die rebellierende Jugend stellen können – dann hätte er sein Amt verloren. Er entschloss sich zur zweiten Alternative: Er ritt den Tiger der Intifada, um den Aufstand ein wenig zu zähmen. Diese Zähmung misslang zwar, doch Arafat blieb im Amt.

Fünfmal ist bisher um Palästina Krieg geführt worden: 1948, 1956, 1967, 1973 und 1982 (im Libanon). Drei Aufstände hat es gegeben: 1936 bis 1939, 1987 bis 1993 und von September 2000 an bis ins Jahr 2004 hinein. Fünfmal ist für Friedensbemühungen in Nahost der Friedensnobelpreis vergeben worden: an Menachem Begin und Anwar al-Sadat für den ägyptisch-israelischen Frieden von 1979 in Camp David und an Yitzhak Rabin, Schimon Peres und Jassir Arafat für die Verträge von Oslo 1993. Diese Inflation von Auszeichnungen drückt den Wunsch des Preiskomitees, ja der gesamten Welt aus, den Jahrhundertkonflikt zu beenden. Doch Frieden ist nicht in Sicht – auch wenn Ariel Scharon von George Bush junior wiederholt als »Mann des Friedens« bezeichnet wurde.

Theodor Herzl hat 1896 mit seiner Broschüre *Der Judenstaat* die erste Runde im Kampf um Palästina eröffnet. Lord Balfour gliederte diesen Kampf 1917 den imperialen Zielen Großbritanniens ein. Der daraus hervorgegangene Staat Israel ist strategischer Verbündeter der derzeit einzigen Weltmacht, mithin eine wichtige Säule in jenem imperialen Entwurf, der unter dem Titel »Strategie für ein amerikanisches Jahrhundert« bekannt wurde (Kapitel 12). Der Konflikt wird weit ins 21. Jahrhundert hineinreichen. Denn jedes Übereinkommen zwischen Israelis und Palästinensern wird, nennt man es nun endgültig oder provisorisch, nur eine Zwischenlösung bringen. Bisher nämlich hat niemand die Frage beantwortet, wie auf dem schmalen Territorium zwischen Jordansenke und Mittelmeer zwei souveräne, unabhängige Staaten freundschaftlich nebeneinander existieren sollen. Wirtschaftlich bietet das Land zu wenig Ressourcen, politisch ist es zu sehr beladen mit historischem Ballast, kulturell ist die Kluft zwischen Israelis und Palästinensern zu groß, und emotional ist die Abneigung durch den seit Beginn des 20. Jahrhunderts anhaltenden Konflikt zu tief, als dass etwa ein »provisorischer Palästinenserstaat« nach Jahrzehnten der Kriege eine solch tief sitzende Feindschaft schnell abtragen könnte. Einen wahren Friedensschluss wird es aller Voraussicht nach so bald nicht geben.

Selbst wenn das Wunder geschähe, wäre die Geschichte Palästinas nicht an einem Endpunkt angelangt. In etwa einem Jahrzehnt werden die Palästinenser auf dem Territorium, das heute Israel und die besetzten Gebiete umfasst, die Mehrheit der Bevölkerung stellen. Diese das Grundkonzept des Zionismus bedrohende Situation wäre schon heute eingetreten, wären nicht nach dem Zusammenbruch der Sowjetunion eine Million Menschen (die Mehrheit jüdischer Abstammung) nach Israel eingewandert.

Das drastische palästinensische Bevölkerungswachstum lässt sich unschwer anhand einiger Zahlen demonstrieren. Der Gazastreifen etwa zählte 1931 145 700 Einwohner, 1945 schon 191 000. Heute sind es über eine Million Menschen, die in einem der am dichtesten besiedelten Gebiete der Welt hausen.[42] In ganz Palästina (einschließlich des heutigen Staates Israel) lebten im Jahre 1931 gut eine Million Menschen, 1945 1,7 Millionen Menschen und heute (Israel und besetzte Gebiete zusammengenommen) über neun Millionen Menschen (davon sechs Millionen in Israel). In Israel selbst leben eine Million Araber, in den besetzten Gebieten knapp 3,5 Millionen. Um dieser demographischen Herausforderung zu begegnen, hat Ariel Scharon kurz nach seiner Wahl zum Premierminister im Jahr 2001 die Einwanderung einer weiteren Million Juden gefordert.

Dieser demographische Wettlauf wird zu neuen Konflikten führen – etwa über die Besiedlung von Land und die Nutzung der begrenzten Wasservorräte. Und vielen Palästinensern wird schwer klarzumachen sein, warum den Flüchtlingen der Nahostkriege von 1948 und 1967 und ihren Nachkommen das Rückkehrrecht weitgehend verwehrt bleiben wird, während Menschen jüdischer Abstammung aus aller Welt freien Zutritt nach Israel oder, wie viele Palästinenser sagen würden, ins historische Palästina haben.

Die zweite Intifada, die als vergleichsweise friedfertiger Aufstand steinewerfender Jugendlicher begann, ist in einen veritablen Krieg ausgeartet. In den Jahren nach 2000 besetzte Israel unter Premierminister Ariel Scharon erneut die nach den Verträgen von Oslo (1993 und 1995) geräumten palästinensischen Gebiete. Die humanitäre, wirtschaftliche und politische Bilanz dieses Krieges ist verheerend. In den ersten drei Jahren der Intifada von Ende September 2000 bis Ende September 2003 starben insgesamt 3027 Menschen. Unter den Opfern sind 2201 Palästinenser, darunter 401 Jugendliche. 207 der Getöteten kamen bei gezielten Anschlägen der Israelis ums Leben. Zu den toten Palästinensern zählen auch 31 Babys. Sie starben an israelischen Kontrollposten, weil die Soldaten die Weiterfahrt zum nächsten Krankenhaus verweigerten.

Insgesamt verhindern 506 israelische Militärkontrollposten und Straßensperren die freie Bewegung der Palästinenser zwischen Städten und Dörfern. Durch palästinensische Selbstmordattentate und bei Angriffen auf die Armee wurden 704 Israelis getötet, darunter 548 Zivilisten. Diese israelischen Verluste sind bereits höher als jene, die das Land im Sechs-Tage-Krieg von 1967 erleiden musste. Israelisches Militär zerstörte 4149 palästinensische Häuser und konfiszierte 338 327 Dunum Land (33 832 Hektar). Die israelische Kriegführung richtete sich auch gegen eine der wichtigsten Lebensgrundlagen der Palästinenser. Etwa 952 000 Bäume, meistens Olivenbäume, wurden von der israelischen Armee gerodet.[43]

Nun soll den Palästinensern noch mehr Land genommen werden. Kein anderer als Avi Primor, der ehemalige israelische Botschafter in der Bundesrepublik, hat Ariel Scharon vorgeworfen, nur noch vierzig Prozent des kleinen, übervölkerten Westjordanlandes an die Palästinenser zurückgeben zu wollen. (Zur Erinnerung: Das Westjordanland umfasst gerade einmal 22 Prozent des historischen Palästina.) Dagegen sollen sechzig Prozent bei Israel verbleiben und später annektiert werden. »Deshalb«, schreibt Avi Primor, »können auf diesem Boden ... Siedlungen bestehen bleiben und ohne Hemmungen weitere Nachbarsiedlungen gebaut werden.« In Südafrika, das Scharon zur Zeit des Apartheidregimes besuchte, habe der heutige Ministerpräsident »Anschauungsmaterial« für eine Strategie gesammelt, die er seit seinem Amtsantritt »Schritt für Schritt in die Tat umsetzt«.[44]

Doch beide Völker sind kriegsmüde. Die Mehrheit der Israelis würde einen palästinensischen Staat akzeptieren und wäre bereit, die meisten, ohnehin völkerrechtlich illegalen Siedlungen zu räumen, wenn damit der Friede käme. Die meisten Palästinenser wollen endlich ein einigermaßen friedfertiges Leben und bescheidenen Wohlstand erwerben. Sie akzeptieren die Existenz Israels in den Grenzen vom 4. Juni 1967 und würden sich mit einem demilitarisierten Ministaat zufriedengeben – wenn damit nur das Ende der seit 1967 andauernden Besatzung verbunden wäre.

Knapp 110 Jahre nach Veröffentlichung von Theodor Herzls Broschüre *Der Judenstaat* stehen sich in Israel zwei Meinungen über den Zionismus diametral entgegen. Die eine Version ist jene Ariel Scharons. Sein Fernziel ist noch immer die Eroberung ganz Palästinas. Der britische Historiker und Assad-Biograph Patrick Seale beschreibt Scharons imperialistische Vision so: »Scharons Hauptziel ist der Aufbau Groß-Israels auf den Ruinen des palästinensischen Nationalismus. Das neueste Instrument auf dem Weg dorthin ist die Trennungsbarriere, welche die Palästinenser auf einem Bruchteil ihres Territoriums gefangensetzt. Diese Mauer trennt die Palästinenser auf allen Seiten von ihren arabischen Nachbarn.«[45]

Dieser expansionistischen Richtung des Zionismus spricht Avraham Burg ihre Berechtigung ab. Burg ist Abgeordneter der Arbeitspartei in der Knesset. Von 1999 bis 2003 war er ihr Sprecher. Burg argumentiert: »Die zionistische Revolution ruhte seit je auf zwei Säulen: einem gerechten Weg und moralischer Überlegenheit. Keines von beiden trifft heute noch zu. Die israelische Nation stützt sich heute auf ein Gerüst der Korruption und ruht auf den Fundamenten von Unterdrückung und Ungerechtigkeit... Wir können nicht eine palästinensische Mehrheit unter unserem Stiefel halten und uns zugleich einbilden, die einzige Demokratie im Nahen Osten zu sein. Es kann keine Demokratie geben ohne gleiche Rechte für alle, die hier leben, Araber wie Juden.«[46]

Kapitel 4
Irak – eine koloniale
Frankensteingeburt

»Die Befreiung des Irak von der Tyrannei und die Befreiung Palästinas von der Besatzung müssen Hand in Hand gehen. Wenn in einem Jahr amerikanische Panzer auf den Straßen von Bagdad und israelische Panzer auf den Straßen von Hebron und Ramallah rollen, stehen wir möglicherweise vor einer Konfrontation mit den 250 Millionen Einwohnern der arabischen Welt, die niemals wahrhaft gewonnen werden kann. Und wir würden Frieden und Sicherheit für Israel gefährden, die für uns fundamental wichtig sind.«

Carl Bildt, *Financial Times*, 20. April 2003

»Mission accomplished«, Auftrag ausgeführt, lautete die Aufschrift auf einem Spruchband, das die Mannschaft des Flugzeugträgers »Abraham Lincoln« am Kommandoturm über dem Flugdeck angebracht hatte, als Präsident George W. Bush am 2. Mai 2003 in den Kampfanzug eines Piloten gehüllt auf dem Flugdeck landete.

Sechs Monate nach dem Triumphmonat Mai sahen sich die amerikanischen Besatzungstruppen im Durchschnitt täglich dreißig Angriffen von Untergrundkämpfern aus dem Irak und dem benachbarten arabischen Ausland ausgesetzt. Über 160 amerikanische Soldaten waren nach dem offiziellen Ende der Kampfhandlungen bis Anfang November 2003 gefallen – mehr als im Irakkrieg vom März und April des gleichen Jahres. Wie viele Iraker in den Monaten der Besatzung des Irak bei Zusammenstößen mit den Amerikanern ums Leben kamen, darüber führt die Besatzungsmacht keinerlei Statistik.

Die Amerikaner gliedern sich ein in eine lange Ahnenreihe von Eroberern. Alle waren sie den Reichtümern des Zweistromlandes verfallen. Seit Jahrtausenden nämlich gehört das Land zwischen Euphrat und Tigris zu den begehrtesten Zielen gieriger Machthaber. So reich war der in Mesopotamien zu gewinnende Schatz, dass sich kein König und kein Feldherr von dem Wagnis abhalten ließ, einen Landstrich zu betreten, in dem im Juli Temperaturen von 50 Grad Celsius und mehr gemessen werden und von dem der Geograph Banse sagte, dass sich »gelbe Leichenfarbe« über Hügeln und Ebenen ablagere. Seine reichen Wasservorräte, die den Menschen das Überleben in der Hölle des Sommers ermöglichen, sein fruchtbares Ackerland und neuerdings Erdöl erwiesen sich immer wieder als unwiderstehliche Magneten. »Kein Wunder«, schreibt der Kulturhistoriker Egon Friedell, »dass dieses Land immer den Nährboden für eine gewisse Verrücktheit gebildet hat, die die allgemein menschliche noch um ein Beträchtliches übersteigt.«[1]

Bagdad – »die von Gott Gegebene«

Die Schlachtfelder, auf denen sich diese Verrücktheit austobte, sind zahlreich. 401 v. Chr. mussten sich Xenophon und seine 10 000 Griechen bei Qunaxa südwestlich des heutigen Bagdad den Persern geschlagen geben. Alexander, genannt der Große, schlug seinerseits 331 die Perser bei Gaugamela in der Nähe der kurdischen Stadt Erbil im Nordirak.

Bagdad lebte nach seiner Gründung 762 n. Chr. zunächst vergleichsweise friedlich. Doch dann zerstörten 1258 die Mongolen auf einen Schlag die Stadt. Ihr Heerführer Hulagu ließ das Kleinod ausplündern, die berühmte Bibliothek verbrennen und die Bewohner abschlachten. Von dieser Katastrophe haben sich Mesopotamien und Bagdad nie wieder richtig erholt. 1393 und 1401 überfielen die Mongolen die Metropole am Tigris unter ihrem neuen Anführer Tamerlan erneut. Diesmal fanden sie ein Bagdad vor, dessen Einwohner der neuen Eroberung eher apathisch gegenüberstanden.

In den siebeneinhalb Jahrhunderten nach dem Ende der Mongolenstürme wurde Bagdad insgesamt noch achtmal Beute von

Invasoren: 1411 und 1469 weckte Bagdad die Eroberungssucht von Turkstämmen. 1534 erstürmte der osmanische Sultan Suleiman der Prächtige die vielgeschundene Stadt. 1623 kamen die persischen Safawiden, 1638 holten sich die Osmanen unter Murad IV. das inzwischen seines Glanzes beraubte Bagdad zurück. 1917 schließlich erschienen die Briten mit Sir Stanley Maude.

Wenn die Stadt am Tigris einmal nicht von Krieg überzogen wurde, mussten ihre Einwohner mit vielen anderen Katastrophen fertig werden. Schon wenige Jahreszahlen verdeutlichen die Leidensgeschichte. 1621: Hungersnot. 1623: Sunniten werden von persischen Eroberern massakriert bzw. in die Sklaverei verkauft. 1635: Pest. 1638 Massaker an Persern durch Türken. 1689: Hungersnot und Pest. 1733: Belagerung durch die Perser, Hungersnot. 1786: Missernte, Hungersnot. 1802/03: Pest. 1822: Pest. 1831: Pest, Überflutung, Belagerung, Hungersnot; die Einwohnerzahl sinkt von 80 000 auf 27 000. 1877/78 Pest, Hungersnot.

Auch unter den Briten herrschte nicht immer Ruhe. Weil sich der von ihnen gegründete Irak im Zweiten Weltkrieg widerborstig zeigte und mit Hitlerdeutschland eine Allianz eingehen wollte, mussten die neuen Herren 1941 ihre ehemalige Kolonie erneut besetzen. Die anschließende Eroberungspause dauerte bis zum Frühjahr 2003. Unter dem Vorwand, Massenvernichtungswaffen zerstören und das irakische Volk befreien zu wollen, besetzten Briten und Amerikaner jene geostrategisch seit alters hoch bedeutende Position im Zweistromland, welche ihnen der Usurpator Saddam Hussein entzogen hatte. Rasanter Aufstieg aus dem Nichts zur Hauptstadt eines Imperiums, Jahrhunderte Mittelpunkt der islamischen Welt, dann, fast über Nacht, Abstieg in die Obskurität und schließlich ein Zentrum des »ersten Krieges des 21. Jahrhunderts« (US-Präsident George W. Bush) – kaum eine andere Stadt der Region hat ein solches Schicksal erlebt. Dass *Bagdad* eigentlich so viel bedeutet wie » Die von Gott Gegebene« und Stadtgründer Kalif Mansur die Stadt auch *Medinat al-Salam*, Stadt des Friedens, nannte[2], daran erinnert die Geschichte der einstigen Hauptstadt des islamischen Weltreiches in keiner Weise.

Nachdem als vorerst letzte die Amerikaner der von Egon Friedell ausgemachten »Verrücktheit« Mesopotamiens erlegen waren und am 9. April 2003 Bagdad erobert hatten, rührte sich kaum Widerstand. Von Harun al-Rashid über Suleiman den Prächtigen bis zu Faisal I., Abdel Karim Qassem und Saddam Hussein hatte dieses Land meist brutale, nur manchmal weniger gewalttätige Machthaber erlebt. Für einen der schrecklichsten aller Despoten der Geschichte des Zweistromlandes wollte kaum jemand sein Leben riskieren.

Kampflos gaben ihrerseits die Invasoren die Hauptstadt den Plünderern preis. Das irakische Nationalmuseum mit seinen Schätzen aus den altmesopotamischen Städten Ur (der Heimat Abrahams, der Stadt, in der erstmals die Schrift entwickelt wurde), Uruk, Babylon, Akkad, Ninive und Nimrod wurde Opfer eines groß angelegten Raubzuges. In Universitäten, Bibliotheken, Archiven, Museen, Privatsammlungen, Ministerien, Krankenhäusern, Hotels und Privatwohnungen wütete – wie einst unter den Mongolen – der von den Eroberern nicht kontrollierte Mob. Zu den Plünderern gehörten viele jener 30 000 Kriminellen, die Saddam Hussein allein in Bagdad gut einen Monat vor Kriegsbeginn freigelassen hatte. Aber auch Kunstkenner raubten Schätze des Zweistromlandes und schafften ihre Beute schleunigst aus dem Lande. Viele, wenn nicht die meisten Zeugnisse der großen Vergangenheit gingen dem Irak verloren. Als die amerikanische Armee 1945 nach Deutschland kam, um dem Terror und dem Völkermord der Nationalsozialisten ein Ende zu bereiten, brachte sie Kulturschutzoffiziere mit. Diese den Truppen beigeordneten Spezialisten hatten dafür zu sorgen, dass die im Krieg nicht zerstörten Dokumente der Vergangenheit von Plünderern verschont blieben. Im Irakkrieg des Jahres 2003 fehlten solche Bewacher. Vergeblich hatten namhafte amerikanische Wissenschaftler die Kriegsplaner im Pentagon auf eine drohende kulturelle Katastrophe im Irak aufmerksam gemacht.

Nicht verloren, weil von den Invasoren sorgfältig behütet, wurden Dokumente, die den wirtschaftlichen Reichtum des Irak belegen –

das Öl. Während »Ali Baba« – eine berühmte Figur aus den Bagdader »Märchen aus Tausendundeiner Nacht«, im heutigen Irak jedoch ein Synonym für Diebe – die Hauptstadt ausraubte, bewachten Hunderte schwer bewaffneter amerikanischer Soldaten das Ölministerium rund um die Uhr.

Zwar trifft, wer in Bagdad einen Brunnen anlegen will, um sich für die Fährnisse der zahlreichen Kriege zu wappnen, gelegentlich auf Öl statt auf Wasser. Kalif Mansur, der erste Erbauer Bagdads, hatte aber noch andere gute Gründe, warum er im Jahre 762 gerade an der Stelle, an welcher sich der Tigris in großen Bögen durch das Land schlängelt, die Hauptstadt seines Reiches errichtete: »Hier ist der Tigris, der uns mit Ländern verbindet, die so weit weg sind wie China, der uns alles bringt, was die Meere bergen, und dazu die Lebensmittel Mesopotamiens, Armeniens und der umgebenden Länder.« Etwa 100 000 Architekten, Handwerker und Arbeiter aus allen Teilen des islamischen Imperiums schufen weitläufige Paläste, Häuser, Märkte, Straßen. Herrscher wie Harun al-Raschid, ein Zeitgenosse Karls des Großen, häuften sagenhafte Schätze an. Doch schon damals beruhte Macht im Zweistromland auf zügelloser Gewalt. Harun al-Raschid ließ einen seiner Konkurrenten enthaupten, den Kopf auf der einen Seite einer Tigrisbrücke aufspießen und den zweigeteilten Körper auf der anderen.

Berühmt bis heute sind die kulturellen Leistungen der Abbassiden. Im Jahre 830 gründete der Kalif Al-Mamun in Bagdad das *Beit al-Hikma*, das Haus der Gelehrsamkeit: Schriften griechischer Philosophen wurden ins Arabische übersetzt und auf diesem Weg auch dem Abendland überliefert. Die Naturwissenschaften blühten. »All das geschah, als Europa von griechischem Denken und griechischer Wissenschaft praktisch nichts wusste«, schreibt der libanesische Historiker Philip K. Hitti. Im Jahre 1000 veröffentlichte der Bagdader Buchhändler Ibn al-Nadim einen zehnbändigen »Katalog der Wissenschaften«, eine Auflistung aller bis dahin erschienenen Werke von Philosophie und Physik, Astronomie und Medizin. Der Staat der Abbassidendynastie war ein glänzend durchorganisiertes Gemeinwesen. Es gab ein funktionierendes Postsystem, Tauben beförderten die Briefe von Ort zu Ort. Allerdings war der Generalpostmeister zugleich »imperialer Geheimdienstchef« (Hitti). Viele Schlüsselstellungen im Reich nahmen nicht Araber, sondern Perser und Juden ein. Ökonomische Grundlage war die Landwirtschaft, die auf einem ausgeklügelten Bewässerungssystem beruhte. Dieses Zeugnis einer großartigen zivilisatorischen Leistung wurde im Mongolensturm weitgehend zerstört.

Das Ende des Abbassidenreiches hatte sich lange vor der Eroberung der Mongolen angebahnt. Eineinhalb Jahrhunderte vor dem Mongolenüberfall schrieb der arabische Reisende Maqdisi: »Bagdad zerfällt, sein Ruhm ist dahin.« Um sich vor inneren Rivalen zu schützen, baute sich die Dynastie mit Samarrah eine neue Hauptstadt nördlich von Bagdad. Noch heute kann man dort die große Moschee mit ihrem berühmten Spiralminarett besichtigen.

Von den ersten Bauten, die Kalif Mansur errichtet hatte, ist heute ebensowenig zu sehen wie von den Prachtpalästen Harun al-Raschids. Bagdad ist eine graue, unattraktive Stadt. Die vielen Paläste, die sich Saddam Hussein, der bisher letzte in der Stadt residierende Tyrann, gebaut hat, sind hinter hohen Mauern versteckt. Bagdader Bürger fuhren an ihnen vorbei, scheinbar ohne von ihnen Kenntnis zu nehmen. Denn wer auch nur mit der Hand auf sie deutete, machte sich bei der allgegenwärtigen Geheimpolizei verdächtig, ein Gegner des Regimes zu sein. Unter der anglo-amerikanischen Invasion hat die Stadt am Tigris noch einmal gelitten. Der materielle Schaden des Krieges ist zwar vergleichsweise gering. Doch die psychischen Verletzungen, welche die Menschen erlitten, die tägliche Unsicherheit, die Überfälle und Raubzüge werden die Iraker noch lange belasten.

Die Briten im Zweistromland

Als die Briten Ende des Jahres 1914 auf der Halbinsel Fao am Unterlauf des Schatt el-Arab, des Zusammenflusses von Euphrat und Tigris, landeten – übrigens ziemlich genau dort, wo sie auch

89 Jahre später, am 17. März 2003 ihre Invasion begannen –, hatte der Erste Weltkrieg gerade begonnen. Das Osmanische Reich war Verbündeter Deutschlands und damit Gegner Großbritanniens. Der Schutz der indischen Kolonien war eine Hauptsorge der Briten. Die aufkommende Dampfschifffahrt auf Euphrat und Tigris sowie die durch die Instandsetzung der Bewässerungsanlagen erheblich vergrößerten Anbauflächen im Zweistromland hatten es den Produzenten ermöglicht, ihre Getreideexporte an den Golf und nach Britisch-Indien deutlich zu erhöhen. Diese Nachschubbasis zu sichern war ein weiteres Kriegsziel der Briten.[3] Und schließlich war 1908 im Iran jener Rohstoff entdeckt worden, der bis heute eine Triebfeder der Weltwirtschaft ist: Öl.

Ein Jahr danach wurde die Anglo-Persische Ölgesellschaft gegründet, und schon 1914 exportierte die Raffinerie in Abadan jährlich etwa 250 000 Tonnen an Ölprodukten. Winston Churchill, damals Erster Lord der Admiralität, sah in den iranischen Funden die Möglichkeit, langfristig die Ölimporte aus dem fernen Golf von Mexiko durch iranisches und möglicherweise irakisches Öl zu ersetzen.

Aber es gab auch eine neue Konkurrenz durch das spät in den kolonialen Wettlauf eingetretene deutsche Kaiserreich. Im Jahre 1898 besuchte der deutsche Kaiser Wilhelm II. Istanbul und erhielt vom Sultan die Konzession für den Bau der Bagdadbahn. Die Bahn sollte über Bagdad bis Basra laufen. Eine Zweigstrecke sollte das Innere Mesopotamiens mit Iskenderun (Alexandretta) am Mittelmeer verbinden. Damit wäre ein Güter- und Personenverkehr von Basra bzw. dem Persischen Golf zum Mittelmeer gewährleistet gewesen. Das Projekt war ein Frontalangriff auf die britische Vormachtstellung in der Region. George Antonius schrieb 1938 über die Bagdadbahn: »Für Deutschland würde (die Bahn) die Erlangung einer großen Einflusssphäre bedeuten, reich an Märkten und Bodenschätzen, sicher gegen die Drohung einer Seemacht, schwanger mit dem Versprechen eines Imperiums. Für Großbritannien würde (die Bahn) ein gewaltiger Konkurrent werden ... und eine Herausforderung für seine Vormachtstellung am Persischen Golf.«[4]

Die Konzession für die Bagdadbahn schloss die Explorationsrechte für Öl und andere Bodenschätze auf einer Fläche von jeweils zwanzig Kilometern rechts und links der Schienen ein. Doch zu diesem Zeitpunkt hatten sich die Briten bereits die Herrschaft über die damals bekannten Ölvorkommen der Region gesichert. 1911 wurde die »Turkish Petroleum Company« (TPC) gegründet, an der die Briten einen großen Anteil hielten. 1913 fusionierte diese TPC mit der Anglo-Persian Oil Company. Bei Kriegsausbruch hatten die Briten mithin auch erhebliche ökonomische Interessen in jenem Gebiet, das einige Jahre später der neue Staat Irak werden sollte.

Als die Briten 1914 Basra eroberten, geschah nach einem zeitgenössischen Augenzeugenbericht etwas, woraus die Invasoren neun Jahrzehnte später, im Frühjahr 2003, eine Lehre hätten ziehen können. Eine Engländerin, Eleanor Franklin Egan, die mit den Truppen aus Britisch-Indien gekommen war, berichtete: »Die Stadt [Basra] wurde geplündert, und alle friedlichen Bürger versteckten sich... Sogleich wurde eine Proklamation veröffentlicht, welche die Einwohner aufforderte, Ordnung zu bewahren und die Plünderungen einzustellen. In der Erklärung hieß es weiter, dass Verbrechen wie bewaffneter Raub von Militärgerichten bestraft werden würden... Aber da bewaffneter Raub seit langem eine arabische Hauptbeschäftigung war, erwies es sich als schwer, eine solche Proklamation durchzusetzen... Die Truppen waren anderswo so beschäftigt, dass sie keine angemessene Kontrolle ausüben konnten.«[5]

Nach der Eroberung Basras gestaltete sich der britische Feldzug gegen die Osmanen anfangs allerdings nicht so problemlos wie der amerikanische Vormarsch gegen die Iraker. »All the way from Basra to Baghdad« – den ganzen Weg von Basra nach Bagdad sollte Generalmajor Charles Vere Ferrers Townshend auf Befehl seines ehrgeizigen Vorgesetzten Sir John Nixon gehen. Auf türkischer Seite hatte der deutsche General Colmar von der Goltz den Oberbefehl über die osmanischen Truppen in Mesopotamien. Bei Kut al-Amara am Tigris endete der schlecht vorbereitete Feldzug im April 1916 mit einer Katastrophe. Die Reste der geschlagenen britischen Armee wurden von den Türken auf den langen Marsch nach Anatolien geschickt, wo die meisten der britischen Gefangenen beim Eisenbahnbau starben. Townshend dagegen durfte, wie es einem Kommandeur im Gegensatz zu seinen Truppen natürlich zusteht, in einem bequemen Exil in Istanbul leben.[6] Der Durchmarsch nach Bagdad gelang den Briten erst 1917 – jenem Jahr, in welchem Außenminister Lord Balfour dem jüdischen Volk eine »Heimstatt« in Palästina versprach. Im Jahre 2003, nachdem sie Kut al-Amara erreicht hatten, setzten die Amerikaner den dortigen britischen Soldatenfriedhof instand – ein später Tribut an die in einem leichtsinnigen Feldzug Getöteten.

»Ich bin der Untergebene des Siegers«

Wie aber war in den Jahren nach dem Ersten Weltkrieg aus dem Zweistromland mit seiner schiitischen Mehrheit im Süden, seiner sunnitischen Minderheit um Bagdad und Tikrit und seinen ethnisch eigenständigen Kurden im Norden ein Staat zu formen? Denn ein Nationalstaat – ein den Arabern und dem Islam bis dahin eher fremdes Konzept – müsse her, um das Land regieren, beherrschen und letztlich ausbeuten zu können, sagten sich die Briten. Es war ein fast romantisch zu nennender Augenblick westlicher Kolonialgeschichte, als sich die Briten mit Hilfe einer Frau daranmachten, einen Staat namens Irak zu gründen. »Manchmal fühle ich mich wie der Schöpfer in der Mitte der Woche. Auch Gott muss sich darüber Gedanken gemacht haben, wie sein Werk wohl am Ende aussehen wird.«[7] Die Sätze stammen von Gertrude Bell. Formuliert wurden sie im Dezember 1918 in einem Brief Gertrude Bells an die Eltern in England.

Gertrude Bell war 1868 in der Nähe der nordenglischen Stadt Durham geboren worden, war der strengen viktorianischen Gesellschaft entkommen, hatte sich als Gelehrte, Historikerin, Archäologin, Forscherin, Schriftstellerin, Alpinistin und Gartenfreundin erwiesen, hatte Arabisch gelernt, Wüsten auf der Arabischen Halbinsel durchquert, hatte detaillierte Kenntnisse über Arabien erworben und war in die Dienste ihres Landes getreten. Nun saß sie in Bagdad (wo sie 1926 drei Tage vor ihrem 58. Geburtstag auch starb) und zeichnete auf Landkarten die Grenzen des zukünftigen Irak. Diese Aufgabe gewagt zu nennen wäre eine gehörige Untertreibung. Ein amerikanischer Missionar warnte: »Sie stellen sich gegen 4000 Jahre Geschichte, wenn Sie versuchen, um den Irak eine Linie zu ziehen und das Ganze dann eine politische Einheit zu nennen.«[8]

Der britische Zivilverwalter Arnold Wilson kabelte nach London, die britischen Pläne im Irak seien ein »Rezept für ein Desaster«. Ein andermal meldete Arnold Wilson nach London, dass »fast zwei Millionen schiitische Muslime in Mesopotamien« nicht bereit seien, die »Vorherrschaft der sunnitischen Minderheit« anzuerkennen. Wilson schrieb weiter, dass 75 Prozent der Bevölkerung in Stämmen lebten, die keinerlei Erfahrung damit hätten, sich einer Zentralregierung unterzuordnen.[9]

Acht Jahrzehnte später, im alliierten Siegesjahr 2003, versuchen die alten und die neuen Besatzer einen ebenso prekären Balanceakt. Sie wissen, dass sie die schiitische Mehrheit diesmal nicht von der Regierung fernhalten können. Gleichzeitig versuchen sie, jene Schiiten auszuschalten, die einen islamisch ausgerichteten Staat wünschen.

Was den Besatzern des Jahres 2003 fehlt, ist eine Persönlichkeit wie Gertrude Bell. Die Abenteurerin und Weltreisende war zwar »Orientalistin und Imperialistin« (Janet Wallach) zugleich. Aber anders als die Garners und Bremers der Gegenwart liebte sie ihr Sujet. Als Orientalistin galt ihre Zuneigung Arabien, seiner Kultur und seinen Menschen. Als Bürgerin des britischen Weltreiches aber glaubte sie, wie heute die Amerikaner auch, an die Überlegenheit der abendländischen Kultur und an die zivilisatorische Mission ihres Landes. »Der Orientale ist wie ein sehr altes Kind«, schrieb Gertrude Bell an ihre Eltern in Großbritannien. Dieses Kind müsse ernährt, erzogen und dazu angehalten werden, für sich selbst zu sorgen. In einem langen Gespräch mit Abdur Rahman al-Gailani, dem *Naqib* von Bagdad, dem höchsten sunnitischen Würdenträger der Stadt, vertraute ihr der angesehene Mann an, er liebe die französische Kultur, hasse aber den französischen Regierungsstil. Über Gertrude Bells England sagte der Naqib: »Eure Nation ist groß, wohlhabend und mächtig. Wo aber ist unsere Macht?... Sie sind die Regierenden, und ich bin der Regierte. Und wenn ich nach meiner Meinung über die Fortsetzung der britischen Herrschaft gefragt werde, dann antworte ich, dass ich der Untergebene des Siegers bin.«[10]

So hatten sich Gertrude Bell und die Briten die Araber vorgestellt und gewünscht – gehorsam wie ein großer Junge, welcher die paternalistische Seite des Imperialismus gerne akzeptiert. Nur: Damals wie heute stellten sich die Dinge schnell anders dar. Schon 1920 rebellierten die Menschen gegen die britische Herrschaft. Anlässe gab es genug. Am Hindiyya-Damm hatten die Briten die jahrzehntelang bewährte Verteilung von Wasser für die Bewässerung der Felder abrupt geändert und dadurch die Ernten geschmälert. Von den Stämmen verlangten die Briten plötzlich eine so fremde Abgabe wie Steuern. Britische Offiziere wurden getötet, in Kerbala riefen Schiiten einen »heiligen Krieg« gegen die Besatzer aus Europa aus. In der Londoner *Times* fragte ein Kommentator, wie lange man noch Geld ausgeben und Leben aufs Spiel setzen solle, um einer Bevölkerung, die niemals danach gefragt habe, eine fremdartige Verwaltung aufzudrängen.[11]

Doch im Irak stand zu viel auf dem Spiel. Neben Emir Faisal und T. E. Lawrence hatte Gertrude Bell an der Pariser Friedenskonferenz von 1919 teilgenommen. Über so profane Dinge wie Erdöl hatte man natürlich nicht öffentlich gesprochen. Lieber hatte man sich, wie später in Artikel 22 des im Juni 1919 neu geschaffenen Völkerbundes, auf die Verantwortung berufen, welche die zivilisierte Welt für jene Völker trage, die der Bürde der Modernität noch nicht gewachsen seien. Doch hinter den Kulissen war es um den schwarzen, schmierigen Rohstoff Öl gegangen. Dessen Duft schwebte sozusagen durch die Konferenzräume. Oder, wie sich Janet Wallach, ausdrückt: Unter den Topfpalmen der Hotel-Lobbys und in jeder Ecke der Privaträume sei der Fluss der Worte »eingefärbt« gewesen vom »Verlangen nach Öl«.[12]

Praktisch im Alleingang setzte die britische Besatzungsmacht 1921 Emir Faisal zum König des Irak ein. Im Gegensatz zur Mehrheit der irakischen Bevölkerung lehnte sich die irakische Regierung unter König Faisal I. immer mehr an die Briten an. Diese waren – aus eigenem Interesse – zum Beispiel dabei behilflich, ein für die wirtschaftliche Zukunft des Irak entscheidendes Urteil des Völkerbundes herbeizuführen. Die britische Lobbyarbeit bewirkte, dass der Völkerbund das erdölreiche Gebiet um Mosul endgültig dem Irak – und nicht der abtrünnigen Türkei Mustafa Kemal Atatürks – zusprach. Einige Monate vor dieser Entscheidung vom Juli 1925 hatte die irakische Regierung der »Turkish Petroleum Company« (TPC) großzügige Bohrkonzessionen bewilligt. Da die TPC mehrheitlich in britischer Hand war, erhielt Großbritannien auf diese Weise die Kontrolle über das Öl von Mosul.[13] Endgültig strategische Bedeutung für den Irak bekam Kurdistan, als man 1927 in Kirkuk bedeutende Ölfelder entdeckte. Kurdische Unabhängigkeitsbestrebungen waren nun von vornherein zum Scheitern verurteilt.

Die Menschen Mesopotamiens und Kurdistans, welche die Briten über Nacht zu Irakern gemacht hatten, zeigten überraschend früh einen nationalen Willen. Mit dem britischen Mandat über Mesopotamien, mit der britischen Herrschaft über ihren neuen Staat waren sie keineswegs zufrieden. Die Menschen forderten Unabhängigkeit. Großbritannien gewährte sie. Die Kolonialmacht sprach sich für das Ende des Mandats und für die Aufnahme des Irak in den Völkerbund aus. Die auf den ersten Blick großzügige Geste hatte allerdings ihren Preis. Im Vertrag zwischen England und dem Irak musste der neue Staat 1932 die Stationierung britischer Truppen zugestehen und Großbritannien die Oberaufsicht über die irakische Außenpolitik gewähren. Die Kontrolle über das irakische Öl blieb ohnedies in britischer Hand.

Die folgenden 26 Jahre bis zum Ende der Monarchie durch den Putsch von Oberst Abdel Karim Qassem 1958 erwiesen sich nicht gerade als Gründerzeit irakischer Demokratie. Angesichts der von Großbritannien empfundenen Bedrohung durch die Sowjetunion wurde 1955 der Bagdad-Pakt geschlossen. Der Pakt sollte die kolonialen Liegenschaften Londons im erdölreichen Nahen und Mittleren Osten sichern. Mitglieder waren die Türkei, der Iran, der Irak, Pakistan und England. Nach dem Putsch von 1958 zog sich der Irak aus dem Bündnis zurück. Das niemals sehr wirkungsvolle Bündnis wurde aufgelöst, nachdem 1979 Ayatollah Khomeini im Iran die Macht übernommen hatte. Eine Totgeburt wurde zu Grabe getragen.

Auch innenpolitisch war dem Irak wenig Ruhe beschert.

Die Überlebenszeit der Regierungen wurde eher nach Monaten als nach Jahren gerechnet. Allein Nuri al-Said, der beim Putsch von 1958 umgebracht wurde, weil er einer der treusten Anhänger britischer Herrschaft war, bildete elf Kabinette. Dieser Putsch hatte sich lange angebahnt. Immer wieder hatte es Anzeichen für einen zunehmenden politischen Gärungsprozess gegeben. Der junge König Ghazi, der 1933 nach dem frühen Tod Faisals I. den Thron bestieg, weckte wegen seiner antibritischen Haltung Begeisterungsstürme im Land (Kapitel 6). Im Jahre 1948 kam es zu heftigen antibritischen Demonstrationen, nachdem Premierminister Salih Jabr, der erste Schiit auf diesem Posten, im Vertrag von Portsmouth nicht, wie von den Irakern erwartet, eine gründliche Revision des englisch-irakischen Vertrages von 1932 erreicht hatte. In der Gründung Israels sahen die Menschen des Irak einen weiteren Beweis der anhaltenden Unterdrückung der Araber durch die westlichen Mächte.

Dass man sich wehren konnte, dafür gab 1951 das Nachbarland Iran den Beweis. Das Parlament verstaatlichte die iranische Erdölindustrie und entzog sie somit dem Zugriff der Briten. In Bagdad gingen Menschen auf die Straße, um die Iraner zu feiern. Fünf Jahre später brachte der Ägypter Gamal Abdel Nasser eine weitere bedeutende Säule des Empire zum Einsturz, als er den Suezkanal verstaatlichte. Abermals applaudierten viele Iraker. Zur Freude der Araber begann das geostrategische Plateau, das sich die Briten westlich und östlich von Suez errichtet hatten, deutliche Verwerfungen zu zeigen.

Nach all den Rückschlägen, welche die Briten hinnehmen mussten, war Ende der fünfziger Jahre auch im Irak die politische Szene für Veränderungen bereitet. 1958 stürzten Oberst Abdel Karim Qassem und seine Bewegung der »Freien Offiziere« die von Großbritannien im Irak installierte Dynastie. Qassems Gehilfen ermordeten Faisal II. und viele seiner Familienmitglieder.

Es lohnt sich, einen kurzen Blick auf die »Bewegung der Freien Offiziere« im Irak zu werfen. Die Gruppe, welche die Dynastie stürzte, war keineswegs eine machtbesessene Mörderbande. Ihre Mitglieder waren weder Islamisten noch reine Nationalisten, noch pure Panarabisten. In seiner monumentalen Studie über den Irak hat der Palästinenser Hanna Batatu 1978 geschrieben, das Charakteristikum der Gruppe sei ein »islamisch eingebetteter Panarabismus«. Batatu zitiert das Testament Nadim al-Tabachalis, eines der Offiziere. Tabachali umrahmte seinen letzten Willen mit folgenden Worten: »Ich bitte um Gnade, o Gott, o Gott der Araber, o Gott des Islam. Ich wende mich an Dich, o Gott, als ein Muslim und als einer, der an seine Nation und an seinen Arabismus glaubt... Ich bitte um Vergebung, o Gott, und ich bezeuge, dass es keinen Gott gibt außer Gott. Ich bezeuge, dass Religion Wahrheit ist, dass Arabismus Wahrheit ist, dass der Koran Wahrheit ist und dass der Islam Wahrheit ist.«[14]

Viele Iraker unterstützten die national-islamische Bewegung der »Freien Offiziere«. Sie waren der Meinung, dass die Monarchie den Briten hörig gewesen und es mithin an der Zeit sei, sich unter dem Banner des Islam und des Panarabismus von westlicher Oberherrschaft zu befreien. Gerne horten sie die Worte, die einer der Verschwörer, Abdelsalam Arif, morgens um halb sieben über das Radio verlas. Arif verkündete den Irakern die Befreiung von genau jenen Befreiern, die 1917 ins Land gekommen waren: »Edles Volk des Irak, im Vertrauen auf Gott und mit der Hilfe der loyalen Söhne des Volkes und der nationalen Streitkräfte haben wir es unternommen, die geliebte Heimat von einer korrupten Mannschaft zu befreien, welche der Imperialismus installiert hat.«[15] Als sichtbares Symbol ihres Sieges demontierten Bagdader Bürger die Statue von Sir Stanley Maude, des »Befreiers« von Bagdad.

Vereint wären sie unschlagbar I: die Kurden

Anfang November 2003 gingen in der nordirakischen Kurden-
stadt Süleimania Tausende Menschen jubelnd auf die Straßen. Sie
feierten ein für sie frohes Ereignis. Zum ersten Mal in der gut acht-
zigjährigen Geschichte des Irak stand mit Dschalal Talabani ein
Kurde zumindest formal an der Spitze des Staates – wenn auch nur
für einen Monat. Denn in dem von den Amerikanern eingesetzten
Regierungsrat rotiert die Präsidentschaft monatlich. Dennoch ist
diese kurze Amtszeit eines Kurden eine späte Anerkennung der
Tatsache, dass auch die Kurden politische Rechte in dem von den
Briten geschaffenen Irak haben. Bis zu diesem Zeitpunkt war im
Irak immer nur vom »Kurdenproblem« die Rede.

Dieser Sprachgebrauch folgt dem politisch hilflosen Konzept, den
Begriff »Problem« immer jenen Gruppen bzw. Minderheiten anzu-
hängen, die keineswegs allein das Problem darstellen. Ein geradezu klassisches Beispiel für einen solchen Missbrauch ist ebendas
Wort »Kurdenproblem«. Denn nicht die Kurden sind in der Türkei oder im Irak in erster Linie das Problem, sondern jene Regierungen, welche Kurden, wie etwa bis vor kurzem in der Türkei, als
»Bergtürken« klassifizieren, oder die, wie im Irak unter Saddam
Hussein, Kurden ermordeten und umsiedelten.

Etwa 27 Millionen Kurden leben im Mittleren Osten. Kurden
gehören zur indo-iranischen Volksgruppe, die Araber zur semitischen. Die Kurden verteilen sich auf die Türkei, Syrien, den Iran
und den Irak. Etwa 700 000 Kurden leben in Europa, 400 000 in
Aserbeidschan und in Armenien. In dem von den Briten geschaffenen Staat Irak leben heute etwa fünf Millionen Kurden und
18 bis 19 Millionen Araber. Die meisten Kurden sind sunnitische
Muslime. Im Osmanischen wie im Persischen Imperium stellten
sie Soldaten in vielen Armeen.

Im Irak ist die Frage der Beziehungen zwischen Arabern und Kurden seit der Staatsgründung 1921 ein Durchlaufposten auf der
Problemliste aller Regime und der von ihnen eingesetzten Regierungen. Schon weil die Briten in Kurdistan früh auf die Entdeckung größerer Ölvorräte spekulierten, kam für sie die Schaf-

fung eines unabhängigen Kurdenstaates im Norden des Zweistromlandes nicht in Frage. Die Briten glaubten zudem, ein großes zusammenhängendes Terrain beherrschen zu müssen, das ihnen eine gewisse strategische Tiefe für mögliche weitere Operationen am Golf gewährte – wie in Indien und im benachbarten Iran. Ein in kleine Nationalstaaten aufgeteiltes Territorium wäre diesen politischen und potenziell auch militärischen Notwendigkeiten hinderlich gewesen. Von identischen Kriterien lassen sich bis jetzt auch die USA leiten. Für ihre Wacht am Golf, für mögliche Militäroperationen im Iran und in Saudi-Arabien benötigen sie ein ruhiges Hinterland.

Allerdings ist ein Auseinanderfallen des Irak immer noch möglich. Die Kurden streben eine streng föderalistische Ordnung an. Wird diese von sunnitischen und schiitischen Arabern verweigert, wäre ein Ende des bisherigen irakischen Staatsverbundes nicht ausgeschlossen.

Zur Zeit der britischen Besetzung gab es unter den Kurden zwei unterschiedliche Führungseliten.[16] Die eine bestand aus den traditionellen Stammesführern, den Aghas und den Scheichs. Sie war über Jahrhunderte die lockere Oberherrschaft der Osmanen gewohnt. Die zweite Elite stellten die in den Städten des Imperiums ausgebildeten, vom europäischen Nationalismus beeinflussten, weniger in überkommenen Stammesstrukturen denkenden Intellektuellen. Die Anhänger dieser Gruppe favorisierten die Gründung eines Kurdenstaates. Die alte Klasse der Stammesführer ließ sich dagegen von den Briten dazu überreden, die Eingliederung in einen arabisch dominierten Irak zu unterstützen. Zivilverwalter Arnold Wilson erhielt bei einem Besuch im kurdischen Süleimania im November 1918 von den Scheichs die Zusage, sie seien mit der Gründung des von den Briten angestrebten arabisch dominierten Staates Irak einverstanden.

Freilich dachten die Kurden nicht an eine britische Dominanz in diesem Staat, sondern hofften auf ein großes Maß an Eigenständigkeit. Als sich diese Hoffnung als unrealistisch erwies, wehrte sich Scheich Mahmut von Süleimania in zwei Aufständen gegen diese Wende im Geschick der Kurden. Die Briten schickten Truppen und warfen die Rebellionen nieder. Plötzlich wollten die Sieger des Weltkrieges nichts mehr davon wissen, dass auch die Kurden zu den vom osmanischen Joch »befreiten« Völkern gehörten. Von diesem edlen Versprechen ist in der Realität des politischen Alltags dann auch nichts übrig geblieben. Wie die Kurden zu behandeln seien, tat ein britischer Offizier in der kurdischen Stadt Erbil kund: »Der Kurde hat das Wesen eines Schuljungen... Manchmal muss man ihn schlagen, und am nächsten Tag muss man ihm einen Bonbon geben.«[17]

In den Jahren danach änderte sich die Situation wenig. Immer wieder gab es Aufstände im Norden des Irak. In der benachbarten Türkei zog Staatsgründer Mustafa Kemal ebenfalls gegen die Kurden zu Felde. Im Jahr 1932 mussten die Kurden im Irak bestürzt feststellen, dass im britisch-irakischen Vertrag, der dem Land formal die Unabhängigkeit brachte, nichts von einer Autonomie für die Kurden zu lesen war. Daher gab es in den folgenden Jahren immer wieder Bestrebungen der Kurden, im Königreich Irak einen Autonomiestatus zu erringen. Doch in der Zentralregierung in Bagdad sah man darin stets eine Vorstufe der Abtrennung vom Irak. Immerhin aber waren Kurden im irakischen Parlament ebenso vertreten wie in den schnell wechselnden Regierungen. Zudem hatten sich viele Stammesführer mit der Monarchie arrangiert. Für sie stellten die Haschemiten unter den Königen Faisal und Ghazi nichts anderes als Führer eines mächtigeren Clans dar, mit dem man sich zu arrangieren hatte.

Dagegen dachte die neue, an den Universitäten erzogene Schicht von Intellektuellen mehr in kurdisch-nationalistischen Kategorien. Einer, der zwischen diesen Fronten stand, war Mullah Mustafa Barsani. Mal kämpfte der mächtige Stammesführer gegen das Königshaus, mal kam es zu einem brüchigen politischen und militärischen Waffenstillstand. 1945 schickte die Regierung in Bagdad eine Truppe von 14 000 Mann, um Irakisch-Kurdistan nach verschiedenen Unruhen wieder unter die Kontrolle Bagdads zu bringen. Mustafa Barsani floh mit seinen Anhängern ins iranische

Mahabad. Die dort ausgerufene Republik Kurdistan konnte nur so lange überleben, wie die Sowjetunion sie unterstützte. Nachdem im beginnenden Kalten Krieg Amerikaner und Briten den Abzug aller ausländischen Truppen gefordert hatten, war das Ende der Republik von Mahabad gekommen. Mustafa Barsani floh nach Moskau, wo er bis zum Sturz der irakischen Monarchie im Jahre 1958 blieb.

Nachdem Oberst Karim Qassem die Monarchie gestürzt hatte, änderten sich die Beziehungen zwischen Kurden und Arabern wenig. Mustafa Barsani verlangte Autonomie für Kurdistan. Qassem war nicht abgeneigt, wurde aber von manchen seiner Mitstreiter zurückgehalten. In der Epoche des von Gamal Abdel Nasser verkündeten Panarabismus konkurrierten im Irak arabischer und kurdischer Nationalismus. Mustafa Barsani wurde von Qassem zunächst ruhig gestellt. Barsani erhielt eine Villa und ein schönes Gehalt.[18] Doch Kurdistan blieb unruhig. Im Jahre 1961 revoltierten die Stammesführer Kurdistans gegen Qassem. Die Aghas erkoren Mustafa Barsani zu ihrem Führer – trotz seiner oft undurchsichtigen Politik. Die Forderung nach Autonomie war ein Grund für die Rebellion. Die von den Stämmen als ungerecht empfundene Landreform des Regimes in Bagdad war ein anderer. Die Beschränkung des Landbesitzes hatte, argumentierten die Scheichs, zu einem Rückgang der Produktion in Kurdistan geführt. Der Aufstand dauerte an, als Abdel Karim Qassem am 8. Februar 1963 mit Hilfe der Baathpartei bei einem Attentat getötet wurde.

Der neue starke Mann hieß Abdelsalam Arif und war ein Anhänger Nassers. Arifs Stellvertreter hieß Ahmed Hassan al-Bakr von der Baathpartei (Al-Bakr wurde später Staatspräsident). Mit Mustafa Barsani schloss Arif am 10. Februar 1963 einen Waffenstillstand. In dem Dokument war nichts von kurdischer Autonomie zu lesen. Nicht einmal der Name Kurdistan wurde erwähnt. In dem Schriftstück war lediglich von den »nördlichen Regionen« des Irak die Rede. Barsanis Stammesbrüder verurteilten diesen Ausverkauf kurdischer Rechte. Der Konflikt zog sich wieder einmal hin, und es kam erneut zu einem Krieg und, wieder einmal, zu einer allerdings nur vorübergehenden Einigung. Im Mai 1966 brachte Barsani, gut ausgerüstet mit Waffen aus dem Iran, einer Armee der Zentralregierung eine Niederlage bei. Bagdad erkannte daraufhin die »nationalen Rechte« der Kurden an und erklärte, der Irak sei ein »binationaler Staat«.[19] Im März 1970 – im Jahr 1968 hatte die Baathpartei die volle Kontrolle im Irak übernommen – schlossen beide Parteien einen Friedensvertrag, der den Kurden praktisch alle Autonomierechte zugestand. Die Kurden schienen am Ziel eines langen Kampfes. Doch der schöne Erfolg dauerte nicht lange. Die vorgesehene Volkszählung in Kurdistan verschob die Regierung in Bagdad immer wieder. Dafür begann sie, in den kurdischen Gebieten Araber anzusiedeln. Diese Praxis dauerte bis zum Ende des Regimes von Saddam Hussein an.

Am 11. März 1974 verkündete die Regierung in Bagdad ein Autonomiegesetz für Kurdistan, welches das vorhergehende Abkommen verbal bestätigte, der arabisch dominierten Zentralregierung aber de facto das Recht einräumte, über Kurdistan zu herrschen, wie es ihr beliebte. 1974 und 1975 wütete abermals der Krieg in Kurdistan. Mustafa Barsanis Kämpfer wurden vom Schah in Teheran bestens bewaffnet – bis sich Iraks Vizepräsident Saddam Hussein im März 1975 in Algier mit Resa Pahlewi traf. Im folgenden Geschacher waren die Kurden wie stets nur Spielball und Verhandlungsobjekt. Der Schah nämlich war nicht an den Kurden interessiert, sondern an einer neuen Grenzziehung am Schatt el-Arab, am Zusammenfluss von Euphrat und Tigris nahe der Mündung in den Persischen Golf. Der Schah wollte die Grenze auf dem Talweg des Flusses, also in der Mitte des Schatt, gezogen wissen. Saddam Hussein akzeptierte die vom Schah gewünschte Grenzlinie zwischen beiden Ländern unter der Bedingung, dass der Schah seine militärische Unterstützung für die Kurden einstellte. Unmittelbar nach dem Abkommen von Algier riegelte der Schah den Nachschub für Mustafa Barsanis Kurden ab. Der Krieg war, wieder einmal, für die Kurden verloren.

Im Jahre 1979 stellte Vizepräsident Saddam Hussein Präsident Hassan al-Bakr unter Hausarrest und machte sich selbst zum Präsidenten. Dieser Machtwechsel bedeutete für die Kurden endgültig den Weg in die Katastrophe. Diese brach 1988 in der Stadt Halabscha an der iranischen Grenze über sie herein. In dem von Saddam Hussein im September 1980 begonnenen Krieg gegen den Iran kollaborierten Kurden immer wieder mit dem Iran. 1988 versuchten Verbände des Kurdenführers Dschalal Talabani, zusammen mit iranischen Verbänden, irakische Truppen in Kurdistan zu schlagen. Es war einer der letzten Versuche des Iran unter der Führung von Ayatollah Khomeini, den Irak in die Knie zu zwingen. Daher kämpften Saddam Husseins Truppen nicht nur an der iranischen Front, sondern auch an der kurdischen. Der iranische Versuch, in Kurdistan zumindest eine Vorentscheidung zu erreichen, scheiterte. In Halabscha ließ Saddam Hussein etwa 5000 irakische Kurden durch den Einsatz chemischer Waffen töten. Der für den Genozid verantwortliche irakische Befehlshaber war Ali Hassan al-Madschid, seitdem »Chemischer Ali« genannt, ein Cousin Saddam Husseins.

»Und aber, fürchtest du von einem Volk Verrat, so schleudere gerade gegen sie! Denn ja, Gott liebt nicht die Verräter.« Nach dieser Sure aus dem Koran, welche den arabischen Namen »Anfal« (Beute) trägt, ist jene berüchtigte Militäroperation genannt, bei der ebenfalls im Jahre 1988 Zehntausende von Kurden vergast, ermordet, im Kampf getötet oder deportiert wurden. Als Journalisten im Sommer 1988 von der irakischen Armee mit Hubschraubern über Kurdistan geflogen wurden, sahen sie meilenweit nur brennende Dörfer. Zu dieser Zeit war der erste Golfkrieg schon fast acht Jahre alt.

Ausgelaugt von einem achtjährigen Gemetzel schlossen der Irak und der Iran im August 1988 einen Waffenstillstand. Doch die Schrecken von Halabscha suchen die Kurden noch heute heim. Jahre später berichteten kurdische Augenzeugen vom Schrecken des Völkermordes.[20] Das Ausland reagierte nur zögernd auf den Genozid. Viele Diplomaten und Politiker hielten die von Kurden verbreiteten Informationen schlicht für Greuelmärchen. Andere versuchten, die Meldungen herunterzuspielen. Schließlich hatte besonders Amerika den Krieg zwischen den beiden um die Vorherrschaft am Golf kämpfenden Mächte Irak und Iran nicht ungern gesehen. Denn in dem achtjährigen Gemetzel hielten sich Ayatollah Khomeini und Saddam Hussein gegenseitig in Schach. Mit ihrem politischen und militärischen Grabenkampf spielten die beiden Kontrahenten, ganz ungewollt, den Amerikanern in die Hände, die am Golf eine Politik des »Dual Containment« verfolgten, der gleichzeitigen Eindämmung der führenden Öl- und Regionalmächte Iran und Irak.

Das vom Westen fast ignorierte Massaker von Halabscha war »die schlimmste einzelne Verletzung des Genfer Protokolls von 1925 über den Gebrauch chemischer Waffen, seit Mussolini 1935 Abessinien überfiel«. Wie die *Financial Times* am 25. März 1988 weiter berichtete, war das Echo der internationalen Gemeinschaft auf die ständigen Alarmrufe der Kurden eine »stocktaube Stille«. Im April 1988 versuchte eine Gruppe britischer Wissenschaftler Detektoren und Dekontaminatoren nach Kurdistan zu schaffen, um den Überlebenden von Halabscha zu helfen. Der schöne Plan aber wurde von den Herstellern auf Weisung der britischen Regierung vereitelt.[21]

Nach dem Krieg um die Befreiung Kuwaits vom Frühjahr 1991 erhoben sich im Norden des Irak die Kurden und im Süden die Schiiten. In Kurdistan richteten Amerikaner und Briten eine Schutzzone ein, welche der Macht Saddam Husseins entzogen war. Doch die Schiiten des Südens waren weiter der Willkürherrschaft des Regimes ausgesetzt.

Zwölf Jahre, vom Krieg um die Befreiung Kuwaits 1991 bis zum Irakkrieg von 2003, hatten die Kurden die Möglichkeit, in ihrer Schutzzone eine gemeinsame Regierung zu bilden. In diesen zwölf Jahren waren die Kurden durch die Alliierten vor dem Zugriff Saddam Husseins geschützt. Doch bis 2003 gab es zwei kurdische Verwaltungen – die von Masud Barsani in Erbil und die von Dschalal Talabani in Suleimania. Bis heute dauert diese Rivalität zwischen Masud Barsani von der »Demokratischen Partei Kurdistans« (KDP) und Dschalal Talabani von der »Patriotischen Union Kurdistans« (PUK) an. Selbst in dem von den Amerikanern im Frühsommer 2003 eingesetzten »Irakischen Verwaltungsrat« arbeiten die beiden Blöcke nicht zusammen. So bleibt die Geschichte der Kurden, was sie in langen Perioden auch immer war: eine Geschichte der selbst verursachten Tragödien. In einer der häufigen innerkurdischen Fehden rief Masud Barsani 1996 sogar Saddam Husseins Truppen zu Hilfe. Dessen Schergen drangen im September kurzfristig bis nach Erbil in die von den Alliierten geschaffene kurdische Schutzzone vor, um Barsani zu unterstützen.

»Vereint sind die Kurden unschlagbar«, hatte der deutsche General Helmuth von Moltke nach einer Reise durch Kurdistan gesagt. Vereint sind sie aber bis auf den heutigen Tag nicht.

Vereint wären sie unschlagbar II: die Schiiten

Es war ein Schauspiel, welches der Irak ein Vierteljahrhundert nicht erlebt hatte. Von Norden und Süden, von Westen und Osten wanderten insgesamt etwa eine Million Schiiten zu den heiligen Stätten in Kerbala und Nadschaf. Der oft über hundert Kilometer lange Fußmarsch war die erste große Freiheitsdemonstration im Irak nach dem Sturz des Despoten Saddam Hussein. Die Eroberung Bagdads durch amerikanische Truppen lag gerade einmal zehn Tage zurück, als an den Zufahrtsstraßen zu den heiligen Stätten plötzlich improvisierte Raststätten standen, in welchen die frommen Pilger Wasser und Marschverpflegung erhielten. Ziel der unter Saddam Hussein verbotenen Pilgerfahrt waren die Grabmoschee von Ali in Nadschaf und die Grabmoscheen von Hussein und Abbas in Kerbala. Anlass der kleinen Völkerwanderung war das Aschurafest, an dem die Schiiten alljährlich der Leiden Husseins gedenken, der im Jahre 680 in der Schlacht bei Kerbala seinem Rivalen unterlegen war.

Im Jahre 2003 begegneten die Schiiten auf ihrem langen Marsch gelegentlich amerikanischen Truppen, die ihnen die Glaubensfreiheit wiedergegeben hatten. In den schiitischen Gebieten des Irak genießen die Truppen der Koalition relative Sicherheit, weil die Schiiten von Saddam Hussein besonders brutal unterdrückt wurden und Amerikaner und Briten sie von diesem unerträglichen Joch befreit haben.

Die Schiat Ali, die Partei Alis, von der die Schiiten ihren Namen ableiten, ist ursprünglich die Partei des Ali Ibn Abi Talib, eines Cousins des Propheten Mohammed. Kurz vor seinem Tode im Jahre 632 soll der Prophet zu der um ihn versammelten Gemeinde folgenden Satz gesagt haben: »Allen, denen ich gebiete, soll auch Ali gebieten.« Doch nicht Ali wurde Kalif, Nachfolger des Propheten, sondern erst Abu Bakr, dann Omar und dann Uthman. Uthman gehörte der Familie der Umayya aus Mekka an, die dann bis 752 das islamische Reich von Damaskus aus regierte.

Ali, der vom Propheten mutmaßlich ausgesuchte Nachfolger, nahm diese Entwicklung zunächst hin. Uthman repräsentierte die alteingesessene Führungsschicht von Mekka, die sich dem Propheten des Islam lange entgegengestellt hatte. Ali dagegen galt als ein Mann, der Mohammed von Anfang an gefolgt war. Zwischen beiden Lagern kam es zum Streit. Uthman wurde 756 in Mekka ermordet, die Schiat Ali rief Ali zum Kalifen aus. Damit war nach schiitischer Meinung der Mann zum Nachfolger Mohammeds gewählt worden, der allein die Berechtigung hatte, dieses Amt auszufüllen.

Ali seinerseits wurde 661 in Kufa ermordet, seine Grabmoschee in Nadschaf gehört heute zu den heiligsten Stätten der Schiiten. Danach wurde Hassan, ein Sohn Alis, zum Nachfolger des Propheten gewählt. Doch als sein Gegner aus dem Haus Umayya, Muawiyya, ein Heer schickte, verzichtete Hassan auf das Kalifat. Neunzehn Jahre nach Alis Tod versuchte Hussein, ein weiterer Sohn Alis, das Kalifat für die Familie Ali Ibn Abi Talibs zurückzugewinnen. In der Schlacht bei Kerbala südlich von Bagdad unterlag Hussein jedoch im Jahre 680 den Truppen des Kalifen Muawiyya.[22] Husseins Grabmoschee steht in Kerbala.

Die Schlacht fand am zehnten Tag (arabisch: aschara) des islamischen Monats Muharram statt. Seitdem begehen die Schiiten jedes Jahr das Aschurafest, in dessen Verlauf sie oft die Schlacht von Kerbala nachstellen. Viele gläubige Schiiten geißeln sich, indem sie sich mit Messern in die Stirn ritzen oder sich selbst auspeitschen. Damit wollen sie Buße tun für die Schwäche, die sie ihrer Meinung nach gezeigt haben, als sie die Schlacht von Kerbala verloren. Unter der Herrschaft von Saddam Hussein war diese Manifestation des Glaubens strikt untersagt. Das erste Aschurafest nach dem Sturz Saddam Husseins fiel auf die Woche vom 21. bis 27. April 2003. Der Fußmarsch nach Kerbala war in erster Linie eine Manifestation des Jahrzehnte unterdrückten Glaubens. Viele Ayatollahs und andere schiitische Geistliche sahen in der Massenwanderung aber auch ein Votum für ein islamisches Regierungssystem.

Wie die Kurden, so lebten auch Schiiten, Juden und Christen im osmanischen Vielvölkerstaat relativ unbehelligt von der Obrigkeit – wenn auch von politischer Gleichberechtigung keine Rede sein konnte. Erst als sunnitische Kurden, sunnitische und schiitische Araber, arabische Christen und Juden in einem Nationalstaat europäischer Prägung zusammengefasst wurden, entstanden Probleme von größeren Dimensionen. Die Briten haben diese Probleme bei ihrem staatlichen Schöpfungsakt von 1921 nicht gelöst. Heute stehen die Amerikaner vor derselben Aufgabe. Dieses Ziel ist aber schon deshalb schwer zu erreichen, weil sich die USA wie einst Großbritannien eine problematische Vorgabe gemacht haben: Sie wollen die Macht der schiitischen Mehrheit, jedenfalls die Macht des politisierten Teils dieser Mehrheit, möglichst begrenzen.

Die britischen und amerikanischen Eroberer des Irak hätten im Jahre 2003 mit den Schiiten weniger Schwierigkeiten gehabt, hätte nicht ein komplexes Zusammenspiel verschiedener Entwicklungen im 18. und 19. Jahrhundert die Bevölkerungsstruktur des Zweistromlandes völlig umgestülpt. Jahrhundertelang konnte nämlich von einer schiitischen Mehrheit auf dem Territorium des späteren Irak keine Rede sein. Etwas vereinfacht lässt sich die komplizierte Entwicklung wie folgt skizzieren[23]: Ende des

18. Jahrhunderts war Ibn Saud, ein Vorfahre jenes Ibn Saud, der 1932 das Königreich Saudi-Arabien gründete (siehe dazu das folgende Kapitel), auf der Arabischen Halbinsel zu einer politischen Größe geworden. Die Saudis waren Anhänger Abdul Wahhabs, der einen strikt puritanischen Islam predigte. Wie später die Wahhabis zu Beginn des 20. Jahrhunderts griffen auch ihre Vorfahren die heiligen schiitischen Städte Nadschaf und Kerbala an. Zu dieser Zeit lebten bereits viele ursprünglich auf der Arabischen Halbinsel beheimatete sunnitische Stämme auf dem Boden des heutigen Irak. Um sie davon abzuhalten, sich den Truppen Ibn Sauds anzuschließen, begannen die Geistlichen von Nadschaf und Kerbala, diese Stämme zu missionieren. So stieg allmählich der schiitische Bevölkerungsanteil in dieser Region.

Eine weitere wichtige Entwicklung, die zum Übertritt zur Schia führte, war wirtschaftlicher Art. Mitte des 19. Jahrhunderts begann ein von indischen Schiiten finanzierter Kanal, der Hindiyya-Kanal, große, bisher nicht kultivierte Flächen für die Landwirtschaft nutzbar zu machen. Dieser Kanal leitete Wasser vom Euphrat in einen etwa hundert Kilometer weiter, bei Nadschaf, geschaffenen künstlichen See, den Bahr al-Nadschaf (Nadschaf-See). Die Konsequenzen des neuen Wasserreichtums waren vielfältig. Die Bevölkerung der Region wuchs, weil mehr landwirtschaftliche Anbauflächen zur Verfügung standen. Viele Stämme, die von der Arabischen Halbinsel zugewandert waren, wurden sesshaft, aus Nomaden wurden Bauern. Schließlich konvertierten viele dieser ursprünglich sunnitischen Stämme zur schiitischen Glaubensrichtung des Islam. So kam es, dass die Briten bei der Eroberung Mesopotamiens im Ersten Weltkrieg vor der Tatsache standen, die Herrschaft in einer Region auszuüben, die ein Jahrhundert zuvor noch eine sunnitische Mehrheit aufgewiesen hatte.

Die Osmanen, die vierhundert Jahre im Zweistromland präsent gewesen waren, hatten es also nur in der Spätzeit ihrer Herrschaft mit einer schiitischen Mehrheit zu tun. In dieser Epoche vergaßen sie zuweilen ihre sonst gegenüber Minderheiten geübte Duldung. Nachdem im Jahre 1842 in Bagdad Mohammed Nadschib

Pascha, ein neuer osmanischer Statthalter, installiert worden war, beschloss dieser die Invasion Kerbalas. Nadschib Pascha hatte zuvor in Damaskus gegen den scharfen Protest europäischer Mächte ein harsches Regime gegen die Minderheiten, etwa gegen die Christen, geführt.[24] Nun wollte er die sunnitische Herrschaft restaurieren, welche an die Schiiten verlorengegangen war. Doch die Einnahme Kerbalas endete mit einem Massaker. Ein Augenzeuge berichtete, die Toten hätten übereinander gelegen, und er habe die Straße nicht überqueren können, ohne auf Leichen zu treten. Nadschib Pascha setzte ein sunnitisches Stadtoberhaupt und sunnitische Richter ein.

Die im Laufe des 19. Jahrhunderts von sunnitischen Beduinen zu schiitischen Bauern gewordenen, von der Arabischen Halbinsel nach Norden gewanderten Stämme änderten ihre Lebensweise in der neuen Umgebung jedoch nicht unbedingt. Diese Erfahrung mussten etwa die Bürger Basras 1914 machen, als ihre Stadt in dem Machtvakuum, das die britische Eroberung zunächst erzeugt hatte, ausgeplündert wurde. Zur Katastrophe artete der Volkssport des Plünderns in Basra und in Bagdad im Jahre 2003 aus, als Diebe alles raubten, was nur zu stehlen war. Erste Analysen zeigten seinerzeit, dass die Plünderer in der Mehrzahl Schiiten waren. Sie waren Nachfahren jener sesshaft gewordenen und zur Schia konvertierten Beduinenstämme, die im 19. Jahrhundert von Süden zugewandert waren. Dort, auf der Arabischen Halbinsel, war *Ghazzu* (daher das Wort Razzia) eine Art Volkssport. Beduinen überfielen Handelskarawanen, um Beute zu machen, nicht aber, um die Kaufleute zu töten. Viele der ehemaligen Beduinen waren inzwischen in die Städte des Irak gezogen. Doch Stadtbürger sind sie nie geworden. Offensichtlich verspürten die Plünderer keinerlei Affinität zu ihrem Land.

Bis heute kämpfen die Schiiten um eine angemessene Beteiligung an der Macht. Eine Hürde, der sich die Schiiten gegenübersahen, war ihr oft niedriger Ausbildungsstand. Jahrhundertelang hatte eine in den Städten ausgebildete, qualifizierte sunnitische Oberschicht das Osmanische Reich verwaltet. Schiiten, den Ketzern im

Islam, war der Zugang meistens verwehrt. Auch das Königreich Irak war eine sunnitische Institution. Trotzdem zeigten die Schiiten Loyalität, wenn auch zuweilen auf höchst unterschiedliche Weise. Im Sommer 1927 schlug ein führender schiitischer Würdenträger dem amtierenden britischen Hochkommissar Bourdillon vor, den Irak wieder unter die volle Kontrolle der Briten zu stellen: »Wir wissen, dass wir ungebildet sind und deshalb derzeit nicht unseren angemessenen Anteil am öffentlichen Leben erbringen. Was wir wollen, ist eine britische Kontrolle, die uns so lange von sunnitischer Oberherrschaft befreit, bis unsere Söhne eine gute Ausbildung haben; dann werden wir, die wir die wahre Mehrheit sind, den uns zustehenden Platz in der Regierung unseres Landes einnehmen. Dann werden wir keine britische Kontrolle mehr wollen, sondern nur noch Ratschläge, wie wir sie jetzt von Ihnen bekommen.«[25]

Einige Jahre später rebellierten die Schiiten gegen die sunnitische Oberherrschaft. Anlass war im September 1934 ein diskriminierender Akt der Behörden in Bagdad. Von den Listen zur Parlamentswahl strichen die Beamten einige wichtige schiitische Würdenträger und Stammesfürsten. Im Sommer 1935 kam es zum Aufstand. Ein fatales Signal war gesetzt, Gewalt hatte in die irakische Politik Einzug gehalten: »Gewalt war nicht nur ein Werkzeug in der Hand der Regierung geworden, mit dem man politische Kontrolle ausüben konnte, sondern auch ein Mittel, zu dem die Menschen Zuflucht nahmen, wenn sie versuchten, die Politik der Regierung zu beeinflussen.«

Das Bild der Schiiten wird im Westen seit 1979 im wesentlichen durch eine Person vermittelt – durch Ruhollah Musavi Khomeini. Viele Bilder und Texte, mit denen dieser Mann in der amerikanischen und europäischen Presse dargestellt wurde, porträtieren ihn als eine Art islamischen Satan. Bei dieser wie stets oberflächlichen Interpretation seiner Motive ist meistens vergessen worden, dass Khomeini, wie manche seiner Weggenossen auch, ein Produkt britischer und dann amerikanischer Kolonialpolitik ist. Khomeini wurde 1903 in eine Zeit hineingeboren, in welcher das von Russland und Großbritannien inszenierte »Große Spiel« um die Macht in Afghanistan und im Iran gerade zu Ende ging. 1907 teilten die beiden Großmächte den Iran in Einflusssphären auf. In der Epoche dieser ausländischen Vorherrschaft studierte Khomeini in der iranischen Stadt Qom. Wegen ihrer Kritik an den britischen Kolonialherren waren manche schiitische Geistliche von den Engländern aus dem Irak ausgewiesen worden und nach Qom gegangen. »Qom wurde so zum Sammelbecken einer antiimperialistisch eingestellten Elite junger, religiös geprägter, aber politisch interessierter Intellektueller: Von ihnen und ihren Schülern sollte Jahrzehnte später die Revolution entscheidende Impulse empfangen.«[26] Khomeini sah seine antibritische und antiamerikanische Haltung bestätigt, als 1953 der iranische Premier Mossadeq mit Hilfe eines von der CIA geförderten Putsches sein Amt verlor. Schon in diesen Jahren muss in ihm der Entschluss gereift sein, gegen die westliche Vorherrschaft zu kämpfen. Der Westen dagegen sah in Ayatollah Khomeini einen feindlichen Revolutionär, der es wagte, sein Land der amerikanischen und britischen Einflusssphäre zu entziehen. Diese nationale Eigenmächtigkeit führte schließlich im Jahre 2002 dazu, dass George Bush den Iran zu einem Teil der »Achse des Bösen« erklärte.

Khomeinis antikolonialistische Haltung trug wesentlich zur Politisierung der Schiiten bei. Jahrhundertelang war das Merkmal der schiitischen Religion nicht Revolution, sondern Leiden – Leiden in der Nachfolge Husseins, des Märtyrers von Kerbala. Drei Entwicklungen führten zur Politisierung der Schia: die Diskriminierung der Schiiten im sunnitischen Königreich Irak, die Verfolgung durch die Despotie Saddam Husseins und schließlich der politische Auftritt Ayatollahs Khomeinis.

Khomeini unterlegte die neue, kämpferische Disposition der Schiiten mit einer Ideologie. Sie lautet, auf arabisch, *Wilayat Al-Faqih*, was so viel bedeutet wie »Regierung durch die Experten«. Diese Experten kommen aus der schiitischen Geistlichkeit der *Ulama*. Zu ihnen gehören die *Mudschtahids*, die Religionsgelehrten in Städten wie dem iranischen Qom oder dem irakischen Nadschaf und Kerbala. Khomeinis Konzept der Regierung durch islamische Religionsexperten wurde in die Verfassung des Iran übernommen. Die von Khomeini auf diese Weise vollzogene Institutionalisierung der schiitischen Revolution bedeutet aber nicht, dass nun auch alle schiitischen Religionsgelehrten im Irak das iranische Beispiel in allen Einzelheiten nachvollziehen wollen. Dennoch: Trotz aller Unterschiede, die unter den einzelnen schiitischen Gruppen im Irak bestehen, ist das gemeinsame Fernziel die Installierung einer islamisch geführten Regierung im Irak. Schon die Briten stemmten sich gegen eine solche, ihren imperialen Interessen zuwiderlaufende Entwicklung, Seit ihrem Einmarsch in den Irak stehen die Amerikaner derselben politischen Interessenkonstellation gegenüber.

Einer ihrer Gegner ist der nicht einmal dreißigjährige Muqtada al-Sadr. Während zwischen Bagdad und Mosul, Falludscha und Baquba unbelehrbare Anhänger der Baathpartei und ausländische Terroristen, die mit Osama Bin Laden sympathisieren, gegen die amerikanische Besatzungsmacht kämpfen, leistet Muqtada al-Sadr anderen Widerstand. Es begann damit, dass eine Gruppe von Schiiten unmittelbar nach der Eroberung Bagdads durch amerikanische Truppen am 9. April 2003 in einem dicht bevölkerten Teil der Hauptstadt das Regiment übernahm. Das Quartier hieß ursprünglich *Medinat al-Thawra*, Revolutions-Stadt. Gegründet wurde es nach dem Staatsstreich, nach der Revolution von 1958, durch Abdel Karim Qassem. Der neue Stadtteil war vornehmlich für die Schiiten gedacht, denn Qassems Mutter war (kurdische) Schiitin. Später gab Saddam Hussein der Vorstadt seinen Namen. Nach seinem Fall kamen Anhänger des Schiitenführers Muqtada al-Sadr aus Nadschaf und übernahmen die Herrschaft in Saddam-Stadt. Die neuen Herren benannten das Gebiet um in Sadr-Stadt. Krankenhäuser, örtliche Verwaltung, Moscheen wurden plötzlich von Anhängern Muqtada al-Sadrs beherrscht. In Sadr-Stadt wie auch in Nadschaf gründete die Gruppe eigene Scharia-Gerichtshöfe. Auf diese Weise schafft sich die Sadr-Gruppe eine eigene Infrastruktur, die einst, wenn es einmal eine gewählte Regierung geben sollte, nur schwer zu beseitigen sein wird.

Muqtada al-Sadr kommt aus einer angesehenen Klerikerfamilie in Nadschaf. Ein Verwandter, Mohammed Baqir al-Sadr, wurde 1980 im Auftrag Saddam Husseins getötet. Muqtadas Vater, Mohammed Sadiq al-Sadr, wurde 1999 auf Befehl von Udai Hussein, dem ältesten Sohn von Saddam Hussein, ermordet. Sohn Muqtada, bei seinem politischen Auftauchen in der Szene von Nadschaf im Jahre 2003 erst 27 Jahre alt, gehört heute zu den eher radikalen schiitischen Führern. Seine Anhänger nennen sich *Al-Sadriyyun* – Anhänger Sadrs. Die Gruppe unterhält eine eigene Miliz, die Mahdi-Miliz. Auf sie, so vermuten manche, geht womöglich die Ermordung des gemäßigten Ayatollah Abdel Madschid al-Khoei zurück. Al-Khoei war am 10. April 2003 aus dem Londoner Exil nach Nadschaf zurückgekehrt. Der Ayatollah hatte zur Zusammenarbeit mit den USA aufgerufen. Er wurde auf dem Hof der Grabmoschee Alis zu Tode getrampelt.

Nach dem Mord an Al-Khoei wälzte sich die Masse vor das Haus von Großayatollah Ali Sistani. Der älteste und angesehenste schiitische Würdenträger von Nadschaf hatte kurz zuvor, während des Feldzuges der USA gegen Saddam Hussein, zur Tolerierung der amerikanischen Invasion aufgerufen. Ali Sistani, zur Zeit des Irakkrieges 74 Jahre alt, geboren in der iranischen Stadt Maschad, ist ein Gegner des Khomeini-Konzeptes *Wilayaat al-Taqif*, des Konzeptes, wonach islamische Geistliche den Staat zu führen hätten. Auch kritisierte Ali Sistani immer wieder Menschenrechtsverletzungen in Khomeinis Islamischer Republik. Die Haltung Ali Sistanis zur amerikanischen Invasion hat Sistanis ältester Sohn, Mohammed Rida Sistani, im April 2003 so dargelegt: »Die Amerikaner sind willkommen. Aber ich glaube nicht, dass es gut wäre, wenn sie lange blieben.«

Ein weiterer politischer Farbtupfer in diesem Fächer von konkurrierenden islamischen Parteien ist der »Höhere Rat für die Islamische Revolution im Irak« (englische Abkürzung SCIRI), geleitet von Ayatollah Mohammed Baqir al-Hakim. Mohammed Baqr al-Hakim wurde am 29. August 2003 in Nadschaf ebenfalls vor der Grabmoschee Alis ermordet. Die Vermutungen über die Killer reichen von Anhängern Saddam Husseins bis zu Rivalen innerhalb der schiitischen Glaubensgemeinschaft. Mohammed Baqr al-Hakims Ruf und Autorität gründeten vor allem auf dem Ruhm seines Vaters, des Großayatollahs Mohsen al-Hakim. Mohsen al-Hakim war ein Führer des Aufstandes gegen die Briten im Jahre 1920. In den sechziger Jahren war er ein leitendes Mitglied der Hawza von Nadschaf.

Der »Höhere Rat für die Islamische Revolution im Irak« hatte während der Despotie Saddam Husseins von Teheran aus operiert. So wie die Sadr-Gruppe in Medinat al-Thawra auftauchte, ehe es die Amerikaner sich versahen, erreichten die SCIRI-Leute Baquba, einen Ort nordwestlich von Bagdad, bevor die Amerikaner dort einrücken konnten. Mit ihren mehrere tausend Kämpfer starken Badr-Brigaden bevölkerten sie die Stadt, als am 28. April, zweieinhalb Wochen nach der Einnahme Bagdads, die Amerikaner endlich auch Baquba erreichten. Einer ihrer Offiziere sah, wie er sich ausdrückte, »iranische Ikonen« (er meinte Bilder von Ayatollahs) und große Mengen von Waffen. Etwas später reiste der zweite Mann der SCIRI, Abdul Asis al-Hakim, von Teheran nach Kut und wurde dort von einer Menge, die etwa 20 000 Menschen zählte, begeistert empfangen.[27]

Zum Spektrum der politischen schiitischen Gruppen gehört auch die *Al-Hawza al-Ilmiyya*. Diese Institution ist ein islamisches Forschungszentrum, das in Qom gegründet wurde. Ein solches Zentrum gibt es auch in Nadschaf. Leiter der Hawza von Nadschaf sind vier hohe schiitische Geistliche, von denen nur einer irakischer Nationalität ist – Großayatollah Mohammed Said al-Tabataba'i al-Hakim (der Onkel Mohammed Baqr al-Hakims, des am 29. August 2003 in Nadschaf von einer Autobombe getöteten Führers der SCIRI). Weitere führende Mitglieder der Hawza von Nadschaf sind Ali al-Sistani, Ishaqh Fayadh und Bascheer al Najafi. Sistani ist iranischer, Fayadh afghanischer und Naja pakistanischer Herkunft. Die Hawza ist in religiöse Institutionen untergliedert, welche nach den Namen einzelner Lehrer, den *Marjas*, benannt sind. Die Studenten können wählen, zu welchem Professor sie gehen wollen. Die *Marjas* unterhalten auch der Öffentlichkeit zugängliche Büros, in denen Gläubige sich Rat holen können.[28] Zwar widmet sich die Hawsa in erster Linie religiösen Studien, doch hat sie immer wieder Führer politisch motivierter islamischer Bewegungen hervorgebracht. Ayatollah Mohammed Hassan Fadlallah, der spirituelle Führer der libanesischen Hisbollah, wurde 1934 in Nadschaf geboren und studierte an der Hawza unter Ayatollah al-Khoei. Fadlallah war Mitbegründer der islamischen Dawa-Partei und diente später als Vertreter al-Khoeis im Libanon. Fadlallah hat sich stets gegen eine iranische Oberhoheit über die Schiiten des Irak und des Libanon gewehrt. Neben Fadlallah studierte auch Hassan Nasrallah, der Generalsekretär der Hisbollah, einst in Nadschaf. Und schließlich lebte Ayatollah Khomeini von 1965 an in Nadschaf – bis ihn Saddam Hussein im Jahre 1978 auswies.[29]

Die wachsende politische Ausrichtung der ursprünglich eher spirituellen und wissenschaftlichen Institution Hawza führte dazu, dass sie in den sechziger Jahren des 20. Jahrhunderts die Konsequenzen aus dieser Entwicklung zog. Die Geistlichen beschlossen, sich einen politischen Arm zu schaffen. Sie gründeten die Partei *Al-Dawa al-Islamiyya* (Islamischer Ruf). Eine der treibenden Kräfte bei ihrer Gründung 1968 war Mohammed Baqir al-Sadr. In einem Beitrag für die im Untergrund erscheinende Zeitschrift *Sawt al-Dawa* (Stimme der Dawa) schrieb Al-Sadr: »Seitdem die imperialistischen Mächte die Herrschaft über die islamische Welt übernommen haben, hat der Islam seine Funktion verloren, als Basis der sozialen Ordnung zu dienen. Fremde Prinzipien wie die imperialistische Demokratie und der marxistische Sozialismus haben seinen Platz eingenommen.«[30]

Unter der Diktatur Saddam Husseins arbeitete die Dawa im Untergrund, viele ihrer Führer gingen ins Ausland. Die Dawa sagt, sie sei es gewesen, die im Jahr 1996 Udai Hussein, den ältesten Sohn Saddam Husseins, bei einem Anschlag in Bagdad schwer verletzt habe. Die Dawa-Partei steht der politischen Lehre Ayatollah Khomeinis ablehnend gegenüber, wonach Religionsgelehrte den Staat zu lenken hätten. Dennoch strebt auch die Dawa einen Staat an, der nach islamischen Prinzipien geleitet wird. Dem Einmarsch der Amerikaner stand sie zunächst positiv gegenüber: Sie begrüßte den Sturz des Hussein-Regimes. Doch mit anderen schiitischen Gruppen fordert sie von den USA, sich nicht als Besatzungsmacht aufzuführen.[31]

Wollen die Schiiten im Südirak einen eigenen Staat gründen? Seit der Gründung des Irak im Jahre 1921 wird immer wieder die Frage nach dem Zusammenhalt des Staates gestellt. Obwohl er nicht ganz zu Unrecht als »koloniale Frankensteingeburt« bezeichnet wurde, hat sich der innere Zusammenhalt als überraschend stark erwiesen. Auch die Schiiten haben diesen Staat bisher noch nicht ernsthaft in Frage gestellt. Denn es gab durchaus eine Periode in der irakischen Geschichte, in welcher die Schiiten voller Hoffnung waren, stärker an der Macht beteiligt zu werden als in den Anfangsjahren des Staates. Zumindest eher laizistisch ausgerichtete Schiiten lobten z. B. das Regime von Oberst Abdel Karim Qassem als ihre »halkyonische Ära«.[32]

Qassem war der erste irakische Herrscher von halbschiitischer Abstammung. Persönlich führte er ein den Schiiten sehr sympathisches einfaches Leben. Schiiten hatten die Möglichkeit, innerhalb der Parteien, besonders der Baathpartei und der Kommunistischen Partei, in hohe Positionen aufzurücken.

Der Aufschwung, den die Schia in der Qassem-Ära nahm, war allerdings nur von kurzer Dauer. Die Verfolgung durch das Terrorregime Saddam Husseins machte den politischen Hoffnungen der Schiiten bald ein Ende. Doch trotz ihrer schlechten Erfahrungen unter den Haschemiten und unter Saddam Hussein haben die Schiiten ein Interesse am Zusammenhalt des Irak. Zunächst einmal haben sie die Aussicht, als Bevölkerungsmehrheit einst einen sehr reichen Staat zu regieren oder doch entscheidend mitzugestalten. Sollte der Irak dagegen in seine ursprünglichen Bestandteile zerfallen, so würde das Hauptwohngebiet der Schiiten im Süden vom Zentralirak mit der Hauptstadt Bagdad abgetrennt. Die Hälfte der Einwohner Bagdads aber sind Schiiten. Die Schiiten würden weiterhin ihre heiligen Stätten in Kazimain bei Bagdad und in Samarra nördlich der Hauptstadt verlieren.[33] Schiiten und Sunniten sind zudem durch viele Heiraten miteinander verbunden. Ein Auseinanderfallen des Irak würde Hunderttausende persönlicher Tragödien schaffen.

Mehr noch als für die Schiiten ist der Bestand des Irak für die Sunniten eine Überlebensfrage. Ein auf den Zentralirak um Bagdad begrenzter Sunnitenstaat wäre wirtschaftlich geschwächt, weil er von den großen Ölfeldern im Norden und Süden abgeschnitten wäre. Und er wäre eingezwängt zwischen einem reichen schiitischen Süden und einem reichen kurdischen Norden.

Um in einem neuen Irak zu überleben, müssen die Sunniten einen Teil ihrer traditionellen Macht abgeben. Denn so leicht wie bei der Gründung des Irak werden sich die Schiiten diesmal nicht mehr von der Teilhabe an der Macht ausschließen lassen. Ihre zumindest zahlenmäßig bedeutende Vertretung in dem von den USA im Sommer 2003 eingesetzten Regierungsrat und in der von diesem Rat berufenen provisorischen Regierung ist in der Geschichte des Irak ein Novum und ein Schritt zu einer größeren Beteiligung der Schiiten an der Macht im Lande. Ausdrücklich erkannte der Rat zudem die Schiiten als Bevölkerungsmehrheit an. Mehr noch: In der Übergangsregierung besetzen Schiiten zwei Schlüsselministerien – das Innen- und das Ölministerium. Doch solche Ernennungen entlang religiöser und ethnischer Linien bergen auch die Gefahr, dass ethnische und religiöse Zugehörigkeiten zum alleinigen Organisationsprinzip des neuen Irak werden. Andere Staaten, wie etwa Jugoslawien, haben nach demselben Grundsatz gehandelt und sind dennoch untergegangen.

Die Schiiten kann langfristig nur ein Hindernis von einer substanziellen Machtbeteiligung abhalten. Dieses Hindernis bauen die Schiiten selbst auf. Es ist die allen Arabern und auch Kurden eigene innere Zersplitterung und Uneinigkeit. Erster Prüfstein für den Zusammenhalt der schiitischen Glaubensgemeinschaft im Irak war die Frage: »Wie halte ich es mit den Amerikanern?« Ayatollah Ali al-Sistani wurde wegen seiner vorsichtig pro-amerika-

nischen Haltung im Frühjahr 2003 von einer großen Menschen-
menge bedroht, die vermutlich von seinem Rivalen, Muqtada al-
Sadr, geschickt worden war. Danach wurden Mordversuche an
Mohammed Said al-Tabataba'i al-Hakim und an Al-Sistanis Vertreter in Bagdad, Ali al-Wa'iz, bekannt. Dass die Schiiten gleich
nach dem Sturz Saddam Husseins Gewalt als Mittel der Politik
sanktionierten, ist ein schlechtes Omen für die Zukunft.

Zeit der Despotie – Zeit der Katastrophen

Am 14. Dezember 2003 gegen Mittag trat Paul Bremer, der US-
Vizekönig im Irak, in Bagdad vor die Presse und sprach ein paar
sorgsam vorbereitete Worte, mit denen die Amerikaner im Irak
Geschichte schreiben wollen: »Ladies and Gentlemen, we've got
him« – »Meine Damen und Herren, wir haben ihn.« Am Tag
zuvor hatte eine amerikanische Einheit Saddam Hussein aus
einem Erdloch in der Nähe seiner Heimatstadt Tirkit gezogen, in
dem der Diktator, der ein Leben in prunkvollen Palästen gewohnt
war, seinen letzten, erbärmlichen Unterschlupf gefunden hatte.
Die Zeit einer über dreißigjährigen orientalischen Despotie war
nun endgültig und sichtbar für alle Welt zu Ende gegangen.
Doch schnell wurde klar, dass der acht Monate zuvor Entmachtete
weder aus seinem Erdloch heraus, noch von dem in der Nähe liegenden kleinen Bauernhof aus die Terrorakte gegen amerikanische
Soldaten und irakische Zivilisten hatte dirigieren können. Der
Widerstand besonders im Gebiet nördlich und westlich von Bagdad, dem so genannten sunnitischen Dreieck, wurde auch nach
der Verhaftung Saddam Husseins unvermindert fortgesetzt.
Die Gefangennahme des ehemaligen Alleinherrschers war sicher
ein großer Erfolg für die Amerikaner. Aber die Probleme der
Besatzungsmacht löste das medienwirksam aufbereitete Finale der
Saddam-Hussein-Ära keineswegs. Denn je länger sich die amerikanische Besatzung hinzog, desto mehr amerikanische und irakische Opfer forderten die irakischen Anschläge. Strategisch, ließ
der alliierte Oberbefehlshaber General Ricardo Sanchez sarkastisch wissen, seien diese Verluste »ohne jede Bedeutung«.

Oft waren die toten GI's junge Leute, knapp dem Teenager-Jahren entwachsen, die sich durch den Dienst in der Truppe ihre College-Ausbildung verdienen wollten. In den Irak geschickt wurden sie von Politikern wie dem stellvertretenden US-Verteidigungsminister Paul Wolfowitz. An ihren Schreibtischen jenseits der Weiten Arabiens und der Ozeane, die Kontinente und Kulturen, aber auch Politiker von der Realität trennen, entwerfen Strategen wie Paul Wolfowitz immer neue Weltordnungen, von denen sie sagen, sie dienten den Interessen Amerikas.

Beinahe hätte am 26. Oktober 2003 Paul Wolfowitz selbst in Bagdad den Tod gefunden. Nur knapp entging er einem Attentatsversuch. Eine Woche später starben sechzehn amerikanische Soldaten bei Falludscha westlich von Bagdad, nachdem ein Militärhubschrauber der USA abgeschossen worden war. Selbst ein Mann wie Donald Rumsfeld rang nach dem Tod der in den Heimaturlaub fliegenden Soldaten um Fassung – jedenfalls vor den Fernsehkameras. Die Toten von Falludscha seien eine »Tragödie für das amerikanische Volk«.

Eine weitere Tragödie suchte wenig später Saudi-Arabien und, indirekt, abermals die USA heim. In der Nacht vom 9. auf den 10. November 2003 fielen in der saudischen Hauptstadt Riad siebzehn Menschen einem Selbstmordanschlag zum Opfer. Die länderübergreifende Ramadan-Offensive des irakischen Widerstandes und Al-Qaidas erschütterte Amerika. Gleich zweimal wurde Zivilverwalter Paul Bremer in den folgenden zwei Wochen nach Washington zitiert. Die Weltmacht erschien ratlos.

Was aber macht die saudische Hauptstadt Riad und die irakische Hauptstadt Bagdad zu Schlachtfeldern eines Krieges, in dem immer mehr Zivilisten, aber auch immer mehr amerikanische Soldaten sterben? Riad wie Bagdad liegen auf einem, wie die USA es nennen, geostrategischen Plateau, das zusammen mit Kuwait, dem Iran und den Vereinigten Arabischen Emiraten über sechzig Prozent aller bekannten Erdölreserven der Welt birgt. Seit der Aufteilung des Iran im anglo-russischen Vertrag von 1907 und der Eroberung Bagdads durch die Briten im Jahre 1917 beabsichtigten erst die Briten allein und dann Briten und Amerikaner gemeinsam, dieses Plateau zu beherrschen. Versuche, gegen diese ausländischen Interventionen Widerstand zu leisten, hat es viele gegeben (siehe dazu Teil III dieses Buches). Der Krieg zwischen den USA und Al-Qaida, zwischen den USA und dem militanten Islam ist lediglich die jüngste Phase dieser nun schon fast ein Jahrhundert dauernden Auseinandersetzung.

Für die USA bedeutet die Eroberung des Irak eine wesentliche Etappe im Krieg gegen Al-Qaida. In einem zunächst vertraulich gehaltenen, später in einer Audiomail an seine Kunden versandten Vortrag erklärte George Friedman, Gründer und Chef des privaten amerikanischen Internetdienstes Strategic Forecast (Stratfor), am 5. März 2003 folgendes: Die USA hätten sich niemals ein klares Bild über die Operationsweise von Al-Qaida gemacht. Saudi-Arabien sei leider von vielen Al-Qaida-Anhängern unterwandert; die saudische Regierung empfinde es als äußerst schwierig, gegen diese Leute vorzugehen. Auch zeige die Regierung in Riad großen Widerwillen, mit den USA gegen die Al-Qaida-Mitglieder im Königreich zu kooperieren. Zudem habe Amerika weder die ökonomischen noch die politischen Druckmittel, Länder wie Saudi-Arabien, Syrien und den Irak zur geschlossenen Zusammenarbeit gegen Osama Bin Laden zu zwingen. George Friedman argumentierte weiter, die Präsenz der USA in den kleinen Golfstaaten genüge nicht als Basis gegen Al-Qaida, diese seien eher »periphere Länder«. Der strategisch am günstigsten gelegene Staat sei Irak mit seinen Grenzen zum Iran, zur Türkei, zu Syrien, Jordanien und Saudi-Arabien. Wegen dieser optimalen Lage könne man vom Irak aus »Folgeoperationen« in der gesamten Region ausführen.

Kurz nach dem Krieg bestätigte der stellvertretende amerikanische Verteidigungsminister Paul Wolfowitz zumindest indirekt die Analyse von George Friedman. Die Suche nach Massenvernichtungswaffen, sagte Wolfowitz in der Selbstgewissheit des Siegers, sei nur ein vorgeschobener Grund für den Irakfeldzug gewesen. Und anders als im Februar 2003 vor dem Weltsicherheitsrat in New York hatte US-Außenminister Colin Powell mehrmals zuvor, etwa am 24. Februar 2001 in Kairo, erklärt, Saddam Hussein habe kein Arsenal von Massenvernichtungswaffen angelegt, das zur Besorgnis Anlass gebe. »Er ist nicht in der Lage, mit konventionellen Waffen gegen seine Nachbarn vorzugehen«, sagte Powell.

Der amerikanische Angriff auf den Irak, der am 20. März 2003 begann, führte eine lange Entwicklung zu einem vorläufigen Endpunkt. Wann diese Entwicklung begann, ist Gegenstand von Diskussionen. Manche werden sie im Sturz der Königsdynastie im Jahre 1958 sehen, andere in der Verstaatlichung der »Irakischen Ölgesellschaft« im Jahre 1972 durch die Regierung der Baathpartei. Schließlich kann man auch den Überfall Saddam Husseins auf Kuwait am 2. August 1991 nennen. Alle diese Daten haben ein und dasselbe politische Charakteristikum: Sie markieren ein allmähliches Herauslösen des strategisch so überaus wichtigen Irak aus jenem politischen Plateau, das sich die Briten und danach die Amerikaner in der Region errichtet hatten.

Widerstand gegen diese Dominanz leistete als erster Abdel Karim Qassem. 1961 entzog dieser der westlich dominierten »Irakischen Ölgesellschaft« alle Explorationsrechte im Irak. Es kam zum Streit, der sich über mehrere Jahre und mehrere Regime hinzog. Schließlich führte die seit 1968 endgültig regierende Baathpartei im Juni 1972 die gesamte Ölindustrie in irakisches Eigentum über. Die syrische Regierung ließ es sich nicht nehmen, die in ihrem Land operierenden Ableger der »Irakischen Ölgesellschaft« kurz darauf zu verstaatlichen.[34]

Damals, Mitte der siebziger und Anfang der achtziger Jahre, lag die Bevölkerungszahl des Irak noch bei etwa dreizehn Millionen Menschen (heute: etwa 24 Millionen). Die wachsenden Öleinnahmen machten einen schnellen Ausbau der Infrastruktur, des Erziehungswesens und der Krankenhäuser möglich. Wirtschaftlich waren es die goldenen Jahre des Irak, seiner Menschen – und des Regimes. Aus der massiven wirtschaftlichen Förderung konnte die Baathpartei in diesen Jahren eine gewisse Legitimation ihrer Herrschaft ableiten. Beamte, Angestellte, Militärs bekamen hohe

Gehälter. Irakische Wissenschaftler waren anerkannt für ihren hohen Ausbildungsgrad. Doch das biblische Paradies, das man einst im Irak vermutete und welches die schnell fließenden Petrodollars zurückzubringen schienen, rückte mit einem Schlag wieder in weite Ferne.

Mit dem endgültigen Machtantritt Saddam Husseins 1979 begann eine Leidenszeit für die Iraker, welche die vielen Katastrophen, die sie erlebt hatten, bei weitem übertreffen sollte. Wie Saddam Husseins Herrschaft aussehen werde, das konnten seine furchtsamen Anhänger und seine mutigen oder auch leichtsinnigen Gegner gleich zu Beginn seiner Despotie erleben. Während der neue Herrscher eine Parteiversammlung leitete und dabei genüsslich eine Zigarre rauchte, ließ er »Verräter«, die angeblich mit Hilfe der Syrer einen Putsch geplant hatten, einzeln abführen und von seinen Anhängern hinrichten. Saddam Hussein und seine Familienclique aus der nördlich von Bagdad gelegenen Stadt Tikrit etablierten ein Terrorregime, das die Region so seit Jahrhunderten nicht gekannt hatte. Viele, die sich in der Geschichte des Zweistromlandes auskannten, fühlten sich an den Feldherren Hadschi Ibn Yusuf (647–705) erinnert, der Ende des 8. Jahrhunderts seinen Gegnern zugerufen hatte: »Ich sehe nur Köpfe, die mir zugewandt sind... Köpfe, die reif sind, abgeschnitten zu werden. Wenn ihr auf dem rechten Pfad wandelt, wird alles gut, wenn ihr aber vom Wege abweicht, werde ich euch auflauern. Ich werde keine Fehler verzeihen und keine Entschuldigung annehmen.«

Wie viel Menschen Saddam Hussein und seine Schergen bis dahin umgebracht hatten, ist bis heute kaum exakt zu fassen. Erste Schätzungen sprachen von bis zu 300 000 Opfern. An den Hinrichtungen haben sich die führenden Männer des Regimes alle persönlich beteiligt – von Saddam Hussein und seinen Söhnen bis hin zu Hassan Ali Al-Madschid und anderen. Allmählich formte sich aus dem Regime eine ganz eigene Art von Bluts-Bande: die persönlich begangenen Verbrechen schmiedeten die Clique der Herrschenden zusammen.

Außenpolitisch wollte Saddam Hussein den Irak zur vorherrschenden Macht am Golf machen. Dem stand allerdings seit langem der von den Arabern als Erzfeind bezeichnete Iran entgegen. Saddam Hussein fürchtete, Khomeinis schiitische Revolution werde auch die schiitische Mehrheit im Irak erfassen. Tatsächlich hatte Khomeini in verschiedenen Äußerungen den Eindruck erweckt, als wolle er seine Revolution auch auf Saudi-Arabien und den Irak ausweiten. Als im September 1980 irakische Truppen auf iranisches Territorium vordrangen, begann ein Krieg, der ziemlich genau acht Jahre dauern, Hunderttausenden das Leben kosten und die Wirtschaft beider Länder ruinieren sollte. Anders als zehn Jahre später beim Überfall auf Kuwait forderten die USA keine Sanktionen, kein Ölembargo. Solange sich die beiden Erdölgroßmächte am Golf paralysierten, passte dieser Krieg ins politische Kalkül Amerikas und Englands. Die USA wollten verhindern, dass einer der beiden Parteien als klarer Sieger aus dem Krieg hervorging. Je nach Kriegslage versorgten sie daher beide Seiten mit strategisch wichtigen Informationen, welche sie über ihre Aufklärungssatelliten erhielten.

Mit seinem Überfall auf den Iran beging Saddam Hussein die erste jener vielen Fehlkalkulationen, die ihn schließlich die Herrschaft kosten sollte. Er hatte auf einen schnellen Sieg gegen den von der Revolution geschwächten Iran gehofft. Auch hatte er darauf spekuliert, dass sich die Bewohner der iranischen Provinz Khusistan, meistens arabischen Ursprungs, freudig den Invasoren anschließen würden. Nichts dergleichen geschah. Die Araber im Iran blieben ihrem Nationalstaat, dem Iran, ebenso treu wie die Schiiten des Irak dem ihren. Die meisten irakischen Soldaten an der Südfront waren Schiiten, die ihre Glaubensbrüder jenseits der Grenze auf Befehl Saddam Husseins bekämpfen mussten. Saddam Hussein rechtfertigte seinen Krieg mit dem Argument, er führe stellvertretend für alle Araber einen notwendigen Feldzug gegen den iranischen Erzfeind und gegen die schiitische Revolution. Kuwait und Saudi-Arabien halfen dem Iraker mit riesigen Krediten. 1988 setzten reiche arabische Ölländer die Ölwaffe ein – allerdings auf andere Weise als im Yom-Kippur-Krieg von 1973 zwischen Israel sowie Ägypten und Syrien. Sie überfluteten den Weltmarkt mit billigem Öl, so dass die Einnahmen des Iran rapide sanken. Und nachdem der Iran auch noch die zuvor überraschend eroberte irakische Halbinsel Fao am Schatt el-Arab wieder verloren hatte, musste Khomeini in einen Waffenstillstand einwilligen. Ein achtjähriger nutzloser Krieg war zu Ende, der Aufschwung, den der Irak auf allen Lebensgebieten zuvor erlebt hatte, war dahin, das kurze goldene Zeitalter vorbei.

In all den Kriegsjahren gehörten westliche Länder, besonders Frankreich, zu den Waffenlieferanten Saddam Husseins. Auch die USA hielten Kontakt zu Saddam Hussein. 1983 besuchte Donald Rumsfeld im Auftrag von Präsident Ronald Reagan den Irak. Am 20. Dezember machte Rumsfeld auch Saddam Hussein seine Aufwartung. In den USA wusste man, dass sich Saddam Hussein schwerer Menschenrechtsverletzungen schuldig gemacht hatte, man wusste, dass er ein Schurke war. Aber dieser Schurke spielte, immerhin, das Spiel der USA – noch.

Diese Rollenverteilung änderte sich schlagartig am 2. August 1990. Mit dem Angriff auf Kuwait in den Morgenstunden dieses traurigen Tages überschritt Saddam Hussein jene Demarkationslinie, jenseits derer es keine Rückkehr zum jahrelangen Status quo mehr gab. Der irakische Diktator hatte sein Ende eingeleitet – auch wenn dieses erst dreizehn Jahre später kommen sollte. Der allmächtige Herrscher hatte sich wieder einmal verkalkuliert. Eine Ausdehnung des irakischen Öl-Imperiums wurde nicht hingenommen. Ob Saddam Hussein, wie viele Araber immer wieder behaupten, in eine Falle tappte, als er Kuwait überfiel, ist unerheblich. Saddam Hussein, der Großmeister über das Golföl sein wollte, hatte sich schicksalhaft in den Fallstricken seiner eigenen Politik verheddert.

Allerdings konnte Saddam Hussein auf eine lange Reihe von Äußerungen hinweisen, in denen vor allem westliche Politiker angedeutet hatten, dass Kuwait eigentlich zum Irak gehöre. Basis solcher Hinweise war die Tatsache, dass Kuwait unter den Osmanen ein Teil des Vilayet (Verwaltungsbezirks) Basra war und dass es eigentlich keinen Grund gab, den neuen Staat Irak durch Abtrennung von Kuwait von einem gut gelegenen Zugang zum Persischen Golf abzuschneiden. Im Jahre 1930 erklärte der britische Hochkommissar in Bagdad, dass Britannien die allmähliche Absorbierung Kuwaits durch den Irak fördern sollte. Schließlich sei Kuwait, wie sich seinerzeit britische Beamte ausdrückten, ein kleiner und überflüssiger Staat, der ohne große Bedenken geopfert werden könne, wenn die Rivalitäten der Mächte dies erforderten. Als Abdel Karim Qassem während seiner Amtszeit (1958–1964) die Eroberung Kuwaits versuchte, hatten die Briten ihre Meinung vom überflüssigen Staat Kuwait vergessen. Qassems Armee wurde genau auf der Straße zwischen Kuwait-Stadt und Basra gestoppt, auf der im Frühjahr 1991 amerikanische Kampfflugzeuge die geschlagene irakische Armee auf ihren Rückzug bombardierten.[35] Einer der britischen Kommandeure, der Qassems Armee zurückschlug, war der spätere Führer der Liberalen, Paddy Ashdown. Recht ominöse Signale sandten westliche Diplomaten kurz vor der irakischen Kuwaitinvasion aus. Am 24. Juli 1990 erklärte die Sprecherin des amerikanischen Außenministeriums, Margaret Tutwiler, die USA hätten keinerlei Verteidigungsabkommen mit Kuwait. Am 25. August 1990 machte dann die amerikanische Botschafterin in Bagdad, April Glaspie, ihre vielzitierte Aussage gegenüber Saddam Hussein: »Unserer Überzeugung nach sollten Sie die Möglichkeit haben, Ihr Land wiederaufzubauen... Wir haben keine Meinung über arabisch-arabische Konflikte, wie über Ihren Grenzstreit mit Kuwait.«[36] Nichts konnte die USA nach dem Überfall daran hindern, die Krise am Golf in ihrem Sinne beizulegen. Als König Hussein von Jordanien im August Präsident George Bush senior an dessen Sommersitz in Kennebunkport im US-Bundesstaat Maine besuchte, machte ihm der amerikanische Präsident mit deutlichen Worten klar, dass die Amerikaner keine innerarabische Lösung der Krise akzeptieren würden. Der König hatte angeboten, Saddam Hussein zum Rückzug aus Kuwait zu bewegen. Doch Bush erklärte: »Diese Sache wird nicht ungestraft bleiben.« Ein jordanischer Teilnehmer des Gespräches zog aus den Diskussionen folgenden für ihn deprimierenden Schluss: »Die Amerikaner wollten keine arabische Lösung.«[37]

Seinerseits konnte König Hussein bei seinen arabischen Kollegen auf keinerlei Solidarität zählen. Aus sehr unterschiedlichen Gründen entzogen sich König Fahd von Saudi-Arabien, Präsident Hosni Mubarak von Ägypten und Syriens Präsident Hafis al-Assad einer arabischen Initiative. Assad sah eine goldene Möglichkeit, seinem Erzfeind Saddam Hussein eine empfindliche Niederlage beizubringen. Ägypten erhielt so viel zusätzliche Finanzhilfe von den USA und anderen westlichen Ländern, dass es seine damals bedrohlichen Auslandsschulden um etwa die Hälfte senken konnte. Und König Fahd wurde von den Amerikanern unter Druck gesetzt. Amerikaner, Syrer, Ägypter und Saudis rechneten damit, dass Saddam Hussein die bevorstehende sichere Niederlage im Kampf um Kuwait nicht überstehen werde.

Am 6. August 1990 verhängten die Vereinten Nationen mit ihrer Resolution 661 ein striktes Wirtschaftsembargo gegen den Irak. Nur Lebensmittel und Medikamente durften, unter gewissen Bedingungen, geliefert werden. Der Kauf von irakischem Erdöl wurde untersagt.

Was folgte, war zunächst kein Krieg zur Vertreibung Saddam Husseins aus Kuwait. Es war ein mehr als fünf Wochen dauerndes Bombardement, in welchem die militärische, aber auch ein großer Teil der zivilen Infrastruktur des Landes angegriffen wurde. Die Zerstörung von Brücken (sofern sie nicht dem militärischen Nachschub dienen), Elektrizitätswerken, Telefonzentralen, Wasserreinigungsanlagen, Abfallbeseitigungsanlagen und Fabriken, die zivile Güter herstellen, ist nach der Genfer Konvention von 1949 (Zusatz von 1977, Artikel 52, Protokoll 1) verboten. Dort heißt es ausdrücklich: »Angriffe müssen strikt auf militärische Ziele begrenzt sein.« Die Zerstörung der zivilen Infrastruktur und die danach folgenden strikten Sanktionen hatten nach Ansicht mancher westlicher, in Bagdad akkreditierter Diplomaten auch das Ziel, das zivilisatorisch am höchsten entwickelte arabische Land so zu schwächen, dass es auf absehbare Zeit keine Gefahr für seine Nachbarn darstellte.[38] So war mit Ende des Krieges am 28. Februar 1991 nicht nur Saddam Hussein geschlagen. Der Irak war zudem in seiner Entwicklung um Jahrzehnte zurückgefallen. Dieser tragische Rückschritt hatte allerdings schon elf Jahre zuvor, mit dem Überfall des Irak auf den Iran, eingesetzt.

Die Erwartung, eine Niederlage im Krieg um Kuwait werde Saddam Hussein das Amt kosten, erwies sich jedoch als falsch. Und daran, dass diese Hoffnung trügerisch war, trugen die USA ein gehöriges Maß an Mitschuld. Zunächst verweigerten die USA nach Saddam Husseins Niederlage den aufständischen Schiiten und Kurden die Unterstützung, welche sie ihnen in Aussicht gestellt hatten. Das Chaos, das im Süden und Norden des Irak herrschte, passte nicht in das politische Konzept Washingtons. Dort hatte man auf einen Palastputsch in Bagdad, nicht aber auf eine Revolution von der Straße gehofft. Der Aufruf, sich zu erheben, war an die Offiziere und Helfer in der Umgebung des Despoten gerichtet, nicht an die Menschen selbst. Die USA und Großbritannien suchten einen anderen autoritären Herrscher – weniger grausam, weniger unappetitlich, ein wenig demokratischer als Saddam Hussein. Der neue Mann sollte aber vor allem eine Qualität haben: Er sollte bereit sein, den Irak wieder in die Einflusssphäre des Westens zu steuern. Doch zur ersehnten Palastrevolte kam es wieder nicht. Auch der Durchmarsch nach Bagdad, den der amerikanische Oberkommandierende Norman Schwartzkopf angesagt hatte, fand nicht statt. Er war mit den Beschlüssen des UN-Sicherheitsrates nicht vereinbar. Und er hätte die mühsam zusammengezurrte Allianz mit den arabischen Staaten sofort zerstört.

Saddam Hussein blieb an der Macht, das irakische Volk aber taumelte immer tiefer in die Krise. Die Sanktionen – in Wahrheit eine Fortsetzung des Krieges mit ökonomischen Mitteln – führten zu einem humanitären Desaster. Die Vereinten Nationen zogen die Konsequenzen. In seiner Resolution 986 erlaubte der Sicherheitsrat erstmals wieder seit 1990 den Export einer begrenzten Menge irakischen Öls. Die Einkünfte aus diesem Export sollten vom

Sanktionsausschuss der UN verwaltet werden. Das Geld diente dazu, Lebensmittel, Medikamente und Ersatzteile für Industrieanlagen einzukaufen. Fortan lebte die Mehrheit der Iraker praktisch von Almosen. Für 2003 hatte das Programm »Öl für Lebensmittel« beispielsweise folgende Monatsration für jeden erwachsenen Iraker vorgesehen: 18 Kilogramm Weizenmehl, 6 Kilogramm Reis, 4 Kilogramm Zucker, 400 Gramm Tee, 250 Gramm weiße Bohnen, 500 Gramm Kichererbsen, 2,5 Kilogramm Pflanzenöl, 150 Gramm Salz, einen Viertelliter Milch, 1 Kilogramm Waschmittel, 500 Gramm Seife.[39] Komplett fehlten in diesem Warenkorb Fleisch, Obst und Gemüse.

Jeden Kaufvertrag musste der Irak dem UN-Sanktionsausschuss zur Genehmigung vorlegen, der immer wieder viele Einkaufsposten von der Liste strich, etwa Bleistifte. Das in ihnen enthaltene Graphit könne auch zu militärischen Mitteln verwendet werden, argumentierten besonders Amerikaner und Briten. Dieses Argument einer möglichen »doppelten Verwendung« wurde immer wieder vorgebracht, auch bei manchen Medikamenten. Im Einzelnen wurden im Laufe der Jahre folgende Güter auf den Importindex gesetzt: Tischtennisbälle, Kindernahrung, Kinderkleidung, Stiefel, Schnürbänder, Schulbücher, Klebstoff, Bleistifte, Federballschläger, Fahrräder, Decken, Lippenstifte, Nagellack, Seife, Deodorants, Zahnpasta, Zahnbürsten, Toilettenpapier, Shampoo.[40] Außerdem wurde jeglicher Kulturaustausch mit dem Irak unterbunden. Sogar Lehrbücher kamen auf die Embargoliste.

Am 26. September 1995 veröffentlichte das Welternährungsprogramm der Vereinten Nationen eine Pressemitteilung, in der es die persönlichen Eindrücke einiger seiner Mitarbeiter zusammenfasste: »Alarmierende Lebensmittelknappheit verursacht irreparablen Schaden für eine ganze Generation von Kindern... Nach 24 Jahren Feldarbeit, begonnen in Afrika, speziell in Biafra, hätte ich nicht gedacht, dass mich irgendetwas noch schockieren könnte... Es gibt vier Millionen Menschen, ein Fünftel der irakischen Bevölkerung, die schwere Ernährungsprobleme haben. Die Zahl schließt 2,4 Millionen Kinder unter fünf Jahren ein, etwa 600 000 schwangere Frauen und Frauen mit Kleinkindern ... sowie Hunderttausende von älteren Menschen, die niemanden haben, der ihnen helfen könnte.« Etwas vorsichtiger, aber doch kritisch drückte sich das »Komitee für internationale Entwicklung« des britischen Unterhauses in einem Bericht vom 10. Februar 2000 aus. Nach intensiven Recherchen im Irak heißt es im Schlussbericht: »Es gibt einen klaren Konsens darüber, dass sich die humanitäre ... Situation im Irak seit der Auferlegung umfassender Sanktionen ernsthaft verschlechtert hat ... Es ist offensichtlich, dass Saddam Hussein und seine herrschende Elite weiterhin ein privilegiertes Dasein führen. Die Sanktionen haben jene, die für die Verletzung internationalen Rechtes verantwortlich sind, nicht getroffen ... Dennoch halten wir es für schwierig zu glauben, dass es in Zukunft einen Fall geben wird, in welchem die Vereinten Nationen berechtigt wären, umfassende wirtschaftliche Sanktionen gegen ein Land zu verhängen.«[41] Aus Protest gegen diese Strangulierung eines Landes und eines ganzen Volkes traten zwei Koordinatoren des UN-Hilfsprogramms »Öl für Lebensmittel« zurück – der Ire Denis Halliday und der Deutsche Hans Graf von Sponeck.

Dem Regime gelang es, die verheerenden Folgen der Sanktionen allein den Amerikanern anzulasten. Zudem gab das UN-Programm, ungewollt, Saddam Hussein noch einmal größere Kontrolle über jeden einzelnen seiner Untertanen. Jeder Iraker, jedes neugeborene Kind, wurde registriert, damit jedermann seine dürftigen Lebensmittelrationen bekommen konnte. Der Regierung fiel durch dieses gut gemeinte Vorhaben eine komplette Liste aller Bürger sozusagen kostenlos in die Hände. Der Wirtschaftskrieg forderte viele Opfer – und diese Opfer nahmen die USA billigend hin. 1996 wurde der damaligen Außenministerin Madeleine Albright von dem CBS-Journalisten Lesley Stahl folgende Frage gestellt: »Wir haben gehört, dass eine halbe Million Kinder gestorben sind. Ich meine, das sind mehr Kinder, als in Hiroshima ums Leben kamen. Sind Sie der Meinung, dass dieser Preis bezahlt werden muss?« Albright antwortete: »Ich glaube, dies ist eine sehr harte Wahl. Aber der Preis, denken wir, ist es wert.«[42]

Die Bevölkerung verarmte. Das offizielle Gehalt eines mittleren Beamten fiel auf fünfzehn bis zwanzig Dollar im Monat, Wirtschaft und Währung brachen zusammen. Die wohlhabende Mittelschicht verschwand, die Korruption wucherte.

Der skrupellose irakische Despot kümmerte sich in keiner Weise um die letztlich allein von ihm verschuldeten Leiden der Iraker. Sein Regime überlebte mit Schmuggel. Eine Klasse von Neureichen entstand, die durch staatlich sanktionierten Sanktionsbruch zu Geld kam und die in Bagdads Nobelvierteln Mansur oder Arasat Hindi alles einkaufen konnte, was sie wollte.

Die USA verhinderten ihrerseits, dass der Irak Ersatzteile für seine inzwischen arg ramponierten Ölförderanlagen kaufen konnte. Als die Beschränkungen der irakischen Ölförderung schließlich komplett aufgehoben wurden, konnte der Irak nicht so viel Öl pumpen, wie er wollte, weil die technischen Anlagen reparaturbedürftig waren. Und Saddam Hussein war immer noch nicht vertrieben.

Doch dann kam, zumindest indirekt, den Amerikanern ein Mann zu Hilfe, den sie seit Jahren bekämpften – Osama Bin Laden. Nachdem der saudische Terrorist am 11. September 2001 in New York und Washington über 3000 Menschen hatte ermorden lassen, war das Embargo, mit dem man Saddam Hussein bisher vergeblich zu Fall hatte bringen wollen, elf Jahre und einen Monat alt. Auf einer der ersten Sitzungen des amerikanischen nationalen Sicherheitsrates warf Verteidigungsminister Donald Rumsfeld die Frage auf, warum man die Vergeltungsanschläge auf Al-Qaida beschränken wolle und nicht gleich auch den Irak einbeziehen wolle. »Jedermann am Tisch glaubte, dass der irakische Präsident Saddam Hussein eine Bedrohung darstellte, ein Führer, der Massenvernichtungswaffen besitzen und einsetzen wollte.«[43]

Der Schock, den Amerika am 11. September erlitt, ist wohl nur mit dem japanischen Überfall auf Pearl Harbor 1941 zu vergleichen. In Europa ist der Schrecken, unter dem die Amerikaner noch lange litten, wohl unterschätzt worden. Die Weltmacht und ihre Menschen fühlten sich plötzlich verwundbar. Amerika war angegriffen worden. Die NATO rief den Bündnisfall aus. Eine Mehrheit der Amerikaner glaubte noch lange nach dem Irakkrieg, dass Saddam Hussein hinter den Anschlägen des 11. September steckte. Doch eine Verbindung Saddam Husseins zu Osama Bin Laden, von der auch US-Außenminister Colin Powell vor dem UN-Sicherheitsrat im Februar 2003 sprach, wurde nie nachgewiesen. Gegen diese Verbindung spricht, dass Anhänger der saudischen Variante des Islam und Mitarbeiter Bin Ladens im Irak mit der Todesstrafe rechnen mussten. Entscheidend für die Ablehnung Osama Bin Ladens durch Saddam Hussein war ein von den USA bewusst verdrängter Grund: Diktatoren vom Schlage Saddam Husseins haben vor frei agierenden, keiner Kontrolle unterworfenen Terroristen berechtigte Furcht. Leicht können Freischärler des Terrors die eigene absolute Macht gefährden. Während seiner Herrschaft über den Irak hat Saddam Hussein Al-Qaida daher nicht unterstützt.

Dennoch: Mit dem 11. September 2001 war Saddam Husseins Schicksal besiegelt. Die Amerikaner beschlossen, erst die Taliban, vor allem aber Osama Bin Laden zu erledigen und dann den irakischen Diktator. Den Grund zum Angriff suchten Amerikaner und Briten nun in den angeblich im Irak noch vorhandenen Massenvernichtungswaffen. Im Herbst 2002 schickte die UNO erneut Waffeninspekteure ins Land. Amerika und England gaben der neuen UN-Kommission, der UNMOVIC, gerade einmal dreieinhalb Monate Zeit. Die vermuteten biologischen und chemischen Waffen wurden jedoch nicht gefunden. Nach ihrem Sieg schickten Amerikaner und Briten eigene Inspekteure. Innerhalb von acht Monaten, bis Ende des Jahres 2003, hatten auch diese keine Spuren der Waffen gefunden. Viele waren schon von den Kontrolleuren der UNSCOM zerstört worden. Selbst Präsident Clintons Außenministerin Madeleine Albright hatte in den späten neunziger Jahren der UNSCOM attestiert, die Kommission habe sehr gute Arbeit geleistet. Und der amerikanische Waffeninspekteur und damalige CIA-Mann Scott Ritter hatte ebenfalls mitgeteilt, dass der Irak ein Arsenal von Massenvernichtungswaffen nicht mehr besitze. Die möglichen Restbestände, vermutete UNMOVIC-Chef Hans Blix im Spätsommer 2003, seien wohl von Saddam Hussein beseitigt worden.

Weil nun Saddam Hussein weder mit dem Embargo noch mit den Inspektionen zu treffen war, gingen Amerika und Großbritannien gegen den Diktator vor – ohne durch die UNO autorisiert worden zu sein. Der Krieg traf ein Land und eine Bevölkerung, die von Saddam Husseins Kriegen und durch den von den USA initiierten Wirtschaftskrieg ausgeblutet war. Der schnelle Sieg innerhalb von etwa drei Wochen konnte also niemanden überraschen. Im Terrorangriff auf New York und Washington kamen über 3000 Menschen ums Leben. Die Zahl der zivilen Opfer des Irakkrieges liegt weitaus höher. Einige Schätzungen sprechen von bis zu 8000, andere von 9000 Toten (die gefallenen Soldaten nicht eingerechnet). Die Amerikaner hatten einen leichten Sieg errungen. Auf den Tag nach dem Sieg, auf den schnellen Aufbau des politisch und wirtschaftlich zusammengebrochenen Staates waren sie allerdings nicht vorbereitet. Noch weniger hatten sie damit gerechnet, dass sich nach dem Sieg Widerstand formieren würde. Dieser Widerstand kommt keineswegs nur von unbelehrbaren Anhängern des alten Regimes oder von Al-Qaida-Terroristen, die aus Saudi-Arabien eingeschleust werden. Ein sunnitischer Offizier erklärte gegenüber Vertretern der »International Crisis Group« im Sommer 2003: »Es gibt noch Hunderte von irakischen Offizieren, die bereit sind, für ihr Land zu sterben.«[44]

Die Amerikaner waren nicht nur mit dem schnellen Aufbau einer Nachkriegsordnung überfordert. Überrascht hat auch, mit wie wenig kultureller Sensibilität sie in den Irak kamen. Ein Iraker drückte seine Besorgnis so aus: »Die Amerikaner verhaften brutal Menschen, ohne dass sie zuvor ihre Informationen genau prüfen. Sie legen ihnen Handschellen an und werfen sie im Antlitz ihrer Familien und Nachbarn auf den Boden. Für sie bedeutet Ehre nichts. Auch wir Iraker haben, wie alle menschlichen Wesen, unsere Würde. Wir verteidigen unsere Religion, unser Land, unsere Würde. Wir haben zwar nicht die Mittel, wahrhaften Widerstand zu leisten, aber dank isolierter Attacken können wir sie [die Amerikaner] zwingen, uns zu respektieren und uns zu konsultieren.«[45]

Wie im Jahre 1920, als sich die Iraker gegen die britische Besatzungsmacht erhoben, wuchs auch 83 Jahre später die Opposition gegen die neuen Herren. 1920 standen die Menschen, aus denen die Briten plötzlich »Iraker« gemacht hatten, vor einer Zukunft, von deren Gestaltung sie zunächst weitgehend ausgeschlossen waren. Ende des Jahres 2003 sah ihre Situation nicht wesentlich anders aus. Die entscheidenden Vorgaben wurden ihnen von außen auferlegt. Im Jahre 1920 wie im Jahre 2003 war die Parole von der Befreiung zwar wohlfeil, doch die wahren Gründe für die Militärintervention lagen stets in den nationalen Interessen der Invasoren. Im Jahre 2003 war der Irakfeldzug ein Teil des »globalen« Krieges, den die USA mit dem »militanten Islam« führten, wie George Friedman vom Internetdienst *Stratfor* schrieb: »Der Irak steht im Zentrum des gegenwärtigen geostrategischen Systems. Wir erleben derzeit einen globalen Krieg der USA gegen den militanten Islam. Durch diesen Krieg wird das internationale System völlig neu gestaltet.«[46]

Diese von den USA mit Waffengewalt angestrebte Neugestaltung hat nichts anderes zum Ziel als die Wiederherstellung der westlichen Oberaufsicht, die erst durch Saddam Hussein und dann durch Osama Bin Laden gefährdet wurde. Der Erfolg des Unterfangens ist ungewiss. Im Sommer 2003 begann ein Guerillakrieg gegen die Anwesenheit der USA im Irak, der von Al-Qaida, unbelehrbaren Anhängern Saddam Husseins und womöglich auch national gesinnten irakischen Offizieren geführt wird. Waffen und Munition für diesen Krieg sind im Überfluss vorhanden. Iraker, die diesen Untergrundkrieg führen, gibt es offensichtlich genügend.

In einer Rede vor der »Nationalen Stiftung für Demokratie« behauptete George W. Bush am 6. November 2003, unter seiner

Führung habe Al-Qaida bereits zwei Länder verloren – Afghanistan und den Irak. Eher das Gegenteil ist der Fall. Zwar musste Osama Bin Laden Afghanistan, vorerst jedenfalls, weitgehend aufgeben. Aber ganz geschlagen gibt sich Al-Qaida dort bis heute nicht. Darüber hinaus hat Bin Laden zumindest Teile des Irak, in dem unter Saddam Hussein jedem Bin-Laden-Anhänger der sichere Tod gewiss gewesen wäre, als Basis gewonnen – dank des amerikanischen Feldzuges »Iraqi Freedom« (Irakische Freiheit). Letztlich war dieser Feldzug nichts anderes als eine Art kolonialer Korrekturbewegung. Der Staat, den die Briten 1920 geschaffen hatten, war zum Monster degeneriert. Vor allem aber hatte er die 1920 festgelegten politischen Koordinaten verlassen. Solche Unbotmäßigkeit wird noch heute abgestraft.

Kapitel 5
Saudi-Arabien – ein
fundamentalistischer Stammesstaat

»Ich schlug ihn erst auf das Bein und machte ihn kampfunfähig; dann schlug ich ihn auf den Nacken. Der Kopf fiel auf eine Seite. Das Blut spritzte heraus wie eine Fontäne... Es war ein freudiger Augenblick. Ich küsste das Schwert.«

Der spätere saudische König Ibn Saud im Jahr 1904
nach dem Kampf um den Ort Anaiza[1]

Es war im Sommer des Jahres 1990, als ein Mann namens Osama Bin Laden seinem König, Fahd Abdul Asis Ibn Abdul Rahman Ibn Faisal al-Saud, ein patriotisches Angebot machte. Der saudische Staatsbürger offerierte dem Oberhaupt des Familienkönigreiches der Familie Saud, die Okkupation Kuwaits durch Saddam Hussein zu bekämpfen. Zwölf Jahre zuvor hatte Osama Bin Laden mit massiver Finanzhilfe der CIA eine Armee von muslimischen Freiwilligen vornehmlich arabischer Herkunft zusammengetrommelt. Diese *Mudschaheddin*, diese »Kämpfer des heiligen Krieges«, hatten in einem gnadenlosen Guerillakampf die Sowjets aus Afghanistan vertrieben und damit den USA zu einem Sieg verholfen, der den Anfang vom Ende des »Reiches des Bösen« (Ronald Reagan) bedeutete. Nun bot der erfahrene Partisanenkämpfer seinem eigenen Land einen ähnlichen Dienst an. Niemand liebte die reichen, im Wohlstand, wie man meinte, degenerierten Kuwaitis. Und niemand würde leichten Herzens gegen ein sogenanntes arabisches »Brudervolk«, den Irak, zu Felde ziehen. Doch wie die Sowjets, so waren auch die den Irak regierenden Takritis mit Saddam Hussein an der Spitze für Bin Laden Häretiker. Denn sie hatten es gewagt, einen laizistischen, säkularen Staat aufzubauen, in welchem der Glaube Privatsache war.

Weil er den gottlosen Herrscher in Bagdad bekämpfen wollte, bot Osama Bin Laden dem saudischen Königshaus an, seine in Afghanistan siegreiche islamische Fremdenlegion, Al-Qaida genannt, wieder in den Kampf zu schicken. In ihrer Entstehungsphase war Al-Qaida (Die Basis) lediglich eine ausgedehnte Computerdatei, die Namen der Afghanistankämpfer und Namen von Freiwilligen enthielt, die in Osama Bin Ladens Lagern Quartier gemacht hatten.[2] Aus dieser Computerbasis heraus wurde eine in vielen Ländern operierende Terrororganisation aufgebaut.

Doch die Familie Saud schlug das Angebot ihres Untertanen Bin Laden aus. Denn Amerika, der ehemalige Sponsor Bin Ladens, nötigte die Saudis, die Offerte abzulehnen. Mit deutlichen Worten forderte der mit der amerikanischen Ölindustrie eng liierte Richard Cheney von den Saudis die Erlaubnis, amerikanische Truppen ins Königreich entsenden und die Rückeroberung Kuwaits von saudischem Boden aus organisieren zu dürfen. Die Regierung in Riad wich dem amerikanischen Druck und legte ihre Verteidigung in die Hände Amerikas. Im Kontext der saudischen Geschichte war dieser Schritt fast gleichbedeutend mit Gotteslästerung. Denn nie zuvor hatten Truppen der »Ungläubigen« jene heilige Erde betreten, auf welcher der Prophet Mohammed den Islam, für Muslime Gottes letzte und endgültige Offenbarung, verkündet hatte.

Wie kam es, dass sich ein Mann aus einer hoch angesehenen, reichen Familie Saudi-Arabiens zu einem Guerillakrieger in der wilden Gebirgslandschaft Afghanistans entwickelte? Die Geschichte der Familie Bin Laden ist zunächst eine Erfolgsgeschichte von amerikanischen Dimensionen. Der Vater, ein Jemenit aus dem Hadramaut, wanderte 1930 in die saudische Hafenstadt Dschidda aus, wo er sich als Gepäckträger von Pilgern verdingte. Sein kaufmännisches Geschick machte ihn schnell zum Bauunternehmer, der großen Reichtum anhäufte. Sohn Osama wurde vermutlich 1957 in der Hauptstadt Riad geboren – als 43. Kind und 21. Sohn eines Vaters, der insgesamt mit zehn Frauen mehr als fünfzig Kinder zeugte.[3] Osamas Mutter war palästinensischer Abstammung und die zehnte Frau seines Vaters. In seinem Privatleben hat Osama Bin Laden die Tradition seines Elternhauses durchaus fortgesetzt. Bis jetzt hat er fünfmal geheiratet und in diesen Ehen 42 Kinder gezeugt. Die letzte (bekannte) Eheschließung datiert aus dem Jahre 2000. Im afghanischen Kandahar soll er eine 21-jährige Jemenitin geheiratet haben.

Politisch aber wandte sich Osama Bin Laden früh von seiner Familie ab. Von den zehn Kindern seiner Mutter war Osama Bin Laden der einzige Sohn. Offenbar verbrachte er eine sehr einsame Jugend. Früh entwickelte er sich zu einem ausgesprochen frommen Mann. Früh auch studierte er die Schriften der ägyptischen Muslimbruderschaft. Lieblingslektüre Osama Bin Ladens war das Buch *Der Dschihad im Islam*. Sein Autor, Said Qutb, gilt als einer der einflussreichsten Vertreter der Bruderschaft. Said Qutb forderte, dass man Gott jene Macht zurückgeben müsse, die ihm von den ohne Legitimation regierenden arabischen Herrschern genommen worden sei. Die Ideologie der Muslimbrüder beeindruckte Osama Bin Laden umso mehr, als er selbst in der saudischen, streng puritanischen Variante des Islam sozialisiert worden war.

Die Entscheidung des saudischen Königshauses, die Führung des Kampfes gegen den Ketzer Saddam Hussein nicht in die Hände von Muslimen zu legen, bedeutete für Osama Bin Laden einen Wendepunkt. Die Verteidigung ihres Landes aus der Hand zu geben war für ihn, um in einer christlichen Metapher zu sprechen, der Sündenfall der Familie Saud. Nun glaubte er, Said Qutbs Ruf nach dem »Dschihad im Islam« folgen zu müssen, der Sieger über die Sowjets hatte ein komplett neues Feindbild. Von nun an bekämpfte er sowohl, wie er sagte, den »nahen Feind«, das vom wahren Weg des Islam abgewichene saudische Königshaus, als auch Amerika, das er als »fernen Feind« ausmachte. Und diese Kampfansage ist der Hauptgrund dafür, dass das – bis dahin entgegen vielen Prophezeiungen überraschend stabile – Königreich Saudi-Arabien heute von einem Guerillakrieg bedroht ist. Die Organisatoren dieses »heiligen Krieges« haben in vielen muslimischen Ländern Unterschlupf gefunden – etwa im Jemen, in Pakistan, in Somalia und in Afghanistan. Um den Anhängern Osama Bin Ladens keine weiteren Vorwände für ihre Terrorattacken gegen das Haus Saud zu geben, haben die USA ihre Truppen aus dem Königreich weitgehend abgezogen. Der größte Erdöleigner der Welt soll nicht noch weiter destabilisiert werden. Nun, da sie nach der Besetzung des Irak praktisch Nachbarn der Saudis sind, können die USA vom Irak aus militärisch eingreifen, wenn das Haus Saud durch islamistische Rebellen gefährdet werden sollte.

Um Osama Bin Ladens Krieg gegen den »nahen Feind« Saudi-Arabien und gegen den »fernen Feind« Amerika zu erklären, ist ein Ausflug in die saudische Geschichte hilfreich. Die auch für andere Araber höchst widersprüchliche Allianz zwischen dem als islamischen Gottesstaat konzipierten Saudi-Arabien und der »ungläubigen« Weltmacht USA widerspricht nach Osama Bin Ladens Auffassung der gesamten Gründungsideologie des Königreiches. Sie steht aber auch nicht gerade in Übereinstimmung mit den Idealen der amerikanischen Gründerväter. Die größte Demokratie der Welt hat sich auf ein Bündnis mit dem radikal-islamischen Stammesstaat Saudi-Arabien eingelassen, eine ideologische Mesalliance, die ihresgleichen sucht. Jahrzehntelang hat es Amerika versäumt, die autoritären Herrscher zur Einführung demokratischerer Lebensformen zu drängen. Erst unter dem Eindruck der Terroranschläge Osama Bin Ladens sah sich das Königreich 2003 – 71 Jahre nach seiner Gründung – gezwungen, Kommunalwahlen anzukündigen.

Für die USA hatte und hat die Sicherung der schier endlosen Ölreserven Priorität vor der Bekehrung der Saudis zur Demokratie. Mit dem Rohstoff Öl ist es auch zu erklären, dass ein in einem dreißigjährigen Eroberungskrieg geschaffenes Imperium, Saudi-Arabien genannt, bis zum Erscheinen Osama Bin Ladens relativ stabil geblieben ist. In den Jahrhunderten zuvor hatten die endlosen Stammesfehden in den Wüsten der Arabischen Halbinsel verhindert, dass sich fest umrissene Herrschaftsgebiete bildeten, welchen man die Bezeichnung Staat hätte geben können. Die

Wirtschaftsform der Halbinsel trug ebenfalls dazu bei, dass Staaten im zeitgenössischen Sinne nicht entstehen konnten. Mit ihren Herden mussten die Beduinen von Weideplatz zu Weideplatz, von Quelle zu Quelle wandern, um sich und ihren Tieren das Überleben zu ermöglichen. Diese beduinische Lebensweise braucht die Weiten der Wüsten und Steppen. Künstliche Barrieren, wie sie nationale Grenzen darstellen, sind dieser Lebensweise hinderlich. Doch dann, im beginnenden 20. Jahrhundert, änderte das Öl mit einem Schlag die seit Jahrhunderten dominierende Wirtschaftsform der Viehzucht. Die Ölwirtschaft machte die traditionelle Viehzucht überflüssig; die Stämme brauchten nicht mehr zu wandern, sie wurden sesshaft. Aus Stämmen oder Stammesföderationen wurden Staaten. Das Öl wurde auch zum großen Stabilisator des 1932 gegründeten Stammeskönigreiches Saudi-Arabien.

Es gibt allerdings noch eine zweite Säule, auf der das Königreich aufgebaut ist – eine religiöse. Die Säule hat der islamische Eiferer Mohammed Ibn Abdel Wahhab in der Mitte des 18. Jahrhunderts errichtet. Abdel Wahhab war ein Prediger, der die strikte Einheit Gottes verkündete, jenes Gottes, zu dem auch Christen und Juden beteten. Seine Lehre als Reformator des Islam lautete, dass nur Gott in seiner Einheit, nicht aber Propheten wie Moses, Jesus oder Mohammed und schon gar nicht Schreine von Heiligen verehrt werden dürften. Wer die Einheit und Einzigkeit Gottes leugnete, war in den Augen Abdul Wahhabs ein Ketzer, den es zu beseitigen galt. Der Reformator nannte seine zunächst wenigen Anhänger *Muwahhidun* – jene, welche die Einheit Gottes verkünden. In die Geschichtsschreibung, vornehmlich in die westliche, ist diese religiöse Erneuerungsbewegung unter dem Namen »Wahhabiten« eingegangen. Allerdings lehnen die Saudis diese Bezeichnung strikt ab. Die Bezeichnung Wahhabiten, argumentieren sie, suggeriere, die Anhänger Abdul Wahhabs seien eine Sekte; in Wirklichkeit aber verkündeten die Anhänger Abdul Wahhabs den wahren Islam.

Abdel Wahhab reiste nach Damaskus, Bagdad und Basra, um dort seine Lehren zu verbreiten. Doch Anhänger oder gar Geldgeber für die von ihm geplanten Feldzüge im Namen der Einheit Gottes fand er dort nicht. Auf die Arabische Halbinsel zurückgekehrt, traf er in dem Ort Dariyah in der Nähe des heutigen Riad, einen der vielen kleinen, eher unbedeutenden, aber stets auf neue Eroberungen und Beute erpichten Stammesführer namens Mohammed Ibn Saud. Dieser ergriff die Gelegenheit, die sich ihm da unverhofft in Gestalt des religiösen Eiferers Abdul Wahhab bot. Für seine geplanten Feldzüge gegen andere Stämme lieferte ihm der Prediger die ideologische Grundlage. Und Abdel Wahhab verfügte nun plötzlich über eine Streitmacht, mit deren Hilfe er seine Lehre von der Einheit Gottes etwas nachhaltiger unter den Stämmen verbreiten konnte.

Ein besonderer Dorn im Auge waren Abdel Wahhab schon lange die schiitischen Stätten in Nadschaf und Kerbala im heutigen Irak. Die Verehrung der schiitischen Heiligen Ali und Hussein einschließlich ihrer Schreine lief der puritanischen Lehre Abdel Wahhabs strikt zuwider. Am 20. April 1801 überfiel ein wahhabitisches Heer unter Abdel Asis, dem Nachfolger des verstorbenen Ibn Saud, Kerbala. Die meisten Einwohner wurden umgebracht, der Schrein Husseins wurde zerstört, wertvolle Teppiche, Perlen, Gold wurden geplündert und in einem riesigen Beutezug nach Dariya gebracht.[4] So war beiden Partnern im saudisch-wahhabischen Bündnis Genüge getan: Abdel Wahhabs Glaubenskrieger hatten das Strafgericht Gottes über die Ketzer von Kerbala gebracht, die Familie Saud hatte reiche Beute nach Hause getragen.

Natürlich ließ sich der Sultan in Istanbul, dem die Arabische Halbinsel zumindest nominell unterstand, solche Unbotmäßigkeit nicht gefallen. Er beauftragte seinen Untertanen Mohammed Ali in Kairo, sich der marodierenden Fanatiker anzunehmen. Das erste saudische Reich ging 1818 unter. Weitere Versuche, ein größeres Stammesreich zu gründen, schlugen im 19. Jahrhundert fehl. Die wiederholten Unterfangen der Familie Saud, sich die Arabische Halbinsel untertan zu machen, zeugen von Beharrungsvermögen und Unbeugsamkeit. Sie zeigen aber vor allem, dass sich die Kombination von Religionskrieg und Beutezug mit anschließender Unterwerfung anderer Stämme als so attraktiv und profitabel erwiesen hatte, dass sie auch Zeiten politischer und missionarischer Rezession leicht überlebte. Ende des 19. Jahrhunderts verband ein weiterer Nachkomme Mohammed Ibn Sauds seine ganze politische Zukunft abermals mit diesem Konzept. Es war Abdel Asis Ibn Saud, geboren vermutlich 1876 in Riad. Diesmal war dem ideologisch-imperialistischen Bündnis zwischen Stammesfürst und Glaubenskrieger ein voller Erfolg beschieden. In einem dreißigjährigen Feld- und Beutezug eroberte Abdel Asis große Teile der Arabischen Halbinsel. 1932 gründete er das Familienkönigreich Saudi-Arabien. Im Westen ist dieser Eroberer, der aus den Tiefen der arabischen Wüsten kam, als Ibn Saud bekannt geworden.

Die Geschichtsschreibung beurteilt das Leben von Staatsgründern und Feldherren meistens nach den Ergebnissen ihrer Politik. Haben sie ein Imperium gegründet, gehen sie oft als »Großer« in die Annalen ein. Diese einseitige Denkweise fragt selten nach den Opfern, die eine Reichsgründung gekostet hat. So verhält es sich auch mit Ibn Saud. Der Stammesfürst, der ein Imperium gründete, hatte zweifellos militärischen und politischen Erfolg, selbst bis über seinen Tod im Jahre 1953 hinaus. Wie viele Menschenleben seine Eroberungszüge gekostet haben, danach wird kaum gefragt. Doch europäischer Hochmut ist kaum angebracht. Europa fand erst nach zwei Weltkriegen zur Ruhe, von denen der letzte fünfzig Millionen Menschen das Leben kostete. Dagegen lesen sich die Verluste in den Stammeskriegen der Halbinsel wie eine Bagatelle. Und immerhin hat Ibn Saud den jahrhundertelangen Stammesfeh-den auf der Arabischen Halbinsel ein Ende gemacht. Und weil Ibn Sauds Reichgründung (sowie die Entdeckung von Öl) die Arabische Halbinsel um die Mitte des 20. Jahrhunderts schnell in die Weltpolitik katapultierte, lohnt es sich, einen Blick auf den Eroberungszug des Stammesfürsten aus dem staubigen Wüstenort Riad zu werfen, der schnell in Konflikt mit den Großmächten der Epoche – mit dem Osmanischen Reich und mit Großbritannien – geriet.

Um 1900 war die Arabische Halbinsel ein bunter Teppich von miteinander rivalisierenden Stämmen oder Stammesverbänden.

Man stritt um Weidegründe, um Beute. Doch mehr als in den Jahrhunderten zuvor lebten die Menschen auch in Städten, die allerdings von ihrem Aussehen und ihrer Gesellschaftsstruktur her mit den Städten Europas nicht zu vergleichen waren. Das Ziel Mohammeds, des Propheten des Islam, die Stämme unter dem Banner der neuen Religion zu einigen, war allerdings immer noch nicht erreicht. Nach dem Tode des Propheten im Jahre 632 hatten die Stämme zwar ihre Energie und ihren neu gefundenen religiösen Eifer nach außen geleitet und ein Weltreich geschaffen, das von Südspanien bis nach Persien reichte. Doch die internen Fehden hatten nicht aufgehört. Die Stämme bekriegten sich weiter. Der Unterschied war nur, dass nun die feindlichen Heerführer auf beiden Seiten mit demselben Schlachtruf aufeinander losgingen – Allahu Akbar, Gott ist groß.

Eine der Lieblingsbeschäftigungen der Stämme war jahrhundertelang der *Ghazzu* (daher, wie gesagt, der Name Razzia), bei dem es manchmal ernsthaft um Beute und Eroberungen ging. Oft aber war die Razzia ein Ritual – eine Kombination aus Ritterkampf nach dem Muster von König Arthur und englischem Land-Cricket, wie der Brite Glubb Pascha, der Befehlshaber der in Transjordanien operierenden »Arabischen Legion«, einst sagte.[5] Diese Charakterisierung war möglicherweise eine der üblichen Beschönigungen, die Reisenden aus dem Westen unterlaufen, wenn sie sich zu sehr in ihr fremdes Sujet verlieben. Was Ibn Saud betrifft, so hat er sich, glaubt man einem seiner Biographen, dem Palästinenser Said K. Aburish[6], an das ritterliche Ideal des *Ghazzu* nicht gehalten. Ibn Saud habe sich gebrüstet, bei der Razzia und in seinen vielen veritablen Kriegen niemals Gefangene zu machen – um die Gefahr späterer Rachefeldzüge möglichst gering zu halten. Trotzdem gab es immer wieder Stammesrebellionen gegen Ibn Saud, allein 26 waren es zwischen 1916 und 1928.[7] Ibn Sauds Cousin Abdallah Bin Mussalem Bin Dschalawi enthauptete 250 Männer des Mutair-Stammes, Ibn Saud persönlich enthauptete 18 Aufständische in der Stadt Artawiya.

Ibn Sauds Krieg begann im Jahre 1901. Zuvor war er nach einer

Niederlage gegen den rivalisierenden Stamm der Schammar aus Riad vertrieben worden. Bei der Familie Sabbah in Kuwait hatten Ibn Saud und seine Anhänger Asyl gefunden. Von Kuwait aus eroberte Ibn Saud nach einem beschwerlichen Wüstenmarsch 1901 seinen Stammsitz in Riad zurück, wobei er wie üblich seine Gegner in keiner Weise schonte. Danach begann Ibn Saud einen Eroberungszug, aus dessen Verlauf drei Stationen hervorzuheben sind.

Die erste seiner wichtigen Akquisitionen war die Einnahme der Provinz Al-Hassa am Persischen Golf am 4. Mai 1913. Wie wertvoll dieses Stück Land war, stellte sich erst 25 Jahre später heraus, als bei Dammam erste reiche Erdölvorkommen entdeckt wurden. 1913 aber war Al-Hassa bekannt für seinen leichten Zugang zum Meer und für seine reichen Dattelpalmenhaine. Freilich konnte die Eroberung politische Komplikationen nach sich ziehen: Im Norden und Süden hatten sich die Briten niedergelassen, weil zu Beginn des 19. Jahrhunderts immer wieder Piraten Englands Nachschubwege nach Indien bedrohten. Aus diesem Grunde wurde jener Teil der Küste des Persischen Golfes, an der heute die Vereinigten Arabischen Emirate und Oman liegen, von den Briten seinerzeit Piratenküste genannt.

1839 hatten die Briten Verträge mit den Scheichs an dieser Küste abgeschlossen, welche die britischen Schiffe vor Überfällen sichern sollten. Dieser *Truce*, dieser Waffenstillstand, gab der Küste dann einen anderen Namen, *Trucial Coast*. Die an ihr liegenden Emirate hießen fortan Trucial States, die »Staaten des Waffenstillstandes«. Zehn Jahre vor Ibn Sauds Erscheinen in Al-Hassa hatte Lord Curzon, Großbritanniens Statthalter in Indien, den Scheichs seine Aufwartung gemacht und sie daran erinnert, dass der Persische Golf ein »britischer See« sei, an dessen Küsten Ordnung zu herrschen habe.[8] Ein britischer Oberaufseher saß auf der anderen Seite des britischen Binnensees im persischen Buschir und wachte darüber, dass dem Kronjuwel des Imperiums, Indien, von Piraten und anderen Übelwollenden keine Gefahr drohte. In einer Ansprache an die Scheichs hatte Lord Curzon an die Wohltaten der Kolonialmacht erinnert: »Wir haben Streit vorgefunden, und wir haben Ordnung geschaffen. Wir retteten euch vor der Vernichtung durch die Hände eurer Nachbarn.« Britanniens Anstrengungen am Persischen Golf seien ein kostspieliges, doch gleichwohl triumphales Unterfangen gewesen.

Nun also, zehn Jahre später, erreichte Ibn Saud die ehemalige Piratenküste. Durch ihren politischen Vertreter in Kuwait, Captain William Shakespear, waren die Briten über die Pläne Ibn Sauds bestens informiert. Der Feldzug Ibn Sauds passte den Briten offenbar in jenes politische Konzept, das sie auf der Arabischen Halbinsel verfolgten. »Was wir wollen«, erklärte Lord Crewe, »ist nicht ein vereintes, sondern ein geteiltes Arabien, das in kleine Fürstentümer unter unserer Oberhoheit aufgeteilt ist.«[9]

1915 schlossen Großbritannien und Ibn Saud eine Art Freundschaftsvertrag. Um Ibn Saud vorerst von Angriffen auf den Emir von Mekka abzuhalten, zahlten die Briten während des Ersten Weltkrieges monatlich 5000 Pfund Sterling an Ibn Saud.[10] Denn der Emir des Hedschas, des Gebietes um Mekka und Medina, wurde noch gebraucht. Er sollte im Auftrag der Briten einen arabischen Aufstand gegen die Türken anführen. Wohl aus einem kurzfristigen Anfall von Loyalität heraus äußerte Lord Curzon später, dass Großbritannien den Emir von Mekka unterstützen müsse, falls Ibn Saud sich einst gegen die Haschemiten wenden sollte.[11]

Als es 1925 zu diesem Kampf kam, war das Hilfeversprechen allerdings vergessen. Den Feldzug Ibn Sauds gegen die Familie der Haschemiten und damit die zweite hier zu erörternde Etappe im dreißigjährigen Krieg Ibn Sauds – gewann Ibn Saud, weil er sich einen ebenso mächtigen wie skrupellosen, menschenverachtenden Verbündeten besorgt hatte – den *Ikhwan*, die Bruderschaft. Diese Bruderschaft stellte nichts anderes dar als eine Nachfolgeorganisation jener wahhabitischen Krieger, die einst Kerbala geplündert hatten. Der *Ikhwan* hatte sich 1912 in dem Ort Artawiya niedergelassen. Ibn Saud setzte sich an die Spitze dieser puritanisch-kriegerischen Bewegung. Im Vorfeld der Eroberung des Hedschas hatte die Bruderschaft 1919 bei Turaiba ein Heer unter dem Befehl Abdallahs, eines Sohnes von Emir Hussein, geschlagen. Die Leute Abdallahs wurden im Schlaf überfallen, viele von ihnen getötet. Abdallah, später der erste Herrscher des Königreiches Jordanien, konnte gerade noch entkommen.[12] Im August 1924 wandte sich die mörderische Truppe der Bruderschaft mit ihrem Lied »Die Winde des Paradieses wehen, wo sind wir, die wir es suchen?« gegen die Stadt Taif im Hedschas. Die Stadt wurde erobert. Männer, Frauen und Kinder wurden in einem für die Bruderschaft typischen Massaker hingemeuchelt. Nachdem sich die Kunde von den Greueltaten bis Mekka verbreitet hatte, flohen viele aus der Stadt. Daher fiel dem *Ikhwan* am 16. Oktober 1925 die heiligste aller muslimischen Städte kampflos in die Hände. Ibn Saud weilte zu dieser Zeit in Riad. Als er später in Mekka eintraf, rief er vor der großen Moschee: »O Gott, hier bin ich, ich komme auf Dein Geheiß, um Deinen Dienst zu tun.« Kurze Zeit darauf rief sich Ibn Saud zum »König des Hedschas« aus. Die »Macht blinden Glaubens« hatte gesiegt.[13]

Ibn Saud und Hussein waren von Anfang an Rivalen um die Vorherrschaft in Arabien. Hussein konnte darauf verweisen, dass er aus dem Stamme der Quraisch kam, dem auch der Prophet Mohammed angehört hatte. Muslimischem Verständnis nach gebührte ihm die Herrschaft über Arabien, zumindest aber über Mekka und Medina. Doch Hussein hatte sich viele Feinde gemacht. Muslime im britisch beherrschten Indien protestierten dagegen, dass sich Hussein den Briten angeschlossen hatte. Mit diesem politischen Schachzug habe er die Herrschaft des Kalifen, des osmanischen Sultans, bedroht und den Griff Großbritanniens nach Palästina und Jerusalem unterstützt. Andere verübelten es Hussein, dass er sich nach der Abschaffung des Kalifats durch Mustafa Kemal zum neuen Kalifen ausrufen lassen wollte, ohne seine Glaubensbrüder zu konsultieren. Arabische Stämme kritisierten, dass er zur Finanzierung seiner Armee die bei der jährlichen Wallfahrt nach Mekka zu zahlenden Gebühren drastisch erhöht hatte. Und die Briten schließlich ließen ihren Verbündeten fallen, weil er sich weigerte, die französische und britische Oberhoheit über das ihm einst als Königreich versprochene Gebiet von Syrien über Transjordanien bis zur Arabischen Halbinsel anzuerkennen.[14]

Geschlagen und von allen verlassen, musste Hussein 1925 schließlich abdanken. Er ging nach Akaba. Dort ließen ihn die Briten, seine alten Verbündeten, kurz darauf wissen, seine Präsenz sei nicht erwünscht. Ibn Saud, der Sieger im Duell der beiden Thronprätendenten, hatte gegen die Anwesenheit des alten Rivalen Einspruch erhoben. Hussein ging nach Zypern (wo ebenfalls die Briten herrschten) und starb verbittert, aber von seiner Sache überzeugt, 1931 in Amman am Hofe seines Sohnes Abdallah.

Die Eroberung Mekkas ist bis auf den heutigen Tag eine durchaus zweifelhafte Errungenschaft für das Haus Saud. Denn die Nachfolger des Propheten auf solch mörderische Art zu vertreiben fand durchaus nicht die Zustimmung der gesamten islamischen Welt. Die Legitimationskrise, in der sich das Haus Saud auch heute noch – wenn auch unbewusst – sieht, geht auf diesen Tag im Oktober 1925 zurück. Für die ohnehin durch den Zusammenbruch des Osmanischen Reiches gebeutelte islamische Welt war die Einnahme Mekkas durch die obskure, keineswegs allgemein anerkannte Sekte des *Ikhwan* ein weiteres böses Omen. Ibn Saud sah sofort, wie problematisch seine neueste Errungenschaft langfristig werden konnte. Er bat Würdenträger aus der gesamten muslimischen Welt in sein neues Heiligtum, um die Zukunft Mekkas und Medinas mit ihnen zu besprechen.

Die Briten sahen der Niederlage der Haschemiten kampflos zu. Dadurch verhinderten sie zwar, dass Emir Hussein auf der Halbinsel an die Macht kam. Aber nun hatten sie es mit einer anderen Macht zu tun, mit Ibn Saud. Der Verrat an König Hussein durch die Briten war deshalb besonders perfide, weil Hussein im Jahre 1916 auf Wunsch der Engländer den arabischen Aufstand gegen die Türken organisiert hatte. Für diesen Dienst hatten ihm die Briten ein arabisches Königreich versprochen. Doch im Geheimabkommen zwischen Mark Sykes und Georges Picot war ihm dieses Königreich sofort wieder abgesprochen worden. Husseins Söhne aber, Abdallah und Faisal, ließen sich trotz der Demütigung des Vaters für die britischen Kriegsziele einspannen. Abdallah wurde erst Emir von Transjordanien und dann, 1946, König von Jordanien. Faisal erhielt 1921 die Krone des Irak von Großbritanniens Gnaden. Bis heute sind Haschemiten und Saudis keine befreundeten Dynastien. Bis heute ist es weder einem haschemitischen Prinzen noch einer Prinzessin in Jordanien in den Sinn gekommen, ins Haus Saud einzuheiraten – obwohl damit finanzielle Vorteile für den eigenen, darbenden Kunststaat Jordanien verbunden wären.

Mit der Eroberung Mekkas und Medinas hatte Ibn Saud sein Hauptziel erreicht. Er war Herr über die heiligsten islamischen Stätten geworden. Doch zufrieden konnte er noch nicht sein. Denn er hatte sich ein Ungeheuer herangezüchtet – den *Ikhwan*. Es ist schwer, keine Parallelen zu den späteren Ereignissen in Afghanistan zu sehen. Osama Bin Ladens islamische Internationale und die Taliban waren den USA so lange recht, wie sie die Sowjets bekämpften. Später wurde das Ungetüm, das die USA gehegt und gepflegt hatten, zur Gefahr.

Dieselbe erschreckende Erfahrung hatte zuvor Ibn Saud mit dem *Ikhwan* gemacht. Die fürchterlichen, Schrecken verbreitenden, angeblich im Namen Gottes wütenden Krieger waren so lange nützlich, wie sie in die jeweilige Interessenlage Ibn Sauds passten. Nach der Eroberung des Hedschas aber wurden sie zur Last und zur Gefahr. Allerdings ging der erste Schritt zur Trennung nicht von Ibn Saud aus. Die dem *Ikhwan* zugeneigten Stämme beschwerten sich, dass Ibn Saud neumodische Einrichtungen, »Dinge des Teufels« wie Automobile, Telefon und Telegraph, benutzte, dass er ins Land der Ungläubigen nach London gefahren war und dass er Stämme aus dem häretischen Transjordanien auf heiliger muslimischer Erde ansiedelte. Diese unsinnigen Vorwürfe waren selbst Ibn Saud, einem Anhänger der Lehren Mohammed Ibn Abdel Wahhabs, zuviel.

1929 kam es zur Entscheidungsschlacht bei Riad, in der Ibn Saud den *Ikhwan* besiegte. Die Briten unterstützten Ibn Saud mit modernem Kriegsgerät. Die Überlebenden des *Ikhwan* waren nun wieder gefügig. Ibn Saud formte aus ihnen die »Weiße Garde«, die heute Nationalgarde genannt wird. Diese Garde von etwa 30 000 Mann ist aus Beduinenstämmen rekrutiert, die dem Hause Saud ergeben sind und zudem die Lehre Abdel Wahhabs und des geschlagenen *Ikhwan* befolgen. Die Garde ist vornehmlich in Riad und Dschiddah stationiert und hat die Aufgabe, das Regime zu schützen. Die reguläre Armee von etwa 60 000 Mann dagegen besteht überwiegend aus Städtern, deren Loyalität vom Regime als zweifelhaft eingestuft wird. Stationiert ist sie im Hinterland – damit sie mögliche Putschgedanken nicht in die Tat umsetzen kann.

Drei entscheidende Etappen – die Eroberung Al-Hassas 1913, die Eroberung Mekkas 1925 und die Ausschaltung des *Ikhwan* – haben die Voraussetzungen für die Gründung des Königreiches Saudi-Arabien geschaffen. Saudi-Arabien? Ursprünglich dachte Ibn Saud an einen Namen wie Saudia. Im Arabischen nämlich heißt die »Arabische Halbinsel« einfach *Al-Dschasirah*, die Insel, nicht aber »arabische Halbinsel«. Ibn Sauds Botschafter in London konsultierte Beamte des Foreign Office, in deren Zuständigkeit die Halbinsel fiel, die im Westen das Attribut »arabisch« trägt. Saudia klang den Bürokraten zu banal. Irgendetwas mit »Arabien«, meinte man, müsse schon im Namen der neuen regionalen Führungsmacht vorkommen. Und so proklamierte Ibn Saud am 23. September 1932 das Königreich »Saudi-Arabien«.[15] Araber nennen Saudi-Arabien einfach *Saudiyya*.

Ein Wendepunkt

Es gibt nicht viele Daten in der Geschichte der Arabischen Halbinsel, die man wirklich als Wendepunkt bezeichnen kann. Die Verkündung des Islam ist einer dieser Einschnitte, die Entdeckung von Öl im Jahre 1938 ein anderer. Die Gründung des Stammeskönigreichs der Al Saud ist ein dritter. Plötzlich gab es Grenzen auf der Halbinsel. Für Ibn Saud und andere Stammesführer waren

Grenzen bis dahin nichts anderes gewesen als »imaginäre Linien in der Wüste, an denen sich Stämme versammeln« (Robert Lacey). Jahrhundertslang hatten die Stämme in Fehde miteinander gelebt. Die Geschichte setzte sich stets im gleichen Reigen fort. Stammes-»Grenzen« wurden abgesteckt und wieder annulliert, Allianzen geschlossen und wieder aufgehoben, Waffenstillstände wurden verabredet und wieder gebrochen. Nur Portugiesen und dann Briten, die durch den Persischen Golf nach Ostasien segelten, sorgten für eine gewisse Stabilität im nahen Hinterland der Küste.

Mit der Gründung Saudi-Arabiens aber und mit der Entdeckung des Öls stand der ewige Reigen von wechselnden Stammesgrenzen und wechselnden Stammesallianzen plötzlich still. Eine Moment-aufnahme wurde zur Schlussaufnahme. Stammesgrenzen wurden zu Staatsgrenzen, Gebilde wie Kuwait, Bahrain und Oman wurden zu Staaten, Stämme bezeichneten sich als »Völker« oder gar als »Nationen«. Herrscherhäuser zierten sich mit Flaggen und gaben Pässe aus – kurz: das Prinzip des europäischen National-staates hielt Einzug auf der Arabischen Halbinsel. Die Stammes-kriege wurden beendet, an ihre Stelle trat nun die Rivalität zwi-schen den neuen Staaten.

Ein gewisses Maß an Frieden und Ruhe kehrte ein auf der Halb-insel – sehr zum Vorteil jener, die alsbald vom Ölboom profitieren sollten. Öl wurde zum großen Stabilisator des zunächst noch brü-chigen saudischen Stammeskönigtums. Denn nun waren Mächte wie England und die USA an Stabilität interessiert – und nicht mehr an Feldzügen, in denen womöglich ein Clan dem anderen Ölquellen streitig gemacht hätte. Die ARAMCO, die »Arabian-American Oil Company«, tat dann auch alles, um den neuen star-ken Mann auf der Halbinsel zu stützen und den militärischen Bedürfnissen der Weltmacht USA zu genügen. Im Jahre 1950 stellte die ARAMCO eine Pipeline von den östlichen Ölfeldern zum Mittelmeer fertig. Diese Tapline (Trans Arabian Pipeline) genannte Linie sollte die sechste amerikanische Flotte mit Treib-stoff versorgen. 1951 baute die ARAMCO für 150 Millionen Dollar eine Eisenbahnlinie von der Hauptstadt Riad nach Dammam am Persischen Golf. ARAMCO baute Schulen und Krankenhäuser. Im Grunde war es die ARAMCO, die Saudi-Arabien in diesen Jahren wenn nicht regierte, so doch in großem Maße verwaltete und die Außenpolitik des neuen Staates bestimmte. Bis zum Jahr 1947 hatte Ibn Saud schon 100 Millionen Dollar Subsidien von den USA erhalten, denn die Öleinnahmen reichten damals für die wachsenden Bedürfnisse des Herrschers noch nicht aus.[16] Und 1950 erlaubte der Nationale Sicherheitsrat der USA der ARAMCO, alle an Ibn Saud gemachten Zahlungen von der in den USA zu entrichtenden Steuer abzuziehen (siehe dazu Kapitel 13). 1950 zahlte die ARAMCO in den USA nicht mehr 30 Millionen, sondern nur noch 5 Millionen Dollar Steuern.[17]

Während seines Eroberungszuges hatte sich Ibn Saud in die Hände der Briten begeben. In den ersten Jahrzehnten nach der Gründung seines Staates begab er sich in die Hände der USA, die Saudi-Arabien noch heute umklammern. Saudi-Arabien liefert den USA gegenwärtig ungefähr 1,7 Millionen Fass Öl pro Tag. Insgesamt importieren die USA etwa zehn Millionen Fass pro Tag. Um ihren hohen Marktanteil zu halten, berechnen die Saudis den USA für jedes Fass Öl lediglich einen Preis, der um einen Dollar unter dem jeweiligen Weltmarktpreis liegt. Dieser Abschlag summiert sich auf eine jährliche saudische Subvention an die USA von etwa 620 Millionen Dollar.[18] So hat sich, seit man im Jahre 1938 in Dammam in Quelle Nummer 7 Öl endeckte, die gegenseitige Abhängigkeit immer mehr vertieft.

Über die Persönlichkeit des Staatsgründers Ibn Saud, der sich ohne Bedenken in diese Abhängigkeit begab, wird unter Zeitzeugen und Historikern erbittert gestritten. Harry St. John Philby, der Vater des Spions Kim Philby, bis zum Tode Ibn Sauds 1953 einer seiner Berater und fast ständiger Begleiter, bezeichnete den Monarchen als den bedeutendsten Araber seit dem Propheten Mohammed. Dieses aus der britischen Interessenlage heraus gesprochene, überschwengliche Lob kann nicht überraschen. Denn es waren die Briten, die Ibn Sauds Eroberungs- und Beutezug jahrzehntelang duldeten und förderten – ein grober Fehler, wie sich bald herausstellen sollte. Denn bewusst oder unbewusst trugen sie damit zur Gründung des ersten radikal-islamischen Gottesstaates bei.

Wie sich die Halbinsel womöglich entwickelt hätte, hieße ihr größter Teil heute nicht *Saudi*-Arabien, kann man leicht am nördlichen Nachbarn Jordanien ablesen. Die dort herrschenden Haschemiten, die den islamischen Verständnis zufolge als Nachfolger des Propheten eigentlich Anspruch auf die Herrschaft über die Halbinsel gehabt hätten, regieren mit vergleichsweise milder autokratischer Hand und verabscheuen religiösen Extremismus. Im Vergleich zu Ibn Saud waren Emir Hussein und seine Söhne Abdallah und Faisal weltgewandte Männer. Sie hatten in Istanbul, der Hauptstadt des Osmanischen Weltreiches, gelebt und waren dort auch mit Europäern und deren politischen und philosophischen Lehren konfrontiert worden.

Anders Ibn Saud. Der Mann, der zwei Drittel der Arabischen Halbinsel erobert hatte, war und blieb durch und durch ein Beduine, der nach dem über Jahrhunderte tradierten Ehrenkodex lebte. Wie später der saudische Großmufti Ben Baz glaubte auch Ibn Saud, dass die Erde eine Scheibe sei. Der Zeitgenosse von Stalin, Churchill, Roosevelt, Schah Resa, König Faruk und Kemal Atatürk dachte gar nicht daran, sein Stammesimperium zeitgemäßeren demokratischen Ideen ein wenig zu öffnen. Daher gibt es auch Kritiker, die all die Lobpreisungen für verfehlt halten, die über den Staatsgründer Ibn Saud niedergegangen sind. Der palästinensische Autor Said K. Aburish etwa sieht in Ibn Saud nichts als einen blutrünstigen Eroberer, der seine Schlachten sowohl im Krieg als auch in den Betten Hunderter von Frauen gewonnen habe.

Tatsächlich zeugte Ibn Saud 43 Söhne. Die Zahl der Töchter, denen er das Leben schenkte, hat Ibn Saud, arabischer Stammestradition folgend, nie bekannt gegeben. Die Söhne hob er fast alle in leitende Stellungen seines Königreiches. Von Frauen dagegen hielt er nicht viel, Erziehung und Ausbildung für Frauen erachtete er als überflüssig, sie waren für ihn Lustobjekte und Gebärmaschinen, allenfalls ein Mittel, seine Allianzen mit den Stämmen zu festigen. Denn viele seiner Frauen nahm er, um sich die Loyalität eines bestimmten Stammes zu kaufen. Emir Abdallah, erst Herrscher Transjordaniens, dann ab 1946 König Jordaniens, bemerkte in seinen Memoiren sarkastisch, das heilige muslimische Land werde von einer Dynastie regiert, welche in »Räuberei, Razzien, Aggressionen und Blutvergießen« groß geworden sei.[19] Seit der Staatsgründung erweist sich der Retro-Islam Mohammed Ibn Abdel Wahhabs als Haupthindernis für eine die Lehre des Propheten respektierende, aber dennoch moderne Erkenntnisse einbeziehende gesellschaftliche Entwicklung. Dass die von manchen Diplomaten in etwas romantisierender Sichtweise gepriesene »Stammesdemokratie« kein Langzeitmodell für das Königreich sein kann, beweist die Tatsache, dass die jeweilige Thronfolge innerhalb des regierenden Stammes der Al Saud ausgeklügelt wird – ohne Beteiligung anderer. Im Inneren wurde die Loyalität der unterworfenen Stämmen, jedenfalls zunächst, durch Rückgriff auf die Petrodollars sichergestellt. Nach alter Stammessitte verteilte der Herrscher aus seiner Privatschatulle Geld an seine Anhänger. So überlebten die alten gesellschaftlichen Strukturen.

Ibn Saud starb 1953. Nach wahhabischer Sitte wurde er einfach in die Erde gelegt. Kein Mausoleum, kein Prunkbau erinnert an den Staatsgründer. Wie so oft bei den als »groß« bezeichneten Führern dieser Welt begannen die wahren Probleme erst mit dem Tod des Staatsgründers. Nachfolger war Ibn Sauds zweiter Sohn Saud. Er wurde am 9. November 1953 König und am 3. November 1964 abgesetzt, weil er das Königreich durch seine unkontrollierte Ausgabenlust praktisch in den Bankrott getrieben hatte. Ein Geburtsfehler des Königreiches offenbarte sich also schnell: die unbegrenzte private Verfügungsgewalt des Herrschers über die Staatseinnahmen, die weitgehend mit den Öleinnahmen identisch sind. Unter König Saud überstiegen die Ausgaben die Einnahmen um ein Viertel. Allein der von Saud gebaute Al-Nassariya-Palast in Riad verschlang 25 Millionen Dollar – zu jener Zeit ein noch größeres Vermögen als heute. Zur Regierungszeit König Sauds förderte das Königreich gerade einmal 1,4 Millionen Fass am

Tag, und die Ölgesellschaften zahlten dem Königreich nicht mehr als zwei Dollar pro Fass.[20]

Saud wurde durch Faisal ersetzt, der nach einem erfolglosen Comeback-Versuch Sauds bis 1975 regierte, als er von seinem Neffen, Faisal Ibn-Mussa'id, erschossen wurde. Der junge Mann hatte sich bei seinem Aufenthalt in den USA durch Exzesse in Bars einen Namen gemacht und aus der Sicht König Faisals, eines strenggläubigen Anhängers der puritanischen Lehre Abdel Wahhabs, dem saudischen Königreich Schande gebracht. Der König hatte dem Neffen daher verboten, das Königreich zu verlassen.

In die Geschichte Saudi-Arabiens ist Faisal vor allem durch das Ölembargo eingegangen, das er während des Yom-Kippur-Krieges vom Oktober 1973 gegen die Industriestaaten verhängte. Ägypten und Syrien hatten Israel angegriffen, um die Schmach von 1967 wettzumachen. Faisal wollte durch das Embargo die Israelis zwingen, die im Jahre 1967 eroberten Gebiete (Westjordanland, Gaza und Ost-Jerusalem) wieder freizugeben. Nach Kriegsbeginn am 6. Oktober 1973 kündigten Saudi-Arabien und andere ölproduzierende Länder zunächst eine Reduzierung der Förderung von fünf Prozent an. Mitte Oktober wurde eine weitere Rücknahme der Förderung von insgesamt zehn Prozent beschlossen. Zusätzlich drohten die Förderländer, die Produktion jeden Monat um weitere fünf Prozent zu drosseln. König Faisal bot Ägypten Militärhilfe im Wert von 200 Millionen Dollar an. Nachdem die USA Israel im November 2,2 Milliarden Dollar offeriert hatten, stellte Scheich Zayed, Präsident der Vereinigten Arabischen Emirate, seine Ölförderung ganz ein.

Diese Maßnahme war mehr eine politische denn eine wirtschaftliche Geste. Die vergleichsweise geringe Produktion der Emirate konnte den Westen wirtschaftlich kaum aus der Balance bringen. Um Unruhe unter seiner eigenen Bevölkerung zuvorzukommen, musste König Faisal gleichziehen: Er stoppte den Ölexport. Doch gleichzeitig suchte er, hinter den Kulissen, nach einer Lösung der Krise. In Verhandlungen mit Henry Kissinger, Richard Nixons Außenminister, gab der König zu verstehen, dass er seine augenscheinlich antiwestliche Position revidieren wolle. Am 19. März 1974 hob der König das Embargo auf – nachdem Amerika abermals versichert hatte, es werde auch weiterhin Schutzherr des Königshauses bleiben. Für die arabische Welt endete das Embargo mit einem politischen Fiasko, denn Faisal hatte keines seiner Ziele erreicht. Israel war z. B. nicht bereit, sich aus den besetzten Gebieten zurückzuziehen. Seitdem hat kein arabischer Herrscher mehr ernsthaft erwogen, diese wohl einzig scharfe Waffe der arabischen Welt erneut einzusetzen – etwa um den Palästinensern politisch zu helfen.[21]

Vor dem Embargo lag der Ölpreis bei etwa drei Dollar pro Fass. Nach der ersten Erhöhung während des Embargos stieg er auf über fünf Dollar. Mitte Dezember 1973, während des Embargos, wurden 12 bis 17 Dollar geboten, im Januar 1979 mussten 28 Dollar pro Fass bezahlt werden.[22] König Faisal nutzte das Geld vor allem für den Aufbau der Infrastruktur des Königreiches. Er schuf die Kulisse eines modernen Staates. Im Inneren aber mussten die Menschen weiter nach den rigiden Regeln Abdel Wahhabs leben.

Heute ist Geld trotz hoher Ölpreise für das Königreich wieder oder immer noch ein Problem. Dieses Paradox lässt sich mit den überdimensionierten Investitionen in die Infrastruktur und den riesigen Summen erklären, welche die Erhaltung dieser Infrastruktur erfordert. Innerhalb von wenigen Jahrzehnten wurde aus einem staubigen Wüstenort wie Riad eine nach außen hin hochmoderne Stadt. Die Ursache des – allerdings im Vergleich zu den Ölvorkommen durchaus relativen – Geldmangels ist auch in den überbordenden Ausgaben des Königshauses zu suchen. 5000 bis 6000 Zöglinge des Hauses Saud, die sich alle »Prinzen« nennen, beziehen großzügige Apanagen. Im August 1999 beispielsweise begab sich König Fahd mit seinem Privatjumbo, 25 gepanzerten Limousinen, zwei Lastwagen voller Medikamente, 200 Tonnen Gepäck und großem Hofstaat in sein weitläufiges Sommerdomizil ins spanische Marbella. Im Jahre 2003 weilte er mit ähnlich überdimensioniertem Hofstaat in Genf. Die Juweliere der Schweizer

Nobelstadt freuten sich über Millionenumsätze, welche die »Prinzen« ihnen ermöglichten. Eine weitere Erklärung für die manchmal nicht so vollen Kassen liefern die Kriegskosten, die Saudi-Arabien den USA für die Befreiung Kuwaits erstatten musste. Es waren satte 60 Milliarden Dollar. Seit den Tagen des Golfkrieges verzeichnet das saudische Staatsbudget ein Defizit. Ein weiterer Aderlass sind die oft unsinnigen Rüstungskäufe, zu denen die USA die Regierenden in ihrem saudischen Protektorat oft geradezu nötigen. Durch »Kommissionen«, welche die saudischen Auftraggeber persönlich kassieren, werden diese Akquisitionen oft übermäßig teuer.

So kommt es, dass das mutmaßlich reichste Land der Welt nicht nur auf den größten Erdölvorkommen der Welt, sondern auch auf einem riesigen Schuldenberg sitzt. Seine Verbindlichkeiten bei einheimischen Banken belaufen sich auf 171 Milliarden Dollar, die Schulden im Ausland liegen bei 35 Milliarden Dollar. Weil – bei einem Bevölkerungswachstum von 3,4 Prozent und einer Einwohnerzahl von heute gut 20 Millionen – immer mehr Menschen von den oft stagnierenden Öleinnahmen leben müssen, ist das durchschnittliche Pro-Kopf-Einkommen der saudischen Bevölkerung (nicht der saudischen Königsfamilie!) von 28 600 Dollar im Jahr 1981 auf 6800 Dollar im Jahr 2001 zurückgegangen.[23]

Wie Extremisten geboren werden

Es gibt eine weitere Ausgabenquelle. Sie ist streng geheim und daher in ihren Ausmaßen nicht abzuschätzen. Um die islamische Welt endlich mit der Eroberung der heiligen Stätten Mekka und Medina zu versöhnen, nennt sich der saudische König »Wächter der heiligen Stätten«. Dieses edle Wort soll dem saudischen Eroberungszug nachträglich eine Art islamischer Weihe geben. Ebendieses Kalkül treibt das Königshaus seit Jahrzehnten, allen möglichen islamischen Institutionen, aber auch islamistischen und terroristischen Bewegungen Subsidien zu zahlen: an die islamische Universität Al-Azhar in Kairo ebenso wie an die »Islamische Widerstandsbewegung« (Hamas) in Palästina. An die Taliban in

Afghanistan, deren Regierung neben Pakistan seinerzeit nur Saudi-Arabien anerkannte, ebenso wie an die Muslimbrüder in Ägypten. Wo auch immer es möglich oder nötig ist, steht eine von Saudi-Arabien finanzierte Moschee oder eine Koranschule. Wie hoch diese Ausgaben pro Jahr sind, kann nicht einmal annäherungsweise geschätzt werden. Bei der überbordenden saudischen Spendierfreudigkeit dürften sie nicht gerade gering sein.

Diese Ausgaben zur Schaffung und Förderung eines Weltislam saudischer Provenienz flossen erst richtig nach dem Ölembargo von 1973, das die Öleinnahmen des Königreiches vervielfacht hatte. Neben dem Ziel, die Herrschaft über die heiligen Stätten zu rechtfertigen, dienten die keineswegs immer selbstlosen Petro-Almosen gewissermaßen auch als Entschuldigung für die Milliarden von Dollar, die wie Sterntaler über die Familie Al Saud niederregneten. Ganz nach dem Gebot des Propheten, dass der Reiche dem Armen von seinem Wohlstand abzugeben habe, verteilte Saudi-Arabien nun seine Dollars in der muslimischen Welt.

Ein weiteres dabei verfolgtes Ziel war es, die politische Abhängigkeit des islamischen Gottesstaates Saudi-Arabien von der ungläubigen Weltmacht Amerika zu kaschieren. Wer so freudig spendete und dabei die Sache des Islam in aller Welt unterstützte, der war zu Recht der Hüter Mekkas und Medinas, dem war sein Reichtum zu Recht gegeben und dem konnte man die lässliche Sünde nachsehen, von einem Imperium der Ungläubigen beschützt zu werden.

Zu guter Letzt verfolgte diese weltweite wahhabische Missionsarbeit auch noch ein anderes Ziel: Sie sollte den laizistisch ausgerichteten, von dem Ägypter Gamal Abdel Nasser geschaffenen Panarabismus (der im Krieg von 1967 schon eine heftige Niederlage erlitten hatte) endgültig durch einen nicht nur arabisch ausgerichteten, weltweiten Islamismus ersetzen.

Doch dieses Konzept der Selbstrechtfertigung barg, jedenfalls auf lange Sicht, eine Reihe von Gefahren, deren Opfer nicht nur Amerika, sondern das Königreich selbst wurden. Schon in den fünfziger Jahren wurde Saudi-Arabien zum Zufluchtsort von Muslimen, die in anderen arabischen Ländern wegen ihrer politischen, re-

158

gimekritischen Ansichten verfolgt wurden. Saudi-Arabien nahm sie auf – während es eigene »Dissidenten« ohne Bedenken einkerkerte. Die von Gamal Abdel Nasser verfolgten Muslimbrüder fanden im Königreich Zuflucht und verbreiteten dort die strikten Lehren von Hassan al-Banna und Said Qutb (siehe dazu Kapitel 11). Später, nach 1982, kamen die Überlebenden des Massakers in der syrischen Stadt Hama, wo Präsident Hafis al-Assad die Muslimbrüder ausgerottet, den Rest in die Flucht getrieben hatte. Die Brüder wurden Lehrer, Professoren, Imame an den Moscheen und begannen, ihre den Ideen Ibn Abdel Wahhabs gar nicht so fremde Lehre zu predigen. Die unausweichliche Folge war eine weitere Politisierung des saudischen Islam. Aus diesem wachsenden Reservoir von politisierten Muslimen rekrutierten dann Osama Bin Laden und die amerikanische CIA jene Kämpfer, die sie gegen die Sowjets in Afghanistan ins Feld schickten.

Unter Hunderttausenden von Ägyptern, Palästinensern, Syrern und Jordaniern schlug der politische Islam tiefe Wurzeln. Denn der saudische Staat heuerte aus den Nachbarländern Ingenieure, Professoren und Lehrer an. Das neue Heer intellektueller Gastarbeiter verbreitete die in Saudi-Arabien ausgebrütete religiöse Ideologie überall in der arabischen Welt und darüber hinaus in vielen islamischen Ländern. Als Höhepunkt dieser fatalen Entwicklung kann die Anerkennung des afghanischen Talibanregimes durch Saudi-Arabien gelten. Zwar kam dieser diplomatische Fehltritt nicht überraschend. Denn die Abdel-Wahhab-Variante des Islam ist dem Glaubenskorsett, in welches die Taliban die Menschen zwingen wollen, sehr ähnlich. Trotzdem entschlossen sich die Saudis zu diesem verhängnisvollen Schritt erst, nachdem die USA sie dazu ermuntert hatten. »Wir erkannten die Taliban erst an, nachdem die Amerikaner grünes Licht gegeben hatten«, berichtete ein Minister dem französischen Journalisten Eric Rouleau.[24] Mit den Amerikanern seien die Saudis der Meinung gewesen, dass nur Taliban-Führer Mullah Omar über die militärischen Mittel verfüge, die unruhige Region zu befrieden. Diese politische Fehlkalkulation mussten Amerikaner und Saudis teuer bezahlen. Einige

Zeit nach ihrem Sieg in Afghanistan wandten sich nun beschäftigungslose und in eine normale Gesellschaft nur schwer wieder zu integrierende islamische Fremdenlegionäre gegen ihre Auftraggeber in Riad und in Washington. Die vom Königshaus propagierte Islamisierungskampagne innerhalb der islamischen Welt hatte nun auch das Königreich selbst erfasst. Trotzdem gab es ein böses Erwachen, als das Königshaus erfuhr, dass 15 der 19 Attentäter des 11. September 2001 saudische Staatsbürger waren.

Unzufriedenheit im Königreich hat es schon früh gegeben. Unzufrieden waren junge Menschen mit dem Luxus der Herrschenden und mit der Abhängigkeit von den USA. Einer der Enttäuschten war Juhayman Ibn Mohammed Ibn Saif al-Otaybi. Der junge Mann kam vom Stamm der Otaybi, der einst gegen Ibn Saud revoltiert hatte. Otaybi war ein strikter Anhänger der Lehren des von Ibn Saud ausgeschalteten *Ikhwan.* Als Sunni-Muslim war er sicher kein Anhänger von Ayatollah Khomeini im Iran. Aber beeindruckt war er durchaus von dem Erfolg, den die schiitische Revolution im Iran gegen den Schah gehabt hatte. Am 20. November 1979 nahm er in der Großen Moschee von Mekka Geiseln und erklärte, er sei der *Mahdi,* der Messias, der die saudische Gesellschaft vom Übel der Korruption und des Luxus befreien werde. Über die Lautsprecher der Moschee ließ Saif al-Otaybi die Missetaten saudischer Prinzen verlesen. Doch anders als im Iran erhoben sich die Menschen des Königreiches nicht gegen die herrschende Obrigkeit. Al-Otaybi und seine Anhänger wurden nach erbittertem Kampf innerhalb der Großen Moschee gefangen. 63 Aufständische wurden öffentlich hingerichtet – in jenen Städten und Dörfern, aus denen sie stammten. So sollte ein großer Teil der saudischen Bevölkerung erleben, was denen widerfuhr, die gegen das Regime aufzumucken wagten.

Fast gleichzeitig rebellierten Schiiten in der Al-Hassa-Provinz gegen das Königshaus. Wie viele Schiiten in Saudi-Arabien leben, ist schwer abzuschätzen. Manche Vermutungen gehen von etwa zwei Millionen Schiiten bei einer Gesamtbevölkerung von etwa 21,5 Millionen Menschen aus. Nach der Eroberung der Al-Hassa-

Provinz durch Ibn Saud im Jahre 1913 ließ die Herrscherfamilie die Schiiten zunächst ihre eigenen Angelegenheiten regeln. Nachdem König Faisal in den sechziger Jahren den Islam zum Kampfmittel gegen Abdel Nassers Panarabismus gemacht und Ayatollah Khomeini 1979 im Iran die Macht übernommen hatte, verschlechterte sich die Lage der Schiiten jedoch drastisch. Im Mai 2003 unterzeichneten 450 saudische Staatsbürger, darunter 46 Frauen, eine Petition an die Regierung, die Rechte der Schiiten zu respektieren.[25] Im April 2002 gingen in der Stadt Safwa junge Menschen auf die Straße, um gegen die Besetzung des Flüchtlingslagers Dschenin durch israelische Truppen zu demonstrieren.

Auch der Protest gegen die im Königreich übliche Repression im Namen des Abdel-Wahhab-Islam mehrt sich. Am 6. November 1990 setzten sich siebzig Frauen über das vom blinden Scheich und späteren Großmufti Abdel Asis Ben Baz befürwortete Fahrverbot für Frauen hinweg. Mit dem Hinweis auf Aischa, die Lieblingsfrau des Propheten, die ihr Kamel selbst geführt habe, setzten sich die mutigen Siebzig ans Steuer der von ihren Ehemännern gekauften Autos und fuhren ins Zentrum der Hauptstadt Riad. Die Insubordination blieb nicht straflos, die Frauen mussten ihren Arbeitsplatz aufgeben.

Im Mai 1991, gut zwei Monate nach Ende des Krieges um die Befreiung Kuwaits, unterschrieben 108 islamische Religionsgelehrte einen offenen Brief. In dem Schreiben kritisierten die Unterzeichner das Machtmonopol des Herrscherhauses und stellten angesichts der weiteren Präsenz amerikanischer Truppen die Frage, wie weit das Königreich noch auf einer islamischen Grundlage stehe. Offenbar, so formulierten die Unterzeichner, diene Religion nur noch dazu, die Verfehlungen des Herrscherhauses zu verdecken.

Eine ähnliche Anklage erhebt auch Osama Bin Laden. Man kann zwar nicht behaupten, dass Osama Bin Ladens Kampfmethoden und seine rigide, repressive Auslegung des Islam in der muslimischen Welt überall viele Anhänger findet. Auch gilt er gewiss nicht als anerkannter Experte in der Koran-Exegese. Dass der Mann trotzdem eine spontane Resonanz gefunden hat, liegt vor allem an einer Tatsache: an der seit 1967 andauernden Besetzung palästinensischer Gebiete durch Israel, am israelischen Siedlungsbau in den besetzten Gebieten und an der Kompromisslosigkeit, die Israel in der Jerusalemfrage zeigt. Die amerikanische Unterstützung Israels hat in weiten Bevölkerungskreisen der arabischen Welt die gegen die USA gerichtete Stimmung stetig anwachsen lassen. Amerika hat diese Verletzung der arabischen Psyche nie verstanden oder nie verstehen wollen.

Kronprinz Abdallah, der wegen der schweren Erkrankung von König Fahd seit langem die politischen Geschäfte in Riad führt, hat die USA immer wieder aufgefordert, in dem Konflikt eine ausgewogenere Politik zu verfolgen. Um die Krise zu entschärfen, machte er auf der arabischen Gipfelkonferenz von Beirut im März 2002 ein bemerkenswertes Angebot: Die arabische Welt werde Israel anerkennen, sofern Israel die Gründung eines palästinensischen Staates im Westjordanland, in Gaza und in Ost-Jerusalem in den Grenzen vom 4. Juni 1967 zulasse. Der ernst gemeinte Friedensplan ist ohne Wirkung geblieben, weil ihn die USA und Israel nicht weiter verfolgt haben.

Diese mangelnde Resonanz von Seiten Israels und der USA ist ein weiterer Grund für die auch beim amerikanischen Verbündeten Saudi-Arabien zunehmende Kritik an den USA. Zwar ist ein großer Teil der Führungsmannschaft des Landes in den USA ausgebildet. Doch diese Bindung hat keineswegs dazu geführt, der amerikanischen Politik stets zu folgen. Im Gegenteil. Schon jetzt untergräbt die amerikanische Politik die Stabilität des saudischen Regimes. Denn in den Augen vieler Muslime verliert das Königshaus beständig an Glaubwürdigkeit, wenn es weiter bei den USA Schutz sucht, die gleichzeitig Israel gegen die Palästinenser unterstützen.

Wie stark die Kritik an der strategischen Allianz ist, die Amerika mit Israel geschlossen hat, zeigten Demonstrationen in der Al-Dschawf-Region im Norden des Königreiches unweit der jordanischen Grenze. In der Stadt Sakaka setzten sich im April 2002 etwa 4000 Menschen über das allgemeine Demonstrationsverbot hinweg. Sie forderten die arabischen Regime auf, sich stärker für die Palästinenser zu engagieren. Die Demonstranten sprachen von »schmachvollem arabischem Schweigen« angesichts der israelischen Unterdrückung ihrer Landsleute. Die saudische Regierung musste Truppen in das entlegene, vom Ölboom unberührte Sakaka schicken, um die Rebellion zu unterdrücken. Einen Tag später forderten Demonstranten vor dem amerikanischen Konsulat in Dahran, das Königreich möge dem Westen den Ölhahn zudrehen.

Weil die israelisch-amerikanische Kompromisslosigkeit gegenüber den Palästinensern fortdauert, wachsen die Sympathien für Osama Bin Laden innerhalb und außerhalb des Königreiches. Bin Laden kannte diese zunehmende politische Gärung im Königreich, als er in einer über den arabischen Fernsehsender *Al-Dschasira* verlesenen Botschaft auf die Wiederbesetzung des Westjordanlandes durch Israel im März und April 2002 einging: »Was Amerika heute erleidet, ist unbedeutend im Vergleich zu dem, war wir über viele Jahre erlitten haben... In diesen Tagen haben israelische Panzer ... Dschenin, Ramallah, Rafa, Beit Dschalla besetzt ... Und wir hören niemanden, der seine Stimme dagegen erhebt. Weder Amerika noch irgendjemand, der in Amerika lebt, wird jemals von Frieden träumen, solange wir Frieden nicht in Palästina erleben.«

Nichts beweist deutlicher als der Guerillakrieg, den Osama Bin Ladens Al-Qaida gegen Saudi-Arabien führt, wie alle Probleme des Nahen und Mittleren Ostens miteinander verwoben sind. Die Dominanz der USA, die durch ihre Truppenpräsenz den freien Fluss von Öl garantieren wollen, und die militärische Unterstützung Israels durch die USA sind für viele Menschen im gesamten Nahen Osten zwei Seiten ein und derselben Münze.

Im Inneren ist das Regime von einem hochexplosiven Gemisch ungelöster und möglicherweise unlösbarer Probleme bedroht. So gut wie alle diese Probleme gehen auf die lange Gründungsge-

schichte des islamischen Stammesstaates zurück. Von der Beteiligung an der Regierung und ebenso von einer Mitbestimmung bei der Thronfolge ist die Bevölkerung, wie in fast allen arabischen Staaten, total ausgeschlossen. Schlimmer noch, innerhalb der regierenden Familie hat es im Verlaufe der letzten Jahrzehnte eine Art schleichende Stammesrevolution gegeben. Die wichtigsten Posten hat sich der Sudeiri-Clan angeeignet. Diese Untergruppe des Hauses Saud besteht aus den sieben sogenannten Sudeiri-Brüdern. Sie sind die Söhne von Hassa Al-Sudeiri, einer der Frauen des Staatsgründers Ibn Saud. Ibn Saud heiratete Hassa al-Sudeir im Jahre 1913, ließ sich dann aber von ihr scheiden. Anschließend heiratete Ibn Sauds Bruder Mohammed die von Ibn Saud Verstoßene – bis Ibn Saud Hassa al-Sudeiri erneut ehelichte. Sie gebar ihm insgesamt acht Söhne und sieben Töchter. Die überlebenden sieben Söhne haben sich allmählich die wichtigsten Positionen im Königreich angeeignet: Fahd, geboren 1921, wurde König, Sultan, geboren 1924, Verteidigungsminister. Abdel Rahman, geboren 1931, ist Geschäftsmann, Nayef, geboren 1933, Innenminister. Turki, geboren 1934, war zeitweise stellvertretender Verteidigungsminister. Salman, geboren 1936, wurde Gouverneur von Riad, und Ahmed, geboren 1940, stellvertretender Innenminister. Dieser Sudeiri-Seilschaft gehört Kronprinz Abdallah nicht an. Ihm untersteht dafür die Nationalgarde, die ausschließlich dem Schutz des Regimes dient. Abdallah, nur vier Jahre jünger als König Fahd und im Jahre 2003 achtzig Jahre alt geworden, ist ebenfalls ein Sohn des Staatsgründers. Er entstammt einer Verbindung Ibn Sauds mit Al-Fahda aus dem Stamm der von Ibn Saud geschlagenen Schammar. Auch Söhne Ibn Sauds, die nicht dem Sudeiri-Clan angehören, sind in hohe Stellungen aufgerückt. Madschid wurde Gouverneur von Mekka, Abdallah bekam den Gouverneursposten von Qasseem, Abdul Madschid wurde Gouverneur von Tabuk.[27]
Das Netzwerk der Familie Saud umspannt das gesamte Land. Die Arme der regierenden Familie reichen bis in die entlegenste Ecke des Stammesstaates. Doch die Unterdrückung beschränkt sich

nicht auf die Besetzung der entscheidenden Regierungsposten. Die Hälfte der Bevölkerung – die Frauen – sind von der Teilhabe am gesellschaftlichen Leben und damit von der gedeihlichen Weiterentwicklung dieser Gesellschaft ausgeschlossen. Arbeitsplätze stehen Frauen nur im medizinischen und pädagogischen Bereich offen. Erst seit kurzem dürfen sie Personalausweise beantragen – mit Zustimmung ihrer Männer.

Die bevorzugte Tätigkeit der Männer besteht darin, als passive Geschäftspartner europäischer Firmen zu fungieren und – in vielen Fällen jedenfalls – ihren Anteil am Gewinn abzukassieren. Normale Dienstleistungsarbeiten zu übernehmen widerspricht der beduinischen Tradition. Daher ist es kaum verwunderlich, dass etwa ein Drittel aller saudischen Männer und etwa 90 Prozent aller saudischen Frauen arbeitslos sind. Dafür beschäftigt das Königreich ein Millionenheer asiatischer Gastarbeiter, jordanische, syrische, ägyptische Lehrer und Ingenieure, die das wirtschaftliche und soziale System am Leben erhalten.

Basis des Unterrichtes sind die Lehren Abdel Wahhabs. Unterweisung in europäischer Philosophie ist verpönt, gelehrt wird nur der Islam. Die Scharia, das im Koran und in der Überlieferung des Propheten festgelegte islamische Recht – wie es von den Saudis ausgelegt wird –, ist Grundlage des Staates. Der Bau von Kirchen und Synagogen ist untersagt – ebenso das Zeigen des christlichen Kreuzes. (Dagegen darf Saudi-Arabien fast überall im Westen Moscheen finanzieren und unterhalten.) Kinos und Theater gelten, der Lehre Abdul Wahhabs entsprechend, als Luxus und sind im Königreich verboten. Viele Teile der Gesellschaft sind tief konservativ und stehen jedenfalls äußerlich in der Tradition Abdel Wahhabs. Doch hinter den hohen Mauern ihrer Villen und bei ihren Sommerfiestas in den Fünf-Sterne-Hotels von Kairo, Beirut, Damaskus, Genf und New York lassen die saudischen Männer ihr bigottes Leben hinter sich, das sie daheim führen müssen. Sie holen nach, was ihnen daheim das ganze Jahr über verwehrt ist.

Zu Hause im Königreich werden sie mit wachsenden Problemen konfrontiert: Die Staatsausgaben stagnieren, die Bevölkerungszahl wächst. Geburtenkontrolle gilt als unvereinbar mit dem Koran. Zwei Drittel der Bevölkerung sind daher heute unter 25 Jahre alt. Wie lange diese Gesellschaft noch in der Zwangsjacke überleben kann, in die sie Abdel Wahhab und Ibn Saud eingeschnürt haben, ist eine Frage, die niemand beantworten kann. Einsichtigere unter den Führungsmitgliedern des Hauses Saud wie Kronprinz Abdallah haben einige der Probleme erkannt und versuchen, zumindest die überbordende Korruption und die immensen Ausgaben der »Prinzen« einzudämmen.

Das Regime hat mehr als sieben Jahrzehnte überlebt – stabilisiert durch das Öl, die USA und eine mächtige Geheimpolizei. Dass dieses Regime aber möglicherweise in seine Spätphase eingetreten ist, haben die USA nach dem 11. September 2001 begriffen. Ein Ziel des Irakfeldzuges war es, in unmittelbarer Nachbarschaft zum bedrohten Königreich eine Basis zu installieren, von der aus die USA die Ereignisse in Riad und Dschidda kontrollieren können. Doch auch der fortdauernde Krieg in Afghanistan steht in engem Zusammenhang mit den Entwicklungen im Königreich, wie der Nahostexperte Michael Klare vom Hampshire College in Amherst, Massachusetts[28], darlegt:

»Der Krieg gegen den Terrorismus hat sich verbunden mit dem Bestreben der USA, den Zugang zum Öl zu sichern – besonders am Persischen Golf und im Bereich des Kaspischen Meeres... Der Krieg in Afghanistan kann als Verlängerung des Schattenkrieges ... zwischen radikalen Gegnern der saudischen Monarchie und der von den USA gestützten königlichen Familie gesehen werden. Nachdem König Fahd nach der Invasion Kuwaits durch den Irak beschlossen hatte, amerikanischen Truppen zu erlauben, sein Land als Basis für ihren Angriff auf den Irak zu benutzen, führen saudische Extremisten, an ihrer Spitze Osama Bin Laden, einen Untergrundkrieg, um die Monarchie zu stürzen und um die Amerikaner davonzujagen. Amerikanische Anstrengungen, Al-Qaida und dessen Helfer in Afghanistan zu vernichten, können als Versuch gewertet werden, die saudische Königsfamilie zu schützen und den Zugang zum Öl zu sichern.«

Der Anschlag auf die amerikanischen Kasernen in Khobar im Osten des Königreiches (1996), die Attacke auf ein von Ausländern bewohntes Viertel vom Mai 2003 und der Selbstmordanschlag von Riad im November 2003 sind Stationen des Al-Qaida-Kampfes gegen das Königshaus und die USA. Eigentlich aber haben die USA die Gefahr früh erkannt, die dem Königshaus durch die Anwesenheit amerikanischer Truppen droht. Bereits 1960 bedeutete der damalige Kronprinz Faisal Präsident John F. Kennedy, es wäre besser, wenn die USA ihre Militärbasis in Dahran von sich aus schlössen, denn die amerikanische Präsenz verletze die Gefühle der Muslime. Im Notfall würde Saudi-Arabien die Basis wieder zur Verfügung stellen, sagte Faisal. Ende 1960 zogen die Amerikaner ab. Die saudisch-amerikanischen Beziehungen blieben weitgehend ungestört.[29]

Werden sich das Königreich und die Königsfamilie wieder in den Kokon ihres selbstgewählten Lebensstils einschließen, um möglichst lange zu überleben? Im Frühjahr 2003 unterzeichneten 104 Persönlichkeiten eine Petition, in welcher sie eine weitgehende Verfassungsreform forderten. Die Gruppe wurde sogar von Kronprinz Abdallah empfangen. Einer der Unterzeichner erklärte: »Dies ist ein Rennen gegen die Uhr. Wir stehen vor ernsthaften sozialen, ökonomischen und politischen Problemen, die von Armut und wachsender Arbeitslosigkeit herrühren. Und wir stehen unter immensem Druck der Amerikaner. Wir können darauf reagieren, indem wir die Amerikaner weiter hätscheln, indem wir nette Reden halten und die wahren Probleme ausklammern. Wir können uns aber auch entscheiden, die Korruption zu bekämpfen und Reformen zu verwirklichen, die mehr Freiheit und die Wahrung der Menschenrechte garantieren.«[30]

Das 1932 gegründete Stammesimperium der Familie Saud ist in eine entscheidende Phase seiner Existenz eingetreten. Die Prinzen wollen ihre Privilegien bewahren, das Regime will überleben. Viele Menschen sind tief in der Vergangenheit verwurzelt und bewundern insgeheim Osama Bin Laden. Andere dagegen warten sehnlichst auf Reformen. Wie wird diese das

Schicksal des saudischen Staates entscheidende Kraftprobe enden? Die Amerikaner setzen neuerdings auf Demokratie, nachdem sie sieben Jahrzehnte die saudische Autokratie gestützt haben. Osama Bin Ladens Terroristen hingegen wollen – wie die Amerikaner im Irak – einen Regimewechsel herbeibomben. Sie wollen die Menschen noch fester in das Korsett einschnüren, das ihnen einst von Mohammed Ibn Abdel Wahhab verpasst worden ist, und das Land zur Basis ihres Kampfes gegen die USA machen. Im benachbarten Irak haben die Amerikaner ihrerseits, wie zuvor in Afghanistan, eine Basis für den Kampf gegen Al-Qaida errichtet. Sieben Jahrzehnte hat das islamische Stammeskönigtum erfolgreich dem politischen Treibsand der Region ausweichen können. Nun wird es von dem selbst gesäten Sturm erschüttert.

Teil III
Die Unterworfenen
wehren sich

Kapitel 6
Vom Mahdi zu Hafis al-Assad

»Die Unterordnung von Völkern unter fremde Herrschaft, Dominierung und Ausbeutung stellt eine Verneinung fundamentaler menschlicher Rechte dar... Alle bewaffneten Aktionen oder repressive Maßnahmen jedweder Art, die gegen abhängige Völker gerichtet sind, haben aufzuhören.«

Resolution Nr. 1540 der UN-Generalversammlung über die
»Gewährung der Unabhängigkeit an koloniale Länder und Völker«
aus dem Jahre 1960

Eigentlich hatte Mohammed Ahmad Ibn al-Sayyid Abdallah einen gängigen arabischen Namen. Doch weil sein gesamtes Leben eher außergewöhnlich verlaufen sollte, passte er im Laufe der Zeit seinen Namen dem Gang der Ereignisse an. Als Mohammed Ahmad 1844 in Omdurman im Sudan geboren wurde, war das Land von seinem nördlichen Nachbarn Ägypten schon weitgehend besetzt. Um ihre Aktion mit Hilfe europäischer Gelder zu finanzieren, hatten die Ägypter argumentiert, sie wollten den ausgedehnten Sklavenhandel im Südsudan bekämpfen. Auf diese Weise hatten sie auch europäische Christen, unter ihnen der britische General Charles George Gordon, für ihren Feldzug gewonnen. Die ägyptischen Führer in Kairo und deren Oberherren in Istanbul waren zwar Muslime. Doch weil sie in Kollaboration mit den Europäern sein Land besetzt hatten, bezeichnete sie Mohammed Ahmed allesamt als gottlose Gesellen. Er machte es sich zur Aufgabe, sein Land von ägyptischer Herrschaft zu befreien und ein auf den Glauben an Gott gegründetes Gemeinwesen zu errichten. Seine Anhänger rief er auf, ein frommes, gottgefälliges Leben zu führen. Weil Mohammed Ahmed allmählich zu der Überzeugung kam, eine göttliche Mission zu erfüllen, nannte er sich schließlich

Mahdi, der »von Gott Geleitete«. Seinem Land, dem Sudan, wollte der Mahdi im Rahmen eines nach den Regeln des Islam gestalteten Staates Gerechtigkeit und eine glückliche Zukunft bringen – frei von ausländischer Fremdbestimmung.

Der Mahdi war einer der ersten arabischen Führer, der den Kolonialismus bekämpfte – zunächst den hausgemachten arabischen Imperialismus der Ägypter, dann, eher durch eine Fügung der Geschichte, den der Briten. Denn während der Mahdi gegen die ägyptischen Besatzer des Sudan zu Felde zog, hatten in Kairo die Briten das Ruder übernommen. Man schrieb das Jahr 1882, und der Mahdi hatte sich, wenn auch eher ungewollt, die Weltmacht Großbritannien zum Feind gemacht. Die Briten, plötzlich im Besitz des Sudan, schickten eine Streitmacht gegen den Mahdi. Diese unterlag 1885 den Truppen des von Gott Geleiteten. Gegen den Willen des Mahdi töteten die Gotteskrieger zudem den britischen Befehlshaber General Charles George Gordon.

Der Tod ihres Heerführers, den die Krieger des Mahdi auch noch enthaupteten, ließ die Briten nach Vergeltung sinnen. Es beruhigte sie auch nicht, dass der Mahdi im selben Jahr an Typhus starb. Nachdem General Kitchener 1898 Khartum zurückerobert hatte, ließ er die Leiche des Mahdi ausgraben und in den Nil werfen. Auf diese schreckliche Art und Weise wurde der Sudan britisch. Als »Anglo-Ägyptischer Sudan« ist das Gebiet vom Nildelta bis in den tiefen Süden des Landes auf den zeitgenössischen politischen Landkarten eingetragen.

Dass auch das alte Kulturland Ägypten britisch geworden war, ist eher den finanziellen Extravaganzen seiner Herrscher als zielstrebiger englischer Kolonialpolitik zu verdanken. Die Franzosen hatten den Suezkanal gebaut. Die *Khediven*, die Vizekönige, die Ägypten im Namen des im fernen Istanbul residierenden Sultans regierten, glaubten, den zur Eröffnung der kolonialen Wasserstraße 1869 anreisenden europäischen Hochadel standesgemäß hofieren zu müssen. Für die französische Kaiserin Eugenie, Gattin Napoleons III., wurde extra ein Palast gebaut, damit Ihre Majestät im wilden Ägypten unbehelligt von den Einheimischen logieren konnte. Heute beherbergt der Prunkbau ein Luxushotel. Um den Honoratioren ihre eigene, europäische Kultur bieten zu können, bauten die muslimischen Herrscher in Kairo eine Oper. Zur feierlichen Eröffnung des Kanals führte man Verdis *Rigoletto* auf. Das Auftragswerk, die an die pharaonische Geschichte des Landes erinnernde *Aida*, hatte der Maestro nicht rechtzeitig fertigstellen können. *Aida* erlebte ihre Uraufführung am 24. Dezember 1871 in der Oper von Kairo.

Doch Ägypten hatte sich übernommen. Denn die ganze Pracht hatte das nicht gerade reiche Land mit Anleihen finanzieren müssen. Nachdem die anspruchsvollen Gäste wieder abgereist waren, musste Ägypten einen finanziellen Offenbarungseid leisten. Ähnlich wie das Osmanische Reich war das Land gezwungen, die Einrichtung einer westlichen Schuldenverwaltung zuzulassen. So begaben sich die Khediven in die Hände ihrer westlichen Finanziers.

Eine solche Abhängigkeit musste im Volk Widerstand hervorrufen. Der Mann, der nach dem vom Mahdi gegebenen Vorspiel den Kampf gegen das autokratische, probritische Regime der Khediven aufnahm, war ein Oberst und hieß Ahmed Orabi. Wie sieben Jahrzehnte später Oberst Gamal Abdel Nasser betrat Orabi, bis dahin ein unbekannter Offizier der ägyptischen Armee, plötzlich die Szene und sagte den eigenen Herrschern und deren ausländischen Oberherren den Kampf an. Am 8. September 1881 marschierte Orabi mit seinen Anhängern vor den Sitz des Khediven, den Abdin-Palast in Kairo, und forderte eine Verfassung und die Vergrößerung der Armee. Der Khedive Tawfiq Pascha begab sich vollends in die Hände seiner ausländischen Sponsoren, als er in dieser Situation um eine militärische Intervention von Türken und Briten bat. Am 1. Juni 1882 demonstrierten Ägypter in Alexandria gegen die europäische Dominanz in der Region. Alexandria war zu dieser Zeit alles andere als eine rein ägyptische Stadt. Zwar erlebte – aus der Perspektive Europas betrachtet – die Schöpfung Alexanders des Großen damals eine neue Glanzzeit. Denn Alexandria war eine multikulturelle Stadt, wie man heute sagen würde, in der die europäische Zivilisation blühte und in der Griechen, Juden und Briten das Sagen hatten, nicht aber Ägypter. Lawrence Durrell hat dieser Blütezeit Alexandrias in seinem Romanzyklus »Das Alexandria-Quartett« ein literarisches Denkmal gesetzt. In jenen Jahren hielten 1325 Europäer wichtige Positionen in Regierung und Verwaltung des Landes besetzt.[1] Die Ägypter wehrten sich gegen die von ihnen empfundene Überfremdung. Während des Orabi-Aufstandes verließen 14 000 Europäer das Land. Die Fronten erschienen unversöhnlich. Es entwickelte sich ein dann viele Jahrzehnte dominierendes Denkmuster. In Ägypten sah man in den Briten unverbesserliche Imperialisten, in England hielt man die Ägypter für schlimme Terroristen, die an der Auseinandersetzung unbeteiligte Zivilisten mordeten. Diese Schablone wurde der Welt noch oft präsentiert, wenn es in den kommenden Jahrzehnten zum Kampf zwischen Kolonialmächten und einheimischen Völkern kam.

Die Engländer sahen in der Orabi-Rebellion nicht nur ein internes Problem, sondern vor allem eine Herausforderung ihrer Vormachtstellung an Nil und Mittelmeer. Von ihrer Flotte aus beschossen sie Alexandria. Am 13. September 1882 schlugen die Briten die Truppen Orabis, besetzten Ägypten, verurteilten Ahmed Orabi wegen Rebellion zum Tod, schickten ihn dann aber in die Verbannung auf das von ihnen beherrschte Ceylon. Die Rebellion Orabis hatte zunächst als national-arabisch ausgerichteter Protest gegen die osmanische und die drohende britische Fremdherrschaft begonnen. Sie endete in der Besetzung Ägyptens durch Großbritannien.

Doch so leicht war Ägypten nicht ruhig zu halten. Es blieb einem Fellachen, einem Bauern, vorbehalten, abermals gegen die britische Herrschaft anzukämpfen. Zaad Zaghlul, so hieß der Rebell, kam aus einer Fellachenfamilie, die durch ihre Ländereien im Nildelta zu Wohlstand gekommen war. Was Fellachen eher selten beschieden war, erreichte Zaad Zaghlul: Er studierte an der islamischen Al-Azhar-Universität und an der Fakultät für ägyptisches Recht. Nachdem die Briten Ägypten im Ersten Weltkrieg zu einem Protektorat gemacht und die Regierung samt Vizekönig abgesetzt hatten, organisierte Zaghlul Widerstandszellen. Nach Kriegsende forderten Zaghlul und seine Anhänger die Unabhängigkeit. Die Briten griffen zu einem inzwischen schon bekannten Mittel und verbannten Zaghlul nach Malta. Zaghluls Anhänger gaben jedoch keine Ruhe und organisierten Demonstrationen. Sir Edmund Allenby, der Eroberer Palästinas, wurde neuer Hochkommissar in Kairo und holte Zaghlul zurück. Zaghlul begab sich sofort mit einer Delegation – ägyptisch *Wafd*, daher die heute noch existierende Wafd-Partei – zur Friedenskonferenz nach Paris, wo sein Verlangen nach Unabhängigkeit zunächst kaum Gehör fand. Zaghlul gab seinen Kampf nicht auf – und wurde wieder verbannt, diesmal auf die Seychellen.

Auch diese Strafmaßnahme konnte den Kämpfer für die ägyptische Unabhängigkeit nicht umstimmen. In Kairo revoltierten seine Anhänger. Die Zeiten waren vorbei, da man Ägypter, die für die Unabhängigkeit kämpften, einfach, wie zuvor Ahmed Orabi, auf Nimmerwiedersehen verbannen konnte. Die Briten ließen Zaghlul abermals frei. 1924 wurde er sogar Ministerpräsident – der erste Fellache in dieser Position. Seiner politischen Beharrlichkeit war es zu verdanken, dass die Briten, wenn auch widerwillig, Ägypten 1922 – Zaghlul war noch in Verbannung auf den Seychellen – eine bedingte Unabhängigkeit gewährten. Es ist kaum übertrieben, Zaad Zaghlul zusammen mit Ahmed Orabi als Vorläufer Gamal Abdel Nassers zu bezeichnen, der 1952 mit dem Sturz der Königsdynastie und 1956 mit der Verstaatlichung des Suezkanals die britische Herrschaft in Ägypten endgültig beendete.

Widerstand gegen den wachsenden britischen Einfluss in der Region gab es nicht nur in Ägypten. Die Rebellen teilten oft das Schicksal Orabis und Zaghluls, ihr Widerstand gegen die britische Herrschaft wurde mit Verbannung geahndet. Als Zaghlul mit der Parole Politik machte, dass Ägypten den Ägyptern gehören müsse, zog in Bagdad ein Mann mit dem ebenso häretischen Slogan durch die Lande, dass »der Irak von Irakern« regiert werden müsse. Sayyid Talib, so hieß der politische Rebell, war der angesehenste politische Führer von Basra. Mit seiner im übrigen friedlichen Kam-

pagne wollte er verhindern, dass die Briten den Haschemitenprinzen Faisal zum König des neuen Staates Irak machten. Die Briten fanden eine, wie sie meinten, elegante Lösung, Sayyid Talib aus dem Weg zu räumen. Mitte April 1921 lud Sir Percy Cox, der erste Britische Hochkommissar, den Ungeliebten zum Fünfuhrtee in seine Residenz in Bagdad. Anwesend aber waren nur die sich charmant gebende Lady Cox und andere honorige Gäste. Sir Percy ließ sich entschuldigen – dringender Geschäfte halber. Offensichtlich wollte er dem Komplott, das er geschmiedet hatte, nicht auch noch persönlich beiwohnen. Denn die standesgemäße Runde, welche sich zum obligaten britischen High Tea zusammengefunden hatte, entpuppte sich als eine Bande von Verschwörern. Nach dem Ende des üblichen Smalltalks wurde Sayyid Talib von einem der Anwesenden gefangengesetzt und in einem Auto abtransportiert. Einigermaßen frei bewegen konnte er sich erst wieder in einem ganz anderen, weit entfernten Teil der britischen Liegenschaften – auf Ceylon. Dort hatte, wie erinnerlich, schon etwa drei Jahrzehnte zuvor der Ägypter Ahmed Orabi erfahren, was es hieß, sich den Lenkern des britischen Empire entgegenzustemmen. Einen Tag nach der von der gehorsamen Ehefrau gegebenen Party ließ Ehemann Sir Percy Cox erklären, er selbst habe die Verhaftung Sayyid Talibs veranlasst. Die Agitation des Mannes hätte zu Gewalt führen können, welche wiederum die öffentliche Ordnung gefährdet hätte.[2]
Sayyid Talib war der Erste in einer Reihe von Rebellen, die es wagten, die Dominanz der Briten über den Irak in Frage zu stellen. Einer seiner Nachfolger war kein Mann aus dem Volke, sondern ein Mitglied aus der von den Briten eingesetzten Haschemitendynastie – König Ghazi höchstpersönlich. Ghazi war der Sohn des 1933 verstorbenen Faisal I. und ein Enkel Emir Husseins von Mekka. Früh hatte der junge Ghazi die Demütigung miterlebt, welche die Briten seinem Großvater zugefügt hatten. Der Verrat der Briten, die über Nacht ihr Versprechen gebrochen hatten, Hussein zum König eines gesamtarabischen Reiches zu machen, hat die politischen Auffassungen des Enkels dauerhaft geprägt. Wie

viele Haschemiten, etwa der spätere König Hussein von Jordanien und dessen derzeit regierender Sohn Abdallah II., wurde auch Ghazi in der britischen Militärakademie Sandhurst ausgebildet. Die Briten hofften, dort jene Herrscher zu formen, mit deren Hilfe sie dann die von ihnen geschaffenen Länder regieren konnten. Ghazi jedoch war von seinem Leben in England keineswegs angetan. Politisch umkrempeln ließ er sich trotz aller Bemühungen seiner Lehrmeister nicht. Als der junge Ghazi König wurde, trug plötzlich ein Rebell die Krone des Irak. Die Briten wandten sich an Ghazis Onkel, den von ihnen im benachbarten Transjordanien eingesetzten Emir Abdallah. Onkel Abdallah sollte den jungen Heißsporn auf dem irakischen Thron zur Mäßigung anhalten. Doch Ghazi erwies sich nicht als gelehriger Neffe.[3] Um Ghazi zu domestizieren, nutzten die Briten einen Aufstand von Assyrern und Kurden gegen die Zentralregierung in Bagdad (manche behaupten, dass die Briten die Unruhen gar selbst organisiert hätten) und versahen die Aufständischen mit Waffen. Damit sollte der vermeintlich unerfahrene Ghazi gezwungen werden, die Briten gegen die Rebellen im Norden zu Hilfe zu rufen.

Doch die Ranküne schlug fehl. Denn die arabisch-sunnitische Armee des Irak, als Rückgrat des neuen Staates von den Briten selbst geschaffen, schlug sich gut und unterdrückte die Rebellion. König Ghazi ging gestärkt aus der Affäre hervor. Kein Wunder, dass die Unzufriedenheit der Briten mit ihrem missratenen Zögling zunahm. Ihr Mann in Bagdad, Nuri al-Said, der bereits viele Regierungen geführt hatte, versuchte mehrmals, den König abzusetzen. Schließlich kam Ghazi am 3. April 1939 in Bagdad ums Leben – der offiziellen Version nach bei einem Autounfall. Viele Iraker vermuteten hinter seinem Tod sofort die Briten. Der palästinensische Autor Said K. Aburish hat eine Reihe von Zeitgenossen Ghazis zu dessen Tod befragt. Bis auf eine Ausnahme waren alle der Meinung, die Briten hätten den Tod Ghazis inszeniert.[4]

Zwei Jahre später mussten die Briten selbst zu den Waffen greifen, um eine erneute irakische Insubordination abzustrafen. Am 4. April 1941 putschte sich eine Geheimorganisation unter dem

Decknamen »Das Goldene Viereck« an die Macht. Einer der Verschwörer war Raschid al-Gailani, Mitglied einer alteingesessenen sunnitischen Familie und einstiger Justizminister und Ministerpräsident. Die Putschisten schalteten den Haschemitenprinzen Abdul Illah aus, der nach Ghazis Tod die Regierungsgeschäfte für den erst sechs Jahre alten König Faisal II. führte. Ziel der Revolte war es, die Wirren des Zweiten Weltkrieges zu nutzen, um einen Aufstand gegen die Briten zu organisieren. Bei diesem Unterfangen setzten die Rebellen auf die Hilfe Hitlerdeutschlands – wie so mancher Gegner der Briten in diesen Jahren auch (siehe dazu Kapitel 10). Hitler sah die Chance, die sich im Irak bot, um die Briten an einer empfindlichen Stelle ihres Empire zu treffen. Am 23. Mai 1941 erließ er folgenden Befehl:

Führerhauptquartier, den 21. Mai 1941

Geheime Kommandosache

Weisung Nr. 30
1. Die arabische Freiheitsbewegung ist im Mittleren Osten unser natürlicher Bundesgenosse gegen England. In diesem Zusammenhang kommt der Erhebung des Irak besondere Bedeutung zu. Sie stärkt über die irakischen Grenzen hinaus englandfeindliche Kräfte im Mittleren Orient ... und bindet englische Truppen sowie englischen Schiffsraum auf Kosten anderer Kriegsschauplätze. Ich habe mich daher entschlossen, die Entwicklung im Mittleren Orient durch Unterstützung des Irak vorwärtszutreiben. Ob und wie die englische Stellung zwischen Mittelmeer und Persischem Golf – im Zusammenhang mit einer Offensive am Suezkanal – später endgültig zu Fall zu bringen ist, steht erst nach Barbarossa [dem Feldzug gegen die Sowjetunion] zur Entscheidung.
2. Im Zusammenhang mit meiner Einzelentscheidung befehle ich für die Unterstützung des Irak Hilfeleistung durch die Luftwaffe, die Entsendung einer Militärmission, Waffenlieferungen...[5]

Das von Hitler angekündigte deutsche Expeditionskorps wurde von Major von Blomberg geleitet, dem Sohn des Generalfeldmarschalls von Blomberg. Seine Mission endete, bevor sie überhaupt beginnen konnte, mit einem tragischen Missgeschick. Als sich Blombergs Flugzeug Bagdad näherte, zogen Tausende bewaffneter Beduinen in Richtung Hauptstadt, um sich der Gailani-Rebellion gegen die Briten anzuschließen. Möglicherweise hielten sie das deutsche Flugzeug für ein britisches. Wahrscheinlicher aber ist, dass die Beduinen, wie üblich bei der Begrüßung von Freunden, vor Freude in die Luft schossen. Jedenfalls wurde Major von Blomberg tödlich getroffen. Sein Grab ist heute noch in Bagdad zu besichtigen.

Der Gailani-Aufstand brach nach einem Monat zusammen. Die Briten zogen Truppen aus verschiedenen Teilen ihres Reiches zusammen – aus Indien, Südafrika und Australien. Raschid al-Gailani und seine Bundesgenossen, unter ihnen der Großmufti von Jerusalem, Haj Amin al-Husseini, setzten sich erst in den Iran ab. Danach ging Al-Gailani nach Saudi-Arabien und schließlich nach Kairo. Erst im September 1958, nach dem Sturz der Haschemitendynastie, kehrte Al-Gailani nach Bagdad zurück. Nach der Gailani-Familie ist in Bagdad noch heute eine imposante Moschee benannt.

Ein schweres politisches und wirtschaftliches Beben traf im Jahre 1951 das damals schon langsam zerfallende britische Imperium an einer seiner empfindlichsten Stellen – im Iran. Am 15. März traf sich die *Madschlis*, das Parlament, zu einer historischen Sitzung. Auf Antrag eines Parlamentsausschusses, des Ölkomitees, beschloss die Volksvertretung, die Anglo-Iranian Oil Company zu verstaatlichen. Treibende Kraft hinter der revolutionären Entscheidung war ein Mann, der in der Geschichte des Widerstandes gegen westliche Dominanz ganz oben steht. Er hieß Mohammed Mossadeq. Mossadeq wurde am 19. Mai 1882 geboren. Seine Mutter war eine Prinzessin aus der Dynastie der Qajaren, sein Vater kam aus einer angesehenen Großfamilie, die viele Minister, Gouverneure und Beamte hervorgebracht hatte.[6] Ein von Mossadeq beeindruckter Besucher schrieb später: »Er … empfängt die Menschen mit Respekt, Bescheidenheit und Höflichkeit, ohne dabei seinen eigenen Rang und seine Würde zu unterminieren.« Die Tradition seines Vaters, der einst Finanzminister war, setzte Sohn Mohammed fort. Schon mit 16 Jahren begann er, die Finanzverwaltung der Provinz Khorasan umzuorganisieren. Mohammed Mossadeq war dabei, als viele Iraner gegen das anglo-iranische Übereinkommen von 1919 protestierten, das aus seinem Land praktisch ein britisches Protektorat machte. Mossadeq wurde Mitbegründer der »Nationalen Front« und war bald im Lande als Politiker bekannt, der den immer noch großen britischen Einfluss bekämpfte. Mossadeq agitierte vor allem gegen ein als »Ergänzungsvereinbarung« bezeichnetes Dokument. Dieser Vertrag sollte das Übereinkommen ergänzen, das Schah Resa 1933 mit den Briten geschlossen hatte und das den Briten über die Hälfte aller Profite der Anglo-Iranischen Ölgesellschaft zuschanzte. Die Übereinkunft von 1949 sah Verbesserungen vor – etwa jene, dass der iranische Anteil am Profit nicht unter vier Millionen englische Pfund pro Jahr zu fallen habe. Die nationalistische Opposition lehnte ab. Ebenso lehnten die Briten jede Modifikation der neuen Übereinkunft zugunsten des Iran ab.

Weder ihr Botschafter in Teheran noch die Lenker des Empire in London sahen, dass der nationale Protest gegen die britische Oberherrschaft inzwischen so groß geworden war, dass man ihn nicht mehr einfach beiseiteschieben konnte. Der schwache Schah Mohammed Resa wurde von den Briten gezwungen, General Ali Razmara, einen ehemals engen Vertrauten von H. Norman Schwartzkopf senior, zum Regierungschef zu machen. Einzige Aufgabe des Generals: die Durchsetzung des Ergänzungsabkommens. Razmara aber galt in der Bevölkerung als Werkzeug der Briten. Am 7. März 1951 wurde er ermordet. Am 15. März 1951 verstaatlichte das Parlament die Anglo-Iranische Ölgesellschaft.

Großbritannien gab sich indessen nicht geschlagen und zwang den Schah, der Madschlis einen Mann ihrer Wahl, Sayyed Zia, als Premier vorzuschlagen. Der Neue sollte die Dinge wieder zugunsten der Briten richten. Gewählt wurde aber nicht Sayyed Zia, sondern – Mohammed Mossadeq.[7] Die Briten gaben immer noch nicht auf, wenn auch ihr Gegenschlag gut zwei Jahre auf sich warten ließ. Es begann damit, dass der Schah im August 1953 mit Rückendeckung der Briten versuchte, Mossadeq zu entlassen. Nachdem Tausende von Anhängern gegen diesen geplanten Willkürakt protestierten, musste der Schah aus seinem Land fliehen. Sein Exil war aber nur von kurzer Dauer. Ein von dem amerikanischen CIA-Agenten Kermit Roosevelt geplanter Putsch entfernte den Rebellen gegen die westliche Dominanz von der Macht. Mitten im Kalten Krieg war die Begründung für den Putsch wohlfeil. Mossadeq sei ein Kommunist, der Iran müsse daher der Einflusssphäre Moskaus entzogen werden. Wegen Verrats wurde Expremier Mossadeq zu drei Jahren Haft verurteilt und danach unter Hausarrest gestellt. Der Schah kehrte aus seinem Exil zurück, konnte sich aber nur mit britisch-amerikanischer Unterstützung im Amt halten.

Briten und Amerikaner hatten ihr Ziel erreicht. Sie setzten ein Paradigma für die Zukunft. Konnten sie schon nicht die Aktienmehrheit der nahöstlichen Ölgesellschaften behalten, so wollten sie zumindest die Besitzer der Ölquellen kontrollieren.

Die Saga um die Kontrolle des iranischen Öls ging mit dem CIA-Putsch keineswegs zu Ende. Es war eine logische historische Konsequenz, dass eines Tages ein Mann kommen würde, der den CIA-Umsturz von 1953 rückgängig machen würde. Dieser Mann war Ayatollah Khomeini. 1979 jagte er den Schah davon, übernahm die Macht im Iran und entzog den Iran und sein Öl der Kontrolle des Westens. Khomeinis Regimewechsel bedeutete für Amerikaner und Briten den Zusammenbruch einer tragenden Säule ihres Einflusses in der geostrategisch wichtigen Region. Zur bisher noch nicht vollzogenen politischen Agenda der USA gehört seitdem ein abermaliger Regimewechsel im Iran. Um den Herrschern in Teheran klar zu machen, was sie nach der Eroberung des Nachbarn Irak von den USA zu erwarten haben, machte George Bush junior den Iran zum zentralen Teil der »Achse des Bösen«. Mit der Eroberung des Irak wurden die USA zum direkten Nachbarn des Iran. Eine neokoloniale Korrekturbewegung, welche die alte Ordnung im Iran wiederherstellen soll, ist langfristig nicht ausgeschlossen.

Als Saddam Hussein nach Khomeinis Staatsstreich im Irak die ganze Macht an sich riss, waren die USA und Großbritannien bereit, über die damals schon blutige Vita des neuen irakischen Herrschers hinwegzusehen. Vergessen war vorerst auch der Sturz der Haschemitendynastie. Saddam Hussein wurde als Gegengewicht gegen den revolutionären Iran gebraucht. Der von Saddam Hussein im September 1980 begonnene, sieben Jahre dauernde Krieg gegen den iranischen Nachbarn, der etwa eine Million Opfer forderte, war den Schöpfern der nahöstlichen Ordnung willkommen, weil sich die beiden Großmächte am Golf durch das Blutvergießen gegenseitig in Schach hielten.

Die Verstaatlichung der Anglo-Iranischen Ölgesellschaft im Jahre 1951 wurde von den Völkern der Region mit Freude aufgenommen. In Ägypten ließ sich Oberst Gamal Abdel Nasser von den Ereignissen inspirieren. Dort erhielt die britische Herrschaft einen entscheidenden Schlag, als 1952 eine Gruppe von »freien Offizieren« unter seiner Führung die englandfreundliche Dynastie von König Faruk stürzte. Der Putsch war auch eine Reaktion auf die erbärmliche Vorstellung, welche die von Faruk geschickte ägyptische Armee im ersten Nahostkrieg von 1948 gespielt hatte. Das neue Regime mit General Mohammed Naguib und Gamal Abdel Nasser an der Spitze suchte seine Legitimität in der Ablehnung europäischer Fremdbestimmung. Die Ägypter umjubelten ihren neuen Pharao. Da war endlich einer, der die Emotionen bediente, die westliche Interventionen in der arabischen Welt seit Jahrzehnten hervorriefen. Heute, ein halbes Jahrhundert später, fragt manch ein Ägypter, ob sein Land nicht einen neuen Nasser brauche, einen Mann, der das in der Spätzeit des Mubarakregimes dahindämmernde Land aufrüttelt und mit mehr als nur hohlen Worten den Palästinensern zur Seite springt. Doch ein solcher politischer Messias ist nicht in Sicht. Für immer dahin zu sein scheinen die glorreichen Zeiten, da ein ägyptischer Präsident zusammen mit dem Jugoslawen Josip Broz Tito, dem Inder Jawaharlal Nehru, dem Chinesen Tschou En-lai und dem Indonesier Sukarno versuchte, die Bewegung der Blockfreien zu einem wirklichen Mitspieler in der Weltpolitik zu machen. Während des Treffens der glorreichen Fünf auf der Konferenz der Blockfreien im indonesischen Bandung 1955 riet Tschou En-lai dem Ägypter, nicht zu viel Vertrauen in die Amerikaner zu setzen.[8]

Zurück in Kairo, ging Nasser einen Schritt weiter auf seinem Emanzipationspfad weg vom Westen. Er beschloss, Waffen nicht mehr bei den alten Kolonialmächten zu kaufen, sondern in einer der kommunistischen Dependencen Moskaus, in der Tschechoslowakei. In Israel, Frankreich, England und Amerika war man bestürzt über diesen kühnen Versuch, aus dem Einflussbereich des Westens auszuscheren. Der Gegenschlag ließ nicht lange auf sich warten. John Foster Dulles, der amerikanische Außenminister, weigerte sich, den von Nasser geplanten Bau des Staudamms bei Assuan zu finanzieren. Die Sowjetunion sprang in die Bresche. Nasser seinerseits, auf dem Höhepunkt seiner Macht, verstaatlichte 1956 den in britisch-französischem Besitz befindlichen Suezkanal. Mit diesem Akt des Trotzes waren die letzten Reste der 74-jährigen britischen Herrschaft über Ägypten beendet. Der folgende Verzweiflungsakt der alten Herrscher, die britisch-französisch-israelische Invasion Ägyptens, endete in einem politischen Desaster. Schmählich mussten die Invasionsarmeen wieder abziehen. Die koloniale Epoche Ägyptens war nicht wiederherzustellen – vorerst nicht.

Es dauerte dennoch nicht lange, bis es mit Ägyptens Unabhängigkeit wieder zu Ende ging. Zwar ist Ägypten weiterhin ein selbständiger Staat. Aber die Niederlage im Sechs-Tage-Krieg gegen Israel im Juni 1967 beendete die eigenständige Rolle, die Ägypten spielen wollte. Unter Anwar al-Sadat, dem Nachfolger des 1970 verstorbenen Nasser, versuchte Ägypten zunächst, eine selbständige, vom Westen unabhängige Politik zu betreiben. Sadat wollte die im Krieg von 1967 verlorenen Gebiete, vor allem den Sinai, wiedergewinnen. 1973 griff er zusammen mit Syrien Israel an. Im Friedensvertrag mit Israel von Camp David erhielt Ägypten 1979 den Sinai zurück. Der Preis, der für diesen Sieg zu bezahlen war, hieß Rückgliederung Ägyptens in die westliche Einflusssphäre. Knapp drei Jahrzehnte nach der Vertreibung König Faruks war Nassers politisches Erbe vergessen.

Immerhin hatte Nasser in der Region Nachahmer. Im Irak stürzten sechs Jahre nach Nassers Putsch in Ägypten »freie Offiziere« die von den Briten 1921 eingesetzte Haschemitendynastie und machten Abdel Karim Qassem zum Präsidenten. Diese Unbotmäßigkeit rief die Kolonialmächte auf den Plan. Durch den Putsch von Bagdad sahen sie die Stabilität des gesamten, nach 1917 von ihnen errichteten kolonialen Glacis zwischen Mittelmeer und Euphrat gefährdet. Der Libanon zum Beispiel war ein wichtiger Grundpfeiler dieses Plateaus. Weil Briten und Amerikaner das ihnen ergebene christliche Regime des Präsidenten Camille Chamoun in Beirut durch die Rebellen von Bagdad gefährdet sahen, schickten die Amerikaner Flottenverbände, die vor der Küste des Libanon patrouillierten. Die Briten bereiteten sich darauf vor, von Jordanien aus in Bagdad, ihrem den Haschemiten zu Lehen gegebenen Besitztum einzugreifen. Die Krise ging vorüber – fürs erste. Als Protest ganz anderer Art gegen die 1920 im Nahen Osten geschaffene Ordnung kann man auch die drei Jahrzehnte dauernde Herrschaft des syrischen Präsidenten Hafis al-Assad interpretieren. Im Inneren herrschte Assad als schlimmer Despot. Nach außen versuchte er, die Unabhängigkeit Syriens zu bewahren. Der in historischen Dimensionen denkende Assad verglich das von den Briten geschaffene Israel stets mit den Kreuzfahrerstaaten und hoffte, dass der Staat der Juden einst genauso aus der Region verschwinden werde wie die Gebilde, welche die Ritter aus dem Abendland einst gegründet hatten. Immer wieder klagte Assad vor ausländischen Besuchern über das Friedensdiktat der Alliierten, die Syrien und den Arabern die Selbstbestimmung vorenthalten hätten. Und diese scheuten sich tatsächlich nicht, neue Eingriffe in die syrische Souveränität vorzunehmen, wenn es ihren Interessen diente. So plante der britische Premier Harold Macmillan trotz des Suezdesasters von 1956 ein Jahr später, zusammen mit den USA, einen Staatsstreich in Syrien. Eisenhower und Macmillan fürchteten, Syrien drifte zu weit ins sowjetische Lager ab. Die Geheimdienste beider Länder sollten vom Irak und von Jordanien aus – beide Länder standen unter der Herrschaft der von den Briten installierten Haschemiten – Sabotageakte organisieren und befreundete Offiziere zum Putsch bewegen.[9] Der Plan wurde allerdings niemals verwirklicht.

Solche und andere koloniale Pläne waren Inhalt jener historischen Lehrstunden, die Hafis al-Assad amerikanischen Außenministern wie etwa Warren Christopher gab. Auch andere Verhandlungspartner konnten ein Lied von den langen historischen Exkursen singen, die Assad westlichen Emissären hielt, bevor sich der syrische Herrscher herabließ, zur aktuellen Tagesordnung überzugehen. Die Herren mussten mit Softdrinks vorlieb nehmen. Der nie ermüdende Assad machte sich ein Spiel daraus, genau zu beobachten, welcher seiner gequält lächelnden Gäste als Erster den Gang zur Toilette antrat, um sich eine kurze Pause von der historischen Lehrstunde zu gönnen. Teilnehmer der Endloslektionen nannten Assads Taktik profan »Blasendiplomatie«.

In der Sache wies Hafis al-Assad stets darauf hin, dass im Sommer 1920 eine Delegiertenversammlung, die sich »Syrischer Nationalkongress« nannte, einen syrischen Staat gefordert hatte, der das gesamte historische Bilad al-Sham, die Gebiete um Damaskus, umfasste. Darunter verstanden die Delegierten das heutige Syrien, den heutigen Libanon, Palästina und Transjordanien. Gleichzeitig hatten Vertreter Palästinas vom dortigen britischen Militärgouverneur den Anschluss an dieses Groß-Syrien gefordert.[10] Nur: Auch das haschemitische Herrscherhaus forderte zumindest Teile dieser Ländereien. Um dieses Ziel zu erreichen, kooperierte es – trotz der Schmach von 1916/17 – mit den Briten. Die Sympathien der Kolonialmacht durften sie nicht verlieren, daher unterstützten die Haschemiten die britischen Pläne in Palästina. Schon 1918 hatte Emir Hussein in Mekka einen Artikel veröffentlichen lassen, der die Juden in Palästina willkommen hieß und die Araber aufforderte, mit ihnen zusammenzuarbeiten. Noch während des Ersten Weltkrieges hatten sich Husseins Sohn Faisal und Chaim Weizmann in Amman getroffen. Und dort, im Zelt Faisals, so beschreibt Barbara Tuchman das Treffen ein wenig romantisierend, »unter den Sternen und in Gegenwart des allgegenwärtigen Lawrence ... erreichte man die Basis für ein Übereinkommen« über die Zukunft Arabiens und besonders Palästinas.[11]

Natürlich war die Kooperation der Haschemiten mit den Zionisten für einen Mann wie Hafis al-Assad Verrat an der arabischen Sache. Die Beziehungen zu seinem Nachbarland Jordanien waren deshalb auch nie sehr gut. Viele Jahre seiner drei Jahrzehnte dauernden Amtszeit war Hafis al-Assad mit dem vergeblichen Versuch beschäftigt, das koloniale Erbe Syriens zu bewältigen. Denn aus dem vom Syrischen Nationalkongress geforderten Großsyrien hatten sich die Briten Transjordanien und Palästina genommen, die Franzosen den Libanon.

Dieser Libanon wurde neben Palästina für zwei Jahrzehnte zum größten postkolonialen Problemfall. Im Osmanischen Reich hatte der Libanon eigentlich nur aus dem *Mont Liban*, dem Libanongebirge, bestanden. Die dort wohnenden maronitischen Christen wollten, wie die Juden, ihren eigenen Staat. Um ein lebensfähiges Gebilde zu schaffen, schlugen die Franzosen dem alten Mont Liban noch die sunnitischen Gebiete von Tripoli und Beirut zu. So entstand ein Staat mit einer knappen christlichen Mehrheit. Bis 1975, dem Jahr, in dem der Bürgerkrieg begann, hatte sich die Zusammensetzung der Bevölkerung entscheidend geändert. Die Muslime waren nicht mehr in der Minderheit und forderten ihren Anteil an der Macht. Eine ähnliche Entwicklung ist in Israel/Palästina zu erwarten (siehe Kapitel 3). Im Libanon beharrten die Maroniten auf ihren Privilegien, in Palästina sind es die Israelis. Im Libanon fordern die ehemaligen Minderheiten der Sunniten und Schiiten ihre Rechte ein, südlich der künstlich gezogenen Grenze sind es die Palästinenser.

Im Libanon bedeutete die Ankunft palästinensischer Kämpfer unter Jassir Arafat eine direkte Bedrohung der syrischen Position. Jassir Arafat und Hafis al-Assad wurden zu Todfeinden. Denn Hafis al-Assad blieb bei seiner Politik. Er sah den Libanon weiterhin als einen Teil Großsyriens – ein später Reflex auf die koloniale Aufteilung der Region. Botschafter haben die beiden Länder nie ausgetaucht. Warum auch? Die Tatsache, dass die beiden Hauptstädte Damaskus und Beirut nur 125 Kilometer voneinander entfernt liegen, zeigt noch heute die Absurdität der 1920 geschaffenen kolonialen Weltordnung. Wie einst sein Vater Hafis al-Assad, so reklamiert heute auch Baschar al-Assad die Oberaufsicht über das Geschehen in Beirut. Wenn man den Libanon schon nicht in das Reich von Damaskus integrieren kann, so will man doch die Kontrolle über die libanesischen Politiker nicht verlieren. Besonders gegenüber Israel wird in Beirut getan, was man in Damaskus beschlossen hat. Bisher haben die USA und Israel vergeblich versucht, diesen Doppelstaat Syrien-Libanon politisch zu zerlegen. Das antikoloniale Widerstandsnest in Damaskus lässt sich nur schwer ausheben.

Im libanesischen Bürgerkrieg hatte Hafis al-Assad nur ein Ziel: die Erhaltung der syrischen Position im Libanon. Zur Erreichung dieses Ziels stand Assad – trotz der Feindschaft zu Jassir Arafat – mal auf Seiten der Palästinenser, mal auf Seiten der Christen. Der Libanon wurde zum Schlachtfeld Arabiens – und zum Beweis dafür, dass die nach dem Ersten Weltkrieg von den Kolonialmächten geschaffene Ordnung immer wieder zu neuen Konflikten führen musste. In der Endphase des Krieges unterstützte Saddam Hussein die maronitischen Christen gegen seinen Rivalen und Todfeind Hafis al-Assad. Jassir Arafat half kräftig dabei, den Libanon in den Ruin zu treiben, indem er den von Geburt an fragilen Staat als Basis für seinen Guerillakrieg gegen Israel nutzte. Als der bereits durch die Grenzziehung von 1920 programmierte Bürgerkrieg schließlich 1990 zu Ende ging, waren über 10 000 Menschen tot, das Land war verwüstet. Tausende waren aus ihren ursprünglichen Wohngebieten geflohen, weil Christen aus muslimischen

Gebieten, Muslime aus christlichen Gebieten vertrieben wurden. Bis heute hat sich der Libanon von dieser Katastrophe nicht erholt.

Gegen Ende seiner Herrschaft und seines Lebens – in Arabien ist beides meistens identisch – hat sich Hafis al-Assad, der Kämpfer gegen das koloniale Erbe, widerstrebend mit der von den Siegermächten geschaffenen Ordnung abgefunden. Er wusste, dass die Araber zu schwach waren, die neue Weltordnung zu ändern. Assad bot Israel Frieden. Zu diesem für ihn gewaltigen Schritt konnte sich Assad nur schwer durchringen. Wie stets wollte Assad die nationale Würde Syriens gewahrt wissen. Konkret bedeutete dies, dass Israel für den von Syrien angebotenen Frieden mit der Rückgabe der 1981 völkerrechtswidrig annektierten Golanhöhen bezahlen sollte. Dieses Angebot machte Assad 1999.

Eineinhalb Jahre später legte der Sohn und Thronerbe Baschar al-Assad noch einmal dieselbe Offerte vor. Ein positives Echo ist ihm bis heute nicht beschieden gewesen. Im Gegenteil: Wie der Iran, Saudi-Arabien und Jordanien hat auch Syrien einen neuen Nachbarn bekommen – die USA. Als Außenminister Colin Powell im Mai 2003 seinen neuen syrischen Nachbarn besuchte, trat er nicht als Verhandlungspartner, sondern fast schon als neuer Herrscher auf. Syrien, so lautete die gar nicht so verschlüsselte Botschaft, habe sich abermals jener politischen Raumordnung anzupassen, welche 1920 geschaffen und 2003 mit neuen Fundamenten versehen worden war.

Kapitel 7
Ariel Scharon – vergebliche Lektionen
gegen den Terror

»Die unterschwellige Ursache der herrschenden Unzufriedenheit liegt
darin, dass die arabische Bevölkerung aller Klassen, Glaubens-
richtungen und Berufe von einem tiefen Gefühl heimgesucht wird,
dass ihr Unrecht angetan wurde. Als Ergebnis sind die Araber in einen
Zustand der Verzweiflung gedrängt worden. Die derzeitigen Unruhen
stellen nicht mehr als einen Ausdruck dieser Verzweiflung dar.«

Aus dem »Memorandum arabischer Beamter«
vom 30. Juni 1936[1]

Die Gewalt im Libanon hat einem politischen Waffenstillstand
zwischen den Fraktionen Platz gemacht. Schiiten (inzwischen die
größte Bevölkerungsgruppe), Sunniten und Maroniten ringen
auch sechs Jahrzehnte nach Erlangen der Unabhängigkeit um ein
nationales Selbstverständnis des Kunststaates. Im Süden indessen,
im historischen Palästina, halten die kolonialen Erbfolgekriege
mit unverminderter Heftigkeit an. Juden und Araber, Israelis und
Palästinenser kämpfen um Land, um religiöse Symbole wie die
heiligen Stätten Jerusalems, um ihre nationale Identität, um ihre
Seele. Nichts deutet darauf hin, dass dieser Existenzkampf bald
beendet sein wird. Der palästinensische Widerstand hat seine
Ursprünge in den frühen zwanziger und dreißiger Jahren. Was
heute, mehr als acht Jahrzehnte später, geschieht, ist oft nur eine
Neuauflage der damaligen bewaffneten Konflikte.
Die Situation war von Anfang an so labil, dass jeder Versuch, den
Status quo zu ändern, zu Gewalt führen konnte – besonders in
Jerusalem. Von der Balfour-Erklärung waren die Araber erst spät
unterrichtet worden, doch ihr Inhalt war natürlich schon vorher
bekannt. Es dauerte nicht lange, und die stets steigenden Span-

nungen entluden sich in Gewalt. Anlässlich der jährlich von den Muslimen veranstalteten Prozession zu Ehren von Moses der für die Muslime einer ihrer Propheten ist, stürmten im April 1920 plötzlich Muslime durch das jüdische Quartier Jerusalems. Neun Menschen starben, 244 wurden verletzt, die meisten Opfer waren Juden. Die arabische Polizei ergriff die Partei der Demonstranten, die britische Mandatsmacht hielt sich zurück.[2] Anschließend setzten die Briten eine Untersuchungskommission unter General Palm ein. In seinem Bericht, der erst 1968 veröffentlicht wurde, hieß es, die britische Mandatsmacht sei mit einer Bevölkerung konfrontiert, die von einem »Gefühl der Ungerechtigkeit und betrogener Hoffnungen aufgewühlt« sei. Diese (arabische) Bevölkerung sei tief besorgt über ihre Zukunft. Vor allem seien die Menschen enttäuscht darüber, dass die während des Krieges gemachten Versprechungen, einen unabhängigen arabischen Staat zu gründen, nicht erfüllt worden seien.[3]

Jerusalem blieb ein Zentrum des Widerstandes. Chaim Weizmann, seit 1920 Führer des »Zionistischen Weltkongresses«, bat die Briten, die Klagemauer in Jerusalem jüdischer Verwaltung zu unterstellen. Die Gebäude in der Umgebung des jüdischen Heiligtums seien in einem beklagenswert schmutzigen und schlechten Zustand, argumentierte Chaim Weizmann. Außerdem gehöre die Gegend einer »zweifelhaften religiösen Gemeinschaft« (damit waren die Muslime gemeint). Juden hatten jahrhundertelang an der Klagemauer, dem Rest des zweiten jüdischen Tempels, gebetet.[4] Doch oberhalb jener Mauer, dort, wo dieser Tempel einst stand, hatten die Muslime nach ihrer Eroberung der Stadt den Felsendom und die Al-Aqsa-Moschee gebaut. Die Juden nennen diesen Ort Tempelberg, die Muslime *Haram al-Sharif*, heiliger Bezirk. Die arabischen Muslime protestierten gegen Chaim Weizmanns Ansinnen, die heiligen Symbole muslimischen Glaubens und muslimischer Geschichte unter die Obhut der einwandernden Juden zu stellen. Es geschah, was vorauszusehen war: Es kam zu Gewalt. In Jerusalem gingen Araber auf die Straßen und hetzten Juden vor sich her. Die Juden riefen zu Gegendemonstrationen auf. Am 23. August 1929 weiteten sich die Unruhen auf die Stadt Hebron (die Palästinenser nennen sie Al-Khalil) südlich von Jerusalem aus. Es kam zu einem brutalen Massaker an den Juden von Hebron. Als der traurige Tag zu Ende war, hatten 67 Juden einen zum Teil grausamen Tod gefunden. Der 68-jährige Rabbi Meir Kastel, der 70-jährige Rabbi Zvi Drabkin sowie fünf junge Männer wurden vom arabischen Mob kastriert. Noah Imermann, ein Bäcker, wurde verbrannt. Der Apotheker Ben Zion Gershon, ein Behinderter, war ebenfalls unter den Toten. Allerdings wird von jüdischen Politikern und Siedlern, die heute das Massaker von Hebron als Beweis für arabische Brutalität und Unmenschlichkeit anführen, eine Tatsache nie erwähnt: dass nämlich die meisten Juden Hebrons gerettet wurden, weil Araber sie in ihren Häusern versteckten.[4]

Ursache des Massakers war keineswegs ein angeborener arabischer Antisemitismus. Diese Tatsache geht auch aus dem Bericht jener Kommission hervor, welche die Briten unter dem Vorsitz von Sir Walter S. Shaw einsetzten. Am 30. März 1930 schrieb Shaw: »In weniger als zehn Jahren hat es drei ernsthafte Angriffe von Arabern auf Juden gegeben. In den achtzig Jahren vor der ersten Attacke gibt es kein belegtes Beispiel ähnlicher Vorfälle... Vertreter aller Parteien erklärten, dass vor dem Krieg Araber und Juden Seite an Seite, wenn nicht in Freundschaft, so doch wenigstens in (gegenseitiger) Toleranz gelebt hätten – eine Eigenschaft, die heute in Palästina fast unbekannt ist.« In dem Bericht heißt es weiter, die britische Regierung solle ihre Politik in Palästina durch eine Grundsatzerklärung deutlich machen. Vor allem müsse Großbritannien verhindern, dass sich die »exzessive« jüdische Einwanderung der Jahre 1925 und 1926 wiederhole. Auch müssten nichtjüdische Stimmen gehört werden, wenn eine weitere Einwanderung von Juden erörtert werde.[5]

Die britische Mandatsmacht war bestürzt über den Shaw-Bericht. Doch weder die Briten noch die von ihnen unterstützten Zionisten waren bereit, die blutigen Auseinandersetzungen, die Palästina seit 1920 erlebt hatte, als ein Zeichen der tiefen Unzufriedenheit und

Verzweiflung zu deuten, welche die arabischen Bewohner Palästinas erfasst hatte. Im Gegenteil: In den dreißiger Jahren fand die von den Briten erlaubte jüdische Einwanderung nach Palästina einen neuen Höhepunkt. Eine der Folgen war eine wachsende Verarmung der arabischen Landbevölkerung. Die Landverkäufe nahmen zu, viele Araber verloren ihre Beschäftigung. Der wachsende Unmut in der einheimischen Bevölkerung entlud sich schließlich im ersten arabischen Aufstand. Er dauerte drei Jahre, von 1936 bis 1939. Die Initialzündung hatte Izzedin al-Qassem gegeben. Er war der erste bedeutende palästinensische Widerstandskämpfer und als solcher der Vorgänger Jassir Arafats. Izzedin al-Qassam studierte an der Universität Al-Azhar in Kairo, wo er die Bekanntschaft von Mohammed Abdus, einem bedeutenden Reformer und berühmten ägyptischen Gelehrten machte. Später kämpfte er in Syrien gegen die französische Besatzung, wurde für seine Insubordination zum Tode verurteilt und fand schließlich in Haifa Zuflucht.[6] Izzedin al-Qassam wurde zu einem *Shahid*, einem Märtyrer, wie Palästinenser ihre im Kampf gefallenen Landsleute seit jeher nennen. Dieser erste Fedayyin, dieser erste Guerillakämpfer, der sich der Kolonisierung Palästinas widersetzte, war jedoch kein Palästinenser, sondern Syrer. Und doch ist er ein Idol Palästinas geworden – jedenfalls für eine Gruppe, welche sich »Islamische Widerstandsbewegung« (Hamas) nennt. Hamas entstand während der palästinensischen Intifada der Jahre 1987 bis 1993. Ihrem militärischen Arm gab Hamas den Namen des syrischen Scheichs – Izzedin-al-Qassam-Brigade.

In den Jahren nach dem Massaker von Hebron nahm die jüdische Immigration dramatisch zu, so sahen es die Araber – trotz der Empfehlungen der Shaw-Kommission, diese Einwanderung zu beschränken oder zumindest mit den Arabern abzustimmen. 4565 Juden kamen im Jahre 1931, ein Jahr später waren es 9553. Im Jahr 1934 gab es 42359 Einwanderer und 1935 die Rekordzahl von 61854 jüdischen Immigranten.[7]

Trotz der ständigen Proteste der einheimischen Bevölkerung gegen diese Zuwanderung waren Briten und Juden gänzlich überrascht, als sich plötzlich, im November 1935, palästinensische *Fedayiin* unter der Führung Scheich Izzedin al-Qassams in den Hügeln der Stadt Dschenin verschanzten und nächtens Briten und Juden angriffen. (Das spätere Flüchtlinslager Dschenin wurde im April 2002 zur Stätte heftiger Kämpfe zwischen palästinensischen Guerillas und israelischen Truppen.) Scheich Qassam lehnte eine Unterwerfung ab. Mit einigen seiner Begleiter wurde er nach ein paar Stunden des Kampfes erschossen. Scheich Qassams Märtyrertod, wie ihn die Palästinenser nennen, war praktisch der Beginn des nun folgenden Aufstandes. Am 15. April 1936 raubten Araber auf der Straße Nablus–Tulkarem einige Landsleute sowie einige Europäer aus und töteten zwei Juden. Kurz darauf wurden zwei in der Nähe wohnende Araber ermordet. Vermutlich handelte es sich um einen jüdischen Racheakt. Wie später die Intifada von 1987 brach auch der Aufstand von 1936 spontan, ohne Führung von oben aus. Ursache des Aufstandes war die allgemeine Unzufriedenheit der Araber mit ihrer sich auf allen Gebieten verschlechternden Lebenssituation. Wie 1987/88 Jassir Arafat konnte auch Haj Amin al-Husseini, Mufti von Jerusalem und später Führer der Palästinenser, auf die Revolte nur reagieren. Husseini war vom ersten britischen Hochkommissar, Sir Herbert Samuel, gegen den Protest vieler, besonders der Zionisten, zum Mufti, zum Oberhaupt der Muslime Palästinas, gemacht worden. Husseini hatte sich in den antibritischen und antizionistischen Unruhen von 1920 hervorgetan. Samuel hoffte wohl, Husseini durch Beförderung zum Mufti ins britische Mandatsystem einzubinden und dadurch zu mäßigen. Diese Kalkulation ging, wie die Geschichte zeigt, nicht auf. Während des Aufstandes berief der Mufti ein »Höheres Arabisches Komitee«, das die Rebellion koordinieren und leiten sollte. Dieses Komitee wurde von allen Widerstandsgruppen und von den beiden palästinensischen Religionsgemeinschaften, der muslimischen und der christlichen, unterstützt. Ähnliche Komitees gab es auch in der ersten Intifada (1987–1993) und zu Beginn der zweiten Intifada (September 2000). Der Aufstand war keineswegs so gewaltlos wie später die Intifada von 1987. Juden wurden wahllos ermordet, es gab Sabotageakte gegen öffentliche Einrichtungen. Zeitweise kontrollierten die Rebellen ganze Landstriche und erhoben eigene Steuern. Die britische Mandatsmacht war an den Rand gedrängt.

Wie es von den Ereignissen bedrängte Mächte in solchen Situationen meistens handhaben, schickte Großbritannien eine Kommission – abermals, muss man im Falle Palästinas sagten. Diese Kommission (Royal Peel Commission) schlug am 27. Juni 1937 eine Teilung des Landes vor und forderte ein Verbot jüdischer Einwanderung, ein Verbot der Landverkäufe an Juden und eine nationale Regierung.[8] Zudem sollte das britische Mandat über Palästina beendet werden. Als Ursachen für den Aufstand – für die Unruhen, wie es in dem eher zurückhaltenden Bericht heißt – sah man den arabischen Wunsch nach Unabhängigkeit, die Furcht vor der Etablierung einer jüdischen Heimstatt und vor allem den Druck, der von Juden überall in der Welt auf Palästina ausgeübt werde; dieser Druck habe seine Ursache in den Leiden der Juden in Mittel- und Osteuropa seit 1933.

Doch der Aufstand, den die Araber die »Große Arabische Revolte« nennen, wurde fortgesetzt. Freiwillige aus Syrien, dem Libanon, dem Irak und aus Transjordanien schlossen sich den Arabern Palästinas an. Die Briten und die einwandernden Juden wurden in die Defensive gedrängt. Schließlich musste Großbritannien Palästina praktisch zurückerobern. Als die Rebellion 1939 gewaltsam beendet worden war, hatten etwa 5000 Araber ihr Leben verloren, 14 000 waren verwundet worden. Die Juden zählten 463 Tote, die Briten 101.[9] Der palästinensische Widerstand war auf Jahre gebrochen. Noch neun Jahre später, im ersten Nahostkrieg von 1948, waren die palästinensischen Araber zu einem geschlossenen Kampf nicht fähig.

Der allseitige Terror während des palästinensischen Aufstandes der Jahre 1936 bis 1939 fand sein Pendant im Terror jüdischer Untergrundorganisationen, z. B. der als *Sterngang* und *Irgungang* in die Geschichte eingegangenen Gruppen, die sich auf Abraham

194

Stern beriefen, einen in Polen geborenen Zionisten, der 1925 nach Palästina emigriert war. Die *Irgun Zvai Leumi* (National-Militärische Organisation) und die *LEHI* (Lohemi Herut Israel – Kämpfer für die Freiheit Israels) setzten politisch und besonders militärisch fort, was Wladimir Jabotinsky, der 1940 gestorben war, gepredigt hatte. Jedes Volk, hatte Jabotinsky gelehrt, das sein Land einem anderen hergeben solle, werde gegen die Landnahme kämpfen. Einer der Nachfolger Jabotinskys war ein jüdischer Einwanderer mit Namen Menachem Wolfowicz Begin, geboren 1913 im damals russischen Brest-Litowsk, später Jurastudent an der Universität Warschau und Leiter der *Betar*, einer Jugendbewegung, die sich für einen jüdischen Staat beiderseits des Jordan stark machte. Über Umwege kam Begin 1942 nach Palästina. Seine Ansichten, die mit denen Jabotinskys identisch waren, empfahlen ihn sogleich für die Nachfolge des verstorbenen Revisionisten. Begin schloss sich der *Irgun* an, von 1943 bis 1948 war er ihr Kommandeur.

In Begins Zeit als Kommandeur der *Irgun* wurden einige der schlimmsten jüdischen Terrorakte begangen. Am 22. Juli 1946, knapp zwei Jahre vor der Gründung Israels, befehligte er eine Operation gegen das Jerusalemer King-David-Hotel. Die Herberge war nicht nur eine der berühmtesten und angesehensten Übernachtungsstätten im Nahen Osten. Sie war auch das Nervenzentrum der britischen Mandatsverwaltung in Palästina, denn in einem Flügel des Gebäudes waren Büros für militärisches und ziviles Personal untergebracht. Irgun-Kommandant Menachem Begin wusste, dass die Briten ihres Mandates über Palästina müde waren. Ein Anschlag auf das King David würde womöglich ihre Sehnsucht befördern, die Bürde der Macht in Palästina endlich abzuwerfen – und mithin die Gründung des Staates Israel beschleunigen. Als Araber verkleidet ließ Begin seine Kämpfer vorfahren – in einem Lkw, der angeblich Milch anlieferte. Doch in den Kannen war kiloweise Sprengstoff versteckt. Nachdem Begins Leute die Explosion ausgelöst hatten, wurde ein Flügel des massigen Gebäudes praktisch vom Rest abgetrennt. Etwa neunzig Engländer, Araber und Juden starben im Inferno des Terroranschlages.

Zwei Jahre später, am 9. April 1948, überfielen die Irgun- und die Sterngang das arabische Dorf Deir Yassin, das in den Außenbezirken Jerusalems lag, nur fünf Kilometer von der britischen Mandatsverwaltung im Zentrum der Stadt entfernt. 245 bis 250, spätere Untersuchungen sprechen sogar von etwa 350 Menschen kamen dabei um. Irgun und Stern handelten mit Zustimmung der sozusagen offiziellen jüdischen Armee, der Haganah. Die Haganah allerdings hatte sich vermutlich nur für die Zerstörung des an einem wichtigen strategischen Punkt liegenden Dorfes, nicht aber für ein Massaker an den Menschen ausgesprochen. Aber einmal vor Ort, wollten die Leute Begins ein Zeichen setzen. Getreu der Lehre seines Vorbildes Wladimir Jabotinsky, dass nur erbitterter Kampf dem Zionismus zum Erfolg verhelfen werde, sollte den Arabern nahegebracht werden, dass Flucht besser sei als bewaffneter Widerstand. Unter diesem Aspekt sollte Deir Yassin ein Fanal setzen. Menachem Begin hat diese These später selbst vertreten, als er über den Verlauf des ersten Nahostkrieges 1948 schrieb: »Araber überall im Land, denen man wilde Geschichten über die Grausamkeiten der Irgun erzählt hatte, wurden von grenzenloser Angst gepackt und begannen, um ihr Leben zu fliehen. Diese Massenflucht entwickelte sich bald in eine verrückte, nicht zu kontrollierende Stampede. Von den etwa 800 000 Arabern, die auf dem gegenwärtigen Territorium Israels lebten, sind nur noch 165 000 dort.«[10]

Fünf Monate nach dem Massaker von Deir Yassin setzte die Sterngang ein weiteres Fanal. Sie ermordete den UN-Gesandten Graf Folke Bernadotte. Die Vereinten Nationen, die Israel mit dem Teilungsbeschluss von 1947 ins Leben gerufen hatten, hatten den Schweden beauftragt, die Geburt des neuen Staates zu begleiten und einen Kompromiss zwischen Israel, den palästinensischen Arabern und Jordanien zu finden. König Abdallah I. erhob territoriale Ansprüche auf den Teil Palästinas, den die UNO den Arabern bzw. den Palästinensern zugeteilt hatte. Schon bei Bernadottes Ankunft im Mai 1948 waren Autos der Sterngang mit Spruchbändern durch Jerusalem gefahren, auf denen zu lesen war: »Stockholm gehört euch, Jerusalem uns« oder »Wir sind hier... Solange es einen einzigen Feind unserer Sache gibt, haben wir eine Kugel für ihn in unserem Magazin«[13]. Die LEHI wollte mit dem Mord die von Bernadotte angeregte Internationalisierung Jerusalems und die Übertragung palästinensischer Gebiete an Jordanien vereiteln.

Widerstand – Gewalt – Terror. So, wie der arabisch-jüdische Konflikt im Jahre 1920 begonnen hatte, so setzte er sich auch nach der Gründung Israels im Jahre 1948 fort. Die Ursachen waren stets dieselben. Die Araber fürchteten um ihre Zukunft, um ihre bare Existenz. Sie widersetzten sich, so gut sie konnten, der vom Westen eingesetzten Nachkriegsordnung. Die sah nach dem Zweiten Weltkrieg nicht wesentlich anders aus als nach dem Ersten. Tatsächlich bedeutete die Entwicklung nach 1948 die Vollendung der Pläne von 1919/20. Der Libanon wurde 1943 ein eigenständiger Staat, Jordanien 1946, und die versprochene jüdische Heimstatt in Palästina erhielt 1948 eine feste staatliche Grundlage. Doch alle diese Staaten blieben in einem engen Abhängigkeitsverhältnis von ihren französischen und britischen Gründern.

Bis auf den heutigen Tag wehren sich viele Menschen gegen diese Diktate – besonders in Palästina. Der Terror war daher mit der Gründung Israels am 15. Mai 1948 und mit dem Waffenstillstand zwischen den arabischen Staaten und Israel von 1949 keineswegs zu Ende. Zwar gab es noch keinen organisierten und bewaffneten palästinensischen Widerstand. Doch immer wieder fielen arabische Freischärler aus dem von Jordanien annektierten Westjordanland nach Israel ein, etwa aus der Umgebung des Dorfes Qibia. Bei klarer Sicht können die Menschen von Qibia weit nach Westen schauen, sogar Tel Aviv liegt in ihrem Blickfeld. Anders als heute, wo die meisten Palästinenser den Staat Israel anerkennen, erschien den Menschen von Qibia vor einem halben Jahrhundert das vor ihren Augen liegende Israel noch als besetztes Palästina. Terrorakte, die von Qibia und anderen Gebieten aus gegen den neuen Staat organisiert wurden, waren daher keine Seltenheit. So waren im Oktober 1953 eine israelische Frau und ihre beiden Kinder in der jüdischen Siedlung Yahud von arabischen Freischärlern, die aus Jordanien stammten, ermordet worden. In der Nacht vom 14. auf den 15. Oktober 1953 kam der israelische Vergeltungsschlag – angeführt und organisiert von keinem anderen als Ariel Scharon. In seinen Memoiren hat Scharon die Aktion gegen Qibia detailliert beschrieben – aus seiner Sicht.[11] »Dieser Überfall würde die erste größere israelische Reaktion auf den arabischen Terrorismus sein. Niemand konnte voraussagen, ob ein Erfolg einen Effekt auf die Welle von Tod und Sabotage haben würde. Aber Passivität und diplomatische Beschwerden waren schmerzvoll unwirksam. Man musste eine Antwort finden.«

Über die Ziele schreibt Scharon: »Die Befehle waren klar. Qibia sollte eine Lektion werden. Ich sollte der Arabischen Heimatwache und den Verstärkungen, welche die jordanische Armee heranschaffen würde, so viele Verluste zufügen, wie ich konnte. Ich sollte jedes größere Haus in dem Dorf sprengen. An höchster Stelle war eine Entscheidung darüber gefallen. Die Jordanier sollten verstehen, dass jüdisches Blut in Zukunft nicht mehr straflos vergossen werden konnte.«

Über den Überfall selbst ist bei Scharon zu lesen: »Um Mitternacht begannen wir, die großen Gebäude aus Stein im Dorf zu sprengen. ... Soldaten wurden ausgeschickt, die sicherstellen sollten, das sich drinnen niemand mehr aufhielt. Dann wurde der Sprengstoff gezündet. Wir fanden einen Jungen, der sich in der Ecke eines Hauses verbarg, und brachten ihn in Sicherheit... Ein paar Stunden später ... hörte ich Radio Jordanien. Es sendete bereits Nachrichten über den Überfall. Demzufolge sollten 69 Menschen getötet worden sein, meistens Zivilisten, unter ihnen viele Frauen und Kinder. Ich konnte meinen Ohren nicht trauen. Ich begann zu verstehen, was geschehen musste... Die arabischen Familien sind nicht weggerannt, sondern müssen in ihren Häusern geblieben sein. In diesen großen Steinhäusern, in denen drei Generationen einer Familie zusammengelebt haben können, haben sich einige leicht in den Kellern oder in den hinteren Räumen verbergen können... Das Ergebnis war diese Tragödie.« Scharons Darstellung der Ereignisse hat einen kleinen Schönheitsfehler: Arabische Häuser haben im allgemeinen keine Keller und auch keine versteckten Hinterräume. Schon unmittelbar nach dem Massaker von Qibia geriet Scharon in die öffentliche Kritik seines Landes. Zunächst einmal stellte Generalmajor Vagn Bennike, Chef des Stabes der UN-Überwachungskommission für den 1949 geschlossenen Waffenstillstand (UNTSO), in seinem Bericht an den Sicherheitsrat in New York folgendes fest: »Von Kugeln durchlöcherte Körper nahe den Eingangstüren und vielfache Einschüsse in den Türen der zerstörten Häuser deuteten an, dass die Einwohner gezwungen worden waren, drinnen zu bleiben, während ihre Häuser über ihnen gesprengt wurden.«[12] Israels Premierminister Mosche Scharett führte damals ein privates Tagebuch. Unter dem Datum von Freitag, dem 6. Oktober 1953, findet sich folgender Eintrag: »Als ich mein Haus nach dem Essen verließ, wurden mir zwei Umschläge überreicht. ... Sir Francis Evans, der britische Botschafter, überbringt im Namen der Regierung Ihrer Majestät eine beißende, höchst scharfe Verurteilung der schrecklichen Aktion in dem Dorf Qibia.« Und einige Zeilen später schrieb Mosche Scharett: »Ich hätte nicht gedacht, dass es solch ein Blutvergießen geben würde. Ich dachte an eine Vergeltungsaktion der früheren Art, welche Routine geworden war, und sogar dagegen hatte ich Einwände. Hätte ich Grund gehabt, ein solches Massaker zu befürchten, hätte ich Himmel und Erde in Bewegung gesetzt [dieses Massaker zu verhindern].«[13]

Gewalt zeugt Gewalt – auch noch Jahrzehnte später. Fast auf den Tag genau vierzig Jahre nach dem Massaker von 1953 steuert ein Mann aus Qibia einen mit Sprengstoff beladenen Pkw-Kombi bei der israelischen Siedlung Beit Eil nahe Ramallah in einen israelischen Militärposten. Der Mann hatte die Absicht, möglichst viele Israelis zu töten. Dieser Plan ging nicht auf. Es starben ein Israeli und der Attentäter selbst. Sechs Menschen wurden verwundet.

Der Attentäter hieß Süleiman Mustafa Hassan. Er wurde zwei Jahre nach Scharons Massaker in Qibia geboren und wuchs mit der Erinnerung an das Blutbad auf. Bei Hochzeiten spielte er in einer Gruppe von Laienschauspielern. Diese Truppe stellte oft das Massaker von Qibia nach. Süleiman Mustafa Hassan schlüpfte dabei in die Rolle eines israelischen Soldaten, der Palästinenser tötet.[14] Im Laufe der Jahre wurde Süleiman Mustafa Hassan ein anerkannter Mann in Qibia, die Menschen gaben ihm den Ehrentitel Scheich. Was aber kaum jemand wusste: Mustafa Hassan hatte sich der Widerstandsbewegung Hamas angeschlossen. Das Scharon-Massaker verfolgte ihn sein ganzes Leben. Eines Tages kam er zu dem Entschluss, sich selbst zu opfern, um die Opfer Scharons zu rächen.

Mit einigen Modifikationen hat sich das Gewaltmuster von Qibia bis auf den heutigen Tag erhalten. Ursache ist die Besetzung palästinensischer Gebiete. Diese Okkupation ist, wie schon Wladimir Jabotinsky, der Begründer des zionistischen Revisionismus wusste, an sich bereits ein Akt der Gewalt. Der dem Massaker von Qibia vorangegangene Mord an der jüdischen Frau und ihren beiden Kindern ist ebenso ein Akt des Terrors. Er richtet sich gegen einen international anerkannten Staat. Überraschen darf diese Art des Widerstandes dennoch niemanden. Die Palästinenser sehen im Terror die Fortsetzung des Krieges von 1948 mit anderen Mitteln. Die »Lektionen«, wie Ariel Scharon seine Vergeltungsaktionen nennt, haben damals wie heute wenig Wirkung gezeigt.

Kapitel 8
Jassir Arafat – vom Revolutionär
zum Autokraten

»Wir unterscheiden zwischen Judaismus und Zionismus. Während wir unsere Opposition gegen die koloniale zionistische Bewegung aufrechterhalten, respektieren wir den jüdischen Glauben.«

Jassir Arafat 1974 vor der UN-Generalversammlung in New York

Als Scharon in Qibia wütete, musste sich jener Mann, der einmal einer von Scharons größten Gegenspielern werden sollte, auf dem palästinensischen Welttheater noch mit der Rolle eines Komparsen zufriedengeben. Theodor Herzl hatte ganz Palästina für die Juden gefordert. Es konnte kaum ausbleiben, dass dieser Prophet des Zionismus irgendwann einen historischen Antipoden bekommen würde, einen Mann, der es sich zur Aufgabe machen würde, ein ideologisches Gegenmittel zum Zionismus zu entwickeln. Der Mann, der dem großen zionistischen Entwurf für Palästina einen eigenen palästinensischen entgegensetzte, heißt mit vollem Namen Mohammed Abdel Rahman Abdel Raouf Arafat al-Qudua al-Husseini und nennt sich heute Jassir Arafat. Er wurde 1929 nicht in Palästina, sondern in Ägypten, in Kairo geboren. Dorthin war sein Vater – erst osmanischer Polizeibeamter in Gaza, dann Kaufmann – gezogen. In Kairo herrschte damals jene Königsdynastie, die nach dem Abzug Napoleons von dem Albaner Mohammed Ali gegründet worden war. Die Geschicke der Außenpolitik wurden weitgehend von Großbritannien bestimmt. In ihrem Mandatsgebiet Palästina waren die Briten zu jener Zeit damit beschäftigt, den arabischen Aufstand der Jahre 1936 bis 1939 niederzuschlagen.

Arafat selbst wuchs in nicht sehr günstigen familiären Verhältnissen auf. Seine Mutter starb früh, sein Vater trat lediglich als autoritärer, Befehle gebender Patriarch auf. Als er starb, fehlte bei der Beerdigung Sohn Muhammad Arafat unter den Trauergästen. Ein solches Versäumnis ist besonders in der arabischen Welt, wo die Familienbindungen ausgeprägter sind als im Westen, ein inakzeptables Verhalten. Arafats Abwesenheit demonstriert eine Eigenschaft, die er auch später in seinem Leben immer wieder gezeigt hat: Persönliche Bindungen zu Familienmitgliedern, Freunden oder Kampfgenossen bedeuten ihm nicht viel.[1] Auf die früher oft von Biographen gestellte Frage, warum er nicht heirate, antwortete Arafat seinerzeit oft mit politischer Koketterie: Er sei mit Palästina verehelicht. Später, 1993, nahm er doch eine Frau – Suha Tawil, eine orthodoxe Christin, Tochter Raymonda Tawils, einer palästinensischen Aktivistin. 1995 wurde Arafat Vater einer Tochter. Das Ehepaar nannte sie Zahwa – nach Arafats Mutter. Die späte Ehe war offenbar nicht von Dauer – Suha Arafat lebt seit langem mit Tochter Zahwa in Paris, fern ihres Gatten und dessen Überlebenskampf in Ramallah.

Mohammed Abdel Rahman Abdel Raouf Arafat. Woher aber kommt der Name Jassir? Als Mohammed Abdel Rahman Arafat den Namen Jassir annahm und sich zusätzlich den *nom de guerre* Abu Ammar (Vater von Ammar) gab, geschah dies offensichtlich bewusst in Anlehnung an den islamischen Trend. Denn Jassir Ammar war ein erfolgreicher militärischer Führer in den Frühzeiten des Islam und Zeitgenosse des Propheten Mohammed. Als der spätere Palästinenserführer im ersten Nahostkrieg auf Seiten der Araber in Palästina gegen den neuen Staat Israel kämpfte, war er Mitglied im Kontingent der Muslimbruderschaft, welche ihre eigenen Leute in den Krieg geschickt hatte. Als Kämpfer innerhalb der regulären arabischen Armeen trat Jassir Arafat nicht auf.

Sowohl der spätere ägyptische Machthaber Gamal Abdel Nasser und viele seiner »freien Offiziere« als auch Arafat selbst und manche der späteren Mitbegründer der Fatah-Organisation pflegten zunächst enge Bindungen zur Muslimbruderschaft. Schon damals zeichnete sich also ab, dass Opposition zu den herrschenden Regimen auch vom traditionellen islamischen Spektrum der Gesellschaft ausging. Eine der ersten Keimzellen des Widerstandes gegen den aus dem Krieg von 1948/49 siegreich hervorgegangenen neuen Staat Israel entstand in Kairo. Gegründet wurde sie von Jassir Arafat. Dort trat der junge Arafat als Befehlshaber einer Gruppe von Jugendlichen auf, welche er – laut Befehle gebend – durch die Straßen führte. Die Gruppe habe, schreibt der palästinensische Arafat-Biograph Said K. Aburish, bereits einer kleinen Armee geglichen. So stellte Jassir Arafat alias Abu Ammar schon früh jene Fähigkeiten unter Beweis, die ihn später zum unbestrittenen Führer der Palästinenser und zum Gegenspieler zahlreicher israelischer Ministerpräsidenten machten.

Im Jahr 1957 siedelten Arafat und eine Gruppe von Freunden und Mitkämpfern, die er in Kairo um sich versammelt hatte, nach Kuwait über. Ein Grund für diese Emigration war Nassers repressives Regime. Doch so leicht kamen schon damals Konspirateure nicht in das Emirat, das noch von den Briten beherrscht wurde. Manche Historiker vermuten, dass die Briten der Arafatgruppe bewusst die Einreise gestatteten, weil sie in der Beziehung Arafats zur Muslimbruderschaft ein Mittel sahen, die islamische Opposition gegen den von Nasser propagierten Panarabismus zu mobilisieren. Wie später die Israelis die Muslimbruderschaft im Gazastreifen (aus der 1987 die Hamas hervorging) als Gegengewicht zu Arafats PLO unterstützten und die USA Osama Bin Laden gegen die Sowjets in Afghanistan hofierten, so nutzten die Briten die Muslimbruderschaft gegen Nasser.

In Kuwait gründeten Arafat und einige Gleichgesinnte 1959 die Fatah – die *Harakat al-Tahrir al-Falastin*, ein Akronym für »Bewegung zur Befreiung Palästinas«. Früh ging Arafat auf Konfrontationskurs zu den arabischen Staaten. Bereits nach der Niederlage im Krieg von 1948 hatte er die Katastrophe den unentschlossenen arabischen Herrschern angelastet und mit einiger Überheblichkeit behauptet, der Sieg wäre sicher gewesen, wenn die Palästinenser alleine gekämpft hätten. In Kuwait ließ Arafat wissen, dass Gewalt der einzige Weg sei, Palästina von israelischer Besatzung zu befreien.

Der wachsende palästinensische Nationalismus war indessen nicht nur ein Ergebnis der israelischen Besetzung Palästinas. Während Ägypter, Jordanier, Syrer, Libanesen und Iraker bis auf den heutigen Tag das Schicksal der Palästinenser aufrichtig bedauern, sind diese für arabische Regime oft nichts weiter als unerwünschte Personen. Noch heute etwa ist es für Palästinenser fast unmöglich, ein Visum für Syrien zu bekommen. Palästinenser gelten als Konkurrenten um rare Arbeitsplätze, als Menschen, welche die ohnehin schwächelnden arabischen Volkswirtschaften noch mehr belasten könnten. Palästinenser sind oft besser ausgebildet als andere Araber. Deshalb begegnet man ihnen mit Neid und Ablehnung. Als in den Jahren nach 1993, nach Abschluss der Verträge von Oslo, über die Gründung eines palästinensischen Staates diskutiert wurde, fürchteten sich viele Regime vor der drohenden Konkurrenz. In Jordanien etwa stellen Palästinenser zwei Drittel der Bevölkerung. Sie sind jordanische Staatsbürger, von den führenden Posten im Königreich sind sie aber weitgehend ausgeschlossen. In Ägypten hat nur Abdel Nasser den Palästinensern wirklich geholfen. Er gab ihnen Pässe und ließ sie an den Hochschulen studieren.

Um ihre Untätigkeit und ihr mangelndes Engagement für Palästina zu kaschieren, gründeten die arabischen Staaten 1964 die »Palästinensische Befreiungsorganisation« (PLO). Zum Vorsitzenden wurde der palästinensische Diplomat Ahmed Schukeiri ernannt. Die Organisation war ein von den autoritären Regimen streng reguliertes und in ihren Aktivitäten stranguliertes Gebilde. Sie sollte die Tätigkeit verschiedener palästinensischer Gruppen koordinieren, die Palästinenser aber auch der Kontrolle arabischer Staaten unterwerfen. Denn während die Herrscher der Region in der für ihre Völker bestimmten Rhetorik Israel verdammten, suchten sie in der politischen Kulisse insgeheim einen Modus vivendi mit dem neuen Staat in ihrer Mitte.

Die Haschemiten in Jordanien kooperierten früh mit Chaim Weizmann und seinen Anhängern. Das Wort Kooperation ist der von

Israel bevorzugte Ausdruck, während Palästinenser eher von Kollaboration sprechen. Im geheimen verhandelte der jordanische König Abdallah I. – wie später auch König Hussein – sehr oft mit Israel. Der von Israel im Krieg von 1948 nicht eroberte Teil Palästinas, das Westjordanland, wurde 1950 von Abdallah sogar annektiert. An die Gründung eines palästinensischen Staates dachte der Haschemitenherrscher jedoch nicht. Der syrische Präsident Hosni Zaim, der libanesische Präsident Camille Chamoun und der ägyptische Premier Mohammed Nakrashi suchten ein Arrangement mit Israel.[2] Später unterhielt sogar Nasser Kontakte zu Israel. Jene aber, die sich zu offen mit Israel arrangieren wollten, mussten um ihr Leben fürchten. Nakrashi wurde von einem Mitglied der Muslimbruderschaft erschossen. Abdallah I. fiel 1951 vor der Al-Aqsa-Moschee in Jerusalem einem palästinensischen Attentat zum Opfer.

Allein Jassir Arafat erwies sich, aus palästinensischer Sicht, als konsequenter Gegner Israels und der 1920 geschaffenen, 1948 noch einmal gefestigten Neuordnung des Nahen Ostens. Aus israelischer Perspektive waren Arafat und alle jene, die sich, wie Süleiman Mustafa Hassan aus Qibia, dieser Ordnung widersetzten, unverbesserliche Terroristen, die es zu bekämpfen galt. Doch der Terrorist Arafat ließ sich so schnell nicht besiegen. Eine entscheidende Stärkung seiner Position bescherte ihm ausgerechnet der israelische Blitzsieg im Sechstagekrieg von 1967.

Wie einst Scharons Antiterror-Aktion in Qibia hatte auch der israelische Triumph im Juni 1967 eine Stärkung des palästinensischen Widerstandes zur Folge. Fatah wurde zur dominierenden Gruppe in der Palästinensischen Befreiungsorganisation. Die PLO hörte auf, ein williges Instrument in der Hand schwächelnder arabischer Staaten zu sein. Nun wurde sie ein Werkzeug Arafats und seiner Fatah. Diese PLO sah, von außen betrachtet, wie ein demokratisches Gebilde aus. Bis heute besteht sie aus vielen Gruppen, die oft ihre eigenen Wege gegangen sind. Persönlichkeiten wie George Habash, langjähriger Vorsitzender der »Volksfront zur Befreiung Palästinas«, und Najef Hawatmeh, Vorsitzender der

»Demokratischen Front zur Befreiung Palästinas«, beides Christen, beweisen, dass sich in den Jahren nach der Gründung Israels letztlich ein national-palästinensischer, aber kein rein islamisch motivierter Widerstand herausgebildet hat. Habash und Hawatmeh gingen zwar oft ihre eigenen Wege, unbestrittener Führer blieb aber stets Arafat.

Anders als Habash und Hawatmeh war Arafat kein politisch denkender Kopf. Nur einmal kam Arafat in Berührung mit grundlegenden politischen Konzepten. Dies geschah in der Begegnung mit Kamal Dschumblatt, dem Führer der libanesischen Drusen. Dschumblatt war Feudalherr und sozialistischer Träumer zugleich. Mit seinen Ideen von einer idealen sozialistischen Gesellschaft beeinflusste er Arafat. Dschumblatt seinerseits wollte Arafats Kämpfer auf seine Seite ziehen, um die Macht im Libanon übernehmen zu können. Doch der heimliche Herrscher des Libanon, der syrische Präsident Hafis al-Assad, verhinderte diese für ihn höchst gefährliche Allianz. Er ließ den Rivalen Dschumblatt ermorden. Damit hatte Arafat nicht nur seinen einzigen ideologischen Mentor verloren, sondern auch einen womöglich verlässlichen politischen und militärischen Verbündeten.

Verbündete brauchte Arafat dringend. Denn seine Gegner waren nicht nur die israelischen Führer. Er musste auch, zumindest auf politischem Feld, mit den lethargischen, ihm teils feindlich gesinnten arabischen Regimen kämpfen. Allerdings: Einen bündigen, schlüssigen Plan, wie Palästina zu befreien sei und was mit den Menschen geschehen solle, die guten Glaubens nach Israel eingewandert waren, hat Arafat zunächst nicht vorgelegt.

Seinen Guerillakampf gegen Israel begann Arafat von jordanischem Territorium aus. Wenn Arafat überhaupt eine Strategie hatte, dann war es wohl jene, die arabische Welt in einen neuen Krieg gegen Israel zu treiben. Der junge König Hussein, damals von fast allen Herrschern in der arabischen Welt als Leichtgewicht betrachtet, musste dem Spiel zunächst ohnmächtig zusehen. Arafats Leute errichteten militärische Straßensperren in Jordanien und führten sich als die Herren des Landes auf. Das Ziel – den

Kampf gegen Israel – verloren die Fatah-Leute fast aus den Augen. Sturz der jordanischen Monarchie und Übernahme Jordaniens – etwa 60 Prozent der Einwohner waren ohnedies Palästinenser – hießen die neuen Ziele. Die einzige Rechtfertigung, Jordanien mit in den Kampf zu ziehen, mag in Arafats Auffassung gelegen haben, dass Jordanien bis 1967 mit dem Westjordanland ein Stück jenes historischen Palästina besetzt gehalten hatte, welches im UN-Teilungsplan von 1947 für einen arabisch-palästinensischen Staat vorgesehen war.

Um einflussreiche Leute in der Umgebung des Königs auf die palästinensische Seite zu bringen, lockte Arafat mit hohen Bestechungsgeldern. Womöglich ohne es zu wissen, spielte Arafat schon damals das Spiel seines späteren Gegners Ariel Scharon. Der nämlich vertritt – insgeheim bis heute – die Meinung, dass der Staat der Palästinenser im ehemaligen britischen Protektorat Transjordanien zu gründen sei und Palästina bis zum Jordan den Israelis gehöre. Folgerichtig argumentierte Scharon seinerzeit gegenüber der israelischen Regierung, dass man Arafat in seinem Kampf gegen König Hussein unterstützen müsse. Mitten im jordanischen Chaos entführte die »Volksfront zur Befreiung Palästinas« unter George Habash im September 1970 vier Passagierflugzeuge. Eines wurde in Beirut zur Explosion gebracht, die drei anderen wurden auf einem Wüstenstrich in Südjordanien in die Luft gesprengt – ohne Passagiere.

Diese Terrorattacken trugen erheblich zur Eskalation bei. Im Krieg zwischen der Fatah und Jordanien stützte sich der König auf die ihm ergebenen ursprünglichen Einwohner Transjordaniens, auf die Bürger beduinischer Abstammung. Arafats Guerillakämpfer mussten im September 1970 das Feld räumen. Die Niederlage ist als »Schwarzer September« in die Annalen der PLO eingegangen.

Die Geschlagenen gingen in den Libanon – und führten sich abermals als Staat im Staate auf. Der Südlibanon wurde nur noch »Fatahland« genannt. Arafat wiederholte den Fehler, den er Jahre zuvor in Jordanien gemacht hatte. Ohne Rücksicht auf die einheimische Bevölkerung kämpfte er vom Libanon aus gegen Israel – und setzte die Libanesen den massiven Gegenschlägen Israels aus. Durch Beirut kurvten Kleinlastwagen mit bewaffneten palästinensischen Kämpfern. Arafat hatte inzwischen die Golfstaaten überredet, von jedem dort lebenden Palästinenser eine fünfprozentige PLO-Steuer einzuziehen. Manch ein Beobachter hat seinerzeit die Meinung geäußert, Arafat habe als Gegenleistung für die finanziellen Zuwendungen versprochen, die Scheichs am Golf von PLO-Anschlägen zu verschonen. Einen seiner größten politischen Erfolge errang der Freiheitskämpfer bzw. Terrorist Arafat im Jahre 1974. Die UNO lud Arafat im November nach New York ein. Mit seinem Auftritt vor der UN-Generalversammlung gelang es Arafat, die Frage der Palästinenser zu einer »Weltfrage« zu machen – ganz wie zu Beginn des 20. Jahrhunderts Theodor Herzl die Judenfrage zu einer »Weltfrage« gemacht hatte. Der Gründer des politischen Zionismus, Theodor Herzl, hatte mit dem Scheckbuch gewunken, um dem osmanischen Sultan Palästina abzukaufen. In standesgemäßer Kleidung hatte er europäische Fürsten und Politiker hofiert, um ihre Zustimmung zu bekommen, in Palästina einen jüdischen Staat zu gründen. Jassir Arafat überzog nun den von Theodor Herzl 1896 proklamierten, 1948 gegründeten »Judenstaat« mit einem Guerillakrieg. Als er vor der UNO sprach, trug er das traditionelle palästinensische, schwarz-weiß karierte Kopftuch, die Kefiiyya, eine grüne Kampfuniform und eine (vermutlich nicht geladene) Pistole. Arafat hielt eine lange, kämpferische, aber auch versöhnliche Rede.[3]

Über die Juden sagte er: »Wir beklagen alle Verbrechen, die an den Juden begangen wurden.« Zum Terrorismus fand er folgende Worte: »Der Unterschied zwischen einem Revolutionär und einem Terroristen liegt in dem Grund, warum er kämpft. Wer … für Freiheit und Befreiung seines Landes von Invasoren kämpft … wird zu Unrecht Terrorist genannt. Sonst wären auch die Amerikaner Terroristen gewesen, die für die Befreiung von den britischen Kolonialherren kämpften.«

Die Amerikaner fragte Arafat, warum sie die Anliegen der Palästinenser so gar nicht verstehen wollten: »Was, frage ich Sie offen, ist das Verbrechen des palästinensischen Volkes gegen das amerikanische Volk? Warum bekämpfen Sie uns? Dient das wirklich Ihren Interessen?«

Am Ende seiner langen Rede machte Arafat schließlich ein überraschendes Angebot. Arafat forderte nicht die Zerstörung Israels, sondern die Gründung eines binationalen, demokratischen Staates in Palästina: »Wir bieten ihnen [den Juden bzw. den Israelis] die großzügigste aller Lösungen – dass wir zusammenleben im Rahmen eines gerechten Friedens in unserem demokratischen Palästina.«

Ob er den Vorschlag, den er bei anderer Gelegenheit wiederholte, ernst meinte, ist kaum abzuschätzen. Den Plänen der Zionisten – der weltlichen wie der religiösen – entsprach Arafats Vorschlag in keiner Weise. In ihren Augen sollte Palästina ein jüdischer Staat sein – und kein multikulturelles, binationales Gemeinwesen. Die Passage in der PLO-Satzung, dass Israel vernichtet werden müsse, strich das Palästinensische Parlament erst im Jahre 2000. Der Schritt sollte dazu dienen, den 1993 in Oslo begonnenen, damals festgefahrenen Friedensprozess zu beleben. Zur feierlichen Sitzung war auch US-Präsident Bill Clinton erschienen.

Der diplomatische Erfolg vor der UNO war nicht von Dauer. 1975 brach im Libanon der Bürgerkrieg aus. Eine wesentliche Ursache war das Verhalten Arafats und seiner Anhänger. Arafat sagte zwar, der libanesische Krieg sei nicht sein Krieg. Aber bald schon war die PLO tief in die Kämpfe verwickelt. Als 1982 israelische Panzer dem PLO-Spuk ein Ende machten und in den Libanon einrückten, wurden die Israelis von der schiitischen Bevölkerung im Süden wie Befreier empfangen. Die Menschen schmückten die israelischen Panzer mit Blumen. Indessen dauerte die Begeisterung über die Befreiung vom PLO-Joch nicht lange. Die Israelis wussten ihrerseits mit der ihnen überraschend entgegengebrachten Sympathie nichts anzufangen. Die israelischen Truppen gingen mit den Schiiten des Südens ebenso rücksichtslos um, wie dies zuvor Arafats Guerillakämpfer getan hatten.

Treibende Kraft der israelischen Libanoninvasion war Verteidigungsminister Ariel Scharon. Im Libanon prallten die beiden Widersacher Scharon und Arafat, die sich heute als verstockte alte Männer ein persönliches, politisches und militärisches Duell liefern, erstmals aufeinander. Scharons Truppen drangen bis Beirut vor. Arafat und seine Guerillakämpfer wurden evakuiert und fanden in Tunis Aufnahme.

Arafats Landsleute, die in den Flüchtlingslagern Beiruts zurückgeblieben waren, sahen jedoch schweren Zeiten entgegen. Schutzlos standen sie der christlichen Phalange-Miliz gegenüber. Deren Kommandeur, der designierte, dann vermutlich auf Betreiben der Syrer ermordete libanesische Präsident Baschir Dschemayel, war ein kompromissloser Verbündeter Israels im Libanon und ein ebenso kompromissloser Palästinenserhasser. Baschir Dschemayel wollte die palästinensische Präsenz im Libanon beenden – mit Gewalt. Nach dem Abzug von Arafats Fedayiin hatte Ariel Scharon den USA versprochen, seine Truppen nicht nach Westbeirut, also in den muslimischen Teil der libanesischen Hauptstadt, zu schicken. »Wir machten es unmissverständlich klar«, erklärte der amerikanische Sondergesandte Morris Draper, »dass die Vereinigten Staaten dies [den Einmarsch der Israelis nach Westbeirut] unter keinen Umständen dulden würden... Wir wussten, es würde ein Massaker geben.«[4]

Doch Scharon hielt sich nicht an die Absprache. Er schickte seine Truppen dennoch nach Westbeirut. Nach dem Völkerrecht war Israel nun für die Sicherheit und das Wohlergehen der Bevölkerung verantwortlich. Doch das Unglaubliche geschah. Unter dem Vorwand, in den Lagern befänden sich noch etwa 2000 PLO-Kämpfer, rückte am 16. September 1982 um sieben Uhr morgens eine kleine Truppe von etwa 150 Phalange-Milizionären in die palästinensischen Flüchtlingslager Sabra und Shatilla ein. Kommandeur war der notorische Killer Elie Hobeika. 38 Stunden später verließen die Phalange-Milizien die Lager. Israelisches Militär rückte nach. Mit ihm kam Emmanuel Rosen, Journalist der »Israeli Defence Force«. Er berichtete später: »Als wir die Lager betraten, waren die Menschen tot, oder sie waren am Sterben. Niemand schrie, niemand sprach... Es war sehr klar, dass sie nicht nur einfach erschossen, sondern vorher auch gefoltert worden waren. Als ich verstand, dass die Phalange das getan hatte, war meine erste Reaktion, dass diese Leute Killer sind. Sie sind wirklich die schlimmsten Leute, die ich jemals gesehen habe. Für mich, wissen Sie, war es so, als ob die Bilder des Holocaust wiedergekommen wären.« [5]

In knapp zwei Tagen hatten die Phalangisten unter den Augen der israelischen Armee etwa 700 wehrlose Palästinenser ermordet. Konsequenzen für die Verantwortlichen gab es kaum. Elie Hobeika wurde nach Ende des Bürgerkrieges Minister für Flüchtlingsfragen. Im Jahre 2000 erlag er in Beirut einem Attentat – genau in jener Zeit, als die Debatte über das Massaker wieder aufgelebt war und eine mögliche Anklage gegen Ariel Scharon in der Öffentlichkeit diskutiert wurde. Offenbar fürchtete jemand die mögliche Zeugenaussage Elie Hobeikas. Ariel Scharon verlor zwar 1983 sein Amt als Verteidigungsminister, wurde aber unter Benjamin Netanjahu Infrastrukturminister und damit verantwortlich für den Siedlungsbau im besetzten Westjordanland und in Gaza. Im Jahre 2001 avancierte er zum Premierminister.

Die Rechnung der von den Israelis gedeckten Phalangisten, mit dem Massaker in den Flüchtlingslagern den palästinensischen Widerstand und den Terror zu brechen, ging nicht auf. Im Herbst 1985 entführte eine radikale palästinensische Organisation das Kreuzfahrtschiff *Achille Lauro*. Unter Führung von Abu Abbas warfen die Terroristen einen Rollstuhlfahrer, den Juden Leon Klinghoffer, über Bord. (Abu Abbas wurde 2003 in Bagdad von amerikanischen Truppen verhaftet.) Dieses brutale Verbrechen zählt zu den schlimmsten und unentschuldbarsten palästinensischen Terrorakten. Zu ihnen gehört auch der Überfall auf die Mannschaft Israels bei den Olympischen Spielen in München 1972. Neun von palästinensischen Terroristen genommene israelische Geiseln kamen ums Leben, fünf von acht Geiselnehmern und ein deutscher Polizist. Lange ist der palästinensische Widerstand von oben, durch eine kleine Gruppe von Guerillakämpfern, geführt worden, die von ihrer Mission überzeugt waren. Doch der Masse der Bevölkerung war mit ihrem Kampf nicht gedient. Kein Zentimeter palästinensischen Bodens war Mitte der achtziger Jahre zurückgewonnen worden. Die israelische Besatzung lastete fast auf jedem einzelnen Palästinenser. Die Lebensbedingungen der Menschen in den von Israel beherrschten Palästinensergebieten verschlechterten sich permanent. Israel nutzte ein noch aus der britischen Mandatszeit stammendes Gesetz, das die Inhaftierung von Widerstand leistenden Personen auf unbestimmte Zeit erlaubte. Unklare, noch aus der osmanischen Epoche stammende Bestimmungen und Kataster waren Anlass für Israel, immer mehr Land in den besetzten Gebieten zu konfiszieren.

In einer solch verzweifelten Lage führen Ereignisse, die schon fast zur traurigen Alltagsroutine geworden sind, oft zu einem plötzlichen Ausbruch von Gewalt und Gegengewalt. So war es auch Anfang Dezember 1987, ziemlich genau zwanzig Jahre und sechs Monate nach der Besetzung des Westjordanlandes und Gazas durch Israel. Am 6. Dezember wurde der israelische Kaufmann Shlomo Sakal in Gaza ermordet. Am 8. Dezember überfuhr ein israelischer Lastwagen am Kontrollpunkt Erez – dem Übergang von Gaza nach Israel – vier palästinensische Arbeiter, die täglich den Übergang benutzten, um in Israel ihr Geld zu verdienen. Ein normaler Verkehrsunfall, hieß es. Doch manche Palästinenser vermuten, der Unfall sei kein Unfall gewesen, sondern ein bewusster Racheakt der Israelis für den Mord an Shlomo Sakal. Am 9. Dezember schließlich töteten israelische Soldaten im übervölkerten Flüchtlingslager Dschabalia nördlich von Gaza-Stadt den Palästinenser Hatem Sissi. Zusammen mit anderen jungen Leuten hatte er ein neues Mittel des Widerstandes gegen die israelische Besatzung gefunden: Er hatte Steine gegen israelische Soldaten und Panzer geworfen. Die erste Intifada, der zweite palästinensische Aufstand nach der Rebellion der Jahre 1936 bis 1939, hatte begonnen.

Am 8. Januar 1988 gab die Untergrundführung der Intifada ihr »Kommuniqué der Intifada No. 1« heraus. Die Worte von damals, verfasst in der Hochstimmung, endlich das eigene Schicksal selbst in die Hand genommen zu haben, könnten auch heute geschrieben sein: »Im Namen Gottes des Erbarmers, des Mitleidsvollen. Die ruhmreiche Erhebung unseres Volkes wird fortgesetzt. Wir werden Solidarität mit unserem Volk zeigen, wo immer es ist. Wir werden Loyalität demonstrieren gegenüber dem reinen Blut unserer Märtyrer und gegenüber unseren gefangenen Brüdern.«[6]

Jassir Arafat im fernen Tunis traf diese Jugendrevolte ebenso unvorbereitet wie das israelische Kabinett unter Yitzhak Schamir in Jerusalem. Aus höchst unterschiedlichen Gründen hofften beide auf ein schnelles Ende des Aufstandes. Arafat fürchtete um seinen Einfluss auf die Fatah, auf die PLO und vor allem auf den Gang der Ereignisse, die seiner Steuerung entglitten. Israel unter Yitzhak Schamir sah sich erstmals nach mehr als zwei Jahrzehnten israelischer Besatzung ernsthaftem Widerstand gegenüber. Diesmal waren es keine Flugzeugentführer, welche die Weltöffentlichkeit mit vollem Recht verdammte. Es waren auch keine Guerillakämpfer, die israelische Zivilisten oder Soldaten töteten. Es waren Jugendliche, die sich mit Steinschleudern gegen Panzer wehrten. Niemand, nicht einmal Amerika, der engste Verkündete Israels, sah sich in der Lage, die Steine werfenden jungen Leute zu verurteilen.

Die Intifada – was so viel wie Öffnung, Abschüttlung bedeutet – entwickelte sich zu einem Versuch von Jugendlichen, »alles um sie herum in Frage zu stellen, was sie ohne Hoffnung gelassen hatte – einschließlich der PLO«.[7] Zögernd nur und um die Initiative nicht völlig zu verlieren, gab Arafat schließlich seine Zustimmung zum Widerstand. Einer seiner treuesten Mitarbeiter in Tunis, Abu Dschihad, nahm sich der Rebellion an. Er, der anders als sein Chef Arafat jeden Winkel der besetzten Gebiete kannte, wurde hinter den Kulissen zum großen Dirigenten der Intifada. Diese für die

Israelis gefährliche Rolle veranlasste Yitzhak Schamir und Verteidigungsminister Yitzhak Rabin wohl auch, die Order zur Ermordung Abu Dschihads zu geben. Von einem Kugelhagel getroffen –
manche Berichte sprechen von etwa 150 Geschossen – sank der
Spiritus rector der Intifada am 16. April 1988 in seinem Haus in
Tunis zusammen. Abu Dschihads Frau musste ohnmächtig zusehen. Als Israel während der zweiten Intifada reihenweise Führer
der Hamas und andere Gegner Israels tötete, nannte der heutige
UN-Generalsekretär Kofi Annan diese Taten »extrajudicial kil-
lings« – Hinrichtungen außerhalb des Rechtes.

Die Ermordung Abu Dschihads brachte die Rebellion ebensowenig zum Erliegen wie viele solcher Hinrichtungen während der
zweiten Intifada. Der Aufstand steinewerfender Jugendlicher endete erst sechs Jahre später. Damals erklärte US-Präsident George
Bush senior, die Vertreibung Saddam Husseins aus Kuwait müsse
der Beginn einer neuen, friedlichen Ordnung im Nahen Osten
sein. Erstmals machte das Wort von einer »neuen Weltordnung«
die Runde. Die Palästinenser sahen in der Ankündigung ein Programm: Sie erhofften sich die Gründung eines eigenen Staates. Die
palästinensischen Kinder und Jugendlichen legten ihre Steine nieder, die israelischen Soldaten ließen ihre Gewehre sinken, und die
Welt hoffte, dass der nun schon fast einhundert Jahre dauernde
Streit zwischen Juden und Arabern um Palästina endlich friedlich
gelöst werden könne.

Obwohl die PLO nach Beginn der Intifada manch einen diplomatischen Schritt in Richtung Frieden machte, erwies sich diese Hoffnung als trügerisch. Am 15. November 1988 etwa erkannten die
Palästinenser auf ihrem Treffen in Algier Israel in den Grenzen
vom 4. Juni 1967 an. In einer »Politischen Erklärung« beriefen sie
sich auf die UN-Resolutionen 242 und 338 aus den Jahren 1967
und 1973. Diese UN-Beschlüsse fordern Israel allerdings auch
zum Rückzug aus den 1967 besetzten Gebieten auf. Zuvor, am
31. Juli 1988, hatte König Hussein von Jordanien seinen Anspruch
auf Rückeroberung des Westjordanlandes aufgegeben. Hussein
stellte das einst von seinem Großvater Abdallah I. annektierte,

dann 1967 von Israel eroberte Territorium seinem Kriegsgegner von 1970, Jassir Arafat, zur Verfügung und schuf so die territoriale Basis für Arafats weiteren Kampf um ein Stück Palästina. Doch ein Grundmuster des arabisch-israelischen Konfliktes konnten auch die rebellierenden Jugendlichen nicht ändern. Zwar war Israel durch die Jahre andauernde Jugendrevolte irritiert. Militärisch aber blieb Israel stark, die Palästinenser dagegen blieben schwach. Israel hatte eine schlagkräftige Armee, die Palästinenser durften den Verträgen von Oslo nach nur leichte Waffen besitzen. Aber Arafat und seine PLO haben niemals versucht, Israel auf dem politischen Parcours Paroli zu bieten. Niemals machten sie den Versuch, eine wenigstens im Ansatz überzeugende demokratische Ordnung aufzubauen.

Die nach den Verträgen von Oslo eingerichtete palästinensische Selbstverwaltungsbehörde regiert Arafat als typisch arabischer Autokrat. Oppositionelle kommen ins Gefängnis, loyale Mitarbeiter werden belohnt, Kritiker ins Abseits gestellt, mögliche Rivalen beiseite geschoben. Wahlen, die es nach 1996 (damals wurde Arafat zum Vorsitzenden der Autonomiebehörde bestimmt) bereits wieder im Jahr 2000 hätte geben müssen, wurden unter dem Vorwand abgesagt, die israelische Besatzung erlaube keinen Gang zu den Urnen. Die Korruption wuchert – geduldet von Arafat. Fast jede Zahlungsanweisung, welche die Autonomiebehörde ausstellt, muss von Arafat persönlich unterschrieben werden. Die Günstlingswirtschaft hat jede transparente Haushaltspolitik verhindert. Arafat herrscht unumschränkt – und verspielt dadurch eine Chance, die Sache der Palästinenser auch für westliche Politiker wieder attraktiv zu machen. Hätte Arafat den Versuch mit der Demokratie gewagt, wäre sein Ansehen in der Welt in den letzten Jahren nicht so ramponiert worden. Doch Arafat hat den Schritt vom Revolutionär zum Staatsmann oder doch zumindest zum reifen Politiker versäumt. Als Guerillakämpfer war er erfolgreich, als Politiker ist er gescheitert. Hätte er nur annähernd das Format eines Nelson Mandela, stünde es heute besser um die Sache der Palästinenser. Auch hätte ihn Ariel Scharon im Spätherbst des Jahres 2001 vermutlich nicht in seinem Amtssitz in Ramallah gefangensetzen können. So aber leiden die Palästinenser nicht nur unter der Besatzung Israels, sondern auch unter der Autokratie Jassir Arafats.

Arafats Dasein hat sich immer mehr auf ein Ziel zugespitzt: den Machterhalt. Die Pervertierung der zweiten Intifada in bewaffneten Kampf konnte oder wollte Arafat nicht verhindern. Um seinen Einfluss auf den Gang der Ereignisse nicht zu verlieren, förderte er durch die ihm untergeordneten Al-Aqsa-Brigaden zeitweise auch die Gewalt. Bis Mitte November 2003 hatten diese Brigaden in dreizehn Selbstmordattentaten sechzig Israelis getötet.[8] Weil in Arafats Autonomiebehörde derjenige die Macht hat, der die Sicherheitsdienste kontrolliert, zwang Arafat im Jahre 2003 Mahmut Abbas (Abu Mazen) nach einer nur wenige Monate dauernden Amtszeit zum Rücktritt. Der ihm von den USA und Großbritannien aufgedrängte Premier hatte nämlich die Kontrolle über die Sicherheitsdienste beansprucht.

Das Problem palästinensischer Gewalt hat allerdings noch eine andere Seite, eine Seite, die Arafat ein wenig entlastet. Arafat hatte kaum eine Möglichkeit, die Kämpfer von Hamas und Dschihad zu entwaffnen. Mit einem solchen Versuch hätte er einen palästinensischen Bürgerkrieg riskiert.

Amerikaner und Briten bezeichnen Arafat als einen »Teil des Problems«. Diese Einschätzung entbehrt sicher nicht jeder Grundlage. Solange er lebt, bleibt Arafat aber auch ein Teil der Problemlösung.

216

Kapitel 9
Hamas und Hisbollah – Palästina
als »islamische Stiftung«

»Ihr haltet uns für Terroristen, für Menschen, die keinerlei Skrupel haben, andere – unschuldige Männer, Frauen, Kinder – mit in den Tod zu reißen. Ihr irrt, denn der Fanatismus und der Terror hat seine Wurzeln in eurem Bestreben, sich die Welt untertan machen zu müssen. Ohne Unterlass schickt ihr die Planierraupen der Demokratie und die Freiheit verheißenden Dampfwalzen aus. Wir trauern um die Toten in den Restaurants, Diskotheken, Bussen. Aber wer von euch trauert um unsere Toten? War ihr Leben viel weniger wert als das der euren?«

Letzte Worte eines Selbstmordattentäters
(Aus: Raid Sabbah, *Der Tod ist ein Geschenk*)

Raid Sabbah ist ein Palästinenser, der in Deutschland lebt. Seine Familie stammt aus Dschenin im besetzten Westjordanland. Auf knapp 250 Seiten hat er beschrieben, wie aus dem jungen Palästinenser Said ein Selbstmordattentäter wird. Said starb zwar nicht als Attentäter, sondern im Kampf mit israelischen Siedlern. Doch zu diesem Zeitpunkt hatte er sich dem »Islamischen Dschihad« bereits als Selbstmordattentäter angeboten.

Saids Geschichte ist die Geschichte vieler Palästinenser, deren Land konfisziert wurde, die in der ersten und zweiten Intifada kämpften und die schließlich in ihrer Verzweiflung zum letzten Mittel griffen – zu Mord durch Selbstmord. »Sterben ist besser, als so weiterzumachen wie bisher«, hatte Saids Vater gesagt, bevor Said den Entschluss fasste, sich und andere zu töten.

Wer Kinder, Frauen und Männer tötet, die gerade im Restaurant sitzen oder auf Märkten einkaufen, ist ein Mörder. Wer sich bei diesem Akt des Terrors selbst mit in die Luft sprengt, hat mit seinem Leben abgeschlossen. Palästinenser, die sich ermorden, um

Israelis zu ermorden, sind in den meisten Fällen Produkte einer fast vier Jahrzehnte dauernden Besatzung und der von Tag zu Tag auswegloser werdenden persönlichen Lebensbedingungen. Solche persönlichen Tragödien rechtfertigen den Terror nicht. Sie erklären aber, was einen jungen Mann dazu bringt, sich und andere zu töten. Hamas und Dschihad werben Attentäter unter dem Banner des Islam, die Jassir Arafat nahestehenden Al-Aqsa-Brigaden unter dem Banner der zweiten Intifada.

Die Gruppen, die politisch und militärisch am heftigsten gegen Israel kämpfen, sind die libanesische Hisbollah und die palästinensische Hamas. Auf das Mittel der Selbstmordattentate greift im israelisch-palästinensischen Konflikt derzeit nur die Hamas zurück. Aber es war die Hisbollah, die das Selbstmordattentat erstmals als Waffe gegen einen militärisch haushoch überlegenen Gegner einsetzte. In den Anfangsjahren des Kampfes zur Befreiung des Südlibanon von israelischer Besatzung sprengten sich Hisbollah-Kämpfer an israelischen Kontrollposten in die Luft, um israelische Soldaten zu töten. Hamas-Sprecher Mahmut Zahar wehrt sich gegen die Bezeichnung »Selbstmordattentat«. Er spricht von »Märtyrerbomben«.

Inzwischen wurde diese Märtyrerbombe zur Standardwaffe von Al-Qaida und anderen Widerstands- bzw. Terrororganisationen. In Indonesien, im Irak, in Saudi-Arabien, in der Türkei und in Amerika nehmen Menschen bewusst den Freitod in Kauf, um andere Menschen, in den allermeisten Fällen Zivilisten, zu ermorden. Anders als die Palästinenser, die sich oft aus persönlicher Verzweiflung das Leben nehmen, um Israelis zu töten, sind die Selbstmordattentäter von Bali und Istanbul, von Bagdad und New York Werkzeuge einer skrupellosen Organisation. Al-Qaida hat die Selbstmordwaffe, die Märtyrerbombe, die zunächst auf die Konfliktregion im Nahen und Mittleren Osten, Unterabteilung Israel/Palästina, beschränkt war, zum Kampfmittel ihres weltweiten Terrorfeldzuges gemacht.

Die Gründung der Hisbollah ist in erster Linie ein Ergebnis der israelischen Besetzung des Südlibanon (die im Jahre 2000 mit dem

Rückzug Israels beendet wurde). Hamas wurde während der palästinensischen Intifada von 1987 bis 1993 gegründet. Beide Gruppen haben die Ideologie des arabischen Nationalismus durch den Islamismus ersetzt bzw. ergänzt. Dieser Panarabismus war in der verheerenden Niederlage des Sechs-Tage-Krieges vom Juni 1967 untergegangen. Die Neuorientierung suchten viele unter der Führung des Glaubens, des Islam. Diese im Westen oft ungenau als Re-Islamisierung bezeichnete Entwicklung hat sowohl die sunnitische Hauptrichtung des Islam als auch die schiitische Minderheit erfasst.

Hisbollah – eine arabische Erfolgsgeschichte
Ihre Entstehung verdankt die schiitische *Hizb Allah*, die Partei Gottes, drei Ereignissen: der sogenannten Sicherheitszone, welche die Israelis im Südlibanon bei ihrem Rückzug 1982/83 einrichteten, der politischen Stärkung des schiitischen Bevölkerungsteils im Verlaufe des libanesischen Bürgerkrieges und schließlich der iranischen Revolution von 1979 mit der Machtübernahme Ayatollah Khomeinis. Um nicht wieder wie vor 1982 von palästinensischen Guerillas aus dem Libanon angegriffen zu werden, hatte Israel 1982 einen Teil des Südlibanon unter seiner Kontrolle behalten. Schon einmal allerdings, 1978, waren israelische Truppen in den Libanon eingedrungen – bis zum Litani-Fluss, dessen Wasser Israel für sich nutzen wollte. Um die Gegend zu beruhigen, bildeten die Vereinten Nationen eine Beobachtertruppe, die »United Nations Interim Force in Lebanon« (UNIFIL). Diese »Interimslösung« für den Konflikt hat auch im Jahre 2003, ein Vierteljahrhundert später, keiner endgültigen Regelung Platz gemacht.

Die von Israel eingerichtete »Sicherheitszone« war niemals wirklich sicher. Zwar waren die meisten palästinensischen Kämpfer 1982 aus dem Libanon evakuiert worden. Doch nun war es die Hisbollah, gestärkt durch das neue, Israel feindlich gesinnte Regime im Iran, das sich den Kampf gegen Israel, in erster Linie jedoch die Befreiung des Südlibanon zum Ziel gesetzt hatte.

Die israelische Libanoninvasion von 1982 hatte letztlich neben zahllosen menschlichen Tragödien nur eine Konsequenz: Israel hatte einen Feind, die PLO, durch einen neuen, die Hisbollah, ersetzt.

Die Kämpfe zwischen Israel und Hisbollah dauerten Jahre. Mit einer Aktion, »Früchte des Zorns« genannt, wollte die israelische Armee die militärischen Stützpunkte der Hisbollah im Südlibanon im April 1996 entscheidend treffen. Mitte des Monats wurde ein Militärposten der UN-Beobachtertruppe UNIFIL in dem südlibanesischen Ort Qana von einer israelischen Rakete getroffen. Auf dem Gelände hatten Hunderte von Libanesen Zuflucht gefunden, welche sich vor den Kämpfen zwischen der Hisbollah und Israel in Sicherheit bringen wollten. 102 Menschen starben. Ministerpräsident Schimon Peres wollte sich später mit der unglaubwürdigen Aussage rechtfertigen, das israelische Militär habe Hisbollah-Guerillas treffen wollen, die aus der Deckung heraus, welche der UNIFIL-Posten biete, die israelische Armee bekämpft hätten. Dass die UNIFIL Flüchtlinge beherbergt habe, sei Israel nicht bekannt gewesen. Angesichts der üblicherweise hervorragenden militärischen Aufklärung Israels erscheint diese Behauptung bis heute vielen Kennern des Südlibanon eher unglaubwürdig.

Am 26. April 1996 wurde diese zweite Libanoninvasion durch ein Abkommen zwischen den USA, Israel und Syrien beendet. Besonders für die Hisbollah war dieses Abkommen ein großer diplomatischer Erfolg. Denn es enthielt eine zumindest indirekte Anerkennung ihres Kampfes zur Befreiung des Südlibanon. Entscheidend für die Hisbollah und ihre Schutzmacht Syrien war Punkt vier des Abkommens. Ohne dieses Übereinkommen zu verletzen, heißt es da, dürfe nichts in diesem Vertrag »eine Partei davon abhalten, ihr Recht auf Selbstverteidigung auszuüben«.[1] Nach allgemeinem Verständnis aller Vertragspartner einschließlich der USA und Israels gab diese Passage der Hisbollah das verbriefte Recht, innerhalb der von Israel reklamierten Sicherheitszone im Libanon gegen israelische Truppen und ihre bewaffneten

Verbündeten zu kämpfen. Dieser diplomatische Sieg der Hisbollah wurde allerdings auf dem diplomatischen Parkett kaum wahrgenommen. Die USA und Israel erwähnten ihn nicht.

Der Vertrag von 1996 hat die USA, Israel und andere nicht davon abgehalten, die Hisbollah weiterhin als Terrororganisation zu bezeichnen. Im libanesischen Bürgerkrieg hatte die Organisation dieses Attribut sicher verdient, denn die Entführung und jahrelange Einkerkerung von Menschen – etwa von Terry Waite, dem Gesandten des Erzbischofs von Canterbury – war ein Akt des Terrors. Bis auf den heutigen Trag allerdings beteuern manche Hisbollah-Führer, die Kidnapper seien nicht aus ihren Reihen gekommen. Solange diese Behauptungen nicht bewiesen sind, kann man sie jedoch getrost ins Reich der Fabel verweisen.

Weiterhin wird der Hisbollah vorgeworfen, für einen Anschlag auf die amerikanische Botschaft in Beirut und auf amerikanische Friedenstruppen verantwortlich zu sein. Bei diesen Attentaten im Mai und im Oktober 1983 starben mehr als 300 Menschen. In diesen Fällen ist es allerdings tatsächlich niemals voll und ganz bewiesen worden, dass wirklich die Hisbollah für diesen Terror verantwortlich war. Ein Mitarbeiter der CIA kam 1983 zu dem Schluss, dass der Anschlag auf die amerikanische Botschaft möglicherweise auf das Konto von Jassir Arafats Fatah-Gruppe gehe. Bei anderen Terrorakten, etwa auf die amerikanischen Kasernen in Beirut und bei der Entführung des TWA-Fluges 847 von 1985 habe der Iran seine Hände im Spiel gehabt.[2]

Im Südlibanon gelang es der Hisbollah, eine Art nationale Parallelarmee aufzubauen. Sie unterhält dort etwa 1500 bewaffnete Kämpfer. An der israelischen Grenze hat sie ein Netzwerk von Militärposten errichtet. Weil die Hisbollah den Südlibanon befreit hat, nimmt die Organisation nun für sich in Anspruch, den Landstrich weiter zu verteidigen – anstelle der regulären libanesischen Armee. Das Hisbollah-Potenzial besteht aus Katusha-Raketen und panzerbrechenden Waffen, aus unterirdischen Gängen und Bunkern sowie aus Grenzbeobachtungsposten. Einer Aussage von Hisbollah-Generalsekretär Hassan Nasrallah zufolge könne man

Israel zwar nicht an einer Invasion hindern, man sei aber in der Lage, ein solches Unterfangen zu erschweren.[3]

Ist die Hisbollah eine Terrororganisation? Der Partei und ihrem bewaffneten Arm sind zumindest seit dem israelischen Rückzug aus dem Südlibanon im Mai 2000 keine Terrorakte nachzuweisen. Die vergleichsweise wenigen militärischen Aktionen galten den von Israel besetzten, aber zu Syrien bzw. dem Libanon gehörenden Sheba-Farmen. An Flugzeugentführungen, Selbstmordattentaten nach dem Muster der palästinensischen Hamas oder an Gewalt-akten der Al-Qaida hat sich die Hisbollah nicht beteiligt. Jeden-falls sind für solche Aktionen bisher keine Beweise vorgelegt worden.

Als Terrororganisation ist die Hisbollah deshalb auch nur in den USA, Kanada und Israel verzeichnet. Die USA wollen Syrien ver-anlassen, alle Verbindungen zur Hisbollah abzubrechen. Präsident Baschar al-Assad jedoch verweist amerikanische Besucher stets darauf, dass Hisbollah-Kämpfer »ins zivile Leben zurückkehren werden, wenn die Ursachen beseitigt sind, die zu ihrem Wider-stand geführt haben«.[4]

Seit der US-Invasion im Irak vom Frühjahr 2003 ist der Doppel-staat Syrien-Libanon im Süden von Israel, im Norden vom NATO-Mitglied Türkei und im Westen vom angloamerikanischen Protektorat Jordanien-Irak eingeschlossen. Die Hisbollah hat da-durch erheblich an politischem und militärischem Spielraum ver-loren. Mehr noch als früher muss sie Erfolg mit politischen und sozialen Aktivitäten innerhalb der multireligiösen Gesellschaft des Libanon suchen. Dort unterhält sie Krankenhäuser und einen Fernsehsender. Mit neun Abgeordneten ist die Hisbollah im Par-lament von Beirut vertreten. Sehr zum Verdruss westlicher, vor allem aber auch arabischer Politiker gilt Hisbollah-Generalsekre-tär Hassan Nasrallah inzwischen als einer der angesehensten Füh-rer in der Region. Er hat militärischen Erfolg – als einziger hat er arabisches Territorium von Israel zurückerobert. Zudem ist die Hisbollah eine durch und durch disziplinierte und hervorragend organisierte Partei – eine Seltenheit im arabischen Nahen Osten.

Und nicht zuletzt hat man der Partei und ihren Mitgliedern niemals den Vorwurf der Korruption gemacht – eine noch größere Seltenheit unter arabischen Führern.

Hisbollahs Ideologie ist, so überraschend dies auch auf den ersten Blick klingen mag, zunächst einmal eher defensiver Natur. Gewaltsamen Widerstand gegen repressive arabische Regime lehnt die Partei ab. Anschläge gegen Zivilisten, ausländische Touristen und Politiker, wie sie in den neunziger Jahren etwa in Ägypten üblich waren, haben nie die Zustimmung der Hisbollah gefunden. Ihrer Auffassung nach ist Rebellion abzulehnen, weil sie der *Scharia*, dem islamischen Recht, widerspreche. Denn Rebellion führe zu Chaos, und Chaos sei noch repressiver als jedes totalitäre Regime. Auch Mohammed, der Prophet des Islam, habe während seines zwölfjährigen Aufenthaltes in Mekka nicht gewaltsam gegen die Obrigkeit rebelliert. Nicht in erster Linie die autoritären arabischen Regime, argumentiert die Hisbollah, gelte es zu bekämpfen, sondern den größten Unterdrücker – den Staat Israel.[5]

Israel ist für die Hisbollah Symbol einer westlichen Verschwörung gegen den Islam insgesamt. Diese Verschwörung hat nach Interpretation der Hisbollah mit der Balfour-Erklärung im Jahre 1917 begonnen. Als Hauptverschwörer gilt der Hisbollah inzwischen Amerika. Schon bevor US-Präsident George W. Bush von einer »Achse des Bösen« sprach, die aus dem Irak, dem Iran und Nordkorea bestehe, hat Hisbollah die USA als »Pionier des Bösen« ausgemacht. Amerika sei an der Spitze derer zu suchen, welche die »materialistische Welt« steuerten, um die unterdrückten Völker der Welt zu unterjochen. Amerika, »Quelle der Bosheit« und »Wurzel des Lasters«, sei letztlich verantwortlich für die vielen Katastrophen, von denen die muslimische Welt heimgesucht werde.

Dieser selbst ausgefertigte Freispruch der Muslime von jeder Verantwortung für die Tumulte der Region dient der Hisbollah als Basis für ihre anhaltende Gegnerschaft zu den USA und Israel, den »Pionieren des Bösen«. Dennoch steht die Partei in einem

Dilemma. Nach dem israelischen Rückzug aus dem Südlibanon wurde der Hisbollah die Grundlage für militärische Aktionen, bis dahin ihr Hauptbetätigungsfeld, weitgehend entzogen. Der militärische Kampf gegen Israel ist praktisch suspendiert – der ideologische freilich nicht.

Seitdem die USA im Irak herrschen, überwacht der »Pionier des Bösen« jeden Schritt, den der langjährige syrische und iranische Verbündete tut. Hisbollahs politische und militärische Nachschubwege sind trotz der bisher gezeigten Treue Syriens langfristig in Gefahr. Die Hisbollah ist sich der neuen Machtbalance durchaus bewusst. Man werde, sagte ein führendes Mitglied, diese neue Ordnung bei der Planung für die Zukunft in Rechnung stellen.[6] Und obwohl Hisbollahs ursprüngliches Programm auch die Vernichtung Israels beinhaltet, hat die Partei von diesem Ziel, zumindest derzeit, ebenso Abschied genommen wie von einem Boykott eines syrisch-israelischen Friedens.[7]

Die Friedensverträge mit Ägypten (1979) und Jordanien (1994) haben Israel vom Druck der unmittelbaren Nachbarn befreit. Die amerikanischen Feldzüge am Hindukusch und in Mesopotamien haben – das war eines ihrer Ziele – Theodor Herzls Vorposten Europas in Asien nun auch im Osten den Rücken frei gemacht. Vorerst jedenfalls.

Hamas – Befreiung auf islamisch

Anders als die Hisbollah hat die Hamas, die *Harakat al-Muqawama al-Islamiyya,* die »Islamische Widerstandsbewegung«, ihren Gegner nicht verloren. Wie die Entstehung der Hisbollah ist auch die Genese der Hamas ein Ergebnis israelischer Okkupation. In ihrem Gründungsjahr, für das man allgemein das Datum 1987 nennt, dauerte die israelische Besetzung des Westjordanlandes, Gazas und Ost-Jerusalems schon zwanzig Jahre. Die im Dezember 1987 ausgebrochene erste Intifada überraschte seinerzeit nicht nur Jassir Arafat, sondern ebenso einen Mann, der unmittelbar am Schauplatz selbst wohnte: Scheich Ahmed Yassin. Wie Arafat beschloss auch Yassin, dem spontanen Volksaufstand eine organisatorische Basis zu geben. Das Ergebnis war die Gründung der »Islamischen Widerstandsbewegung«. Doch die Hamas hat eine viel längere Geschichte. Denn Scheich Ahmed Yassin, nach einem Badeunfall in jungen Jahren gelähmt, war in den späten sechziger und frühen siebziger Jahren jener Mann, der die Basis der Muslimbruderschaft in Gaza legte. Wegen seiner ausgeprägten islamischen Gelehrsamkeit, seines Organisationstalentes und seines Charismas haben ihm seine Anhänger, wie in Arabien üblich, den Titel Scheich gegeben. Von seinem Haus im Flüchtlingslager Shati aus organisierte Ahmed Yassin kleine Zellen von drei bis fünf Mitgliedern. Er teilte den Gazastreifen in fünf Bezirke ein, in denen die Muslimbruderschaft agierte. Diese Zellen arbeiteten auf religiösem und sozialen Feld. Militärisch waren sie nicht aktiv. 1973 gründete die Bruderschaft in Gaza *Al-Mudschamma al-Islami*, das »Islamische Zentrum«, eine Organisation, die für die religiöse, erzieherische und soziale Arbeit der Bruderschaft verantwortlich sein sollte. Die Bruderschaft handelte auf einem Feld, auf dem die Besatzungsmacht Israel – und später, seit 1994, die Palästinensische Selbstverwaltungsbehörde – versagte. Die Muslimbrüder übernahmen die Funktion eines Sozialministeriums.

Die Hamas sieht sich auch selbst in dieser Verantwortung, wenn sie ihre Entstehung so beschreibt: 1967 bis 1976 – Aufbau der Muslimbruderschaft in Gaza »unter der repressiven israelischen Herrschaft«; 1976 bis 1981 – geographische Ausdehnung ins Westjordanland; 1981 bis 1987 – Intensivierung des politischen Einflusses und Vorbereitung des bewaffneten Kampfes; 1987 – Gründung der Hamas als militärischer Flügel der Muslimbruderschaft.[8]
Ursprünglich hatte Israel den Werdegang der Muslimbruderschaft unterstützt. Die politischen Strategen in Jerusalem sahen in der Bruderschaft ein Gegengewicht zur PLO Jassir Arafats. Doch der Versuch, die Kräfte des palästinensischen Feindes aufzusplittern, schlug fehl. Gerade weil sich die Hamas auf politischem wie auch auf militärischem Feld gegen die PLO behaupten muss, ist sie zu einer gewaltigen Kraft geworden.

Für die Muslimbruderschaft, die Hamas und die Hisbollah ist soziales Engagement ein »innerer Dschihad«. Denn der Dschihad, in den westlichen Medien oft als eine Art blutiger Krieg gegen Ungläubige missverstanden, ist im Islam zunächst der innere Kampf eines jeden einzelnen um die Verwirklichung der vom Koran vorgegebenen Werte. Diesem inneren Dschihad hat sich die Muslimbruderschaft in Gaza und im Westjordanland bis 1987 fast ausschließlich gewidmet. Der Beginn des »äußeren Dschihad« – unter den Bedingungen Gazas war dies der bewaffnete Kampf gegen Israel – wurde der Hamas praktisch von der Intifada vorgegeben. Der äußere Dschihad war die Konsequenz von zwei Jahrzehnten israelischer Besatzung. Hamas nennt ihn den »Verteidigungs-Dschihad«. Dass dieser Dschihad eine Folg der israelischen Politik war, sehen inzwischen auch einige israelische Historiker. Shaul Mishal und Avraham Sela schreiben, der von der Hamas erklärte Dschihad habe sich als »besonders mächtige Antwort auf Israels Gewalt gegen die Palästinenser« erwiesen.[9]

Wie das zionistische Projekt der Kolonisierung Palästinas ist auch das islamische Projekt zur Rückeroberung Palästinas ein prinzipielles Unterfangen. Kompromisse schließen beide Seiten aus. Die frühen Zionisten dachten nicht in religiösen, sondern in nationalen und kolonialen Kategorien. Sie suchten in Palästina ein Stück Land, um dem europäischen Antisemitismus zu entfliehen. Der Holocaust lieferte zusätzliche Argumente für ihren Plan. Für die frommen, religiösen Juden (allerdings nicht für alle) drückt die Sehnsucht nach Zion das Verlangen nach Rückkehr zu ihren Wurzeln aus. Für christliche Fundamentalisten, für christliche Zionisten also, ist Palästina das »Heilige Land«. Der Plan einer Rückeroberung aus den Händen der Muslime kommt einer neuen Kreuzzugsidee gleich.

Dieselben Argumente nehmen manche palästinensische Muslime für sich in Anspruch. Für die Muslimbruderschaft und die aus ihr hervorgegangene Hamas ist Palästina eine »islamische Stiftung« *(Waqf)*, eine Gabe Gottes. So jedenfalls steht es im dritten Kapitel der Hamas-Verfassung. Die entscheidende Passage lautet: »Die

Islamische Widerstandsbewegung glaubt, dass das Land Palästina für alle Generationen von Muslimen bis zum Tag der Wiederauferstehung eine islamische Stiftung ist. Es ist nicht gerecht, es [Palästina] aufzugeben, auch nicht einen Teil. Weder ein einzelner arabischer Staat noch alle arabischen Staaten, weder ein König noch ein Präsident, noch alle Könige und alle Präsidenten, weder eine einzelne Organisation noch alle von ihnen – seien sie palästinensische oder arabische – haben die Befugnis dazu [zur Herausgabe Palästinas].«[10]

Der Kampf um die »Gabe« Palästina, um das »Heilige Land«, um die »islamische Stiftung« wird mit alttestamentarischer Härte geführt. In diesem Kampf wird das heute geltende Völkerrecht von beiden Seiten mit souveräner Erhabenheit missachtet. Brutal tötet Hamas innerhalb des international anerkannten Staates Israel Zivilisten, die in Bussen reisen, in Restaurants speisen oder auf bevölkerten Märkten einkaufen. Israelischen Gegenschlägen fallen nicht nur die Organisatoren dieser Attentate zum Opfer, sondern immer wieder auch palästinensische Männer, Frauen und Kinder, die mit den Anschlägen nichts zu tun haben.

Bei ihrem Kampf zur Rückgewinnung der »Islamischen Stiftung Palästina« setzt Hamas eine menschliche Waffe ein, die in der westlichen Berichterstattung den Namen »Selbstmordattentäter« bekommen hat. Die Hamas nennt diese Waffe »Märtyrerbombe« und will mit diesem Kampfmittel die militärische Überlegenheit der Israelis ausgleichen. Der in Gaza lebende Arzt und Verbindungsmann zu den Medien Dr. Mahmut Zahar erklärt die Taktik der Hamas so: »Wir haben leider keine F 16-Flugzeuge und keine Apache-Hubschrauber, um das israelische Militär anzugreifen. Daher kämpfen wir auf unsere Weise... Unsere Kämpfer sind keine Selbstmordattentäter. Das sind Märtyrerbomben... Die Menschen lesen den Koran. Sie lesen die Geschichte des Islam. Sie sind überzeugt, Märtyrer zu sein. Wir sind nicht irgendein abergläubisches Volk. Wir sind Ärzte, Ingenieure. Die Leute mit der besten Ausbildung finden sich bei Hamas. Wir leben nicht mit Mythen. Wir haben die höchsten akademischen Grade dieser Gesellschaft.«[11]

Die Kampfmittel mögen variieren, die Symbole und die Mythen, um die es in diesem Krieg geht, bleiben dieselben. 1929 demonstrierten Araber in Jerusalem gewaltsam gegen Juden, weil Chaim Weizmann die an Felsendom und Al-Aqsa-Moschee angrenzende Klagemauer unter die Verwaltung der Zionisten stellen wollte. 67 Jahre später, im September 1996, lieferten sich Palästinenser und Israelis an derselben Stelle tagelang heftige Kämpfe, weil ein politischer Erbe Chaim Weizmanns, Ministerpräsident Benjamin Netanjahu, den am Tempelberg/Haram al-Sharif entlangführenden Hasmonäischen Tunnel eröffnet hatte. Die Israelis sahen in dieser Entscheidung eine weitere, selbstverständliche Festigung ihrer Präsenz im arabischen Teil Jerusalems. Die Palästinenser wähnten, wie seinerzeit bei der Besitznahme der Klagemauer durch Chaim Weizmann, ihre Präsenz beeinträchtigt und ihre religiösen Gefühle verletzt. Exakt mit diesem Kalkül betrat am 28. September 2000 Ariel Scharon unter großem Polizeischutz den Tempelberg/Haram al-Sharif. Zwei Monate zuvor waren in Camp David Friedensverhandlungen gescheitert. In Israel standen Wahlen bevor. Seinen Landsleuten wollte Scharon zeigen, was von ihm als Premier zu erwarten sei. Den Palästinensern demonstrierte er abermals jüdische Besitzansprüche an den islamischen Heiligtümern.

Ihre Präsenz wollen die Israelis auch im Zentrum Hebrons demonstrieren. Mitten in der 120 000 Einwohner zählenden Stadt liegt eine jüdische Siedlung. Etwa 20 000 Palästinenser, die in Hebrons Altstadt in der Nähe dieser Siedlung wohnen, werden seit Jahren durch eine Ausgangssperre in ihren Häusern gehalten. Nur zu bestimmten Zeiten dürfen sie ihre Wohnungen verlassen, um Einkäufe zu tätigen oder zum Arzt zu gehen.

Hebron ist auch Schauplatz eines verheerenden jüdischen Terroraktes. Um Rache für das arabische Massaker an Juden von 1929 zu nehmen, richtete im Februar 1994 Baruch Goldstein aus dem nahegelegenen Kiryat Arba in jenem Gotteshaus, in welchem die jüdischen Patriarchen Abraham, Isaak und Jakob begraben sind und das heute größtenteils eine Moschee ist, ein Blutbad an. Goldstein erschoss 29 betende Muslime. Er selbst wurde von wütenden Palästinensern gelyncht. Hamas nahm diese Orgie der Gewalt zum Anlass, Rache zu üben, und überzog Israel mit einer Reihe von Selbstmordattentaten.

Die Gewalt, die den Nahen Osten seit gut acht Jahrzehnten überzieht, ist – dies lässt sich auch hier wieder feststellen – weitgehend in der 1920 geschaffenen Nachkriegsordnung angelegt. Diese Feststellung bedeutet allerdings nicht, dass eine arabische Welt, die vom Kolonialismus der Siegermächte verschont geblieben wäre, eine idyllisch-friedvolle Entwicklung genommen hätte. Wie die Geschichte besonders der Arabischen Halbinsel zeigt, ist die Gewohnheit, Konflikte kriegerisch auszutragen, bei den Stammesgesellschaften der Region seit jeher Tradition. Doch die Frage »Was wäre geschehen wenn...?« ist müßig. Politiker und Historiker befassen sich mit Tatsachen, nicht mit verpassten Alternativen. Und eine dieser Tatsachen ist, dass sich – wie besonders die Beispiele Palästina-Israel und Irak zeigen – die Völker in der Region noch längst nicht mit der 1920 geschaffenen Regionalordnung abgefunden haben.

Auch Hamas kämpft gegen diese Ordnung. Bei den Palästinensern findet die »Islamische Widerstandsbewegung« immer größeren Zuspruch. 1996 unterstützten nur zwanzig Prozent der Palästinenser Selbstmordattentate gegen israelische Zivilisten. Heute trifft diese Strategie bei gut zwei Dritteln aller Palästinenser auf Zustimmung. Ursache für ein solches Verhalten, das besonders im Westen wenig Verständnis findet, ist die Tatsache, dass die Palästinenser keinerlei Hoffnung sehen, in naher Zukunft in einem eigenen Staat leben zu können.

Wie die »außergerichtlichen Hinrichtungen« durch israelisches Militär verstoßen auch die Angriffe der Hamas auf Zivilisten eindeutig gegen das Völkerrecht. Die Kriegführung der Hamas ist jedoch auch politisch kontraproduktiv. Im westlichen Kulturkreis, in dem ein Menschenleben mehr gilt als im von jahrelanger Gewalt gezeichneten Nahen Osten, wird Hamas damit niemals Zuspruch ernten. Und: Mit ihren Selbstmordattentaten versetzt

Hamas Israel in einen Belagerungszustand. Die Belagerten aber, geprägt durch eine Geschichte (europäischer) Verfolgungen, neigen dazu, mit der von Hannah Arendt zitierten Wagenburgmentalität zu reagieren, nicht aber mit Kompromissen. Und Politiker, die wie Ariel Scharon in der Nachfolge Wladimir Jabotinskys stehen, erkennen darin ihre Chance, sich auch den bislang noch nicht eroberten Rest Palästinas untertan zu machen.

Teil IV
Verhinderte Völker –
versteinerte Regime

Kapitel 10
Arabien – Tagträume vom verlorenen Glanz

»Wenn Gott ein menschliches Wesen erniedrigen wollte, würde er ihm das Wissen vorenthalten.«

Imam Ali Ibn Abi Talib,
Über Wissen und Arbeit, um 655

»Am Vorabend des 21. Jahrhunderts steht die arabische Welt am Scheideweg ... Armut ... bleibt das gemeinsame Los in vielen arabischen Gesellschaften ... Die arabischen Länder betreten das 21. Jahrhundert mit sechzig Millionen Analphabeten, von denen die meisten Frauen sind.«

»Arab Human Development Report«, vorgelegt vom
United Nations Development Programme (UNDP), 2002

Es geschieht nicht sehr häufig, dass einem Regime auf 168 Seiten, prall gefüllt mit Statistiken, Zitaten, vor allem aber prägnantem Text, ein Spiegel des Versagens vorgehalten wird. In einem umfangreichen Forschungsbericht stellte das Entwicklungsprogramm der Vereinten Nationen (UNDP) 2002 fest, dass die arabische Welt unter einem Mangel an politischer Freiheit, einem Mangel an Ausbildung und einem Mangel an wissenschaftlicher Forschung leide und teilweise unter den Standard Schwarzafrikas gefallen sei. Die Bereiche, auf denen die arabische Welt gegenüber anderen Regionen des Globus zurückgefallen ist, sind zahlreich. Bei der Finanzierung der Wissenschaften sind arabische Staaten »die schwächsten auf der Welt«.[1] Auch in der Industrieproduktion hat die Region ihren Konkurrenten nicht standhalten können. 1981 betrug die Produktion Chinas die Hälfte jener in der arabischen

233

Welt, heute produziert China doppelt so viel. Die Industrieproduktion Südkoreas betrug 1981 zehn Prozent des in der arabischen Welt erreichten Standards, 1995 waren beide bereits gleichauf. UNDP bescheinigt den arabischen Staaten ein Defizit an Freiheit sowie ein Defizit an Wissen und Ausbildung. Weiterhin sei zu beklagen, dass die Teilnahme von Frauen am gesellschaftlichen Leben weit unter dem Standard anderer Weltreligionen liege. Zwar hätten die arabischen Länder im Bildungsbereich Fortschritte gemacht.»Dennoch ist der erzieherische Standard in arabischen Ländern als Ganzes, auch an traditionellen Kriterien gemessen, immer noch bescheiden, wenn man ihn mit anderen Regionen und sogar mit Entwicklungsländern vergleicht.«

Seit Jahrzehnten ist das Problem der Rückständigkeit auch den Politikern bekannt. Nachdem 1949 Hosni Zaim in Syrien an die Macht gekommen war, sagte er:»Gebt mir fünf Jahre, und ich werde Syrien so wohlhabend und aufgeklärt machen wie die Schweiz.«[2] Heute gehört die syrische Wirtschaft zu den am wenigsten dynamischen in der Region. Es dauerte Jahre, bis man sich entschloss, das revolutionäre Experiment zu wagen, ein oder zwei Privatbanken zuzulassen. Der Staatsapparat fürchtete, etwas von seiner Macht abgeben zu müssen.

Die Frage nach den Ursachen der Rückständigkeit der arabischen Welt und die Frage nach der Wehrlosigkeit, mit der sich die arabische Welt dem Ansturm des Westens ergeben hat, sind natürlich zwei Seiten ein und derselben Medaille. Dabei ist es durchaus problematisch, bei dieser Frage zwischen Muslimen und Arabern, Islam und arabischer Welt zu unterscheiden. Über neunzig Prozent aller Araber sind Muslime. Sie definieren ihr Arabertum durch die arabische Sprache, welche die Sprache des Koran ist. Wenn man nach Gründen dafür sucht, warum die arabisch-muslimische Welt dem westlichen Kolonialismus so wenig entgegenzusetzen hatte, kommt man jedoch um ein entscheidendes Merkmal nicht herum: Arabische Gesellschaften sind bis auf den heutigen Tag oft nach Stämmen, Clans, Großfamilien und nicht – wie im Westen – nach sozialen Schichten geordnet. Diese Stammestradition geht weit vor die Zeit zurück, da der Prophet Mohammed den Islam, die Unterordnung unter den *einen* Gott, predigte. Dieser Gott ist im Übrigen kein spezieller arabischer Stammesgott, den man im Westen fälschlicherweise stets Allah nennt. Auch orientalische Christen beten zu Allah, denn Allah ist nichts anderes als das arabische Wort für Gott. Der Gott, dessen Botschaft Mohammed predigte, ist, nach den Worten des Propheten, derselbe Gott, zu dem Juden und Christen beten.

Der Islam des Propheten predigt »Einheit, Brüderlichkeit, Solidarität, Gerechtigkeit, Frieden, Toleranz, Gleichberechtigung, Ordnung und Disziplin«.[3] Gemessen an diesen Zielen hat der Islam wenig erreicht. Mohammeds Lehre war eine Herausforderung für die Stammesordnung der Araber. Die ewigen Fehden sollten unter dem Banner des Islam überwunden werden. Doch wie etwa der blutige Beute- und Eroberungszug Ibn Sauds zeigt, reichen alte Stammestraditionen weit ins 20. und auch bis ins 21. Jahrhundert hinein. Deshalb ist es durchaus berechtigt, bei der Erörterung der Reaktion der arabisch-muslimischen Welt auf den westlichen Imperialismus zwischen Muslimen und Arabern zu unterscheiden. Denn viele Entwicklungen in dieser Region erklären sich durch die – vorislamischen – Stammestraditionen auf der Arabischen Halbinsel und in den nördlich angrenzenden Gebieten. Staaten, wirkliche »Staatsvölker« mit eigenen Identitäten, gab es nicht. Was es gab, waren Menschen, die türkisch, kurdisch oder arabisch sprachen und vorwiegend Muslime waren. Meistens waren sie nach Stämmen und Großfamilien organisiert. Erst im Ersten Weltkrieg begannen einige Araber, den bis heute unerfüllten Traum zu träumen, dereinst in einer »arabischen Nation« zusammenzuleben. Diesem »Arabien« ohne feste Grenzen und ohne Staatsvölker stülpten Briten und Franzosen eine Europa entlehnte nationalstaatliche Ordnung über. Nach imperialen Kriterien wurden Stämme durch Grenzen eingezäunt. Die krassesten Beispiele sind Transjordanien (aus dem 1946 Jordanien wurde) und der Irak. Doch Völker, die sich mit Recht Jordanier, Iraker, Syrer nennen konnten, gab es nicht. Sie hatten keine nationale Tradition, kein nationales Epos, keine Hymne, die mit Recht das Wort »national« verdient hätte. Kurz vor seinem Tod notierte der irakische König Faisal I. in einem geheimen Memorandum, dass es kein »irakisches Volk« gebe, sondern nur »unvorstellbare Massen menschlicher Wesen«, welche von »keinerlei patriotischem Gefühl beseelt« seien. »Aus diesen Massen wollen wir ein Volk formen, welches wir trainieren, erziehen und läutern wollen.«[4] Die Schwierigkeiten, schrieb der König fast schon resignierend, seien immens.

Ursprünglich sind die einzigen Völker, die es im Gebiet zwischen Nil und Tigris gibt und die auch in Staaten leben, Ägypter und Türken. Die Kurden sind ein in Stämmen gegliedertes Volk, haben aber keinen Staat. Die Palästinenser entwickelten sich zu einem Volk, haben aber ebenfalls keinen Staat. Die Juden sind ein Volk und haben einen Staat, den sie aber auf Kosten der einheimischen Araber errichteten.

Der Prozess der arabischen Nationenbildung ist auch mehr als acht Jahrzehnte nach Schaffung der arabischen Staaten nicht beendet. Saudi-Arabien ist nach der herrschenden Familie benannt. Das durch den Eroberungszug Ibn Sauds entstandene Königreich ist auch sieben Jahrzehnte nach seiner Gründung ein Land, das nach alten Stammesgesetzen regiert wird. Als 1946 aus dem britisch dominierten Emirat Transjordanien das heutige Jordanien wurde, nannte es sich »Haschemitisches Königreich Jordanien«. An dieser Namensgebung hat sich auch nichts geändert, nachdem in den Nahostkriegen von 1948 und 1967 über eine Million Flüchtlinge aus Palästina nach Osten, über den Jordan, in das ehemalige »Transjordanien« flüchteten. Obwohl Palästinenser heute zwei Drittel der Bevölkerung stellen, ist das Königreich ein Königreich der von den Briten aus Mekka importierten Familie der Haschemiten geblieben.

Noch immer betrachten sich viele »Staatsbürger« in der arabischen Welt nicht nur als Iraker, Jordanier, Libanesen, Syrer. Sie orientieren sich auch an ihren Subidentitäten – an ihrem Stamm, ihrer Großfamilie, ihrer Religion (Maronit, Schiit, Sunnit, Kurde, Assyrer). Im Krieg vom Frühjahr 2003 brach der Irak innerhalb von vier Wochen auch deshalb zusammen, weil sich niemand mit dem herrschenden Clan der von Saddam Hussein geführten Tikritis identifizieren wollte.

Obwohl sich natürlich in den Jahrzehnten seit dem Ersten Weltkrieg so etwas wie ein jordanisches, irakisches, syrisches Nationalgefühl entwickelt hat, leben die alten Stammes- und Familientraditionen fort. Oft bestimmen uralte Loyalitäten der Klientelgesellschaft das Verhalten der Menschen. Der arme ägyptische Fellache vom Lande empfindet eine stärkere Bindung gegenüber seinem Verwandten, der eine hohe Position in der Stadt und Pfründe zu vergeben hat, als gegenüber seinen mit ihm darbenden Klassengenossen auf dem Dorf. Loyalität verläuft vertikal zu einem Patron und nicht horizontal innerhalb einer Klasse.

Gewaltenteilung gibt es zwischen Familienverbänden, nicht aber zwischen Gruppen einer pluralistisch organisierten Gesellschaft. Islamische Städte hatten, anders als in Europa (»Stadtluft macht frei«), keine Eigenständigkeit, innerhalb deren Zünfte, Stände oder Adel die Geschicke bestimmten. Islamische Städte blieben eine Ansammlung von Dörfern oder Dorfbewohnern, die vom Stammesherren regiert werden. In Ägypten nennt sich dieser Herrscher heute modern Gouverneur, wird aber nicht gewählt, sondern vom Präsidenten-Pharao bestimmt. Die Menschen stehen in einem engen Abhängigkeitsverhältnis vom Herrscher-Präsidenten-König.

Emanzipation ist nicht in Sicht. Im Gegenteil: In Syrien vererbte Präsident Hafis al-Assad die Macht auf seinen Sohn Baschar al-Assad. In Ägypten will die herrschende Familie der Mubaraks die Macht vom Präsidenten Hosni offenbar auf den Sohn Gamal übertragen. Der Jemen ist zwar formal eine Republik. Aber die wilde Gebirgslandschaft hat von altersher eine in Stämme gegliederte Gesellschaftsform gefördert. Nun will auch Präsident Abdallah Saleh die Macht dereinst an seinen Ältesten vererben. So wird das Prinzip der arabischen Stammesgesellschaft auf den Staat übertragen. Aus der *Republik* Syrien wird ein *Lehen* der Familie Assad, aus dem großen Ägypten ein Lehen der Mubaraks, aus dem Jemen ein Erbfürstentum der Salehs. Die Assads, Mubaraks und Salehs, zumindest der Form nach gewählte Präsidenten von Republiken, treten ein in die Reihe der Erbdynastien der Familien Saud, Haschem (Jordanien), der Khalifa (Bahrain), der Sabbah (Kuwait), der Zayyed in den Emiraten und der Familie Thani in Katar. Mitglieder dieser Clans bekleiden die wichtigsten Regierungsposten. Diese Stammesstaaten vertreten in erster Linie die Interesssen der herrschenden Familien und ihrer Fürstentümer. Der einst von Gamal Abdel Nasser propagierte Panarabismus hat die traditionellen arabischen Gesellschaftsstrukturen nicht aufbrechen, ja nicht einmal aufweichen können. Das ernüchternde Fazit: Demokratie und eine pluralistische Gesellschaft, welche die Kräfte des Einzelnen freisetzt, gibt es in der arabischen Welt nicht.

Diese Stagnation, dieses Verharren in den Bindungen der traditionellen Clan-Gesellschaft hat zur Folge, dass die arabischen Nationalstaaten innerlich schwach, ohne wirkliche innovative Kraft bleiben. Denn bis auf den heutigen Tag fürchten die Herrschenden, dass durchgreifende Reformen ihre Macht schmälern würde. Unter dem Druck der Attentate Osama Bin Ladens – und der USA, die den Terror neuerdings auch mit demokratischen Reformen bekämpfen wollen – kündigte Saudi-Arabien im Oktober 2003 Kommunalwahlen an. Möglicherweise gewinnt die Einsicht an Gewicht, dass ein zumindest behutsamer demokratischer Umbau nötig ist, um die arabischen Gesellschaften voranzubringen.

Allerdings ist europäischer Hochmut kaum am Platze. Denn bis ins Mittelalter war die heute in der arabischen Welt immer noch gängige Praxis, zur Stärkung des eigenen Clans Cousins bzw. Cousinen zu heiraten, auch in Europa gang und gäbe. Die katholische Kirche wandte sich auch deshalb gegen diesen Brauch, weil er die vom Christentum gepredigte Nächstenliebe auf Familienmitglieder beschränkte und weil die durch Familienheiraten gestärkten Clans den übergreifenden Machtanspruch der Universalkirche bedrohten.

Der von den USA geführte »Feldzug für Demokratie« im Nahen Osten, speziell im Irak, wird kaum schnell auf große Resonanz treffen, weil jeder Minister, jeder Gouverneur gar nicht anders kann, als seinen Familienpflichten Genüge zu tun und alsbald Mitglieder seines Clans in hohe Stellungen zu berufen. Eine solche Praxis ist nicht am Allgemeinwohl orientiert, sondern an der Wohlfahrt des eigenen Familienverbandes. Sie schwächt die Zentralgewalt und trägt zur Fragmentierung des Landes bei. Das *Nation building,* der Aufbau einer pluralistischen Gesellschaft, ist so nur schwer möglich. Im Nachkriegsdeutschland dagegen konnte eine solche Entwicklung deshalb schnell Erfolg haben, weil das Konzept der *Civil Society* trotz Hitlerdiktatur anerkannt war und weil die deutschen »Stämme« – die Fürstenhäuser der Habsburger, Wittelsbacher, Hohenzollern – ihre Macht längst verloren hatten.

Im Nahen Osten dagegen führt der Mangel an demokratischer Legitimation – jedenfalls gemäß westlichem Verständnis – zu nachteiligen Konsequenzen für das ohnehin nur halbherzige Experiment, moderne, pluralistisch aufgebaute, innerlich starke Nationalstaaten aufzubauen. Die Regierenden und die sie tragenden Clans sind in erster Linie am Machterhalt und nicht am Gemeinwohl interessiert. Die Regierten wiederum wissen, dass sie dem »Staat«, der meistens ohnehin nur das Unternehmen der herrschenden Familie ist, nicht trauen können. Deshalb ist auch ihnen ein Begriff wie »Gemeinwohl« weitgehend unbekannt. Denn da die Regierenden sich nur um ihr privates Wohl kümmern, bleibt den Regierten nichts anderes übrig, als ebenso zu handeln.

Es lohnt sich, in diesem Zusammenhang einen ganz und gar unverdächtigen Zeugen etwas ausführlicher zu zitieren. Es ist Adnan Abu Ode, früherer jordanischer Informationsminister und Chef der Kanzlei König Husseins. Unter dem Titel »Was uns der Irakkrieg über den Zustand der Araber sagt« schrieb er am 27. Mai 2003 in der Beiruter Zeitung *The Daily Star* aufschlussreiche Sätze über den Zustand arabischer Gesellschaften. Abu Ode beginnt mit der Lage der arabischen Welt nach dem Schock der Niederlage gegen Israel im Jahre 1967: »Weil viele arabische Regierungen seinerzeit die Katastrophe, welche da über die arabische Nation gekommen war, nicht wahrhaben wollten und nur beschönigend von einem ›Rückschlag‹ sprachen, ist es zu einer neuen Katastrophe, zum Irakkrieg, gekommen.«

Eine der Ursachen beschreibt Adnan Abu Ode so: »Die überwältigende Mehrheit [der Menschen] verachtete öffentliche Tätigkeiten und konzentrierte sich stattdessen darauf, für sich und ihre Familien zu sorgen. Für Familien mit niedrigem Einkommen wurde die Suche nach Arbeit die Hauptbeschäftigung. Familien mit höherem Einkommen konzentrierten sich darauf, ihre Strom-, Wasser- und Gasversorgung und die Müllabfuhr sicherzustellen und dafür zu sorgen, dass ihre Kinder genügend gute Noten bekamen, um an den staatlichen Universitäten zugelassen zu werden. Andere übliche Sorgen schlossen die Suche nach einem hochgestellten Regierungsbeamten ein, der den bürokratischen Hürdenlauf vereinfachen oder die Erlangung der amerikanischen, kanadischen oder australischen Staatsbürgerschaft erleichtern konnte… In der arabischen Gesellschaft dominieren private Sorgen das Leben des einzelnen: Nur wenige Menschen machen sich um die Gemeinschaft Sorgen. In demokratischen Ländern dagegen folgt das Leben der Bürger zwei konzentrischen Kreisen, die persönliche und öffentliche Angelegenheiten umfassen… Für Bürger in demokratischen Ländern schließt die Sorge um private Dinge die Sorge um das öffentliche Wohl nicht aus, wie dies in der arabischen Welt der Fall ist, welche definiert ist von Regimen, die entweder paternalistisch oder autokratisch sind.«

Adnan Abu Ode kommt dann zu dem Schluss, dass der Versuch der Araber, wirklich moderne Staaten zu bilden, weitgehend fehlgeschlagen sei, weil es kaum politische Freiheit gebe, weil oft nicht das Recht, sondern staatliche Willkür regiere, weil in Schulen und Universitäten nicht zu kritischem politischem Denken erzogen werde und weil deshalb das Konzept des Bürgers unterentwickelt sei: »Das Ergebnis ist, dass die arabische Welt reif wurde für ausländische Intervention und Eroberung, die im Namen von Sicherheitszusammenarbeit und Antiterrorkampf einherkam. Die arabische Gesellschaft wurde fruchtbar für das Wachstum des

Extremismus – trotz mancher Fortschritte beim Aufbau materieller und infrastruktureller Errungenschaften in einigen Ländern... Es ist dieser Kontext, in dem die Streitkräfte der Koalition einen Krieg gegen den Irak begannen, der drei Wochen dauerte. Der Krieg endete mit einem totalen Kollaps des Staates und seiner Institutionen.«

Ausrechnet der Irak. Vor Saddam Husseins aberwitzigen Kriegen hatte die seit 1968 regierende Baathpartei ein umfangreiches Bildungs- und Reformprogramm aufgelegt. Dank der Petrodollars und einer zunächst fortschrittlichen Ideologie gehörte der Irak bald zu den am besten »entwickelten« und »fortschrittlichen« Ländern der arabischen Welt. Es gab Zeiten, in den siebziger Jahren des letzten Jahrhunderts etwa, da fühlten sich Menschen, die im Irak lebten, sogar wirklich als »Iraker«.

Hinter dem Aufschwung stand nicht zuletzt ein Mann, der niemals Regierungsgewalt ausübte. Er hieß Michel Aflaq und versuchte, mit europäischen Importideologien – dem Sozialismus und dem Nationalismus – zu erreichen, was der Prophet des Islam nicht geschafft hatte, nämlich die Zersplitterung der Araber in Stämme und Clans zu überwinden. Von dem deutschen Philosophen Johann Gottfried Herder entlehnte er die Auffassung, dass Nationen eine Seele und einen Geist hätten. »Baath« – Wiedererweckung – lautete sein großes Ziel. Michel Aflaq, syrischer Christ, Salah al-Din al-Bitar, ein Sunnit, und Zaki al-Arsusi, ein Schiit der alawitischen Ausrichtung, versuchten, die Araber angesichts der europäischen Herausforderung zu einigen. Der Christ Aflaq hat stets auch die Bedeutung des Islam betont. Der Geist der arabischen Nation sei der Islam, verkündete er einmal. Wenn er die Bedeutung des Islam betonte, ging es ihm auch um das Überleben der orientalischen Christen in der muslimischen Gesellschaft. Aflaq befürwortete eine pluralistische Ordnung: »Redefreiheit, Versammlungsfreiheit, Glaubensfreiheit und künstlerische Freiheit sind heilige Werte, die keine Autorität einschränken kann.«[5]

Die Charta der Baath aus dem Jahre 1947 liest sich wie die Ankündigung des Paradieses in der arabischen Welt: »Die Araber bilden eine einzige Nation. Es ist ihr natürliches Recht, in einem einzigen Staat zu leben und ihre Potenzen frei zu entwickeln.« Folglich sei das »arabische Vaterland« eine »politische und wirtschaftliche Einheit«. Grundlage der Herrschaft sei die Souveränität des Volkes. »Die Freiheit der Rede, der Versammlung, des Glaubens und der Wissenschaft ist geheiligt und darf durch keine Gewalt beschränkt werden.«[6]

1940 schrieb Michel Aflaq einen Aufsatz unter dem Titel »Nationalismus ist vor allem anderen Liebe«. Der Nationalismus sei spirituell, denn er kollidiere nicht mit der Religion. Er sei rassisch, denn er halte die arabische Nation für heilig, aber er sei auch revolutionär, denn er transformiere die arabischen Gesellschaften. Im arabischen Nationalstaat könne jedermann ein gläubiger Muslim sein und zugleich fortschrittlich, frei und glücklich.[7]

Soweit die Theorie des arabischen Nationalismus und der Baathpartei, der »Arabischen Sozialistischen Wiedererweckungspartei«. Die Praxis sah freilich schnell anders aus. Zwar gab sich die Baath panarabische Strukturen. Es wurde ein »nationales Kommando« geschaffen, das die arabische Nation repräsentierte. Und es gab »regionale Kommandos« – wie etwa in Syrien und im Irak –, die auf nationalstaatlicher Ebene arbeiteten. Doch schon bald machten Clans wie die alawitische Minderheit Syriens unter den Assads und die sunnitische Minderheit der Tikritis unter Saddam Hussein im Irak die Baath zum Instrument ihrer Herrschaft. Clans aber bekämpfen sich. Kooperation auf nationaler Ebene, Sorge für das Gesamtwohl der von ihnen unterdrückten Völker ist ihnen weitgehend fremd. So ist es kein Wunder, dass Hafis al-Assad und Saddam Hussein, die syrische Baath und die irakische Baath, die Alawiten und die Tikritis bald zu Todfeinden wurden. Von den vielen Attentatsversuchen gegen Saddam Hussein wurde mindestens eines in Syrien geplant.

Als Michel Aflaq 1989 in Bagdad starb, war er ein vergessener Mann. Ohnmächtig hatte er den Niedergang seiner Ideen und den abermaligen Niedergang seiner »arabischen Nation« mit ansehen müssen. Vergessen und verlassen stand seine Statue in Bagdad irgendwo in der Nähe des Hauptquartiers der Baathpartei. Als der amerikanische Statthalter im Irak, Paul Bremer, im Frühjahr 2003 die Baathpartei auflöste, entsorgte er einen despotischen Machtapparat, in dem es nur noch wenige Mitglieder gab, die an die Ideale der Baath glaubten.

Wie sehr die Fraktionierung in Stämme der von arabischen Potentaten stets beschworenen und ebenso oft verratenen »arabischen Sache« geschadet hat, zeigen zwei für die Region entscheidende Ereignisse des letzten Jahrhunderts. Da ist einmal der, von der Geschichtsschreibung so bezeichnete, arabische Aufstand während des Ersten Weltkrieges gegen die türkisch-osmanische Herrschaft. Weil es damals noch weniger als heute eine einheitliche arabische Nation gab, war dies in keiner Weise ein nationaler Aufstand. Er war von den Briten organisiert, die im Kampf gegen das Osmanische Reich in den Arabern einen Verbündeten suchten. Hilfskraft der Briten war Faisal, später König des Irak, Sohn Emir Husseins von Hedschas. Den Zustand der arabischen Gesellschaft beschreibt George Antonius, der beste Kenner der Zeit, so: »Das Attribut der Uneinigkeit zwischen einem Stamm und dem anderen, war inhärent in der arabischen Gesellschaft, ihrer clanartigen Organisation und zahlreichen Teilungen und Fraktionen. Innerhalb jedes einzelnen Clans aber herrschte das genaue Gegenteil von Uneinigkeit: ein starker Sinn von Solidarität und leidenschaftlicher, nie in Frage gestellter Hingabe an den Clan und seinen guten Namen. Demgegenüber war die konventionelle Vorstellung von Patriotismus eine kalte Verstandesangelegenheit... [Denn] kein einziges solches Blutsband vereint einen Stamm mit einem anderen.«[8]

Weil es ein übergreifendes arabisches Nationalbewusstsein nicht gab, musste Faisal die Stämme, welche er zum Aufstand gegen die Osmanen bewegen wollte, durch reichlich von den Briten spendiertes Gold zur Rebellion überreden. Dabei verfolgte Faisals Familie, von vornherein das Interesse, auf den Bajonetten der Briten, nicht aber auf einer Welle der »nationalen« Bewegung an die Macht zu gelangen. Natürlich scheiterte der Plan. Das Ergebnis ist die brüchige, machtlose arabische Staatenwelt, die beim Eintritt ins 21. Jahrhundert mit der Eroberung des Irak durch Amerikaner und Briten eine weitere Erniedrigung hinnehmen musste.

Ein zweites Mal versagten die Araber, genauer gesagt: die arabischen Regime, im Nahostkrieg von 1948 nach der Gründung Israels. Die israelische Version, wonach eine kleine jüdische Armee einer kompakten, gut geführten arabischen Streitmacht gegenüberstand und diese überwand, wird von seriösen israelischen Historikern schon lange in den Bereich der Propaganda verwiesen. Tatsache ist vielmehr, dass eine wie stets uneinige arabische Welt Politikern wie Ben Gurion und Golda Meir immer wieder Gelegenheit gab, die arabischen Zwistigkeiten auszunutzen. Hauptkontrahenten auf arabischer Seite waren der Haschemitenkönig Abdallah von Jordanien und Haj Amin al-Husseini, der von den Briten einst eingesetzte Großmufti von Jerusalem und zeitweise Führer des arabischen Aufstandes von 1936 bis 1939. Beide stritten um die Führung in der Region – und vor allem über jenes Stück vom Kuchen Palästina, das im UN-Teilungsplan von 1947 den Arabern zugesprochen worden war. Abdallah ließ seine Armee, die Arabische Legion unter Befehl des Briten Sir Glubb Pascha, zwar kämpfen, aber weitgehend nur um das den Arabern zugedachte Stück Palästinas, nicht aber gegen den neuen Staat Israel selbst.

Wie schon im Ersten Weltkrieg und in den Jahren, in denen die Nachkriegsordnung etabliert wurde, waren Haschemiten und Zionisten auch im ersten Nahostkrieg von 1948 stille Verbündete. Trauzeugen des politischen Paares waren – natürlich – die Briten. Im November 1947 etwa, fünf Monate vor dem Krieg, trafen sich Golda Meir von der *Jewish Agency* und König Abdallah heimlich und verabredeten, alle Ambitionen des Mufti zu bekämpfen. Für die gerade gegründete Arabische Liga wurde der erste Nahostkrieg um Palästina zum ersten großen Test. Die Liga versagte kläglich. Der erste Generalsekretär der Liga, Abdel Rahim, ein Onkel des späteren Terroristen Aiman al-Zawahari, hielt den Mufti für einen verabscheuenswerten Mann, für den »Menachem Begin der

Araber«; die Politik der Liga sei es, Haj Amin al-Husseini kaltzustellen.[9]

Es gab auch einen syrischen Kollaborateur mit den Zionisten. Es war der Kommandeur der »Arabischen Befreiungsarmee«, Fausi al-Qawuqji. Auch dessen primäres Ziel bestand in der Ausschaltung des Mufti. Al-Qawuqji traf sich mit Yehoshua Palmon, einem Offizier der Haganah, der israelischen Heimatarmee. Der Syrer versprach dem Israeli, wenn auch nur in vagen Worten, seine Arabische Befreiungsarmee werde voraussichtlich nicht eingreifen, wenn die Haganah gegen die Palästinenser des Muftis kämpfen sollte. Qawuqji hielt sich an dieses stillschweigende Einverständnis, als die Haganah daranging, die von Palästinensern gesperrte Straße zwischen Jerusalem und Tel Aviv zu öffnen.[10] Die arabischen Waffen schwiegen, der Krieg ging verloren.

Die tiefere Ursachen für diese Katastrophe, für die *Nakhba*, als welche die Niederlage von 1948 in die arabische Geschichte eingegangen ist, liegt nicht in der einen oder anderen verlorenen militärischen Schlacht. Sie ist in der Zerrissenheit der palästinensischen Gesellschaft und in ihrer verheerenden politischen Führung begründet. Große Familien wie die Husseinis und die Nashabishis kämpften um die Führung über die palästinensische Gesellschaft. Diese Gesellschaft wiederum war in Clans und Unterclans aufgeteilt, die ihre Loyalität eher dem Clanführer als einer als abstrakt angesehenen »palästinensischen Sache« entboten. Abgeschreckt von dem Massaker in Deir Yassin flohen viele Palästinenser schon vor dem Krieg, andere zogen es vor, mit den neuen jüdischen Nachbarn Übereinkommen zu schließen. So kam es, dass unter der gesamten arabischen Streitmacht, die gegen Israel ins Feld zog, weniger als zehn Prozent Palästinenser waren.[11] Demgegenüber zeigten sich die Zionisten als entschlossene, kompakte, gut organisierte Elite, welche für die Ziele einer vereinten jüdischen Gesellschaft aus Hunderttausenden von Einwanderern kämpfte.

Den Israelis kam zugute, dass sich die Führung der Palästinenser durch Kollaboration mit den deutschen Nationalsozialisten international kompromittiert hatte. Denn kein anderer als Haj Amin al-Husseini, der einige Kriegsjahre in Berlin zugebracht hatte, wollte jetzt die Sache der Palästinenser gegenüber einem Volk vertreten, das gerade durch die Hölle der Konzentrationslager Hitlers gegangen war. Man mag dem Mufti zugute halten, dass er – was auch viele Deutsche für sich reklamieren – von dem wahren Ausmaß des Holocaust erst spät erfahren hat. Dennoch war ein Nazikollaborateur nicht qualifiziert, für die Palästinenser zu sprechen.

Im Frühjahr 1947 setzte die UNO die »United Nations Special Commission on Palestine« (UNSCOP) ein, die einen Bericht über die Lage im britischen Mandatsgebiet ausarbeiten sollte. Ihr Bericht führte ein halbes Jahr später zu dem Beschluss, Palästina in einen jüdischen und einen arabischen Staat zu teilen. Ein Mitglied der UNSCOP, Jorge Gracia-Granados, bezeichnete die Vertretung der Araber, das »Höhere Arabische Komitee«, als eine »politische Hierarchie, geleitet von einem früheren Nazi-Kollaborateur«[12]. Schlimmer noch, das von Al-Husseini geleitete »Höhere Komitee« weigerte sich, mit den durch Palästina reisenden UNSCOP-Delegierten überhaupt zu sprechen. Die Mitglieder des Komitees waren der Meinung, man könne gegen die kommenden Ereignisse, gegen die Gründung Israels, ohnedies nichts ausrichten. Diese Einschätzung war gewiss richtig; dennoch wäre es besser gewesen, die Entwicklung der Dinge mitzugestalten, als die Bemühungen der gerade ins Leben gerufenen UNO, die hier vor einer ihrer ersten großen Bewährungsproben stand, zu boykottieren.

Weil die Kollaboration Haj Amin al-Husseinis mit den Nationalsozialisten von Israel immer wieder in die Propagandaschlacht um Palästina eingebracht wird, ist es angebracht, auf einige ähnliche Bündnisse dieser Art hinzuweisen. Wie bereits dargelegt, hat auch der Iraker Raschid al-Gailani im Zweiten Weltkrieg versucht, seine Position gegen die britische Kolonialmacht zu stärken, indem er ein Bündnis mit Hitler suchte. Vom Holocaust hat Al-Gailani seinerzeit, im Jahre 1941, vermutlich ebenso viel oder ebenso wenig gewusst wie jene Gruppe jüdischer Zionisten um Abraham Stern und seine *Irgun Zvai Leumi* (»Nationale Militärorganisation«), die mit Hitler ein Bündnis eingehen wollten, um, wie sie formulierten, die europäische Judenfrage zu lösen.

Nach Vorstellungen der Irgun, die alles Land zwischen Nil und Euphrat für einen jüdischen Staat einforderte, sollte die gesamte jüdische Bevölkerung Europas nach Palästina deportiert werden, nachdem zuvor die dortigen Araber vertrieben worden waren. In einem Memorandum, das die Irgun am 11. Januar 1941 an zwei Vertreter Hitlerdeutschlands sandte, heißt es: »Die Errichtung des historischen jüdischen Staates auf nationaler und totalitärer Basis, an das Deutsche Reich durch einen Vertrag gebunden, läge im Interesse einer dauerhaften und gestärkten zukünftigen deutschen Machtbasis im Nahen Osten.«[13]

Auch im britisch besetzten Indien gab es einen Versuch, mit den Kriegsgegnern Englands, mit Deutschland und Japan, eine Allianz zu schließen. Der Mann, der mit den faschistischen Mächten dieses Bündnis schloss, um die britische Besatzungsmacht zu bekämpfen, hieß Subhas Chandra Bose. Früh kam er mit der Kolonialmacht in Konflikt. Lange arbeitete er in der Bewegung Gandhis mit, die mit zivilem Ungehorsam gegen die Briten kämpfte. Im Januar 1941 konnte Bose britischem Hausarrest entfliehen. Er erreichte Deutschland, wo er für ein von den Nationalsozialisten finanziertes Radio arbeitete, das in verschiedenen asiatischen Sprachen Propaganda gegen die Briten ausstrahlte. Auf deutschen und japanischen U-Booten erreichte er 1943 Tokio und baute eine »Indische Nationalarmee« auf, mit der er Indien sogar erreichte.[14]

Die Versuche Raschid al-Gailanis, Abraham Sterns, Chandra Boses und Haj Amin al-Husseinis, mit den Kriegsgegnern Großbritanniens Bündnisse zu schließen, waren aus der Tagespolitik heraus geborene, zum Scheitern verurteilte und fehlgeleitete Versuche, mit taktischen Mitteln die eigene Position zu verbessern. Die anschließenden Niederlagen hätten sie niemals verhindern können.

In knapp neun Jahrzehnten hat die arabische Welt entscheidende Kriege verloren und sich damit selbst zahlreiche Wunden geschlagen. Der fehlgeschlagene arabische Aufstand von 1916/17, die leichtfertig herbeigeführten Niederlagen von 1948 und 1967 und die Besetzung des arabischen Kernlandes Irak im Jahre 2003 sind nur einige Beispiele. Auch der Yom-Kippur-Krieg von 1973 hätte in eine militärische und politische Katastrophe gemündet, hätte nicht US-Außenminister Henry Kissinger den israelischen Vormarsch auf Kairo mit diplomatischen Mitteln beendet. Saddam Husseins Überfall auf den Iran hat der arabischen Welt viele Milliarden Dollar entzogen, die für den Aufbau der Region besser ausgegeben worden wären. Arabische Einheit gleicht einer Fata Morgana, die immer wieder verschwindet, je mehr arabische Regime sie beschwören.

Die Demütigung der Araber im Irakkrieg des Jahres 2003 erinnert an die Demütigung des Jahres 1967, als Israel innerhalb von sechs Tagen die Armeen Ägyptens, Syriens und Jordaniens hinwegfegte, vor allem aber an den verlorenen Krieg von 1948. Die Kalamität der Araber hat der Syrer Constantine K. Zurayk bereits 1948 beklagt. Zurayk, von Beruf Pädagoge und von der Konfession her ein Christ, schrieb damals nach der arabischen Katastrophe ein kleines Werk unter dem Titel *Die Bedeutung des Desasters*. In dieser Schrift sind alle Argumente enthalten, die bis auf den heutigen Tag Geltung haben. Die Araber, schrieb Zurayk, werden die Zionisten so lange nicht besiegen, wie sie in ihrer »gegenwärtigen Situation« weiterleben. Der Grund für den Sieg des Zionismus liege in der Tatsache, dass die »Wurzeln des Zionismus im modernen westlichen Leben« zu suchen seien. »Sie [die Europäer] leben in der Gegenwart und in der Zukunft, während wir immer noch die Träume der Vergangenheit träumen und uns mit dem verblassenden Ruhm verdummen.« Die Juden seien durchdrungen von der Bedeutung ihres Vaterlandes. Dieser feste Glaube fehle den Arabern. Der starke Wille der Juden aber sei begründet im modernen westlichen Leben, und deshalb seien die Juden bereit für »ein schnelles Voranschreiten und für Fortschritt«. Die Araber dagegen müssten erst einmal ihre »primitive, statische Mentalität« durch eine »progressive und dynamische« ersetzen. Fortschritt drücke sich aus in der »Trennung von Religion und Staat«, in der »Transformation des arabischen Charakters durch systematisches, organisiertes Denken« in den empirischen Wissenschaften, im Abschied von realitätsfernem »Romantizismus«. Zurayk kam zu dem Schluss: »Unter den zionistischen Schlägen endete unser gegenwärtiges Leben in einem fürchterlichen materiellen und moralischen Bankrott.«[15]

Wie aus dem Bankrott zu lernen und ein neuer Anfang zu machen sei, ist Thema zahlreicher arabischer Abhandlungen geworden. Viel wurde geschrieben über die Stagnation, welche die arabische Gesellschaft nach den Mongolenstürmen des 13. Jahrhunderts und der Eroberung durch die Türken im 16. Jahrhundert erfasst hat. Und viel ist geschrieben worden über die Konfrontation des alten Orients mit der modernen westlichen Welt. Dass der Zusammenprall mit dem westlichen Kolonialismus für die arabisch-muslimische Gesellschaft jedoch auch positive Konsequenzen gehabt hat, drückte Munif Razzaz, ein früherer Generalsekretär der syrischen Baathpartei, so aus: »Die plötzliche Entdeckung dessen, was Europa und die westliche Zivilisation eigentlich darstellte«, habe »die vor sich hin dösende, selbstgefällige muslimisch-arabische Welt« in einen Schock versetzt.[16] Ein anderer Autor, Abdallah Ali al-Qasimi, rechnete in seinem Buch *Dies sind die Ketten* offen mit der arabisch-muslimischen Haltung ab, dass »der Mensch nicht für zukünftige Größe geschaffen« und dass »Stagnation gottgefallig« sei. Die Geschichte zeige, dass der Mensch in Ost und West Fortschritt erzielen könne, dass aber der Osten seine Fähigkeiten nicht ausschöpfe.[17]

Es kann daher nicht überraschen, dass der Westen eine fast magische Anziehungskraft, besonders auf viele junge Menschen, ausübt. In ihrem privaten Leben beengt durch Stammes- und Familientraditionen sowie durch eine bigotte Sexualmoral, durch die herrschenden Cliquen abgeschnitten von vielen Karrieren, betrachten viele *den Westen* als eine Region fast unbegrenzter privater und wirtschaftlicher Möglichkeiten. Die Frage, ob eine amerikanische »Green Card«, eine Arbeits- und Aufenthaltserlaubnis für die USA, verlockender ist als ein gegen Amerika gerichtetes

Gewehr, dürfte für sehr viele junge Menschen überhaupt keine Frage sein. Die herrschenden korrupten Cliquen haben sich dieser Lebensfrage aller Araber kaum jemals angenommen. Die Regime fürchten bis auf den heutigen Tag jene gesellschaftlichen Kräfte, die sie durch eine Reformpolitik wecken und die sich dann womöglich gegen sie selbst richten könnten. So gut wie keines dieser Regime hat auch nur den Hauch einer demokratischen Legitimation. Die Entwicklung einer starken, wirtschaftliche und kulturelle Kräfte mobilisierenden Zivilgesellschaft wird von den Machthabern immer wieder blockiert.

Die Regime der Region haben es aber nicht nur versäumt, ihre Gesellschaften zu reformieren. Viele von ihnen haben sich sogar zu Säulen der kolonialen Architektur gemacht, die Briten und Franzosen nach dem Ersten Weltkrieg aufbauten – gegen den Willen der von diesen Regimen beherrschten Menschen. Diese von vielen Arabern als Verrat bezeichnete Haltung gilt für alle Herrscher der Arabischen Halbinsel (mit Ausnahme, vielleicht, des Jemen). Sie gilt für den Irak bis 1958, und sie gilt allemal für den Kunststaat Jordanien, der ohne westliche Subsidien kaum überleben könnte. Sie gilt aber auch für Ägypten, seitdem Anwar al-Sadat sich nach 1970 dem »Westen öffnete«, wie das in der europäischen und amerikanischen Mediensprache heißt. Alle diese Regime werden auch gerne als »gemäßigt« bezeichnet – gemäßigt, weil sie dem kolonialen Entwurf des Westens nicht widerstehen.

Hafis al-Assad hingegen galt wegen seiner Eigenständigkeit bei westlichen Politikern und in westlichen Medien als radikal. Radikal war er aber nur deshalb, weil die britisch-französisch Kolonialarchitektur unterminierte. Denn westliche Politiker beurteilen arabische Herrscher vor allem danach, wieweit sie sich ihrer Politik unterordnen, nicht aber danach, ob sie sich den Wünschen ihrer Völker beugen. Die in seinen Augen fatale Verbindung arabischer Regime mit diesen Mächten nennt der palästinensische Autor Said K. Aburish eine »brutale Freundschaft«.[18]

Ihre, man könnte sagen, ultimative Erniedrigung erlebte die arabische Welt mit der Gefangennahme Saddam Husseins am 13. Dezember 2003. Der Mann, den viele Araber, besonders manche Palästinenser als Hort des Widerstandes gegen die Kolonialmacht Amerika betrachteten, ließ sich widerstandslos gefangennehmen. Besonders Palästinenser hatten erwartet, dass Saddam Hussein den Amerikanern einen finalen Kampf liefern und in Ehren untergehen würde. Menschen in Ramallah und Gaza fragten sich, warum der Mann, der vielen Familien von Selbstmordattentätern als Anerkennung persönlichen Mutes jeweils 10 000 Dollar gezahlt hatte, nicht bereit war, selber ein Opfer zu bringen und wie die Palästinenser heldenhaft zu kämpfen und zu sterben. In arabischen Zeitungskommentaren wurde die Gefangennahme des Despoten begrüßt. Aber manche Journalisten bedauerten, dass es wieder einmal »der Westen« war und nicht die arabische Welt, der in der Region den Ton angab. Für die arabische Selbstachtung – so lautete der Tenor mancher Leitartikel – wäre es besser gewesen, wenn die Iraker Saddam Hussein gestellt hätten – und nicht die Amerikaner. Die Idee arabischer Eigenständigkeit gegenüber dem Westen, schrieb die arabische Tageszeitung *Al-Hayat*, sei größer gewesen als der Mann, der diese Idee – angeblich – vertreten habe. Die Bilder des zerzausten, gedemütigten, wie eine Ratte aus einem Erdloch gezogenen ehemaligen Idols, das sich widerstandslos von einem amerikanischen Arzt Haare und Gebiß untersuchen ließ, werden die arabisch-islamische Welt noch Jahre heimsuchen. Abermals empfinden Araber ein tiefes Gefühl der Demütigung.

Diese selbst zugefügten Demütigungen haben eine lange Geschichte. Nachdem der Mongolenführer Hulagu 1258 Bagdad erobert hatte, fragte er den letzten abbassidischen Kalifen, warum er aus den schweren Eisentüren seines Palastes keine Pfeile und Lanzen gefertigt habe, um ihn, Hulagu, am Überschreiten des Tigris zu hindern. »Weil«, antwortete der Kalif, »dieses Gottes Wille war.« Hulagu erwiderte: »Was mit dir geschieht, wird auch Gottes Wille sein.« Der Kalif wurde hingerichtet.[19]

In dem eingangs zitierten Bericht zum Zustand der arabischen Welt stellt das Entwicklungsprogramm der Vereinten Nationen (UNDP) fest, dass von sieben ausgewählten Regionen auf der Welt die Menschen in den arabischen Ländern den geringsten Grad an politischer Freiheit haben. Viele Araber fühlen tiefe Verzweiflung über die seit Jahrzehnten andauernde miserable Verfassung ihrer Gesellschaften. Am 6. Juni 1982 zog einer von ihnen, der libanesische Dichter und Professor Khalil Hawi, auf dramatische Weise die persönliche Konsequenz und tötete sich auf dem Balkon seines Beiruter Hauses. Es war der Tag, an dem die israelische Armee unter Verteidigungsminister Ariel Scharon in den Libanon einfiel, um die Palästinenser Jassir Arafats zu vertreiben. »Wo bleiben die Araber? Wer wird das Merkmal der Schande von meiner Stirn entfernen?«, hatte Professor Hawi zuvor seine Kollegen gefragt.

Khalil Hawi war ein arabischer Nationalist, der seit Jahren den unfreien Zustand seiner arabischen Heimat beklagt hatte. Unter seinen Kollegen wurde Hawis Freitod als »Urteilsspruch über die politischen Zustände in der arabischen Welt« aufgefasst.[20] Auch 21 Jahre später, nach dem Irakkrieg des Jahres 2003, ist kein arabisches Regime in Sicht, welches das von Khalil Hawi empfundene »Merkmal der Schande« aus den arabischen Gesellschaften entfernen könnte.

Kapitel II
Islam – Hassliebe zum gescholtenen Westen

»Sieht man genau hin, so wird man feststellen, dass alle diese Wissensgebiete, die jenen Franken vollkommen vertraut und bekannt sind, bei uns nur mangelhaft ausgebildet oder gänzlich unbekannt sind. Wer von etwas nicht weiß, ist dem unterlegen, der dieselbe Sache meistert.«

Scheich Rifaa Rafi al-Tahtawi, Kairo 1831

Es gab eine Epoche in der muslimischen Geschichte, in welcher Philosophie, selbständiges Denken und die Entfaltung der Persönlichkeit Bestandteile der Kultur waren. Unter den von Bagdad aus regierenden Abbassiden blühten im 9., 10. und 11. Jahrhundert die Wissenschaften. Ein vergleichbarer Aufschwung begann in Europa erst im 14. und 15. Jahrhundert. Die Abbassidenherrschaft von Bagdad aber artete in Despotie aus. Die Kalifen, die Nachfolger des Propheten, fürchteten, die unabhängigen Geister könnten ihrer Herrschaft gefährlich werden. Philosophen, Dissidenten, Gegner wurden inhaftiert. Endgültig ging diese arabisch-islamische Blütezeit im Mongolensturm von 1258 unter. Bis heute ist das Ende der islamischen Hochkultur, in der freies, unabhängiges Denken von der Staatsmacht geduldet und auch gefördert wurde, eine schwere Zäsur in der islamisch-arabischen Geschichte. Zeitgenössische arabische Gesellschaften werden nicht einmal von einem Schimmer des damaligen Glanzes erhellt.
Wer heute die Geschichte der europäisch-arabischen bzw. der europäisch-muslimischen Begegnung verfolgt, wird immer wieder mit der Frage konfrontiert, warum die Welt des Islam dem Ansturm aus Europa in der neueren Geschichte so wenig entgegenzusetzen hatte (ein Problem, das sich natürlich auch für

andere Kulturkreise stellt). Zwar hat es immer militärischen Widerstand gegeben, doch hat sich dieser weitgehend als zwecklos erwiesen. Osama Bin Ladens Terrorkrieg ist ein verbrecherischer, inhumaner, die muslimische Welt diskreditierender und dem Völkerrecht – auf das sich besonders schwächere Staaten oft zu Recht berufen – zuwiderlaufender Versuch, gegenüber einem verhassten, weil überlegenen Gegner den Anschein von Stärke zu erwecken.

Zunächst aber eine Selbstverständlichkeit: Kulturen sind unterschiedlich und sollen dies auch bleiben. Westlicher Hochmut, wie ihn etwa Karl May alias Kara Ben Nemsi auf seiner erfundenen Reise »Von Bagdad nach Stambul« zur Schau stellt, ist fehl am Platz. Dort erklärt Kara Ben Nemsi einem seiner muslimischen Feinde, warum »Allah« den Christen moderne Waffen gegeben habe, den Muslimen aber nicht. Die Muslime hätten solche Waffen nicht, doziert der Mann aus dem Okzident im Gefühl allgegenwärtiger Überlegenheit, »weil sie sie missbrauchen würden. Allah ist allgütig und allweise; er schenkt diese Gewehre nur dem Christen, der sich ihrer erst dann bedient, wenn seine Langmut nichts mehr fruchten will«.

Gäbe es nur einen einzigen Kulturkreis – etwa den früher abendländisch genannten –, wäre der Globus eine geistige Einöde. Die typisch westliche Frage, warum andere nicht so phantastisch gut sind wie wir, warum anderen nicht jener »Fortschritt« gegönnt ist wie dem europäischen Zivilisationskreis, geht von einer unangebrachten eurozentrischen Weltsicht aus. Andere Kulturen haben andere, den unseren ebenbürtige Werte hervorgebracht. Wer etwa jemals die tief empfundene Religiosität vieler Muslime erlebt hat, wer gesehen hat, wie sich Menschen in aller Öffentlichkeit in der Lektüre des Koran verlieren, wird sich fragen, ob Europa auf seinem Sprint zum Säkularstaat nicht einiges an Innerlichkeit verlorengegangen ist.

Dass ein Mann wie Mohammed Atta, einer der Hauptattentäter des 11. September 2001, so wenig vom Leben im Westen inspiriert wurde, kann man, wenn man es sich leicht macht, schlicht mit seinem islamischen Extremismus abtun. Man kann aber auch etwas subtiler fragen, was den jungen Mann denn so entsetzt hat an der westlichen Lebensweise. Dann bieten sich grundsätzlich zwei Antworten an: Entweder, er hat die wahrhaft liberale, tolerante Lebensart nicht verstanden oder nicht verstehen wollen – auch weil er von Männern wie Osama Bin Laden indoktriniert wurde. Oder aber er hat, etwa im Hamburger Milieu, jene moralische Degeneration am Werk gesehen, die ihn zu der Überzeugung brachte, der Westen habe abgewirtschaftet und müsse deshalb auf den rechten Pfad gesteuert werden. Vielleicht aber war Mohammed Atta unbewusst von der unüberbrückbaren Distanz zwischen seiner ägyptischen Heimat und Deutschland auch so deprimiert, dass er es vorzog, gegen die westliche Zivilisation zu kämpfen, statt zumindest einige ihrer Vorteile zu akzeptieren. Jedenfalls hat Mohammed Atta, der Muslim aus Ägypten, die Konfrontation mit einem System, das oft »westliche Moderne« genannt wird, nicht verkraftet.

Ein entscheidender Zeitpunkt der Begegnung Europas mit dem Islam war gekommen, als Napoleons Armeen 1798 Ägypten eroberten. Der Zusammenprall der Kulturen war seinerzeit weitaus heftiger als der Kampf der Kavallerie und der Fußsoldaten. Abdel Rahman al-Garbati, der die Franzosen anfangs stark kritisiert hatte, zeigte alsbald Erstaunen über die wissenschaftliche Disziplin der Eroberer. Über die französischen Wissenschaftler notierte Al-Garbati: »Sie nahmen ein ihnen fremdes Tier oder einen Fisch ... und legten seinen ganzen Körper in ein Wasser, das so beschaffen ist, dass es den Körper bewahrt.« Al-Garbati bewunderte die Eindringlinge, die Stunden in ihren Bibliotheken saßen und studierten. Freilich teilten nicht alle Ägypter diese verhalten positive Einschätzung. Als das von den Franzosen gegründete »Wissenschaftliche Institut« zu einer Konferenz über die Vielfalt der Fische im Nil lud, sagte ein anderer Scheich: »Der Prophet hat die Frage bereits beantwortet. Er erklärte, dass Gott 30 000 Arten geschaffen habe, von denen sich 10 000 auf der Erde und in der Luft und 20 000 im Wasser bewegten.«

Die Ägypter merkten alsbald, dass ihre in sich ruhende Welt der Dynamik der Franzosen nicht gewachsen war. Nachdem der Albaner Mohammed Ali in den Wirren der Zeit nach Napoleon die Macht in Kairo ergriffen hatte (seine Dynastie wurde erst 1952 von Nasser gestürzt), schickte er Landsleute wie Rifaa Rafi al-Tahtawi ins Land der Eroberer, nach Frankreich. Denn Muhammed Ali wollte Ägypten modernisieren. Das Vorbild einer erneuerten Gesellschaft sah er in Frankreich. Die »Delegationen« – so nannte er die Gruppen von kulturellen Emissären, die er nach Paris schickte – sollten dort so viele Kenntnisse wie nur möglich erwerben, damit sich auch Ägypten alsbald der europäischen Moderne anschließen könne. Ausgebildet war Al-Tahtawi in der traditionellen islamischen Gelehrsamkeit. Doch neidlos erkannte er die wissenschaftlichen Leistungen Europas an. In dem Bericht über seinen fünfjährigen Aufenthalt in Paris schrieb er, der Orient müsse »aus der Nacht der Unwissenheit errettet« werden. Voller Hochachtung berichtete Al-Tahtawi aus Paris nach Kairo: »Die Länder der Franken, zum Beispiel, haben die höchste Stufe der Meisterschaft in den mathematischen, physischen und metaphysischen Disziplinen ... erreicht. Einige Europäer besitzen sogar genügende Kenntnisse in gewissen arabischen Wissenschaften und haben es zum Verständnis von deren Feinheiten und Geheimnissen gebracht...«[1]

Die Frage, wie auf die weltgeschichtlich bis dahin einmalige industrielle, kulturelle und gesellschaftliche Revolution zu reagieren sei, mit der sich die europäisch-amerikanische Minderheit der Weltbevölkerung anschickte, die Welt zu dominieren, haben – auch eigenem Verständnis nach – die arabisch-islamischen Länder bisher nicht zufriedenstellend beantwortet. Manche Muslime haben in der Nachfolge des Ägypters Scheich Tahtawi argumentiert, man müsse die gesellschaftlichen Errungenschaften Europas in islamische Länder transferieren. Dieser Meinung war etwa der Tunesier Hairaddin al-Tunesi. In seiner 1867 erschienenen Schrift *Die Freiheit in den Staaten Europas und ihre Vorteile für den Aufschwung der Nation* lobt Hairaddin al-Tunesi die persönliche und politische Freiheit, welche die Herrscher in Europa ihren Bürgern gewährt hätten. Der Denker Hairaddin al-Tunesi sieht das parlamentarische System als durchaus vereinbar mit dem Islam an. Der Islam fordere, schreibt er, die »Berichtigung des Ungerechten«. Diese Berichtigung sei nach der Scharia, dem im Koran niedergeschriebenen Gesetz, sogar ausdrücklich gefordert. Sie obliege nicht nur dem einzelnen Gläubigen, sondern sei eine Kollektivpflicht, die einige gewählte Gläubige stellvertretend für die anderen ausüben müssten. Zusätzlich zur persönlichen und politischen Freiheit besitze Europa, schrieb Al-Tunesi, ein Privileg, das »Pressefreiheit« genannt werde. »Das heißt, niemand wird daran gehindert, seine Meinung über das, was ihm von öffentlichem Interesse zu sein scheint, in Büchern oder in den Zeitschriften, durch die sich die Öffentlichkeit informiert, schriftlich zu verbreiten.«[2] Andere Denker wie etwa Gamal Addin al-Afghani waren nicht so begeistert von der europäischen Kultur. Al-Afghani war zwar beunruhigt über die Kluft, die sich, wie er es sah, zwischen Europa und der muslimischen Welt aufgetan habe. Aber wie Al-Tunisi sah er die Voraussetzungen des europäischen Fortschrittes – Wissenschaft, Rationalismus, Eigeninitiative – auch im Islam angelegt. Nur seien sie durch Jahrhunderte des Niederganges verschüttet worden, deshalb sei eine islamische Renaissance notwendig. Über die Franzosen schrieb er, sie hätten den Keim des »Libertinismus« und des »Kommunismus« gepflanzt und die Religionen als »Erfindungen« bezeichnet, die der »Defekt des menschlichen Verstandes« hervorgebracht habe.

Auch andere muslimische Intellektuelle zeigten nicht nur Bewunderung für den Westen. Insbesondere kritisierten sie den Hochmut, mit dem viele Europäer auf sie herabsahen. Einer dieser Kritiker war der Ägypter Mohammed Abdu, der den Aufstand Ahmed Urabis im Jahre 1882 für berechtigt hielt. Mit Gamal Addin al-Afghani gab er in den achtziger Jahren des 19. Jahrhunderts in Paris die Zeitschrift *Al-Urwa al-Wutaa* (Das festeste Band) heraus. Darin wollte er die Muslime gegen den europäischen Kolonialismus mobilisieren. Die Zeitschrift wurde von den Behörden schnell verboten.

In den wenigen Monaten ihres Erscheinens hatte sie dennoch in der muslimischen Welt weite Verbreitung gefunden. In einer Ausgabe berichtet Scheich Mohammed Abdu über sein Gespräch mit dem britischen Kriegsminister Lord Hartington. Der Minister sagte laut Abdu: »Sind die Ägypter nicht zufrieden, dass sie unter der Macht der englischen Regierung in Sicherheit und Ruhe leben? Sind sie nicht der Meinung, dass unsere Regierung für sie besser ist als die Regierung der Türken und der Paschas?« Mohammed Abdu antwortete: »Mitnichten. Die Ägypter sind ein arabisches Volk, und bis auf wenige sind sie Muslime. Unter ihnen gibt es nicht weniger Vaterlandsliebe als im englischen Volk. Keinem einzigen von ihnen käme es in den Sinn, sich der Gewalt derer, die sich ihm gegenüber in Religion und Rasse unterscheiden, zu unterwerfen...« Der Minister erwiderte: »Werden Sie etwa leugnen, dass die Unwissenheit in Ägypten allgemein verbreitet ist und dass das gesamte Volk zwischen dem ausländischen und dem einheimischen Herrscher keinen Unterschied macht?« Offenbar wurde Mohammed Abdu daraufhin ziemlich wütend. Seine Replik fasste er in drei Punkten zusammen. Erstens liege der Abscheu vor ausländischer Herrschaft in der Natur aller Menschen und bedürfe deshalb keiner weiteren Begründung. Zweitens seien die Muslime nicht so ungebildet, wie sich der Minister dies vorstelle. Auch Analphabeten blieben »aufgrund der Erfordernisse der Religion nicht vom Wissen ausgespart«. Und drittens seien seit dem Machtantritt Mohammed Alis die Wissenschaften und Künste in Ägypten so verbreitet wie in Europa.[3]

Mohammed Abdus weiterer Lebensweg zeigt, dass er wie sein Landsmann Abdel Rahman al-Garbati zu Anfang des 19. Jahrhunderts zumindest eine heimliche Hochachtung vor dem Stand der Wissenschaften in Europa hatte. Die Forderung von Rifaa Rafi al-Tahtawi, Bildung und Wissenschaften in Ägypten ebenso zu fördern wie in Europa, versuchte Mohammed Abdu zu verwirklichen – mit Hilfe der britischen Kolonialmacht. Als Großscheich der islamischen Al-Azhar-Universität setzte er sich vor allem für den Ausbau des Bildungswesens und für einen weltoffenen Islam ein, der ein

»universaler Vernunftglauben« werden solle. Angetan war Mohammed Abdu von der Art und Weise, wie seiner Meinung nach der deutsche Reichskanzler Bismarck Religion und persönlichen Glauben in seine politische Tätigkeit integriert habe. In seiner Schrift *Islamische Zivilreligion im Dienst des Vaterlandes* zitiert Abdu eine Rede Bismarcks, welche dieser vor einem kleinen Zirkel von Vertrauten gehalten hatte. Bismarck sagte: »Wenn ich den Glauben an meine Religion aufgäbe, so würde ich danach meinem Herrn keine Stunde länger dienen. Wenn ich mein Vertrauen nicht auf Gott richtete, so würde ich es niemals auf einen der irdischen Herren setzen… [Zu meiner Tätigkeit] treibt mich nichts anderes als mein Gefühl, dass ich in diesem allen meine Arbeit vor dem Antlitz Gottes verrichte. Hätte ich nicht den Glauben an die göttliche Vorsehung, welche dieser deutschen Nation ein großes Schicksal … bestimmt hat, so würde ich zur Stunde von mir werfen, was ich an Lasten und Ämtern der Regierung auf mir schleppe.«[4]
Mohammed Abdus Konzept eines weltoffenen, dennoch patriotischen Islam nach dem Vorbild eines weltoffenen und gleichzeitig patriotischen Christentums war der Versuch, sich einerseits an die europäische Moderne anzulehnen, gleichzeitig aber dem europäischen Kolonialismus entgegenzutreten. Ein ähnliches, fast noch mehr auf Europa fixiertes Konzept vertrat Taha Hussein. Taha Hussein wurde 1880 geboren, konnte seit früher Kindheit kaum sehen, studierte dennoch an der islamischen Universität Al-Azhar und war zeitweise Schüler Mohammed Abdus. Berühmt wurde er durch ein zweibändiges Werk, in dem er beschrieb, wie ein blinder Junge sich allmählich die Welt erschließt. Später beschäftigte er sich immer mehr mit der Frage, wie sich die islamische Welt, insbesondere Ägypten, so entwickeln könne, dass es Anschluss an den Westen finde. 1936 schlossen Ägypten und England einen Vertrag, der offiziell die britische Okkupation beendete. Britische Truppen blieben allerdings bis 1956 in der Suezkanalzone. Trotz dieser Einschränkung sah Taha Hussein in dem Vertrag die Chance für einen Neubeginn – und den Auftrag an die Ägypter, es dem Westen nun gleichzutun.

Schon in den Jahren vorher hatte Taha Hussein seine Gedanken zu diesem Thema sehr präzise niedergelegt. Er schrieb: »Glauben Sie mir, lieber Leser, wenn wir einst unsere Unabhängigkeit erreicht und in Ägypten die Demokratie etabliert haben, besteht unsere wahre nationale Pflicht darin, mit allem, was wir besitzen, und noch mehr – mit unserer Stärke, unserem Willen, unserer Zeit und unserem Geld – die Ägypter, individuell und kollektiv, fühlen zu lassen, dass Gott sie für Ruhm und nicht für Bedeutungslosigkeit, für Stärke und nicht für Schwäche, für Souveränität und nicht für Unterordnung, für Ruhm und nicht für Obskurität geschaffen hat. Wir müssen sie fühlen lassen, dass Gott von ihren Herzen die furchtbare und verbrecherische Illusion genommen hat, sie seien von anderer Erde erschaffen als Europäer und mit einer anderen Intelligenz ausgestattet als diese ... Wir müssen europäisch werden in jeder Weise und dabei alle guten und alle schlechten Seiten annehmen. Wir müssen dem Pfad der Europäer folgen, um ihre gleichberechtigten Partner in der Zivilisation zu sein.«[5]

Der Gegenentwurf der Islamisten

In diametralem Gegensatz zu der Denkschule Mohammed Abdus und Taha Husseins hat sich eine Bewegung entwickelt, die man heute islamischen Fundamentalismus nennt. Dieser Entwurf einer von den Gesetzen des Koran und der mündlichen Überlieferung des Propheten *(Hadith)* geleiteten Gesellschaft stammt von jenen, die der – irrigen – Meinung sind, es habe eine ideale, problemlose Urzeit des Islam gegeben, die man wiederherstellen müsse, um alle Widerwärtigkeiten der Gegenwart zu besiegen. Urvater dieser Weltanschauung ist der Ägypter Hassan al-Banna. Er stammte aus einem Dorf nahe der Stadt Ismaelia und ist der Gründer der Muslimbruderschaft, des *Ikhwan al-Muslimiin.* Hassan al-Banna hatte nicht die akademischen Weihen eines Mohammed Abdu oder Taha Hussein. Hassan al-Banna war Volksschullehrer. Tagtäglich konnte er ein Monument europäischer Penetration seiner Heimat besichtigen, denn Hassan al-Banna sah in Ismaelia täglich den Suezkanal, den die Franzosen gebaut hatten. Als Hassan al-Banna im Jahre 1928 die Muslimbruderschaft gründete, suchte die muslimische Welt wie so oft nach einer Antwort auf die europäische Herausforderung, der nun auch ein muslimisches Land wie die neue Türkei erlegen war. 1924 hatte, wie bereits dargelegt, der Reformer Mustafa Kemal das Kalifat abgeschafft. Von nun an würde es keinen amtlichen, offiziellen Nachfolger des Propheten Mohammed mehr geben. Die Gründung der Bruderschaft sollte dazu beitragen, der muslimischen Welt ihre Einheit zurückzugeben. In seiner Schrift *Aufbruch zum Licht* forderte Hassan al-Banna 1936 eine Abschaffung der politischen Parteien und eine Reform des Rechts »in dem Sinn, dass es mit der islamischen Gesetzgebung in allen ihren Abteilungen in Einklang steht«. Außerdem forderte er eine »moralische Aufrüstung der Jugend im Sinne des Dschihad«, eine weltweite Stärkung des Islam, insbesondere aber des Islam in der arabischen Welt. Al-Banna trat für Förderung des Islam in den Behörden und in der Regierung ein. Schließlich wollte er auch das persönliche Verhalten der Beamten kontrollieren lassen. Er wollte sicherstellen, dass die Beamten im Dienst und im Privatleben nach den Regeln des Islam handelten.[6]

Unter den Menschen der arabisch-muslimischen Welt fand Hassan al-Banna schnell zahlreiche Anhänger. Das herrschende Regime aber sah in der Bruderschaft eine Gefahr für seine Existenz, denn für die arabische Niederlage gegen Israel 1948 machten die Muslimbrüder die Regierungen in Kairo, Damaskus, Bagdad und Amman verantwortlich. Wegen ihrer Opposition gegen die ägyptische Königsdynastie wurde die Bruderschaft verboten. Die Antwort kam in Form eines der ersten islamisch motivierten Terrorakte: Ein Muslimbruder ermordete den ägyptischen Premier Mahmut Fahmi Nukrashi. Die Staatsgewalt antwortete mit ihrer ersten außergerichtlichen Hinrichtung. Am 12. Februar 1949 ermordete ein Geheimagent König Faruks Hassan al-Banna. Diese Gewaltakte waren der Auftakt zu einem – in abgemilderter Form bis heute andauernden – Kampf mit der Staatsgewalt. 1954 versuchten die Muslimbrüder ein Attentat auf Präsident Gamal

Abdel Nasser, der Faruk 1952 in einem unblutigen Coup abgesetzt hatte. Nasser ließ reihenweise Muslimbrüder einkerkern und foltern. In den Verliesen Nassers reifte indessen eine noch stringentere Theorie des politischen Islam heran. Ihr Autor war Said Qutb. Qutb, ursprünglich Literaturkritiker und westlichen Ideen gegenüber durchaus aufgeschlossen, weilte von 1948 bis 1950 im Auftrag des ägyptischen Kultusministeriums in den USA. Dieser Aufenthalt im Westen machte ihn (wie später Mohammed Atta) zum Gegner der westlichen Lebensweise und zu einem der bis heute bekanntesten Theoretiker des politischen Islam. Nach Meinung vieler Kenner ist Qutb eine »Kultfigur« des Islamismus, sein Werk sei die »Mao-Bibel der islamischen Revolution«[7]. In seinem unter Gesinnungsgenossen berühmten Werk *Wegmarken* richtet er im Kapitel »Der Dschihad im Islam« eine Kriegserklärung an alle »Könige und Präsidenten«. Sie hätten Gott, dem »allein die Macht« gebühre, diese Macht streitig gemacht. Das Plädoyer für einen islamischen Gottesstaat liest sich so: »Diese Deklaration bedeutet, dass die Macht Gottes den Händen ihrer Usurpatoren entrissen und Gott zurückgegeben wird. Sie bedeutet die Vertreibung derjenigen, die diese Macht Gottes an sich gerissen haben und die Menschen mit Gesetzen regieren, die sie selber geschaffen haben, die sich selbst den Rang der Herren und den anderen den Platz der Sklaven zuweisen. Diese Deklaration bedeutet die Zerschmetterung des Königtums der Menschen, um das Königtum Gottes auf Erden zu errichten.«

Die Berufung auf Gott hat das Grundproblem allerdings nicht gelöst. Dieses Grundproblem ist seit zwei Jahrhunderten dasselbe. Eine Minderheit der Menschheit in Europa und in den USA, an der sich auch die muslimische Welt orientiert, hat einen technologisch wohl für lange Zeit uneinholbaren Vorsprung erreicht. Die arabisch-muslimische Welt, von der hier die Rede ist, hat sich über Jahrhunderte nicht wesentlich verändert. Der Westen ist von einem Zustand, wie er etwa im europäischen Mittelalter herrschte, »fortgeschritten«. Er hat, wie es im allgemeinen heißt, »Fortschritte« gemacht, er hat sich »entwickelt«. Dagegen ist die muslimische Welt bestenfalls dieselbe geblieben. Misst man sie an ihrem Goldenen Zeitalter in der Ära des Abbassidenreiches von Bagdad, hat sie erheblich an Wissen und Kompetenz verloren. Hinter den Glitzerfassaden der saudischen Hauptstadt Riad etwa leben Menschen ihr Leben nach jahrhundertealten beduinischen Traditionen. Zwar liebt man westliche Hightech-Produkte, doch das dynamische Denken, das diese Produkte erzeugt hat, ist den Menschen oft fremd geblieben. Das Grundproblem dieser Konfrontation der »fortgeschrittenen« Minderheit mit der Mehrheit formulierte bereits Lord Lytton, der von 1876 bis 1880 britischer Statthalter in Indien war: »Wir bringen die höchstentwickelten Prinzipien der europäischen Kultur in eine riesige orientalische Gesellschaft, in deren Geschichte, Gesellschaft, Normen und Traditionen sie niemals existiert haben. Begriffe wie religiöse Toleranz, Pressefreiheit, Freiheit der Persönlichkeit, Allgemeingültigkeit des Rechtes ... sind in Indien mysteriöse Formeln einer unsympathischen Fremdherrschaft, welche der großen Mehrheit der Bevölkerung völlig unverständlich ist, obgleich sie zu deren Vorteil ausgeübt wird.«

Zu deren Vorteil. Ebendiesen Vorteil wollen viele jener, die da »entwickelt« werden sollen, partout nicht sehen. Was für einen Schriftsteller wie Rudyard Kipling »White Man's Burden« war – »des weißen Mannes Last«, die er auf sich genommen hat, um andere zu erziehen –, war für viele dieser anderen oft reiner Kolonialismus. Zwar hat Rifaa Rafi al-Tahtawi den *Code Napoleon* ins Arabische übersetzt, und die Briten haben in Indien eine funktionierende demokratische Ordnung hinterlassen – doch für viele, wie etwa die Muslimbrüder, waren dies fremdartige, abzulehnende und zu bekämpfende Institutionen der Kolonialherren.

Doch auch die arabischen Autokraten haben ihre Länder nicht modernisiert. Bewegungen wie die Muslimbruderschaft bekämpfen sie, weil sie in ihr eine Konkurrenz um die Macht sehen. Dennoch ist die Bruderschaft ein politischer Faktor geblieben. Die

Regime sind ganz unterschiedlich mit dieser islamischen Basisbewegung umgegangen. Der syrische Diktator Hafis al-Assad zog 1982 in der Stadt Hama gegen die Muslimbrüder zu Felde, machte einen ganzen Stadtteil dem Erdboden gleich und ließ Hunderte von ihnen ermorden. Seitdem herrscht Friedhofsruhe in Syrien. König Hussein von Jordanien dagegen machte die Bruderschaft zu »Ihrer Majestät loyalen Opposition«. Geschickt integrierte er die islamische Opposition in das politische System Jordaniens, erlaubte ihr eine begrenzte Präsenz im Parlament, machte ihre Führer mit mancherlei finanziellen Subsidien hoffähig und neutralisierte mit dieser Umarmungstaktik den islamischen Eifer.

Weil die Bruderschaft einst die Regime König Faruks und Abdel Nassers aktiv bekämpfte, wird sie in Ägypten auch heute noch verfolgt. Dort wie in Jordanien kommen die führenden Kräfte der Bruderschaft oft aus dem intellektuellen Mittelstand. Es sind Ärzte, Ingenieure, Universitätsprofessoren. In Ägypten werden sie vor Parlamentswahlen oft summarisch verhaftet und einige Wochen ins Gefängnis geworfen. Vor den Parlamentswahlen im Jahr 2000 hatte das Verfassungsgericht des Landes beschlossen, dass die Wahlen nicht mehr vom Innenministerium, sondern von der Justiz zu überwachen seien, damit der weitgehend von der Regierung praktizierte Betrug unterbunden werde. Die Regierung umging diese Bestimmung in vielen Fällen dadurch, dass sie Wahllokale, in denen ein Muslimbruder vor dem Sieg stand, weiträumig absperrte und keine Wähler an die Urnen ließ.

Wie so oft in der Geschichte islamischer Bewegungen gibt es auch in der Geschichte der ägyptischen Muslimbruderschaft eine Phase, in der sie den Herrschenden als Manövriermasse in der innenpolitischen Auseinandersetzung diente. Präsident Anwar al-Sadat, der nach dem Tode Nassers 1970 an die Macht gekommen war, wollte die alte, ausschließlich auf seinen Vorgänger zugeschnittene Machtbasis aus Nasseristen und Sozialisten ersetzen. Als neue Machtbasis sollten auch die Islamisten dienen. Sadat entließ viele Muslimbruder aus den Gefängnissen, in denen sie oft ohne Nachweis eines Vergehens einsaßen. In die Verfassung Ägyptens ließ er einen Abschnitt einfügen, nach der die Scharia, das im Koran und in der mündlichen Überlieferung des Propheten festgelegte Gesetz, *eine* Quelle der Gesetzgebung zu sein habe. Islamische Bewegungen wie die *Gamaa Islamiyya* erhielten durch solch kurzsichtige taktische Manöver erst ihr Existenzrecht. Schließlich fiel Sadat seiner eigenen politischen Taktik zum Opfer. Am 6. Oktober 1981 wurde er in Kairo bei der Abnahme ausgerechnet jener Militärparade ermordet, die er aus Anlass der Überquerung des Suezkanals durch ägyptische Truppen 1973 alljährlich abnahm. Der Attentäter war Khalid Islambuli, ein Militär, den sowohl die *Gamaa Islamiyya* als auch der *Dschihad Islami* als eines ihrer Mitglieder für sich reklamierten.

Nichts hat indessen die Bewegung des politischen Islam so gestärkt wie die verheerende arabische Niederlage im Sechstagekrieg vom Juni 1967. Die panarabischen und sozialistischen Ideen, die Nasser zur ideologischen Basis des Kampfes gegen die von den Briten im Nahen und Mittleren Osten eingerichtete koloniale Ordnung gemacht hatte, waren wirkungslos geblieben. Sie hatten die archaischen, autoritär regierten arabischen Gesellschaften nicht modernisieren können. Arabien war dem kleinen »zionistischen Gebilde« in fast allen Bereichen unterlegen. Das spürten vor allem die Vertreter des politischen Islam. »Islam ist die Lösung« lautete seitdem die neue Heilslehre, welche die arabischen Gesellschaften starken sollte. Auf dem Weg zu diesem Endziel und dem endgültigen Sieg über Israel aber sollten erst einmal die korrupten Regierungen beseitigt werden. Erst dann war, so sahen es viele Islamisten, Widerstand gegen den Westen und seine koloniale Ordnung möglich.

Ein Mann aus dieser islamischen 67er Bewegung, der den Pfad des Islamismus konsequent beschritten hat, heißt Aiman Mohammed Rabi al-Zawahari. Er stammt aus einer angesehenen ägyptischen Familie. Al-Zawaharis Vater war Mediziner und Professor an der Universität Ain Shams in Kairo. Zu der Familie Zawahari gehört auch der erste Generalsekretär der Arabischen Liga, Abdel Rahim Pascha Azzam. Ein anderer Vorfahre war Großscheich der islamischen Universität Al-Azhar in Kairo. Die Niederlage von 1967 änderte Al-Zawaharis Leben. Viele gläubige Muslime wurden damals zu »Islamisten«, zu Menschen, die dem Islam im politischen und militärischen Kampf gegen die eigenen Regierungen und gegen Israel die entscheidende Rolle zusprachen. Doch nicht alle Islamisten wurden zu Terroristen. Montasser al-Zayat, ein Studienkollege Al-Zawaharis und später in vielen Prozessen gegen Islamisten Verteidiger, fordert die friedliche Umwandlung der Gesellschaft in einen islamisch orientierten Staat. Al-Zawahari dagegen ging den Weg der Gewalt. Während seines Militärdienstes organisierte er unter den Offizieren islamistische Zellen. Koordinator von außen war Scheich Omar Abdel Rahman, der wegen des ersten Anschlags auf das World Trade Center in New York im Jahre 1993 in den USA in Haft sitzt. 1979 hielt sich Al-Zawahari im pakistanischen Peschawar auf, wo er den islamischen Kämpfern gegen die sowjetische Besatzung in Afghanistan zur Seite stand. Wegen Mitgliedschaft in der Gruppe »Dschihad Islami« (Islamischer Dschihad) und wegen Beteiligung am Attentat auf Anwar al-Sadat im Jahre 1981 wurde Al-Zawahari anschließend zu einer Gefängnisstrafe verurteilt.

Nach seiner Entlassung ging er wieder nach Peschawar und traf dort Osama Bin Laden. Al-Zawahari plädierte dafür, den »nahen Feind« – das war für ihn Ägypten – weiter zu bekämpfen. Osama Bin Laden überredete ihn schließlich dazu, gegen den »fernen«, den eigentlichen Feind zu Felde zu ziehen – gegen die USA. Zuvor war Al-Zawahari wegen Beteiligung am Anschlag auf den ägyptischen Innenminister Hassan al-Alfi in Abwesenheit zum Tode verurteilt worden.

Was muss geschehen, damit jemand das behütete Dasein in einer alteingesessenen Familie der großbürgerlichen Elite von Kairo aufgibt und stattdessen in den unwegsamen Berggebieten Afghanistans Organisator eines weltweiten Terrornetzes wird? Ein solche Vita ist nicht ungewöhnlich unter den Verfechtern des politischen Islam. Said Qutb etwa hat sich aus einer solchen Existenz ebenso herausgelöst wie später Mohammed Atta oder Osama Bin Laden.

Im Nahen Osten wird eine solche Entwicklung stets mit der Existenz Israels erklärt, mit dem einseitig Israel stützenden Verhalten der USA und mit dem Kampf, den man gegen die eigenen autoritären Regierungen zu führen habe.

Aiman al-Zawahari blieb nicht der einzige, der den Weg in Widerstand, Kampf und Terror wählte. Ein anderer ist Talat Fuad Qasim, ein Mitbegründer der *Gamaa Islamiyya*, der »Islamischen Gruppe«. Fuad Qasim studierte in der mittelägyptischen Stadt Minia, einer Stadt, die einen hohen Anteil an Christen aufweist und vielleicht gerade deshalb auch ein Zentrum islamistischer Gruppen wurde. Wie Al-Zawahari ging auch er nach Peschawar, wo er die Zeitung *Al-Murabitun* (Heilige Kämpfer) herausgab. Ebenfalls in Peschawar richtete er eine *Mahkamma Shariyya*, einen islamischen Gerichtshof, ein. Hier legitimierte er Anschläge auf ausländische Touristen in Ägypten und auf ägyptische Politiker, die von ihm als laizistisch eingestuft wurden, wie etwa Farag Foda, der 1996 in Kairo von bewaffneten Islamisten erschossen wurde, weil er die Lehre der *Gamaa* und des *Dschihad* kritisiert hatte. Die verquere Strategie der damaligen Islamisten erklärte Fuad Qasim so: »Tourismus in seiner gegenwärtigen Form ist eine Schändlichkeit. Es ist ein Mittel, durch das Prostitution und AIDS von jüdischen Frauen-Touristen verbreitet werden. Es ist eine Quelle von vielerlei Entsittlichung, ganz abgesehen davon, dass er ein Mittel ist, Informationen über die islamische Bewegung zu sammeln. Deshalb glauben wir, dass Tourismus eine Schande ist, die man zerstören muss. Schließlich ist der Kampf gegen den Tourismus eine unserer Strategien, die Regierungen zu zerstören.«[8]
Diese Strategie ist vorerst gescheitert – ebenso wie die des Dschihad Islami. Beide, Gamaa Isalamiyya und Dschihad Islami, nehmen für sich in Anspruch, das Attentat auf Sadat am 6. Oktober 1981 organisiert zu haben. Ideologischer Ursprung beider Gruppen ist die Muslimbruderschaft, besonders aber das Gedankengebäude von Said Qutb. Auch der Dschihad Islami entstand in den siebziger Jahren, also zur Regierungszeit Anwar al-Sadats. Auch seine Denker kommen aus dem akademischen Mittelstand Ägyp-

tens. Das Manifest des ägyptischen Dschihad wurde von dem Elektroingenieur Mohammed Abdassalam Farag geschrieben. Darin fordert er die Ausbreitung des Islam mit dem Schwert: »Der Ausspruch des Propheten ›Ich bin mit dem Schwert geschickt worden‹ bedeutet, dass Gott ihn geschickt hat, damit er mit dem Schwert das Bekenntnis der Einheit Gottes verkündet, nachdem er es durch das Argument des Wortes verkündet hat. Denn wer dem Aufruf zum Einheitsbekenntnis aufgrund des Beweises des Koran und des Wortes nicht Folge leistet, der wird mit dem Schwert zum Glauben gerufen...«[9]

Anders als Osama Bin Laden und Aiman al-Zawahari haben *Gamaa* und *Dschihad* stets gegen den »nahen Feind« Ägypten, gegen ihre eigene korrupte und autoritäre Regierung gekämpft. Diese Regierung wehrte sich mit einem kompromisslosen Krieg, der besonders in Oberägypten geführt wurde. Und sie wehrte sich mit der Einkerkerung von ca. 15 000 bis 20 000 Menschen. Vielen von ihnen konnten keinerlei Straftaten nachgewiesen werden, andere standen nur im vagen, niemals bewiesenen Verdacht, an strafbaren Handlungen teilgenommen zu haben. Doch verloren haben *Dschihad* und *Gamaa* ihren Kampf deshalb, weil sie mit ihrer Gewalt beim traditionell friedlichen ägyptischen Volk keinerlei Rückhalt fanden. Und sie verloren ihn auch deshalb, weil sie mit ihren Angriffen auf die Tourismusindustrie vielen ihrer Landsleute die einzige Lebensgrundlage entzogen.

Den militärischen Kampf gegen die gewalttätigen Vertreter eines politisch verstandenen Islam hat die ägyptische Regierung vorerst gewonnen. Doch ein Impuls für die Modernisierung der Gesellschaft ist mit diesem Sieg nicht einhergegangen. Die Gründe, die einst zum Guerillakrieg gegen das politische Establishment führten, bestehen weiter. Die von vielen seit dem letzten Jahrhundert geforderte Erneuerung des Islam hat, wieder einmal, einen Rückschlag erlitten, was die Anwälte des Terrors unter den Islamisten nicht hindert, ein verzerrtes Bild des Islam zu zeichnen. Der amerikanische Islamwissenschaftler Bernard Lewis hat die paradoxe Situation so charakterisiert: »Die meisten Muslime sind keine

Fundamentalisten, und die meisten Fundamentalisten sind keine Terroristen, aber die meisten zeitgenössischen Terroristen sind Muslime und identifizieren sich stolz als solche.«[10]

Abermals findet sich die arabisch-muslimische Welt in einem Dilemma. Diejenigen, welche an die Gedankenfreiheit anknüpfen wollen, die unter den Abbassiden in Bagdad herrschte, sehen sich mit denen konfrontiert, welche die engstirnigen Lehren Mohammed Ibn Abdel Wahhabs, Hassan al-Bannas und Said Qutbs zur ideologischen Grundlage ihres Gesellschaftsentwurfes machen. Diese Ideologen des Islamismus knüpften, schreibt die marokkanische Soziologin Fatima Mernissi, an jene Unterdrückung an, die schließlich am Ende des Abbassidenreiches herrschte: »Es ist dieser Islam der Paläste, der beraubt ist von seiner rationalen Dimension, der unserem Bewusstsein heute als muslimisches Erbe aufgezwungen wurde. Es ist dieser Islam von Prinzen und Henkern, der nach der Befreiung vom Kolonialismus von den vierziger bis zu den sechziger Jahren reaktiviert wurde. Seit den beginnenden siebziger Jahren finanzieren Petrodollars eine Propaganda, die Unterwerfung predigte und eigenes Nachdenken verdammte.«[11]

In dieses düstere Szenario passt es, dass ein kritischer Denker wie Taha Hussein schon zu seinen Lebzeiten als »Manipulator hellenistischer Ideen« verketzert wurde.[12] Im angeblich liberalen Ägypten sahen sich in den letzten Jahren Intellektuelle wie Nasr Hamid Abu Zaid ebenso verfolgt wie Professor Saad Eddin Ibrahim oder die Frauenrechtlerin Nawal Sadawi. Abu Zaid hat den Koran und einige seiner Auslegungen einer kritischen, keineswegs antimuslimischen Interpretation unterzogen. Ibrahim hat die Manipulation ägyptischer Wahlen aufdecken wollen. Und die unabhängige Frauenrechtlerin Nawal Sadawi war weltlichen Herrschern und ihren muslimischen Gegnern gleichermaßen verhasst, weil sie ihre eigene erniedrigende Beschneidung in einem Buch ausführlich beschrieben hatte.

Allen diesen unabhängigen Geistern gemeinsam ist, dass sie letztlich sowohl von der herrschenden Staatsgewalt als auch von den Islamisten verfolgt werden. Denn sowohl die Staatsgewalt als auch ihre muslimischen Kritiker fürchten sich vor Menschen, die nicht in ihr vorgefasstes Konzept von Macht und Machterhaltung passen. Das traurige Fazit lautet, dass die arabisch-muslimische Welt weder durch die derzeit Herrschenden noch durch die Islamisten, die gerne herrschen wollen, aus ihrer Misere befreit werden wird.

Diese Einsicht ist den fundamentalistischen Theoretikern von Al-Qaida und anderen Gruppen jedoch fremd. Sie sind, wie es der syrische Philosoph Sadiq al-Azm in einem Interview mit der *Frankfurter Rundschau* treffend ausdrückte, von einer tiefen Besorgnis erfüllt – dass nämlich die Moderne auf den Islam die »gleichen Auswirkungen« haben werde wie auf das Christentum in Europa. »Sie sagen: ›Wenn wir so weitermachen, wird der Islam als etwas Privates, Triviales enden, als Überbleibsel einer Religion. Wenn wir die Entwicklung jetzt nicht aufhalten, sind wir langfristig verloren.‹ Darum«, so interpretiert Sadiq al-Azm die Motive der gewaltbereiten Islamisten, »greifen sie zu den extremistischen Methoden.«[13]

Teil V
Östlich von Suez –
Amerika statt England

Kapitel 12
Amerika – das neue Rom

»Die Vereinigten Staaten haben ernsthafte Fehler in der Führung ihrer Außenpolitik gemacht ... Diese Fehler hatten verhängnisvolle Auswirkungen, lange nachdem diese Entscheidungen getroffen wurden ... Denn die unqualifizierte Unterstützung des Schahs des Iran führte direkt zur islamischen Revolution von 1979.«

Nelson Mandela in einem Interview mit *Newsweek*
im September 2002

Bis auf den heutigen Tag leiden alle Weltreiche der Geschichte an einem Manko – der Fehleinschätzung, sie seien für immer gemacht. Das Römische Reich, das auch Teile jener Region beherrschte, die heute Naher Osten genannt wird, glaubte, ein den unterjochten Völkern auferlegter Friede, eine *Pax Romana*, werde dem Imperium Ewigkeitswert geben. Das amerikanische Imperium eröffnete das 21. Jahrhundert mit dem Konzept, sich den Nahen und Mittleren Osten sowie Zentralasien und Afghanistan durch eine *Pax Americana* gefügig zu machen. Gefügig sind indessen lediglich einige Regime, nicht aber die Völker. Regime, die sich diesem imperialen Konzept einer *Pax Americana* nicht unterordnen wollen, sollen »ausgewechselt« werden.

Die Völker der Region sehen sich heute in einer ähnlichen Situation wie vor gut acht Jahrzehnten. Noch immer zieht der Ölreichtum die großen Mächte an. Noch immer überlassen diese Mächte Nachschub und Preisfixierung nicht den sonst so oft beschworenen Kräften des Marktes. Wie einst die Briten die Baumwollproduktion Ägyptens beherrschen wollten, so wollen heute große Industriemächte, allen voran die USA, die Ölproduktion der Welt kontrollieren. Nach 1920 beherrschte das britische Weltreich die Gebiete »östlich von Suez«, wie es seinerzeit hieß. Heute sind die

USA an die Stelle Großbritanniens getreten. Öl ist für die USA, wie einst für die Briten die Baumwolle, ein »strategischer« Rohstoff. Eine Unterbrechung der Ölzufuhr werde, so lautet das Kalkül der Vereinigten Staaten, die von ihnen dominierte Weltwirtschaft lahmlegen. Demnach müssen, wie vor acht Jahrzehnten, die Besitzer des Öls immer noch mit westlichen Interventionen rechnen. Der Irakkrieg des Jahres 2003 wird kaum der letzte militärische Eingriff gewesen sein.

Doch wie seinerzeit ist auch heute das Öl nicht der ausschließliche Beweggrund für die europäisch-amerikanische Präsenz zwischen Nil und Tigris. Es gibt ein zweites Motiv, das die USA im Laufe der Jahre in zunehmendem Maße an die Region gebunden hat: Israel. Israel gilt den USA als einziger wirklich wertvoller, deshalb »strategischer« Verbündeter in der Region und als perfekte Demokratie westlichen Stils. Es gilt als Bollwerk gegen die Diktaturen und Despotien der Region. In der Vorstellung der Neokonservativen und jener Protestanten, die wie einst Lord Shaftesbury die Rückkehr der Juden nach Palästina förderten, ist das Land ein Stützpunkt der amerikanischen, der westlichen, der abendländischen Kultur, den es zu verteidigen gilt. Deshalb gilt Eretz Israel, das Land Israel, auch als Festung gegen den Islam, den viele Amerikaner kaum verstehen oder fälschlicherweise mit dem islamischen Terrorismus gleichsetzen. Zudem sehen viele, vor allem die protestantischen Fundamentalisten des amerikanischen Südens, in Israel die Erfüllung der Prophezeiungen des Alten Testamentes, denen zufolge Gott ganz Palästina den Juden gegeben habe. Sie hoffen, dass der Messias zurückkehren und die Juden doch noch zum Christentum bekehren werde. Sofern man sich überhaupt auf solch eine biblische Begründung für das Existenzrecht Israels einlässt, muss man allerdings zu bedenken geben, dass Abraham einst das von ihm bezeichnete Land allen seinen Nachkommen als Erbe gegeben hat – also auch seinem Sohn Ismael, dem Urvater muslimischer und christlicher arabischer Stämme.

Doch diese Interpretation des Alten Testamentes hatte ein Mann wie Lord Shaftesbury nicht im Sinn, als er von der Rückkehr der

Juden nach Palästina träumte. Auch George W. Bush wird eine solche Deutung kaum ins politische Konzept passen. Er steht eher auf der Seite jener protestantischen Gemeinden in den Südstaaten der USA, die große Summen spenden, um jüdische Siedler in den von Israel seit 1967 besetzten Gebieten zu unterstützen. Ursprünglich wurde Bush von seinen Eltern im eher moderaten, liberalen Geist der Episkopalischen Kirche erzogen. Nach einer persönlichen Krise konvertierte er aber zu einer vor allem in den Südstaaten der USA verbreiteten eher fundamentalistischen Interpretation seines Glaubens. Ein »glühender christlicher Zionismus, begleitet von einer Bewunderung für israelische Macho-Soldaten, die gelegentlich mit einer Feindschaft zu liberalen jüdisch-amerikanischen Intellektuellen koexistieren, ist das Merkmal dieser südlichen Kultur«, wie der Londoner *New Statesman* schrieb.[1] Die kulturelle Kluft zwischen der heilen Welt der Südstaaten und dem Chaos in Palästina wird den Bewohnern des amerikanischen *Bible belt* fast täglich im abendlichen Fernsehen vor Augen geführt. Wenn israelische Politiker wie Benjamin Netanjahu und Dore Gold korrekt gekleidet auftreten und in fließendem Englisch ihre geschliffenen, auf den amerikanischen Zuschauer zugeschnittenen Argumente vorbringen, dann fühlen sich besonders die christlichen Zionisten eins mit ihrem Israel. Ein Mann wie Jassir Arafat dagegen, in einen graugrünen Kampfanzug und ein schwarz-weiß kariertes Kopftuch gehüllt, erscheint ihnen fast als Verkörperung des Leibhaftigen. Und schließlich fühlen, vielleicht ganz unbewusst, manche Amerikaner eine tiefe Seelenverwandtschaft mit den Israelis, besonders mit den israelischen Siedlern im Westjordanland und im Gazastreifen: Auch Amerika ist, ursprünglich, ein Siedlerstaat. Europäische Siedler haben den weiten Kontinent erobert und kolonisiert. »Wir waren Siedler, ihr seid Siedler – sind wir nicht aus dem gleichen Holz geschnitzt?«, mögen sich manche Amerikaner fragen.

Tatsächlich wurde das Argument, ein mutmaßlich fast menschenleeres Land zu besiedeln, sei eine begrüßenswerte zivilisatorische Tat, schon im Vorfeld der Gründung Israels verwendet. Als im

Januar 1946 in Washington eine amerikanisch-britische Kommission über die Zukunft des britischen Mandatsgebietes Palästina diskutierte, zog der Labour-Abgeordnete Richard Crossman eine Parallele zwischen der Kolonisierung Palästinas durch die Juden und der frühen »frontier mentality«, dem Pioniergeist europäischer Siedler in der Neuen Welt: »Letztlich ist der Zionismus nichts anderes als der Versuch der europäischen Juden, ihr nationales Leben auf der Erde Palästinas aufzubauen – in ziemlich genau derselben Art, wie der amerikanische Siedler den Westen erforscht hat. Deshalb wird der Amerikaner dem jüdischen Siedler in Palästina im Zweifelsfalle recht geben und den Araber als den Eingeborenen betrachten, der sich dem Marsch des Fortschritts beugen muss.«[2]

Zwei Jahre nach Crossmans historisch durchaus schlüssiger Parallele wurde Israel gegründet. Heute kämpfen nicht mehr Juden, sondern Palästinenser um eine »nationale Heimstatt« in Palästina, Israel selbst aber ist in den Augen der amerikanischen Neokonservativen das geworden, was sich Theodor Herzl ursprünglich versprochen hatt: ein Vorposten des Westens in Asien. Im September 2001 schrieben 41 einflussreiche Politiker und Publizisten an Präsident Bush, unter ihnen William Kristol, Francis Fukuyama und Richard Perle: »Israel war und bleibt Amerikas zuverlässigster Verbündeter im Mittleren Osten. Die Vereinigten Staaten sollten unsere *Bruderdemokratie* [fellow democracy, kursiv vom Autor] in ihrem Kampf gegen den Terrorismus voll unterstützen.«[3]

In der öffentlichen Diskussion der USA spielen sich Neokonservative und christliche Fundamentalisten gegenseitig den Ball zu. Nachdem Verteidigungsminister Donald Rumsfeld Anfang August 2002 behauptet hatte, es bestehe gar kein Zweifel daran, dass »Jassir Arafats palästinensische Autonomiebehörde den Terrorismus« fördere, trat prompt die Organisation »Christliche Koalition Amerikas« mit einer Presseerklärung auf den Plan. Am 7. August 2002 wandte sie sich strikt gegen die Schaffung eines palästinensischen Staates. Die ständige Diskussion über dieses

Thema ermutige lediglich die Terroristen, noch mehr Zivilisten zu ermorden, hieß es in der Stellungnahme. Schon am 18. Juni 2002 hatte die »Christian Coalition of America« nach einem verheerenden Selbstmordattentat in Jerusalem mitgeteilt, dass die Schaffung eines Palästinenserstaates den Todesstoß für Israel bedeuten würde.[4] Auch eine andere christlich-fundamentalistische Organisation – The Friends of Israel Gospel Ministry, Inc.[5] – lehnt arabische Ansprüche auf Palästina strikt ab. Auf ihrer Website wird von »Anhängern Allahs« gesprochen, welche die Israelis aus der Region vertreiben wollten. Palästina aber sei von Gott »ohne Bedingungen« Abraham, Isaak und Jakob sowie deren Nachfolgern gegeben: »Ob das jüdische Volk im Land war oder unter den vielen Vertreibungen litt, das Land, das heute im allgemeinen Palästina genannt wird, war und ist das Land der Juden.« Solche Glaubensbekenntnisse setzen sich in den USA leicht in aktuelle Politik um – besonders wenn ein Präsident regiert, der auf eine solche Wählerschaft baut und der eine Mannschaft um sich versammelt hat, deren weltanschaulicher Hintergrund eine Kombination aus jüdischem und christlichem Zionismus ist.

»Der Gott des Islam ist nicht derselbe Gott wie der des Christentums«, sagte im Oktober 2001, einen Monat nach den Anschlägen vom 11. September, Reverend Franklin Graham, der Sohn des berühmten Predigers Billy Graham. »Der Gott [des Islam] ist ein böser Gott, und ich glaube er [der Islam] ist eine schlimme und böse Religion.«[6] Nach dem 11. September 2001 bekam die alte Allianz der christlichen Fundamentalisten und der Zionisten neuen Rückhalt. In den Augen dieser Koalition hat der Islam den Kommunismus als «Reich des Bösen« ersetzt, Jassir Arafat wurde in ihren Augen »Israels Bin Laden«. Arafat muss mithin genauso bekämpft werden wie der saudische Terrorist.

Für Ibrahim Warde, Lektor an der Harvard University, sind »alle Hauptfiguren der christlichen Rechten ... heute Teil eines neuen Kreuzzuges, der oft von Israel gesteuert wird«. So habe Premierminister Ariel Scharon Rabbi Yechiel Eckstein, den Gründer des

»Internationalen Bundes von Christen und Juden«, sowie Ralph Reed, den Präsidenten der »Christlichen Koalition«, für seine politischen Marketingbemühungen rekrutiert. 250 000 Christen hätten, schreibt Warde, über 60 Millionen Dollar nach Israel geschickt. In ähnlicher Weise finanziere eine Gruppe, die sich »Christen für Israel/USA« nenne, die Einwanderung von 65 000 Juden. »Nach den Worten ihres Präsidenten, des Reverend James Hutchens, geschah dieses, um einem göttlichen Ruf zu folgen, das jüdische Volk … ins Land Israel zurückzubringen«, so Warde. Allerdings durfte die Allianz der jüdischen und der christlichen Zionisten, aus Sicht der Juden, einen fundamentalen Fehler haben. Viele christliche Fundamentalisten hoffen nämlich nach der Wiederkehr des Messias auf die Bekehrung der Juden zum Christentum. 1999 erklärte Reverend Jerry Falwell, der Messias könne bereits innerhalb von zehn Jahren erscheinen.[7] Den antisemitischen Unterton ihrer Prophezeiungen haben die Verfechter dieser protestantischen Heilslehre offenbar übersehen.

Der Einfluss christlicher Fundamentalisten auf die amerikanische Politik ist keineswegs eine neue Erscheinung. Bei den Präsidentschaftswahlen von 1980 stimmten etwa zwanzig Millionen Christen, unter ihnen viele protestantische Fundamentalisten, »für Reagan und gegen Carters Spielart evangelischen Christentums, das den Test der bedingungslosen Unterstützung Israels nicht bestanden hatte«, wie Professor Donald Wagner (USA) zutreffend analysiert.[8] Eine Folge dieses Wahlverhaltens war, dass sich schon in den Reagan-Jahren die Verbindung zwischen der Republikanischen Partei und den christlichen Fundamentalisten sehr eng gestaltete. Wie vor ihm schon der britische Lord Shaftesbury und dessen Gesinnungsgenossen hatte offenbar auch US-Präsident Reagan ein persönliches, religiöses Motiv für seine Förderung der Rückkehr der Juden nach Israel. Wie Reverend Falwell glaubte offenbar auch Reagan, dass er sich auf den möglicherweise bevorstehenden »Letzten Tag« vorzubereiten habe. Gegenüber einem Vertrauten deutete Reagan einmal an, er habe das Gefühl, dass Armageddon, die Entscheidungsschlacht zwischen den Streitkräften Gottes und den Mächten der Finsternis, bald bevorstehe.[9]

Auch Präsident George W. Bush gibt in entscheidenden Situationen oft den Kampagnen dieser protestantisch-fundamentalistischen Klientel nach. Im April 2002 forderte Bush Ariel Scharon auf, seine Truppen aus dem von ihm erneut besetzten Westjordanland zurückzuziehen. Umgehend organisierte Reverend Jerry Falwell eine Brief-, Email- und Telephonkampagne, in der Bush praktisch genötigt wurde, Scharons Feldzug nicht mehr zu behindern. Der Protest des Weißen Hauses gegen Scharons Militäraktion verstummte umgehend. Falwell äußerte zufrieden: »Die Bibel ist Israels Sicherheitsnetz in den USA.«[10]

Wie vor acht Jahrzehnten sieht sich die arabische Welt dem christlich-jüdischen Herrschaftsanspruch des Westens auch heute wehrlos gegenüber. Es gibt keine innerlich gestärkte arabische Staatenwelt, die sich ausländischen Interventionen erfolgreich entgegenstellen und Israel zu einem Frieden zwingen könnte, der die arabische Welt und Israel zu gleichberechtigten Partner machen würde. Aus arabischer Sicht ist diese andauernde Schwäche umso schlimmer, als in Amerika derzeit eine Gruppe von Politikern an der Macht ist, die unter dem Banner des von ihnen ausgerufenen »Project for a New American Century« (PNAC) beansprucht, diejenigen Regime, welche ihren Interessen entgegenstehen, einfach zu eliminieren. Möglich, dass die Propheten des »neuen amerikanischen Jahrhunderts« angesichts des Chaos, welches der erste von ihnen herbeigeführte Regimewechsel im Irak hinterlassen hat, in Zukunft ein wenig vorsichtiger werden. Doch ein Exempel ist statuiert. Die Interessenlage bleibt unverändert, die Drohung bleibt bestehen. John C. Hulsman von der Heritage Foundation – keineswegs ein blinder Anhänger der Neokonservativen – sagt: »Wir sollten zugeben, dass wir ein Imperium haben. Wir haben Macht, und wir sollten Gutes mit ihr tun.«[11]

Das »Projekt für ein neues amerikanisches Jahrhundert« wurde 1997 von einer Gruppe von sogenannten Neokonservativen unter Führung von William Kristol gegründet. Sein politischer Ansatzpunkt ist der Sieg Amerikas im Kalten Krieg gegen die Sowjetunion. Nun sei, argumentieren die Neokonservativen, Amerika die einzige Weltmacht. Die USA seien sozusagen das Rom des 21. Jahrhunderts, das die Welt nach eigenem Gutdünken gestalten könne. Solch eine politische Haltung impliziert, dass nationalstaatliche Souveränität überholt sei, dass andere Staaten sich den nationalen Interessen der USA, des neuen Rom, zu beugen hätten. »Haben die Vereinigten Staaten die Entschlossenheit, ein neues Jahrhundert zu gestalten, das amerikanischen Prinzipien und Interessen günstig gesonnen ist?«, fragen die Autoren in einer ihrer Broschüren. Weiter formulieren sie: »Was wir fordern, ist ein Militär, das stark und bereit ist, gegenwärtige und zukünftige Herausforderungen anzunehmen, und eine Außenpolitik, die kühn und zielstrebig amerikanische Prinzipien im Ausland vertritt.«[12] Im Juni 2002 sprach Präsident George W. Bush vor Soldaten der Militärakademie West Point. Seine dort verkündete Militärdoktrin knüpft nahtlos an das Denken der Initiatoren des PNAC an: »Amerika hat militärische Stärken, die jeder Herausforderung gewachsen sind. Amerika beabsichtigt, diese Stärke zu bewahren, um den destabilisierenden Rüstungswettlauf anderer Zeiten gegenstandslos zu machen...«[13] Der amerikanische Kolumnist William Pfaff bezeichnete diese Doktrin im September 2002 als »Denunziation der modernen Staatenordnung, welche die internationalen Beziehungen seit dem Westfälischen Frieden von 1648 regierte«.[14]

Das PNCA ist eine Art Bindeglied zwischen den Neokonservativen und verschiedenen anderen überwiegend konservativen Denkfabriken – dem American Enterprise Institute, dem Hudson Institute, der Bradley Foundation, dem Center for Strategic and International Studies (CSIS) und dem John M. Olin Center for Strategic Studies, das zur Harvard University gehört. Letzteres ist im Ausland vor allem durch Samuel Huntington bekannt geworden. In seinem Buch *Kampf der Kulturen* hat Huntington die viel diskutierte, aber auch viel kritisierte These vom Zusammenprall der westlichen Kultur mit anderen Kulturkreisen, besonders dem islamischen, entwickelt. Diese These ist eine der ideologischen Grundlagen der Neokonservativen. Mit Israel sind diese Denkfabriken durch das der Likudpartei nahestehende, in Washington ansässige »Jewish Institute for National Security Affairs« (JINSA) verbunden.

Forscht man nach den ideologischen Wurzeln der Neokonservativen, so trifft man auf eine Überraschung. Die Ursprünge der neokonservativen Denkweise liegen in der jüdisch-amerikanisch-trotzkistischen Bewegung der dreißiger und vierziger Jahre. Diese Ideologie wandelte sich in der Epoche zwischen den fünfziger und siebziger Jahren des vergangenen Jahrhunderts zu einem antikommunistischen Liberalismus und mündete schließlich in eine Art militaristischer und imperialer Vorstellungswelt, die »keinerlei Vorgänger in der amerikanischen Kultur oder in der politischen Geschichte [Amerikas] hat«, wie Michael Lind im *New Statesman* schrieb. Neo-konservativ, neu-konservativ ist diese Gruppe von Ideologen also, weil diese – anders als die traditionellen Wertkonservativen – einen verschlungenen politischen Weg von der Linken zur extremen Rechten hinter sich haben. Wie viele Konvertiten gebären sie sich in ihrer neuen weltanschaulichen Heimat besonders radikal. Ein Mann wie Joshua Muravchik vom American Enterprise Institute bestätigt dies mit den folgenden Worten: »Ich wuchs auf in der Bürgerrechtsbewegung, ich kämpfte gegen Diskriminierung und Rassentrennung. Und ich denke, ich bewahrte etwas von demselben Kampfgeist, den ich gegen den Kommunismus entwickelte, seitdem ich zu der Überzeugung gekommen bin, das der Kommunismus das größte Übel der Welt war. Heute kämpfe ich mit demselben Esprit gegen Terrorismus und islamischen Fundamentalismus.«[15]

Eines der führenden Mitglieder der Gruppe ist Meyray Wurmser. Meyray Wurmser gehörte zu jenen Neokonservativen, die beim Amtsantritt des israelischen Ministerpräsidenten Benjamin Netanjahu 1996 ein Memorandum unter dem Titel »Wiederaufbau des Zionismus« *(Rebuilding Zionism)* verfassten. In dem Werk forderten die Unterzeichner ein Ende des 1993 in Oslo begonnenen Friedensprozesses, einen Regimewechsel im Irak und eine politische Offensive *(rollback)* gegen Syrien. In dem Dokument wird Israel in ziemlich eindeutigen Worten aufgefordert, die 1967 eroberten Gebiete nicht oder zumindest nicht ganz zurückzugeben. Leider hätten die Regierungen unter Schimon Peres und Yitzhak Rabin im Ausland das Konzept »Land für Frieden« proklamiert. Diese Politik habe Israel in die Position eines kulturellen, ökonomischen, politischen, diplomatischen und militärischen Rückzuges gebracht. Die neue Regierung unter Netanjahu dagegen solle westliche Werte und Traditionen fördern. Solch ein Vorgehen werde in den Vereinigten Staaten mit Wohlwollen aufgenommen. Israel, betonen die Autoren, solle einen »Frieden durch Stärke« anstreben. Das von den arabischen Staaten angebotene Konzept »Land für Frieden« lehnen die Neokonservativen ab. Für den Irak fordert das Dokument die Wiedereinsetzung der 1958 gestürzten Dynastie der Haschemiten.[16]

Meyray Wurmser, die maßgeblich an dem Dokument mitwirkte, hat zusammen mit einem Oberst des israelischen Geheimdienstes eine Organisation gegründet, die arabische Medien auf antisemitische Tendenzen untersucht. Ihr Ehemann David ist Mitglied des »American Enterprise Institute«.

Ein weiteres prominentes Mitglied des neokonservativen Zirkels ist Professor Michael Ledeen, ehemaliger Italienkorrespondent der *New Republic*. Professor Ledeen ist Autor eines Buches, in dem er den Sturz von Regierungen fordert, die seiner Meinung nach den Terrorismus fördern. Genannt wurden Irak, Syrien und auch Saudi-Arabien. Ein weiteres bedeutendes Mitglied des neokonservativen Kreises ist David Frum vom American Enterprise Institute. Als ehemaliger Redenschreiber von Präsident Bush trug er dazu bei, die Formulierung einer »Achse des Bösen« zu kreieren, die Bush in seiner Ansprache zur Lage der Nation im Januar 2002 der erstaunten Weltöffentlichkeit präsentierte.

Initiator des »Projektes für ein neues amerikanisches Jahrhundert« ist William Kristol, Herausgeber des Wochenmagazins *The Weekly Standard*. Als George Bush senior noch Vizepräsident unter Ronald Reagan war, hatte Kristol unter Bush die Position eines Stabschefs inne. Unter der Präsidentschaft von George Bush senior war Kristol Stabschef von dessen blassem und umstrittenem Vize Dan Quayle. Kristols politisches Glaubensbekenntnis lautet, amerikanische Macht sollte nicht nur zur Verteidigung amerikanischer Interessen benutzt werden, sondern auch zur Verbreitung amerikanischer Prinzipien. Kristols *Weekly Standard* wird vom Medienzaren Rupert Murdoch mitfinanziert, dem auch ein anderes Sprachrohr der Neokonservativen gehört – »Fox Television«. Zu den von den Neokonservativen unterstützten Medien gehört auch die Zeitung *Washington Times* des Koreaners Sun Myung Moon.

Gottvater der Neokonservativen ist indessen Richard Perle, von Kritikern auch »Prinz der Finsternis« genannt. Perle war bis Anfang 2003 Vorsitzender des »Defense Policy Board«, eines Beratergremiums des Pentagon. Zudem ist er Mitglied des American Enterprise Institute. Während des Präsidentschaftswahlkampfes von George Bush junior fungierte Perle als Berater in Verteidigungsfragen. Er hat bei verschiedenen Gelegenheiten zugegeben, dass er zu den führenden Architekten des Feldzuges gegen den Irak gehört.

Die Neokonservativen haben in der Regierung von George W. Bush manche Schlüsselposition und viele Beraterfunktionen übernommen. Dieser kleine Staatsstreich hat weitreichende Konsequenzen für den Nahen und Mittleren Osten sowie für Zentralasien. Denn innerhalb der Regierung des politisch ursprünglich eher wenig beschlagenen Präsidenten übt nun eine Gruppe entscheidende Macht aus, deren Interessen so gut wie identisch sind mit den Interessen der Likud-Regierung unter Ministerpräsident Ariel Scharon. Zu dieser Gruppe gehören auch Vizepräsident Dick Cheney (der einst gegen die Freilassung von Nelson Mandela von der Gefangeneninsel Robben Island war), Sicherheitsberaterin Condoleezza Rice und Präsident Bush selbst.

Dass Cheney, Rice und Bush enge Bindungen zur Ölindustrie haben, ist oft beschrieben, in seiner Bedeutung aber ein wenig überschätzt worden. Entscheidend ist eher die Konsequenz, mit der diese Gruppe die Neugestaltung des gesamten Mittleren Ostens plante. Regime wie das syrische, das iranische, sogar das ägyptische sollten ausgewechselt werden, nachdem man im Irak ein Exempel statuiert habe. Das Argument für eine solche radikale Politik ist im Kern vielleicht nicht völlig ungerechtfertigt: dass nämlich die Autokratien, die korrupten Regime der Region, ihre Völker unterdrücken, wirtschaftlichen Fortschritt verhindern und durch die Unterdrückung den Terror selbst erzeugen. Tatsächlich verkünden viele, vor allem die Taliban, die Wahhabis, aber auch manche radikalen Prediger in der arabischen Welt, eine Variante des Islam, die eine antimoderne, antiwestliche, besonders antiamerikanische Haltung vertritt und zu Gewalt aufruft. Meyray Wurmser vom Hudson Institute sagte während des Irakkrieges zufrieden: »Die Iraner und die Syrer sind in diesem Moment noch nervöser als die Saudis und die Ägypter. Das syrische Regime macht Kommentare, aus denen hervorgeht, dass es nervös ist, dass es denkt, es sei als Nächstes dran.«[17]

Allerdings unterliegen die Befürworter solcher erzwungener Regimewechsel einer fatalen Fehleinschätzung. Unter den gegenwärtigen Umständen würden demokratische Wahlen in vielen arabischen Ländern mit großer Sicherheit islamistische oder doch islamisch ausgerichtete Parteien an die Regierung bringen. Denn Gruppen wie die Muslimbrüder sind derzeit die einzige politische Alternative. Zum einen, weil sie beim Volk Vertrauen erwecken, zum anderen, weil eine Ideologie wie der Panarabismus von Israel und westlichen Staaten wie Großbritannien und den USA so erfolgreich bekämpft wurde, dass er von der Bildfläche verschwunden ist. Es ist aber kaum anzunehmen, dass ein Mann wie Richard Perle in Kairo oder Damaskus die Muslimbrüder an der Macht sehen will. Überall in der arabischen Welt träfen die von Amerika geplanten Regimewechsel auf dasselbe Ergebnis: Es gibt nur eine gut organisierte Opposition, und das ist die islamische.

Regimewechsel sind indessen nur ein Punkt auf der politischen Agenda der Neokonservativen. Nach einem Bericht in William

Kristols *Weekly Standard* plant Amerika einen »Weltkrieg zwischen den Vereinigten Staaten und dem politischen Flügel des islamischen Fundamentalismus …, einen Krieg von solcher Größe, dass die Invasion des Irak und die Gefangennahme von hochrangigen Al-Qaida-Kommandeuren als taktische Ereignisse in einer lang andauernden Kampagne gesehen werden sollten.«[18] Der imperiale Entwurf der Neokonservativen trifft allerdings auch auf Kritik. John C. Hulsman von der Heritage Foundation befürchtet einen »endlosen Krieg«, und Jessica Mathews vom Carnegie Endowment for International Peace hält es für »arrogant«, einen »globalen Krieg im Namen der Demokratie« zu führen. Andere kritisieren das neue Weltkonzept als »demokratischen Imperialismus«.[19] Der Historiker Eric Hobsbawm interpretiert die von der Regierung Bush verfochtene Strategie der Neokonservativen folgendermaßen: »Natürlich wollen die Amerikaner, theoretisch, nicht die ganze Welt erobern. Was sie wollen, ist Krieg führen, um freundlich gesinnte Regierungen zurückzulassen und dann nach Hause zu gehen. Das wird nicht funktionieren … Die Modelldemokratie, welche die Amerikaner der Welt im Irak offerieren wollen, ist kein Modell.«[20]

Die Revolution der Neokonservativen schließt nahtlos an eine amerikanische Außenpolitik an, die nicht erst seit dem Fall der Sowjetunion oft ausschließlich die eigenen Interessen verfolgt. Seit 1898 haben die USA etwa 170-mal militärisch im Ausland interveniert. Heute unterhalten sie Militärstützpunkte in etwa vierzig Ländern. Stolz knüpfte Tom DeLay, Mehrheitsführer der Republikaner im Repräsentantenhaus und Mitglied des »Christian Zionist Movement«, an diese Tradition an, als er verkündete: »In der arabischen Welt hielt man die USA vor dem 11. September für einen Papiertiger. Wir hatten einen Präsidenten [Bill Clinton], dessen Vergeltung darin bestand, ein paar Bomben in die Wüste zu werfen. Die Araber lachten. Nun aber sehen sie, dass wir es ernst meinen und dass sie es mit einer wirklichen Macht zu tun haben. Und sie respektieren Macht.«[21]

Mit einigem Recht kann man behaupten, dass sich nach dem

Zweiten Weltkrieg eine Situation entwickelte, welche der nach dem Ersten Weltkrieg glich. Damals zeichneten die Siegermächte, vor allem Großbritannien und Frankreich, die neue politische Landkarte des Nahen und Mittleren Ostens. Dieser Entwurf sollte sicherstellen, dass die Sieger die Früchte ihrer erfolgreichen Militäraktionen auf viele Jahre hinaus ernten konnten. Der damals geschaffene Völkerbund war ein Instrument der Großmächte der Epoche. Er gab Briten und Franzosen die »Mandate«, einen großen Teil der Gebiete zwischen Mittelmeer und Tigris zu beherrschen. Die USA schlossen sich dem Völkerbund, dem Vorläufer der Vereinten Nationen, nicht an. Präsident Woodrow Wilson, der Autor der berühmten 14 Punkte, die Selbstbestimmung für die Völker forderten, hatte sich zwar für einen Beitritt ausgesprochen. Der amerikanische Senat lehnte Amerikas Mitgliedschaft aber ab. Die Senatoren ließen sich von einem starken Trend des Isolationismus leiten.

Während des Zweiten Weltkrieges wurde unter den Alliierten über eine Nachfolgeorganisation diskutiert. Diese – die »Vereinten Nationen« – wurden 1945 in San Francisco gegründet. Ihrer Charta gemäß wollte die UNO hehre demokratische Ziele verfolgen und ein Instrument der Friedenssicherung werden. Aber auch 1945 versuchten die Sieger, die Völkergemeinschaft zu ihrem Instrument zu machen: »Regierungen in Washington, London, Moskau und Paris hatten Ziele im Sinn, die weit primitiver waren als Weltfrieden und gleiche Entwicklung [für alle]. Die alliierten Mächte hatten das Ziel, durch diplomatische Mittel sicherzustellen, dass die Regierungen, die den Krieg gewonnen hatten, den Nachkriegsfrieden dauerhaft regieren würden.« So drückt sich Phyllis Bennis, Wissenschaftlerin am Institute for Policy Studies in Washington, D.C., aus.[22] Nicht umsonst wurden seinerzeit die fünf Siegermächte Amerika, Russland, Großbritannien, Frankreich und China mit einem Veto im Sicherheitsrat ausgestattet.

Für die Nachkriegsordnung im Nahen Osten hatte diese Grundkonstellation schwerwiegende Konsequenzen. Zwar waren die Vereinigten Staaten zunächst keineswegs begeistert von den britisch-jüdischen Plänen, in Palästina einen neuen Staat zu gründen. Nach Ansicht des Außenministeriums in Washington würde ein solcher Schritt für die Region große politische Probleme bringen. Präsident Harry S. Truman war zunächst unentschlossen. Doch dann ließ er sich von einem seiner Berater, dem der jüdischen Gemeinschaft nahestehenden Clark Clifford überzeugen, dass er, der nach dem Tode Roosevelts an die Macht gekommen war und seine erste Präsidentschaftswahl noch vor sich hatte, womöglich auf die jüdischen Stimmen angewiesen sein werde. Dieses Argument trug sicher dazu bei, dass die USA schließlich im Teilungsbeschluss vom November 1947 für die Gründung eines jüdischen und eines arabischen Staates in Palästina votierten.

Die Gründung Israels bedeutete indessen noch keineswegs, dass Amerika die Politik des neuen Staates – wie es heute der Fall ist – fast bedingungslos unterstützte. Die französisch-britisch-israelische Suezinvasion von 1956 beendete Eisenhower mit der unmissverständlichen Aufforderung an Israel, alle besetzten arabischen Gebiete zu verlassen. Am 5. Januar 1957 verkündete der amerikanische Präsident eine nach ihm benannte Doktrin, die im wesentlichen zum Ziel hatte, im Nahen Osten Interventionen zu verhindern, die von Ländern drohten, die vom »internationalen Kommunismus« kontrolliert wurden.[23] Eisenhower sicherte den arabischen Staaten Hilfe bei der Bewahrung ihrer Unabhängigkeit zu.

Die zunächst vorsichtige amerikanische Haltung gegenüber Israel änderte sich allmählich nach dem israelischen Sieg im Sechs-Tage-Krieg vom Juni 1967. Israel war jetzt die dominierende Macht in der Region. Der Kalte Krieg mit der Sowjetunion stand auf dem Höhepunkt. Die USA begannen, die Vereinten Nationen aus dem palästinensisch-israelischen Konflikt auszuschalten oder zumindest Resolutionen des Sicherheitsrates so im Sinne Israels abzumildern oder mit ihrem Veto zu belegen, dass Israel kein politischer Schaden entstand. Zwar belegten die USA die entscheidenden Resolutionen 242 und 338, die Israel 1967 und 1973 zum Rückzug aus den besetzten Gebieten aufforderten, nicht mit ihrem

Veto. Bis zum Oktober 2003 jedoch sorgten die USA stets mit ihrem Nein dafür, dass 27 Resolutionen des Sicherheitsrates blockiert wurden. Nach Auffassung der USA wären diese völkerrechtlich verbindlichen Beschlüsse für Israel nachteilig gewesen. In der 27. mit einem US-Veto abgelehnten Resolution sollte Israel im Herbst 2003 aufgefordert werden, den Bau der Trennungsmauer zwischen Israel und den besetzten Gebieten einzustellen.

Israel verdankt seine Existenz auch den Vereinten Nationen. Spätestens aber nach dem Sieg über Ägypten, Syrien und Jordanien im Juni 1967 lehnte das Land so gut wie jede Intervention der UNO ab. Im Oktober 1990 wurden auf dem Jerusalemer Tempelberg/ Haram al-Sharif 22 Palästinenser von israelischer Polizei getötet. Sie hatten Steine auf Juden geworfen, die an der Klagemauer beteten. Staaten der Blockfreien-Bewegung brachten eine Resolution im Sicherheitsrat ein, welche die UNO beauftragte, eine Untersuchungskommission nach Israel zu entsenden. Auf Initiative der USA wurde dieser Beschluss so weit abgemildert, dass schließlich nur ein Vertreter des Generalsekretärs einige Tage in Jerusalem weilte und dann wieder abreiste.[24]

Ähnliches geschah, nachdem israelisches Militär im April 2002 während der Wiederbesetzung des Westjordanlandes in der palästinensischen Stadt Dschenin eingegriffen, einen Teil des Ortes dem Erdboden gleichgemacht und nach Aussagen vieler Palästinenser zahlreiche Zivilisten getötet hatte. Eine von UN-Generalsekretär Kofi Annan zusammengestellte Untersuchungskommission konnte ihre Arbeit niemals aufnehmen, weil Israel im Zusammenspiel mit den USA die Mission so lange kritisierte und Änderungen in ihrer Zusammensetzung vorgeschlagen hatte, bis die UNO sich gezwungen sah, die Nachforschungen in Dschenin ganz abzusagen.

Zweimal, 1967 und 1973, hat der Sicherheitsrat Israel aufgefordert, die 1967 besetzten palästinensischen Gebiete zu verlassen. Kleine Grenzkorrekturen sollten dabei möglich sein. Doch bis heute ist diese Forderung nicht befolgt worden. In der Krise, die 1990 nach der Besetzung Kuwaits durch Saddam Hussein ausbrach, haben viele Araber immer wieder eine »amerikanische Doppelmoral« beklagt. Um die völkerrechtswidrige Besetzung Kuwaits rückgängig zu machen, wurde den USA und einer von ihnen zusammengestellten internationalen Koalition von den Vereinten Nationen das Mandat gegeben, Kuwait innerhalb eines halben Jahres zu befreien. Die Besetzung des Westjordanlandes, Gazas und Ostjerusalems, argumentierten die Araber, dauere schon Jahrzehnte, ohne dass die USA versuchten, diese Okkupation rückgängig zu machen. Bezeichnenderweise sprechen die USA auch kaum noch von »besetzten« Gebieten. Sie bevorzugen heute den Ausdruck »umstrittene« Gebiete.

Für die amerikanischen Interessen instrumentalisiert wurden die Vereinten Nationen auch in den diversen Irakkrisen seit 1990. Nach der Machtübernahme Saddam Husseins 1979 duldeten die USA den irakischen Diktator zunächst uneingeschränkt, dann allerdings immer widerwilliger. Doch mit dem Überfall auf Kuwait waren amerikanische Interessen verletzt, es war Zeit, Saddam Hussein zu beseitigen – möglichst mit Hilfe der Vereinten Nationen. Nach einem verlorenen Krieg, so lautete das Kalkül in Washington, werde sich der Despot nicht an der Macht halten können. Nachdem sich diese Prognose als Fehleinschätzung erwiesen hatte, sollte ein – auf Betreiben Amerikas immer wieder verlängertes – Wirtschaftsembargo den Sturz Saddam Husseins doch noch erreichen. Die damalige Außenministerin Madeleine Albright hat zu verstehen gegeben, dass ohne Saddam Husseins Sturz an die Aufhebung der Sanktionen in keiner Weise zu denken sei. Ein dem Völkerrecht nach nicht zulässiger Wirtschaftskrieg diente als Verlängerung des Krieges um Kuwait. Nelson Mandela kritisierte diese Haltung: Wenn Amerika ein Votum des Sicherheitsrates fürchte, handle es an der UNO vorbei und verletzte dabei auch die Souveränität anderer Staaten.

Zu Beginn des 21. Jahrhunderts – das nach dem Willen der Neokonservativen in Washington ein »amerikanisches« Jahrhundert werden soll – haben die USA im Nahen und Mittleren Osten sowie in Zentralasien und Afghanistan eine fast unangreifbare militärische Stellung. Ob ein ausgedehnter, intensiver Guerillakrieg im Irak diese Position langfristig gefährden kann, ist ungewiss. Das politische und militärische Potenzial der USA ist gewaltig, und die geostrategische Situation spricht für sich: Israel, ein strategischer Verbündeter; der Irak, ein erobertes und besetztes arabisches Land; Jordanien, ein nominell unabhängiger Staat, de facto aber fast ein angloamerikanisches Protektorat; Ägypten, eine machtlose arabische Führungsmacht ohne politische Orientierung und ohne militärische Kraft. Militärische Stützpunkte unterhalten die USA in der Türkei, in Kuwait, auf Bahrein, in Oman, in Katar, in den Vereinigten Arabischen Emiraten, in Saudi-Arabien, in Georgien, Afghanistan, Usbekistan, in Dschibouti am Horn von Afrika und schließlich auf der in britischem Besitz befindlichen Insel Diego Garcia im Indischen Ozean. Von hier aus sind es zwar 5000 Kilometer bis zum Irak. Doch Langstreckenbomber können problemlos von dieser Basis aus operieren, die zudem als Versorgungsdepot dient. Pakistan musste seine alten Verbündeten, die Taliban, auf Druck der USA aufgeben.

Staaten, die sich dem Machtbereich des Imperiums zu entziehen versuchen, sind der Doppelstaat Syrien-Libanon, der Iran und der Jemen. Doch nach der Besetzung des Irak sind all diese politischen Widerstandsnester von den USA eingekreist. Die Herrscher dieser Enklaven suchen nach Schadensbegrenzung – der Iran und der Jemen durch Zusammenarbeit mit den USA bei der Fahndung nach Al-Qaida-Terroristen, Syrien-Libanon durch Kontrolle der Hisbollah, die ihre militärischen Kräfte an Israels Nordgrenze stationiert hat.

Dem imperialen Entwurf einer »Pax Americana« stellt sich kaum ein arabisches Regime wirklich entgegen. Die Völker der Region sehnen sich nach mehr als acht Jahrzehnten voller Gewalt und Konflikte nach einem Ende oder einer Lockerung der ausländischen Bevormundung. Diese Haltung bedeutet aber nicht, dass die Menschen Amerika und den Westen, seine Zivilisation und seine Lebensart grundsätzlich ablehnen. Was sie wollen, ist die Ablösung westlicher Dominanz durch eine einigermaßen gleichberechtigte Partnerschaft. Doch viele der undemokratischen Regime haben sich von ausländischer Protektion abhängig gemacht und missachten die Wünsche ihrer Völker. Dieses Versäumnis bildet die Basis, die ein Mann wie Osama Bin Laden für seine Agitation nutzen kann. Nicht viele in der arabischen Welt billigen seine Methoden. Noch weniger sprechen ihm die Legitimation zu, im Namen des Islam *Fatwas*, religiöse Gutachten, abzugeben. Doch viele können ihre Genugtuung nicht verhehlen, dass es Al-Qaida gelungen ist, die Supermacht Amerika die Weltherrschaft beansprucht, ins Herz zu treffen.

Dass die Gegner des amerikanischen Imperiums, die Gegner des »neuen Rom«, den Islam zu ihrer ideologischen Waffe machen, darf niemanden verwundern. Der Panarabismus wurde von Israel in Zusammenarbeit mit dem Westen bekämpft und besiegt. Der Sozialismus hat sich in der muslimischen Welt ebenso diskreditiert wie in Osteuropa. Alle anderen Ideen, besonders die demokratischen, haben die arabischen Regime selbst, oft mit stillschweigender Unterstützung der USA, jahrzehntelang erfolgreich unterdrückt. Angesichts des Angriffes auf die USA am 11. September 2001 hat Amerika einen Weltkrieg gegen den Terror verkündet. Doch nicht jede Organisation, die sich gegen eine fremde Besatzung wehrt, ist eine Terrororganisation. Und nicht jeder Staat, der sich dem Einfluss der USA widersetzt, ist ein Schurkenstaat. Vor einem halben Jahrhundert beauftragte Präsident Dwight Dean Eisenhower seine Experten, herauszufinden, warum es im Nahen und Mittleren Osten eine antiamerikanische Stimmung gebe. Das Ergebnis der Studie lautete: Die USA unterstützen repressive, undemokratische Regime und missachten dadurch den Willen der Völker. Heute, ein halbes Jahrhundert später, würde eine solche Studie zu demselben Ergebnis kommen.

Kapitel 13
Öl – das Aggregat
mittelöstlicher Geschichte

»Öl ist nicht alles – aber ohne Öl ist alles nichts.«

Informationsprojekt Naher und Mittlerer Osten (INAMO), 2003

Öl ist eine ganz besondere Substanz. Schon die alten Babylonier nutzten die schmierige, dickflüssige, unansehnliche schwarze Masse, die in Mesopotamien zuweilen dicht unter dem Erdboden zu finden ist, zur Herstellung von Fackeln und zur Abdichtung der Fugen zwischen den Pflastersteinen ihrer Straßen. Briten und Amerikaner führten Kriege um Öl. Saddam Hussein schlug – und verlor – die »Mutter aller Schlachten«, obwohl er Öl in den Persischen Golf leitete und kuwaitische Ölquellen in Brand setzte. Allerdings ist Öl, anders als Wasser, für die Menschheit keineswegs überlebenswichtig. Und anders als Wasser ist Öl kein erneuerbarer Rohstoff. Weil Nil, Euphrat und Tigris bereits seit Tausenden von Jahren fließen, sind sie zu Wiegen von Hochkulturen geworden. Dem Rohstoff Öl wird man ein solches Prädikat wohl niemals verleihen können. Unter dem Dach einer vieltausendjährigen Menschheitsgeschichte wird das Ölzeitalter nur eine vergleichsweise kleine, periphere Episode darstellen. Trotzdem ist das Öl zu einer Antriebskraft der Weltgeschichte geworden, allerdings zu einer sehr problembeladenen.

Seitdem nämlich geschäftstüchtige Exploratoren aus dem britischen und amerikanischen Empire Anfang des 20. Jahrhunderts erst im Iran, später im Irak, dann in Saudi-Arabien, Kuwait und anderen Golfstaaten Erdöl in großen, industriell verwertbaren Mengen entdeckten, ist dieser vergängliche Rohstoff zum Hauptaggregat geworden, das die Geschichte der Region antreibt. Die Briten behielten sich die Oberherrschaft über das von ihnen gegründete Königreich Irak vor, weil sie die reichen Ölvorkommen kontrollieren wollten. Die größte Demokratie der Welt, die USA, verband sich mit dem repressivsten islamischen Gottes- und Stammesstaat, Saudi-Arabien, durch eine Achse des Öls. Saudi-Arabien garantiert eine sichere Ölzufuhr, Amerika verbürgt sich für das Überleben der Königsfamilie, so lautet die zumindest bis zum 11. September 2001 gültige Formel.

Die USA und Großbritannien verjagten 1953 den iranischen Premier Mossadeq von der Macht, weil dieser es gewagt hatte, die Verfügungsgewalt über den nationalen Reichtum des Landes, das Öl, zu beanspruchen. Amerika und Großbritannien unterstützten den Irak im Kampf gegen Ayatollah Khomeini, weil dieser in der Nachfolge Mossadeqs sein Land dem angelsächsischen Einflussbereich entzogen hatte.

Die Geschichte des arabischen Öls ist die Geschichte westlichen Bestrebens, die Besitzer der Ölquellen zu beherrschen und die Preise entscheidend mitzugestalten. Von Anfang an bemühten sich daher die vom Westen dominierten Erdölgesellschaften im Iran, im Irak, in Saudi-Arabien und in Kuwait, den Preis zu bestimmen, der den einheimischen Regierungen für ihren kostbaren Rohstoff zu zahlen war. Mit Hilfe ihrer Verfügungsgewalt über die Erdölreserven steuerten die Ölgesellschaften, besonders aber die hinter ihnen stehenden Staaten, außerdem die Verteidigungs- und die Außenpolitik der Erdölländer. In erster Linie indessen waren die Regierungen und Konzerne der westlichen Industriestaaten daran interessiert, dass die von ihnen abhängigen Stammesregierungen an der Macht blieben. Stabilität heißt das immer wieder formulierte Ziel, das diese Politik bis heute anstrebt.

Doch im Laufe der Zeit stiegen Verlangen und Begierde – etwa der saudischen Königsfamilie – nach immer mehr Petrodollars. Dieses Verlangen wurde nicht zuletzt durch die verschwenderische Art und Weise befördert, mit der etwa ein Herrscher wie der erste Nachfolger Ibn Sauds, König Saud, mit dem plötzlichen Reichtum umging. Als die Saudis dann auch noch erfuhren, dass die ARAMCO, die arabisch-amerikanische Erdölgesellschaft, in den

USA mehr Steuern bezahlte, als sie den Saudis an Lizenzgebühren für die Erlaubnis entrichtete, das Öl des Landes ausbeuten und vermarkten zu dürfen, kam es zur ersten Krise. Die Saudis verlangten mehr Geld von der ARAMCO. Eine solche Erhöhung aber hätte den Profit der Aktionäre bedeutend geschmälert. Zusammen mit der amerikanischen Regierung arbeitete die ARAMCO einen Vertrag aus, der das Problem zu aller Zufriedenheit lösen sollte. Die Saudis sollten jedes Fass Öl besteuern, das die ARAMCO förderte. Dafür sollte die ARAMCO diese den Saudis gezahlte Steuer von den in den USA zu entrichtenden Abgaben abziehen dürfen. So viel war der US-Regierung das saudische Öl wert, dass sie auf hohe Einnahmen verzichtete.[1]

Die nächste Krise kam, als die Ölgesellschaften Ende der fünfziger Jahre den Erdölländern die Lizenzgebühren kürzten, weil die Weltmarktpreise angesichts eines Überangebotes zu tief gefallen waren. Der aus diesem Preisdisput entstandene Grundsatzstreit brachte einen Mann ins Rampenlicht der Ölpolitik, der letztlich zum Gründer der OPEC, der »Organisation erdölexportierender Staaten«, wurde. Der Ölrebell hieß Abdallah Tariki und war – ausgerechnet – saudischer Staatsbürger. Er hatte in Kairo studiert und war dann nach Texas gegangen, wo er bei einem Anteilseigner der ARAMCO, der Texas Oil Company, in die Geheimnisse des Ölgeschäftes eingeführt worden war.[2]

Zurück in Saudi-Arabien, lehnte er ein Angebot ab, für die ARAMCO zu arbeiten. Stattdessen sprach er plötzlich die Sprache von Aufsässigen und Revolutionären. Er warf den USA »Wirtschaftsimperialismus« vor. Als Generaldirektor des Ölministeriums zeigte er zur gleichen Zeit, wie man mit den Verbraucherländern umzugehen habe: Mit Japan handelte er einen Explorationsvertrag aus, der den Saudis revolutionäre fünfzig Prozent an allen Profiten zusprach.

Diese populäre Politik fiel in eine Zeit, in der antiwestliches Sentiment in der Region beständig zunahm: Angesichts der israelisch-britisch-französischen Suez-Intervention etwa war es 1956 in dem sonst friedlichen, von den Briten regierten Emirat Kuwait zu scharfen antiwestlichen Kundgebungen gekommen. Dieselbe Stimmung hatte 1958 »freien Offizieren« unter Oberst Abdel Karim Qassem in Bagdad ermöglicht, das britische Marionettenregime unter König Faisal II. zu stürzen. Abdallah Tariki, inzwischen saudischer Ölminister, nutzte diese Stimmung und forderte die neuen Machthaber in Bagdad auf, die »Irakische Petroleum Gesellschaft« zu verstaatlichen. Während einer von Tariki und seinem venezolanischen Kollegen Alfonso Perez organisierten Konferenz über die zukünftige arabische Ölpolitik initiierten die beiden 1960 in Bagdad die Gründung der OPEC. Ihr gehörten damals Saudi-Arabien, Irak, Kuwait, Iran und Venezuela an. Aus westlicher Sicht war Unerhörtes geschehen. Dem Kartell der westlichen Ölgesellschaften trat urplötzlich ein Kartell der ölbesitzenden Länder entgegen. Diese Kampfansage an die Ölkonzerne war auch vom ägyptischen Präsidenten Gamal Abdel Nassers initiiert. Denn Tariki war ein politischer Bundesgenosse des aufsässigen Ägypters und zugleich ein Kritiker der saudischen Königsfamilie. Beide, Tariki wie Nasser, waren vehemente Gegner von Lebensstil und Politik der Familie Saud. Nasser erklärte sogar, dass man zuerst Riad befreien müsse, bevor man an die Befreiung Jerusalems denken könne.[3]

Die OPEC, im Westen oft abschätzig als Preiskartell, als Gremium von Ölscheichs abgetan, ist also zu einer Zeit entstanden, als die USA und Großbritannien die Ausbeutung und die für den Westen günstige Preisgestaltung des einzigen im Überfluss vorhandenen arabischen Rohstoffes auf die Spitze trieben. Es hatte frühere Versuche Saudi-Arabiens gegeben, sich vom dominierenden Einfluss des Kartells westlicher Ölgesellschaften zu befreien – so, als der viel gescholtene König Saud in den fünfziger Jahren versuchte, mit Hilfe des griechischen Reeders Aristoteles Onassis eine eigene Tankerflotte aufzubauen und sich auf diese Weise von amerikanischen und britischen Reedereien unabhängig zu machen. Amerikas Außenminister John Foster Dulles ließ König Saud seinerzeit wissen, er möge sich des Schicksals des Iraners Mossadeq erinnern und sich fragen, wie lange Saudi-Arabien wohl ohne seine Ölexporte in den Westen überleben könne. Angesichts des von den USA angedrohten Doppelschlages – Staatsstreich gegen die Familie Saud und Verbraucherboykott – wurde die von König Saud geplante Tankerflotte erst gar nicht auf Kiel gelegt.[4] Natürlich, möchte man sagen, überlebte auch die Konfrontationspolitik Abdallah Tarikis nicht lange. Die ARAMCO stufte ihn als Feind ein. 1962 musste Tariki sein Amt als Ölminister aufgeben. Saudi-Arabien schwenkte wieder voll auf die amerikanisch-britische Linie ein. Tarikis Nachfolger wurde der gewandte und geschmeidige Ahmed Zaki al-Yamani. Er verfolgte eine den Ölkonzernen gefällige Politik des niedrigen Ölpreises. Immerhin erreichte dieser bisher international wohl bekannteste arabische Ölminister das Unglaubliche, nämlich die ARAMCO allmählich in saudischen Besitz zu überführen.

Andere Länder folgten. Eine fünfzigjährige Öl-Bonanza ging zu Ende. Arabische Regierungen – ob »revolutionär« wie im Irak oder erzkonservativ wie in Saudi-Arabien – wurden Herren des Öls. Aber beiden blieb eines gemeinsam: Sie verwendeten den Ölreichtum oft für die persönlichen oder politischen Zwecke ihrer Herrscher. Das saudische Königshaus für seinen Luxus, die Tikritis im Irak unter Saddam Hussein für ihre Kriege. Im Vergleich zu diesen Ausgaben waren die Geldbeträge, die für die Entwicklung ihrer Gesellschaften übrigblieben, relativ gering – auch wenn die Skyline von Riad und die einst moderne Infrastruktur des Irak das Gegenteil suggerieren. Der Irak verspielte seinen anfangs mit den Petrodollars erzielten wirtschaftlichen, sozialen und kulturellen Fortschritt durch kostspielige militärische Abenteuer zunächst gegen den Iran und dann gegen Kuwait. In der OPEC aber dominiert weiterhin ihr mächtigstes Mitglied – die Stammesherrschaft der Familie Saud. Und diese bleibt, trotz mancher Spannungen, ein treuer Verbündeter der USA.

Der Irak bzw. sein damaliger Herrscher Abdel Karim Qassem mussten für die Unbotmäßigkeit, Gastgeber der OPEC-Gründungskonferenz gewesen zu sein, noch büßen. Die irakischen Kurden bekamen plötzlich wieder einmal Hilfe vom Westen gegen die

Zentralregierung in Bagdad. Und weil sich Qassems Herrschaft immer mehr auf die Kommunisten des Irak stützte – zu Zeiten des Kalten Krieges in den Augen des Westens eine Todsünde, die man auch dem Iraner Mossadeq zur Last gelegt hatte –, half die CIA 1963 der Baathpartei beim Putsch gegen Qassem. So kam die Baathpartei, bevor sie sich 1968 den Irak endgültig untertan machte, erstmals mit Hilfe Amerikas an die Macht. Eines ihrer führenden Mitglieder war schon damals Saddam Hussein.

Die Sucht, welche die schwarze Flüssigkeit bei den USA und Großbritannien auslöste, steigerte sich noch, nachdem – rechtlich gesehen – das Öl nicht mehr im Besitz westlicher Ölgesellschaften war. Zweimal schickten Amerika und Großbritannien Armeen in den Irak, um Ölquellen der Herrschaft des Tyrannen Saddam Hussein zu entreißen: 1991 nach der Besetzung Kuwaits durch den Irak und 2003. So viel ist den USA eine ununterbrochene, beständige Ölzufuhr wert, dass sie Ende der neunziger Jahre jährlich zwischen 30 und 60 Milliarden Dollar aufwandten, um die Ölzufuhr zu sichern. Mit dieser immensen Summe unterhielten sie ihre am Golf stationierten Truppen und die im Persischen Golf und den angrenzenden Gewässern kreuzenden Flugzeugträger-Kampfverbände.[5]

Dass in erster Linie die Überwachung der Ölnachschubwege und nicht die Befreiung des irakischen Volkes von der Despotie Saddam Husseins Ziel des Irakkrieges von 2003 war, zeigt ein Blick auf die Plattform des amerikanischen politischen Establishment, *Foreign Affairs*. In dieser Zweimonatszeitschrift ist die Eroberung des Irak seit Jahren angedacht worden. Im Sommer 2003, wenige Monate nach dem Irakkrieg, schrieb dort Kenneth M. Pollack, der frühere Direktor der Abteilung für Angelegenheiten im Persischen Golf innerhalb des Nationalen Sicherheitsrates: »Amerikas hauptsächliches Interesse am Persischen Golf liegt in der Sicherung der freien und stabilen Ölzufuhr von der Region in alle Regionen der Welt... Das Interesse der Vereinigten Staaten kreist ... nicht darum, ob Benzin für zwei oder drei Dollar [pro Gallone] an der Tankstelle verkauft wird, oder ob Excon oder Lukoil oder Total einen Vertrag bekommen. Auch hängen die USA nicht davon ab, wie viel Öl sie selbst vom Persischen Golf oder aus anderen Gegenden importieren. Der Grund, warum die USA ein legitimes und entscheidendes Interesse daran haben, dass das Öl des Persischen Golfes reichlich und zu relativ billigen Preisen fließt, ist einfach der, dass die globale Wirtschaft in den letzten fünfzig Jahren auf der Grundlage preiswerten, reichlichen Öls aufgebaut ist. Wenn diese Grundlage entfiele, würde die globale Wirtschaft zusammenbrechen.«[6]

Unmittelbar nach seinem Amtsantritt beauftragte Präsident George W. Bush im Jahre 2001 seinen Vizepräsidenten Dick Cheney mit der Ausarbeitung eines Berichtes, der den langfristigen Energiebedarf der USA prognostizieren und die Perspektiven darlegen sollte, wie dieser Bedarf zu sichern sei. Die Cheney-Kommission legte dar, dass im Jahre 2001 die USA 52 Prozent ihres Ölbedarfes durch Einfuhren deckten, der Importanteil aber bis zum Jahre 2020 auf voraussichtlich 66 Prozent steigen werde. Dem Bericht zufolge bezogen die USA im Jahre 2001 pro Tag 10,4 Millionen Fass Öl aus den Ölförderländern, im Jahre 2020 werden es der Cheyney-Prognose nach 16,7 Millionen Fass pro Tag sein. Der weltweite Verbrauch von Erdöl wird von etwa 77 Millionen Fass pro Tag im Jahre 2000 auf etwa 110 Millionen Fass im Jahre 2020 steigen. Demnach wird die Welt in den ersten zwei Jahrzehnten des 21. Jahrhunderts 670 Milliarden Fass Öl verbrauchen, das sind zwei Drittel der im Jahre 2000 bekannten Erdölreserven.[7]

Auf der Suche nach neuen Reserven haben die USA inzwischen sogar Afrika entdeckt. Die Länder südlich der Sahara bergen etwa 80 Milliarden Fass Öl, das sind acht Prozent der Welterdölreserven. Derzeit importieren die USA aus Zentralafrika sechzehn Prozent ihres Bedarfes. Im Jahre 2015 könnten es schon 25 Prozent sein. Die Länder südlich der Sahara produzieren derzeit etwa vier Millionen Fass Erdöl pro Tag, das ist die Menge, welche der Iran, Venezuela und Mexiko zusammen fördern. Zu den Ölförderländern südlich der Sahara gehören der Sudan (186 000 Fass pro

Tag), Nigeria (2,2 Millionen Fass pro Tag, mit einer geplanten Erhöhung auf 4,2 Millionen Fass im Jahre 2020), Angola (mit etwa 1,6 Millionen Fass) und Äquatorial-Guinea, Kongo und Gabun.[8] Seitdem im Südsudan erhebliche Ölvorkommen entdeckt wurden, haben die USA ein merkliches Interesse bekundet, den seit Jahrzehnten dauernden Bürgerkrieg mit seinen bisher rund zwei Millionen Toten zu beenden, der weltweit wenig Aufmerksamkeit gefunden hat. Nach den Vorstellungen der USA soll sich Nigeria, derzeit Afrikas größter Ölproduzent, aus der OPEC zurückziehen. Viele Reserven Afrikas liegen außerhalb des Festlandes (wie etwa im Golf von Guinea), die Ölzufuhr ist also von inneren Unruhen und Bürgerkriegen wenig bedroht. Der Golf von Guinea werde sich, so schätzen Fachleute, zum größten Off-Shore-Produktionsfeld der Welt entwickeln. Viele Ölfelder Afrikas liegen am Atlantik, also genau gegenüber der amerikanischen Ostküste. Wohl auch aus diesem Grund haben amerikanische Ölfirmen im Jahre 2003 etwa zehn Milliarden Dollar in die Entwicklung afrikanischer Ölfelder investiert.[9]

Doch die afrikanischen Vorräte können die Reserven der Länder am Persischen Golf nicht ersetzen. Denn noch immer liegen zwei Drittel aller bekannten Erdölreserven am Golf. Saudi-Arabien besitzt allein ein Viertel dieser weltweiten Reserven, gefolgt vom Irak und Kuwait mit je etwa zehn bis zwölf Prozent. Deshalb machen die USA ein vitales Interesse daran geltend, dass kein feindlicher Staat die Kontrolle über die Region und ihre Ressourcen gewinnt und diese Kontrolle dazu benutzt, große Macht anzuhäufen oder die Welt zu erpressen. Weil aber die irakischen Vorräte der Kontrolle der USA entglitten waren und weil – ebenso prekär für die USA – ein Hauptlieferant, das Stammeskönigreich Saudi-Arabien von einem Guerillakrieg bedroht ist, schufen sich die USA im Irak eine militärische Basis. Von dieser Basis aus wollen sie die Ölzufuhr sichern und gleichzeitig Osama Bin Ladens islamische Basis bekämpfen.

Bin Ladens Netzwerk erstreckt sich von Ostafrika über den Jemen und Saudi-Arabien bis nach Pakistan und Afghanistan. Dieses

Gebiet ist in etwa identisch mit dem Gebiet, in dem Öl gefördert wird und durch das wichtige Transportrouten für Öl verlaufen. Auch wenn, zum Beispiel, Länder wie Pakistan und Afghanistan über keine Ölvorräte verfügen, sind sie doch mit dem die Region überspannenden Ölnetzwerk verbunden. Denn Pakistan und Afghanistan sollen, möglicherweise, das Terrain für Pipelines bereitstellen, mit denen in Zukunft die Ölvorräte am Kaspischen Meer zu den Weltmärkten transportiert werden. Der Jemen, Saudi-Arabien, Kuwait, Irak, die öl- und erdgasreichen Anrainerstaaten des Kaspischen Meeres (Iran, Turkmenistan, Aserbaidschan, Russland und Kasachstan) sowie die für die Pipelines wichtigen Länder Pakistan und Afghanistan bilden also eine Region, der man mit einigem Recht den Namen Petrolistan geben könnte.

Der Umstand, dass in Teilen dieses Erdölreiches auch Osama Bin Ladens islamische Al-Qaida operiert, hat zur Folge, dass der Kampf um die Sicherung der Erdölreserven und der Krieg gegen den Terror Al-Qaidas ineinander übergehen. Die Konfliktlinien der Region verlaufen also nicht nur im »nahen« Osten, nicht nur in Israel, im Irak und in Saudi-Arabien. Sie erstrecken sich weiter über das Kaspische Meer im Norden und Afghanistan bis nach China. Dessen Importbedarf von Golföl wächst ständig. Einfuhren aus dem Gebiet um das Kaspische Meer würden eine gute Alternative sein für den Fall, dass der ewig unruhige Nahe und Mittlere Osten wieder einmal in eine tiefe Krise gestürzt würde. Schon jetzt plant China den Bau einer viele tausend Kilometer langen Pipeline vom Kaspischen Meer durch Kasachstan in die Zentren der chinesischen Wirtschaft.

Man sagt, dass sich Geschichte nicht wiederholt. Ist dies ein Trugschluss? Wiederholt sie sich manchmal doch, zumindest in ihren Grundzügen? Es ist schwer, keine Parallelen zu sehen zwischen dem ersten großen Ölrausch zu Beginn des 20. Jahrhunderts und jener Goldgräberstimmung, die Anfang des 21. Jahrhunderts im Bereich des Kaspischen Meeres herrscht. Schon spricht Kasachstans Präsident Nursultan Nasabajew davon, sein Land werde im Jahre 2030 das »Kuwait Zentralasiens« sein. Und schon verbünden sich westliche Regierungen, allen voran die USA, wie einst am Golf mit autokratischen Herrschern. Diesmal sind es oft jene Altfunktionäre, die nach dem Zusammenbruch der Sowjetunion in den nun unabhängigen zentralasiatischen Republiken Kasachstan, Turkmenistan, Kirgistan, Usbekistan und Tadschikistan die Macht an sich gerissen haben und meist mit autokratischer Willkür herrschen. Kasachstan und Turkmenistan sind Anrainerstaaten des Kaspischen Meeres, in Usbekistan haben die USA bereits Militärstützpunkte errichtet.

Der Schatz, den Kasachstan und Turkmenistan zu offerieren haben, ist gewaltig. Insgesamt liegen unter der Erde und unter der Wasseroberfläche etwa 100 bis 200 Milliarden Fass Öl und etwa acht Milliarden Kubikmeter Erdgas. Nur Saudi-Arabien hat mit derzeit nachgewiesenen 260 Milliarden Fass Öl größere Vorräte als das Kaspische Becken. Im Jahre 2000 wurde auf kasachischem Territorium ein neues ergiebiges Ölreservoir entdeckt – das Kashaganfeld. Nach ersten Schätzungen soll es zu den vier oder fünf größten zusammenhängenden Vorkommen der Erde gehören.

Osama Bin Ladens Terroranschlag auf Zivilisten in New York und Washington hat den USA die Gelegenheit gegeben, in Afghanistan einzugreifen und Truppen in Zentralasien zu stationieren. Zusammen mit der Eroberung des Irak haben die USA im Nahen und Mittleren Osten sowie in Zentralasien eine Position erkämpft, die sie zur beherrschenden Macht in Petrolistan machen. Der unbotmäßige Iran ist umringt, das im Inneren gegen radikal-islamische Kräfte kämpfende und mit Indien wegen Kaschmir im Streit liegende Pakistan ist ebenso umstellt. Es droht eine Neuauflage jenes »Great Game«, jenes Großen Spieles (siehe dazu Kapitel 14), in welchem im 19. Jahrhundert Großbritannien und das zaristische Russland um Einfluss in Afghanistan und Zentralasien rangen. Damals wollte England seinen indischen Kolonialbesitz gegen das vordringende Russland schützen. Der Schauplatz war Afghanistan. Heute indessen ist das Monopoly-Spiel komplizierter geworden. Nicht nur Russland und Amerika, der imperiale Nachfolger Großbritanniens, sind mit von der Partie. Auch China, das aufstrebende Wirtschaftsimperium und die mögliche zukünftige Weltmacht, ist Mitspieler und Konkurrent im »Great Game«. Das Problem der kaspischen Vorkommen ist die Frage des Transportes zu den Verbraucherländern. Das Kaspische Meer hat keinen Anschluss an die Weltmeere, der kostbare Rohstoff muss zunächst durch Pipelines gepumpt werden. Seitdem Ayatollah Khomeini 1979 den Schah vertrieben und den Iran der angloamerikanischen Einflusssphäre entzogen hat, ist es amerikanischen Firmen per Gesetz verboten, mit dem Iran in Geschäftsbeziehungen zu treten (D'Amato-Gesetz vom 14. August 1996). Den Bau von Pipelines von Zentralasien durch den Iran lehnt Washington strikt ab. So wurde, um die rund zwei Milliarden Kubikmeter Erdgas zu nutzen, die der Boden Turkmenistans birgt, zum Beispiel schon über eine Unterwasserpipeline von Turkmenistan nach Aserbeidschan nachgedacht. Von dort soll das Gas durch Leitungen über die Türkei zum Mittelmeer transportiert werden. Dieses Projekt wird von den USA gefördert, die ein Interesse daran haben, Russland bei allen Pipelineprojekten auszuschalten, um die Weltmacht von einst möglichst lange von einer wirtschaftlichen Renaissance auszuschließen.

Eine weitere Möglichkeit, turkmenisches Erdgas unter Umgehung Russlands zu transportieren, ist der Bau einer Pipeline durch Afghanistan. Dazu aber müsste das seit Jahrzehnten von Kriegen und Stammeskriegen geplagte Land auf Dauer stabilisiert werden. Davon ist Afghanistan jedoch weit entfernt. Als die Taliban noch regierten, traten die USA mit ihnen in Kontakt. Damals galten die heute geächteten Gottesschüler als stabilisierende Kraft im Lande, mit denen die USA über den Bau von Pipelines verhandelten.

Dasselbe Transportproblem stellt sich für das Öl des kasachischen Kashaganfeldes. Zwar baute eine amerikanische Ölgesellschaft bereits eine Pipeline durch den Kaukasus ans Schwarze Meer. Doch jetzt wird auch über eine zusätzliche Pipeline nachgedacht, die trotz amerikanischer Einwände durch den Iran oder Afghanistan laufen soll. Die Iraner sind interessiert, doch die Amerikaner blocken wie immer ab, obwohl der Bau einer Pipeline durch den

Iran wirtschaftlich betrachtet sicher am profitabelsten wäre. Aber um Russland weitgehend auszuschalten und das islamische Regime in Teheran zu isolieren, favorisieren die USA eher eine Route durch das immer noch unruhige, aber vorerst von den Taliban und Osama Bin Laden befreite Afghanistan. Noch im Sommer 2001, nur wenige Wochen vor den Terroranschlägen des 11. September in New York und Washington und trotz des Anschlags auf das amerikanische Kriegsschiff *USS Cole* im Hafen von Aden (Oktober 2000) war die CIA mit Osama Bin Laden in Kontakt getreten. Der Terroristenführer hielt sich damals zu einer medizinischen Behandlung in einem kleinen Golfstaat auf. Die Amerikaner suchten nach einem Arrangement mit den Taliban und Al-Qaida in Afghanistan – nicht zuletzt wegen der Trassen von Öl- und Gaspipelines. Die Gespräche blieben ergebnislos, es folgte der 11. September. Seitdem sind der Kampf gegen den Terror und der Kampf um Ölnachschub in diesem Teil der Welt voneinander kaum noch zu trennen.

Das amerikanische Ziel, die Abhängigkeit vom saudischen Öl zu verringern, könnte mit Hilfe der kaspischen Vorräte erreicht werden. Kasachstan ist zudem, wie Russland auch, kein Mitglied der OPEC, also weniger abhängig von Preisabsprachen. Es könnte OPEC-Preise drücken – eine Funktion, die bisher, wenn auch auf andere Art und Weise, Saudi-Arabien übernommen hat. Sollte der Weltmarktpreis steigen, ist bisher nur Saudi-Arabien in der Lage, als »Swing Producer« aufzutreten – als ein Land, das die Förderung so schnell hochfahren kann, dass die Preise durch eine gewisse Überproduktion einen »Swing« nach unten bekommen. Kaspisches Öl, das Öl vom Golf und in Zukunft afrikanisches Öl sind für die USA und andere westliche Industrieländer nicht voneinander zu trennen, wobei den saudischen und den irakischen Vorräten wegen ihrer gewaltigen Umfänge auf lange Sicht die entscheidende Rolle zukommen wird. Deshalb formulierte schon US-Präsident Jimmy Carter im Jahre 1980, dass jeder Versuch, die freie Zufuhr von Öl aus der Region des Persischen Golfes zu unterbinden, als Angriff auf die Lebensinteressen der USA betrachtet würde, den Amerika notfalls mit Waffengewalt zurückweisen werde.

Unter diese Carter-Doktrin fällt auch der Iran. Wegen seiner Ölvorräte und seiner für den Transport kaspischen Öls vitalen geographischen Lage kommt ihm eine Schlüsselrolle zu. Pech nur für die USA, dass sie seit dem Fall des Schahregimes, das dem Westen willfährig ergeben war, diese Rolle kaum beeinflussen können – auch weil sie sich durch ihre starre Politik der Möglichkeit begeben haben, Einfluss auf die Politik des Regimes zu nehmen. Die Eroberung des Irak sollte auch dazu dienen, den seit 1979 unbotmäßigen Iran in die Knie zu zwingen – ganz nach den Prinzipien, die Präsident Carter 23 Jahre zuvor festgelegt hatte.

Doch der Iran spielt ein geschicktes Spiel. Nachdem die USA den Bau von Ölpipelines – auch gegen den Willen ihrer Ölkonzerne – durch den Iran verboten haben, hat sich die Regierung in Teheran mit Kasachstan auf ein Geschäft geeinigt, das man Öltausch nennt. Kasachstan liefert auf Tankern über das Kaspische Meer eigenes Öl für die Nordprovinzen des Iran. Dafür verkauft der Iran eine gleiche Menge von eigenem Öl durch seine Häfen. Indirekt also kommt Öl aus Kasachstan über den Iran auf den Weltmarkt – ohne Pipeline.

Die USA aber geben sich nicht geschlagen und fördern den vor kurzem begonnenen Bau einer Pipeline von Baku in Aserbaidschan über das unsichere Georgien – wo die USA sicherheitshalber schon ein kleines Militärkontingent stationiert haben – bis zum türkischen Mittelmeerhafen Ceyhan. Das Projekt kostet vier Milliarden Dollar, die Pipeline ist fast 2000 Kilometer lang. Der Transport eines Fasses Öl kostet 3,20 Dollar. Dennoch schrecken die hohen Kosten die USA nicht, denn das Projekt ist politisch kompatibel: Die Pipeline umgeht sowohl den aufsässigen Iran als auch den alten Konkurrenten Russland.[10]

Als im November 2003 der georgische Präsident Eduard Schewardnadse zurücktreten musste, war man in Moskau und Washington gleichermaßen besorgt über die Zukunft des Landes.

Grund für das Interesse ist die wegen der Öltransportrouten außerordentlich bedeutsame strategische Lage Georgiens. Doch das große Spiel um Öl und Pipelinerouten kann heute kein Spiel »Einer gegen alle« sein. Oft müssen sich die Spieler, zumindest zeitweise, miteinander arrangieren. Erstmals in der Geschichte der Machtblöcke haben die USA und Russland eine Arbeitsgruppe gebildet, in der über den zukünftigen Erdölverbrauch und über Investitionen in die russische Erdölindustrie gesprochen werden soll. Im Jahre 2002 war Russland mit einer Förderung von acht Millionen Fass pro Tag der größte Produzent der Welt. Amerika hingegen bleibt der größte Konsument der Welt. In Murmansk bauen die Russen einen neuen Exportterminal, über den sie etwa im Jahre 2010 zehn Prozent des amerikanischen Ölimports decken wollen.[11]

Doch die neue Zusammenarbeit könnte schon am Ölpreis an ihre Grenzen stoßen. Denn Russland braucht für seine Entwicklung einen relativ hohen Ölexportpreis, die Amerikaner wollen hingegen einen verhältnismäßig niedrigen Preis – der allerdings nicht so billig sein darf, dass die US-Ölgesellschaften, die hohe Gestehungskosten haben, in Mitleidenschaft gezogen werden. Konkret: Steigt oder fällt der Ölpreis um einen Dollar, wirkt sich diese Schwankung auf das russische Staatsbudget mit einer Milliarde Dollar Gewinn oder Verlust aus.

Eine andere überraschende Nuance im Kampf um Märkte und politischen Einfluss ist ein russisch-israelisches Geschäft. Noch während des Kalten Krieges versuchten die USA, Saudi-Arabien und Israel, die Sowjetunion möglichst aus dem Ölwettbewerb auszuschließen. Nun aber, nach dem Zusammenbruch des Reiches des Bösen und der Einwanderung von einer Million Russen, meistens Juden, aus der ehemaligen Supermacht nach Israel, sind die Karten im Spiel neu gemischt. 1968 hatte Israel eine Pipeline von Eilat nach Ashkalon am Mittelmeer gebaut. Diese sogenannte Tipline (Trans-Israel Pipeline) sollte iranisches Öl über das damals noch der Schah herrschte, unter Umgehung des Suezkanals ans Mittelmeer befördern. Nach dem Regimewechsel vom Schah auf

Ayatollah Khomeini, der den Amerikanern nicht genehm war, lag die Tipline praktisch trocken. Nur unbedeutende Mengen aus der ägyptischen Produktion wurden nach Israel geschafft – bis auch diese Lieferungen nach dem Ausbruch der zweiten Intifada im September 2000 aufhörten. Seit kurzem aber wollen die Russen einen Teil ihres Ölexportes über Odessa am Schwarzen Meer durch die Dardanellen bis zum israelischen Hafen Ashkalon bringen und das Öl von dort mit Hilfe des neuen Freundes Israel nach Eilat am Roten Meer pumpen. Anschließend soll es auf großen Tankern nach Südostasien gelangen. Saudi-Arabien, das bis jetzt fast ein Liefermonopol in diese Richtung besaß, hat damit einen neuen Konkurrenten bekommen. Und Israel verdient an den Transitgebühren.[12]

Die kurze Geschichte der israelischen Tipline könnte für die Scharaden um Öl und Macht nicht symptomatischer sein. Erst diente sie den wirtschaftlichen und politischen Interessen des Schahs und Israels. Heute dient sie Israel und seinem neuen Partner Russland.

Doch die Umfunktionierung der Tipline ist nur ein vergleichsweise kleines Geplänkel innerhalb des großen Rennens um die Ölschätze der Welt. Hauptschlachtfelder bleiben der Nahe und Mittlere Osten sowie Zentralasien.

Der Kampf gegen den Terror hat es den Amerikanern ermöglicht, Militärbasen in Georgien, Usbekistan, Tadschikistan und Kirgistan einzurichten. Der Iran ist nun, wie auch Afghanistan, praktisch von amerikanischen Stützpunkten umzingelt. Fast schon reicht die amerikanische Militärmacht bis nach China. Denn von Bischkek, der kirgisischen Hauptstadt mit ihrem nahegelegenen US-Stützpunkt, sind es nur noch wenige hundert Kilometer bis nach China, der neuen Weltmacht der Zukunft.

In Moskau und Peking ist man über die neuen, schwer bewaffneten Eindringlinge keineswegs erfreut. Dort sieht man zwar sehr genau, dass Amerikas Kampf gegen den Terror oft identisch ist mit dem Bestreben, die Ölquellen der Region zu sichern. Doch nach dem Al-Qaida-Angriff auf Amerika am 11. September 2001 konnte und wollte sich kaum jemand dem amerikanischen Drängen widersetzen, Truppenkontingente in die Region zu senden. Nun stehen Amerikaner in verschiedenen ehemaligen Sowjetrepubliken, die allesamt Mitglieder der von Russland dominierten »Gemeinschaft Unabhängiger Staaten« (GUS) sind. Schon vor Beginn des Antiterrorkampfes haben die USA im Jahre 1999 mit einer strategischen Entscheidung die Wichtigkeit Zentralasiens anerkannt. Die Region wurde dem »Pacific Command« entzogen und dem »Central Command« (CENTCOM) eingegliedert, dem auch die Verantwortung für die US-Streitkräfte am Persischen Golf obliegt. Denn die Region, die sich vom Ural bis zur chinesischen Westgrenze erstreckt, ist »wegen ihrer ausgedehnten Öl- und Gasreserven« zu einem »größeren strategischen Preis« geworden. »Wenn man alle Ölfelder der Welt, Pipelines und Tankerlinien auf einer Karte aufzeichnete, würde man zu dem Ergebnis kommen, dass vier Fünftel aller Vorräte und viele Transportrouten in politisch äußerst instabilen Gebieten liegen – etwa im Nahen Osten, Zentralasien, Kolumbien, Zentralafrika«, schreibt Michel T. Klare in *Foreign Affairs*.[13]

Die gegenwärtigen Konfliktlinien und jene der Zukunft orientieren sich also weitgehend an der Beschaffung der Ressource Energie auf dem Globus. Die Vergangenheit zeigt, dass diese wirtschaftlichen Konflikte aller Voraussicht nach nicht immer friedlich gelöst werden. Nachdem der ägyptische Präsident Gamal Abdel Nasser 1956 den Suezkanal verstaatlicht und diesen Wirtschaftsfaktor dem Einfluss der Briten entzogen hatte, fielen Briten, Franzosen und Israelis in Ägypten ein. Nachdem Abdel Karim Qassem 1958 im Irak geputscht hatte, marschierten die Amerikaner an der Küste des Libanon auf, um ein Übergreifen der Revolution auf andere, strategisch wichtige Länder zu verhindern. Zuvor hatten die USA bereits durch diplomatische Interventionen vereitelt, dass der als Sozialist bezeichnete libanesische Politiker Kamal Dschumblatt an einer stabilen Regierung beteiligt wurde. Die USA befürchteten, Dschumblatt werde womöglich die Ölzufuhr aus Saudi-Arabien zum Mittelmeer durch die seinerzeit von der ARAMCO gebaute Tapline (Trans Arabian Pipeline) gefährden, die im libanesischen Hafen Saida (Sidon) endete. 1972 standen die USA Pate, als Exiljemeniten in dem von den Briten abgefallenen sozialistischen Südjemen einfielen (wo die Briten in Aden einst einen Marinestützpunkt unterhielten) und den Versuch unternahmen, die dortige, dem Westen gegenüber aufsässige Regierung zu stürzen. Und schließlich ermunterten die USA 1973 den Schah des Iran, etwa 10 000 Soldaten in die von Oman abtrünnige Provinz Dhofar zu entsenden, um die dortige Guerillabewegung auszuschalten.[14]

Die »Befreiung« Kuwaits diente 1991 ebenso wie die »Befreiung« Afghanistans von den Taliban 2001/02 und die »Befreiung« des Irak von Saddam Hussein 2003 den globalen strategischen und wirtschaftlichen Plänen der USA und Großbritanniens. Die Regime Saddam Husseins und der Taliban waren erwünscht oder zumindest geduldet, solange sie amerikanischen Interessen dienten. Nachdem sie aber die Einflusssphäre der USA verlassen hatten, mussten sie verschwinden.

Grundriss und tragende Säulen des nach dem Ersten Weltkrieg gebauten Hauses zwischen Mittelmeer und Afghanistan, zwischen der Arabischen Halbinsel und dem Iran – mit seinem kürzlich hinzugefügten Annex am Kaspischen Meer – müssen aus amerikanisch-britischer Sicht unverändert bleiben. Das einst von Großbritannien und Frankreich geschaffene Netz von Klientelstaaten soll ebenso weiterbestehen wie die tragenden Säulen Petrolistans – die dem Westen freundlich gesinnten Regime. Die Statik der kolonialen Architektur darf nicht angetastet werden.

Kapitel 14
Afghanistan – Neuauflage
eines kolonialen Klassikers

»Mit Recht nennt man das Spiel groß!... Vom Süden her – Gott weiß
wie weit – kam der Mahratta und spielte auf Leben und Tod das
Große Spiel. Jetzt soll ich weit, weit nach Norden hinauf, wiederum
in dem Großen Spiel. Wahrlich, es läuft wie ein Weberschiffchen
durch ganz Hind.«

Rudyard Kipling, *Kim*, 1901

Eine Epoche der Geschichte hat Literatur gemacht. Die Rivalität
zwischen dem russischen Zarenreich und dem britischen Imperium in Zentralasien, besonders aber in Afghanistan, hat viele
Autoren inspiriert. Rudyard Kiplings Roman *Kim* trug wesentlich
dazu bei, dass seinem Autor 1907 der Nobelpreis für Literatur
verliehen wurde. Das Werk schildert, wie ein junger Mann, Kim-
ball O'Hara, in ein Spionagenetzwerk gerät, mit dessen Hilfe sich
die Mächte, die Mitte des 19. Jahrhunderts um die Vorherrschaft
in Afghanistan kämpften, gegenseitig belauern. Neuerdings, 1990,
hat der Brite Peter Hopkirk dem vor 150 Jahren aufgeführten
Großen Spiel mit seinem Buch »The Great Game« ein historisch-
literarisches Denkmal gesetzt.[1]
Nachdem das »Dach der Welt«, wie Lord Curzon Afghanistan
einst genannt hat, jahrzehntelang von Besuchern aus den Zentren
der Weltpolitik eher gemieden wurde, sind die Schlachtfelder des
Mittleren Ostens, Zentralasiens und Afghanistans allmählich
(wieder) miteinander verschmolzen. Afghanistan entwickelte sich
erneut zu einem Zentrum der Rivalität großer Mächte. Zwar wurden einige Spieler ausgetauscht. Auch ist der Einsatz heute ein
wenig höher, das Sujet, der Plot noch ein wenig komplizierter als
seinerzeit. Doch die Bühne mit ihrer großartigen, wilden Kulisse,

ihren waffenschwingenden Komparsen und ihren vielen historischen Erinnerungen – etwa an die Seidenstraße, die einst nicht nur Güter, sondern auch Ideen durch Zentralasien transportierte und so dazu beitrug, den Islam zu verbreiten – ist dieselbe geblieben. Mit einem Paukenschlag kehrte Afghanistan in die Weltgeschichte zurück, als die Sowjetunion Ende Dezember 1979 – überraschend für die meisten – Truppen nach Afghanistan schickte. Leonid Breschnew, der diese im wahrsten Sinne des Wortes folgenreiche Entscheidung traf, ahnte natürlich nicht, dass die Invasion den Anfang vom Ende der großen Sowjetunion einläutete. Gut ein Jahrzehnt später gab es das sowjetische Imperium nicht mehr. In der Dekade vor der fatalen Entscheidung hatte Moskau das Ziel verfolgt, im Kalten Krieg mit den USA an Terrain zu gewinnen. Im ehemals britischen Südjemen mit seinem strategisch wichtigen Hafen Aden, in Somalia, in Indien, im Irak der Baathpartei, im Ägypten Gamal Abdel Nassers versuchte die Sowjetunion politisch und militärisch Fuß zu fassen und die USA auszumanövrieren. Ein ähnliches Spiel spielte die damalige Supermacht im alten Herzland des russisch-britischen Konfliktes, in Afghanistan. Doch nachdem sich Präsident Sardar Mohammed Da'ud Khan 1975 durch eine Annäherung an Pakistan und Saudi-Arabien aus dem Orbit Moskaus zu lösen versuchte und verschiedene Nachfolgeregierungen das Land nicht im Sinne Moskaus in den Griff bekommen konnten, waren Breschnew und seine Genossen zu der Überzeugung gelangt, ihre politischen Fortschritte, die sie über Jahre in Afghanistan gemacht zu haben glaubten, nur durch eine Invasion bewahren zu können.

Zwar verkündete Moskau das Ziel, die als archaisch angesehene Gesellschaft Afghanistans im sozialistischen Sinne umzugestalten. Im Grunde aber wollte Moskau sein Nachbarland einfach nur kontrollieren, um eine Basis für die politische Durchdringung des Mittleren Ostens und Südasiens zu bekommen.[2] Sowjetische Truppen besetzten Kabul, auf dem Dach der Welt wurde endgültig wieder Weltpolitik gemacht. Diesmal waren es allerdings nicht Großbritannien und das zaristische Russland, sondern die USA und das sowjetische Imperium, für die Afghanistan das Schachbrett darstellte, auf dem die »Herrschaft über die Welt« (Lord Curzon) entschieden wurde.

Nicht nur in Afghanistan. Die USA entdeckten die im Norden Afghanistans liegenden zentralasiatischen Sowjetrepubliken Usbekistan, Turkmenistan, Kasachstan, Kirgistan, Tadschikistan mit ihren vornehmlich muslimischen Bevölkerungen als verwundbare Südflanke der Sowjetunion, an der man durch Unterstützung islamischer Dissidenten Unruhe stiften konnte. Ein politischer Nachfahre Lord Curzons und Enkel des amerikanischen Präsidenten Theodore Roosevelt, Archibald Roosevelt, fühlte über den Khyber-Pass die »eisigen Winde des Kalten Krieges« wehen. Ein anderer Sprössling aus der Roosevelt-Dynastie, Kermit Roosevelt, Archibalds Cousin, sah folgerichtig Afghanistan und Zentralasien als Sprungbrett, von dem aus in der Sowjetunion Zwiespalt zu säen sei. Schon kurz nach dem Ende des Zweiten Weltkrieges, im Jahre 1949, schrieb Kermit Roosevelt, der sich als Bewunderer Rudyard Kiplings gerne Kim nannte, eine Ausarbeitung, in welcher er sein Land aufforderte, das Vertrauen von Turkmenen, Kurden, Armeniern und deren Nachbarn zu suchen, um den Sowjets zu schaden. »Die Geschichte Afghanistans wie die Geschichte zahlloser kleiner Länder«, dozierte Kim Roosevelt, »ist voller Lektionen darüber, was passiert, wenn zwei große Mächte beginnen, über sie oder durch sie kämpfen.«[3]

Später, nach dem Zusammenbruch der Sowjetunion, wurden die von Kim Roosevelt genannten Völker und Sowjetrepubliken zu selbständigen Staaten und damit endgültig Figuren in der Neuauflage des Großen Spiels. Der Streit um die Kontrolle der reichen Öl- und Gasfunde und um den Verlauf der Trassen für neue Pipelines gleicht der Retrospektive eines Films, der zuvor auch im Nahen und Mittleren Osten aufgeführt wurde. Die USA hofieren undemokratische, autoritäre Regime wie das von Islam Abduganijewitsch Karimow in Usbekistan, um eine Militärbasis für ihre Operationen in Afghanistan zu bekommen. Das Konfliktpotenzial in dieser Weltgegend könnte einst dem des Nahen und Mittleren

311

Ostens nahekommen, obwohl dieses Potenzial, glücklicherweise, derzeit eher latent wirkt und einer Krankheit gleicht, die ausbrechen, aber auch weiter verborgen in den Zellen des Körpers ruhen kann. Von der Welle der Gewalt, wie sie das Plateau zwischen Palästina und dem Irak heimsucht, ist Zentralasien bis jetzt verschont geblieben. Aber die Schrecken des Bürgerkrieges in Tadschikistan könnten ein erster Vorbote gewesen sein. Wie die Grenzen in Nahost von den Briten, so wurden auch die Grenzen der zentralasiatischen Staaten einst willkürlich gezogen. Konflikte wurden mithin bewusst geschaffen. Die Menschen Zentralasiens lebten nach Großfamilien und Stämmen geordnet, ihre Identität richtete sich nach dem Wohnort und der Religion, dem Islam – und natürlich nach ihrer Abstammung. Die neu entstandene Sowjetunion aber, die in Zentralasien das Erbe des Zarenreiches angetreten hatte, fürchtete, die Menschen könnten sich entlang panislamischer oder ethnischer Linien gegen die neue Moskauer Macht organisieren. Um dieser Gefahr zu begegnen, wurden die Menschen künstlich in »Völker« wie Tadschiken und Kirgisen unterteilt. Diese Völker wurden dann in eigens geschaffenen »Sozialistischen Sowjetrepubliken« eingezäunt. Die Grenzen ließ Stalin so ziehen, dass in jedem dieser artifiziellen Substaaten des Imperiums mehrere Ethnien leben mussten. Die vorhersehbaren, ja gewollten Konflikte sollte nur eine Instanz lösen können – die Moskauer Parteizentrale.

Dieses System von »Divide and Rule«, vom Teilen der unterworfenen Völker, um sie besser regieren zu können, war auch ein Prinzip der Briten. Allerdings sei es nicht möglich, schrieb 1969 der britische Autor H. V. Hodson, »zu teilen und zu herrschen, wenn die Regierten nicht bereit sind, sich teilen zu lassen«.[4] Auf den Nahen Osten, etwa auf die frühe Politik der Haschemiten und der Familie Saud, trifft dies sicher ebenso zu wie etwas später auf das ehemalige britische Kronjuwel Indien. Hindus und Muslime ließen sich von den Briten willig gegeneinander ausspielen und trugen durch ihre Rivalität dazu bei, dass die Briten 1947, am Ende ihrer Herrschaft, das von ihnen »The Subcontinent« – der

Subkontinent – genannte riesige Territorium in zwei Staaten aufteilen. Einer der beiden Staaten, Pakistan, gleicht jenen von den
Briten geschaffenen Staatengebilden Irak und Jordanien, die zwar
mit künstlich im Wüstensand gezogenen Grenzen umgeben wurden, zunächst aber keine Staatsvölker hatten. Denn Pakistan ist
eigentlich nichts anderes als eine Abkürzung für die Gebiete Pund-
schab, Afghania (das im Nordwesten gelegene Gebiet), Kaschmir,
Iran, Sindh, Tucharistan und Belutschistan. Ebenso wie Transjordanien bezeichnet der Name Pakistan also ein geographisches
Gebiet, in dem es Pakistanis als Staatsvolk ursprünglich ebensowenig gab wie Transjordanier oder Jordanier. Zwar gewöhnten
sich Indien und Pakistan, die beiden neuen Gebilde, schnell an
ihren neuen Status einer »Nation«. Aber der Preis war hoch. Sieben bis acht Millionen Muslime flohen aus dem neuen Staat
Indien in den neuen Staat Pakistan, etwa ebenso viele Hindus
machten sich auf die Flucht von Pakistan nach Indien. Insgesamt
etwa 200 000 Menschen überlebten diesen Exodus nicht, sie starben auf der Flucht oder wurden von ihren Feinden hingemetzelt.
Die Geburtsfehler, die den neuen Staaten in Nah- und Mittelost,
in Zentralasien und auf dem indischen Subkontinent in die Wiege
gelegt wurden, sind Vergangenheit. Doch ihre Konsequenzen sind
bis heute kaum bewältigt. Noch immer streiten Indien und Pakistan um Kaschmir. In Afghanistan indessen hat eine Allianz ihre
Kopie gefunden, deren Geburtsurkunde 1938 im seinerzeit gerade
einmal sechs Jahre alten Königreich Saudi-Arabien ausgestellt und
beglaubigt wurde. Nachdem damals in Dammam am Persischen
Golf Öl entdeckt worden war, gingen das demokratische Amerika
und der islamistische, autoritäre Stammesstaat eine bis vor kurzem unzertrennliche Partnerschaft ein. Erst in den letzten Jahren
hat diese ideologische Mesalliance Risse bekommen. Das verflixte
siebte Ehejahrzehnt wurde nicht zuletzt deshalb so problembela-
den, weil die USA in Afghanistan mit einem Nachkommen ihres
saudischen Partners sozusagen eine Zweitehe eingingen. Sie ver-
banden sich mit den von Saudi-Arabien schon jahrelang finanziell
und ideologisch hofierten Muslimen und später zeitweise auch mit

den Taliban. Die bereits schwächelnde Supermacht Sowjetunion wurde in einen desaströsen Guerillakrieg verwickelt. Die CIA finanzierte die zu Guerillakämpfern und Gotteskriegern gewordenen afghanischen Muslime, denen kein anderer als der saudische Staatsbürger Osama Bin Laden immer mehr zuarbeitete. Die Sowjetunion musste schließlich geschlagen das Feld verlassen und ihr Abenteuer in Afghanistan mit dem Ende ihres Imperiums bezahlen.

In Afghanistan selbst aber hatten die USA mit Hilfe Saudi-Arabiens zugleich einen Feind besiegt und sich einen neuen geschaffen: Osama Bin Laden und die Taliban. Zunächst versuchten die USA, sich mit den Taliban und ihrem Führer Mullah Omar zu arrangieren. Saudi-Arabien wurde gedrängt, die amerikanische Braut zu tolerieren und anzuerkennen. Schließlich boten Mullah Omar und seine Koranschüler ein gewisses Maß an Stabilität. Diese Stabilität sollte es eines Tages ermöglichen, sichere Pipelines für den Transport von zentralasiatischem Öl und Gas zu bauen. Die USA unterstützten die Taliban, zumindest in den Jahren von 1994 bis 1996, auch deshalb, weil die Koranschüler eine gegen den Iran und die Schiiten gerichtete Politik betrieben. Und im Grunde waren die Taliban, so sahen es zeitweise einige amerikanische Kontaktleute, nichts anderes als fromme Menschen – vergleichbar den ihre Religion und ihren Gott besonders ernst nehmenden Bewohnern des amerikanischen *Bible belt*. Allerdings übersahen die USA dabei, wie der pakistanische Journalist Ahmed Rashid schreibt, »geflissentlich den islamischen Fundamentalismus der Taliban, ihre Unterdrückung der Frauen und die Verwirrung, welche die Taliban in Zentralasien anrichteten.«[5]

Doch die Interessenlage änderte sich – nicht zuletzt auch deshalb, weil die Pakistanis nach 1996 die Taliban und Mullah Omar erstmals mit Osama Bin Laden zusammenführten. Bin Laden baute Mullah Omar ein Haus, baute die Straße zum Flughafen in Kandahar aus. In langen Gesprächen kamen sich Mullah Omar und Osama Bin Laden näher. Die strenge Islam-Variante der Taliban glich ohnedies der von Bin Laden vertretenen Wahhabi-Version.

Ende der neunziger Jahre indessen forderten die USA von Mullah Omar die Auslieferung Bin Ladens – besonders nach 1998, dem Jahr der verheerenden Bombenanschläge auf die US-Botschaften in Kenia und Tansania. Für Mullah Omar verwandelte sich Bin Laden allmählich von einem Gast in eine »Belastung« (Ahmed Rashid). Doch eine Einigung wurde nicht erzielt. Nach Osama Bin Ladens Terrorangriff auf New York und Washington vom 11. September 2001 mit seinen über 3000 Toten war die Zeit der Entscheidung gekommen. Ob er es wollte oder nicht – Mullah Omars Schicksal war an das Osama Bin Ladens gebunden. Amerikas Kurzzeitverbündeter verlor seine Macht im Lande, Osama Bin Laden und Mullah Omar mussten untertauchen. Das Schreckensregime der Taliban über Afghanistan hatte ein Ende.

Die Konsequenzen der Terrorzeit indessen sind noch lange nicht überwunden. Besonders nicht in Saudi-Arabien. Denn der Tag des Erwachens nach dem 11. September 2001 brachte Amerika mehr als einen andauernden Schock. Seitdem erlebt die Welt nicht nur einen weltweiten Feldzug, den die Amerikaner Antiterrorkrieg nennen, einen Krieg, der den USA zudem endlich einen Vorwand lieferte, in den Irak einzumarschieren und Saddam Husseins Regime zu beenden. Vor allem bemerkten die USA mit Schrecken, dass ihr langjähriger Partner Saudi-Arabien das Heimatland von fünfzehn der neunzehn Attentäter des 11. September war. Noch in den Jahren 1998 und 2000 hatte nach Angaben des französischen Autors Patrick Karam George Bush senior Saudi-Arabien besucht, um im Auftrag der Carlyle-Unternehmensgruppe Kontakte mit der weiterhin existierenden, aber nicht mehr von Osama Bin Laden geleiteten Bin-Laden-Gruppe aufzunehmen.[6]

Diese Carlyle-Gruppe wurde von Frank Carlucci, dem ehemaligen stellvertretenden US-Verteidigungsminister, und von James Baker, ehemals Außenminister unter Bush senior, geleitet. »Diese Querverbindungen erklären, dass die CIA während des Krieges gegen die Sowjetunion in Afghanistan auf Osama Bin Laden gesetzt hat.«[7]

Jetzt aber, nach dem 11. September 2001, schloss sich ein fataler Kreis. Die auch von Saudi-Arabien unterstützten sogenannten

»arabischen Afghanen« – Araber, welche die afghanischen *Mudschaheddin* im Kampf gegen die Sowjetunion unterstützt hatten – waren endgültig aus dem Ruder gelaufen. Jene Kämpfer, die Saudi-Arabien und die CIA zusammen mit Osama Bin Laden jahrelang im Kampf gegen Moskaus Reich des Bösen alimentiert hatten, fielen plötzlich ihrem ehemaligen Sponsor, den USA, in den Rücken. Nun pervertierte der Dschihad endgültig in sinnloses Morden. Bürger des einstigen Verbündeten Amerika und des strenggläubigen wahhabischen Kernlandes Saudi-Arabien wurden ermordet.

Der Saat, die man in Afghanistan und in vielen anderen Ländern ausgesät hatte, war ein Ungeheuer entwachsen, das sich nun auch gegen seinen Schöpfer richtete. Von Saudi-Arabien und aus den unwegsamen Tiefen des pakistanisch-afghanischen Grenzgebietes heraus verbreitet Al-Qaida gegenwärtig auch im Irak und in der Türkei Tod und Verderben. Die sich »Märtyrer« nennenden Attentäter erinnern an jene muslimische Sekte der Assassinen (daher das englische Wort *assassin*, Attentäter), deren Anhänger sich, wie heute Al-Qaidas Selbstmordattentäter, im 11. Jahrhundert selbst töteten, um ihre Feinde, Christen wie Muslime, zu ermorden. Al-Qaida indessen erscheint längst nicht mehr als zentral geführte Organisation. Die »Basis« ist zu einem Terrorkonzept geworden, das offenbar jedem, der sich diesem Konzept beugt, ein Zuschlagen erlaubt – wann und wo sich auch immer Ziele ergeben.

Das Land, in dem die Assassinen der Gegenwart ursprünglich geschaffen wurden, Afghanistan, ist trotz der dort anwesenden ausländischen Friedenstruppe (ISAF – International Security Assistance Force) keineswegs auf dem Weg zu einem geordneten Gemeinwesen. Präsident Hamid Karzai ist es nicht gelungen, die Autorität seiner Zentralregierung über Kabul hinaus auf das gesamte Land auszudehnen. Die Reste der geschlagenen Taliban formieren sich neu und verwickeln die Amerikaner immer wieder in möglichst verlustreiche Scharmützel. Nach dem Abzug der Sowjetunion machten die USA den Fehler, Afghanistan sich selbst zu überlassen. Das Land versank im Bürgerkrieg, die Taliban übernahmen die Macht. Doch eine Gesellschaft zu befrieden, deren Charakteristikum der Tribalismus ist, die Gliederung in sich mit Waffengewalt befehdende Stämme, bleibt eine schier unlösbare Aufgabe. So ist es kaum eine Überraschung, dass Afghanistan trotz Anwesenheit der ISAF und amerikanischer Truppen auch nach der Vertreibung der Taliban Gefahr läuft, zurück in die Anarchie und zurück unter die Herrschaft der Kriegsherren (Warlords) zu gleiten, wie im Juni 2003 das amerikanische *Council on Foreign Relations* feststellte.[8] Die Verfasser bedauerten, dass es nicht zu den Aufgaben der im Land stationierten amerikanischen Truppen gehöre, friedenschaffende Maßnahmen zu ergreifen.

Wo einst die Sowjetunion vergeblich versuchte, eine ihr genehme Ordnung zu schaffen, versuchen es jetzt die Amerikaner und die in der ISAF mitarbeitenden Staaten. Das stärkste Argument, welches für den Frieden spricht, ist die Kriegsmüdigkeit der Afghanen selbst. »Jedermann hat verstanden, dass Kampf keinen Wert hat, die Menschen wollen die Stimme des Gewehres nicht mehr hören.«[9] Diese überzeugende Aussage hörten Vertreter der *International Crisis Group* im September 2003 in einem ihrer in Mazar-i Sharif geführten Interviews. Doch Frieden könne es nur geben, schreiben die Autoren, wenn die Macht der Kriegsherren gebrochen werde. Trotz mancher Anstrengungen, so scheint es, muss Afghanistan auf diesen Augenblick noch länger warten. Inzwischen haben Ableger des von Amerikas Verbündetem Saudi-Arabien finanzierten islamischen Fundamentalismus nicht nur in Afghanistan Wurzeln geschlagen. Mit saudischen Geldern wurde etwa die Hizb al-Tahrir (HT), die »Islamische Befreiungspartei«, gepäppelt, die besonders in Zentralasien tätig ist. Gegründet wurde sie bereits im Jahre 1953 in Saudi-Arabien und in Jordanien. Vater der Bewegung ist ein Palästinenser namens Taqi al-Din al-Nabhani. Al-Nabhani studierte an der islamischen Universität Al-Azhar in Kairo. Scheich Nabhani bezeichnete die Regime, die der muslimischen Welt von den Siegermächten der Weltkriege übergestülpt wurden, als »lasterhaft« und forderte die Gründung eines einzigen Staates, der die gesamte muslimische Welt zu umfassen habe. Ihre religiöse Richtung gleicht jener Wahhabi-Variante des Islam, die ihren Ursprung im heutigen Saudi-Arabien hat. Obwohl der Hizb al-Tahrir bis jetzt keine Teilnahme an Terrorakten nachgewiesen wurde und sie selbst einen friedlichen Weg verkündet hat, sitzen in den Gefängnissen der zentralasiatischen Staaten viele ihrer Mitglieder ein.

Eine andere islamistische Gruppe ist die »Islamische Bewegung Usbekistans«. Sie wurde 1991 von Dschuma Namangani aus dem Ort Namangan im Ferganatal gegründet. Natürlich, möchte man sagen, mit saudischen Geldern bauten Namangani und seine Gruppe junger Männer eine Moschee und eine Madrassa, eine Koranschule. Die jungen Eiferer begannen, die Menschen in Namangan zum Gebet anzuhalten, den Frauen untersagten sie das Tagen der traditionell bunten Kleider. Kurz darauf riefen die neu geborenen Muslime, wie sie sich bezeichneten, einen Dschihad zum Sturz des autoritär regierenden usbekischen Präsidenten Karimow aus.[10]

Die Wiederbelebung des Islam in Zentralasien, wie sie auch in den Aktivitäten der Islamischen Befreiungspartei und der Islamischen Bewegung Usbekistans zum Ausdruck kommt, hat ihren Grund nicht zuletzt in der jahrzehntelangen Unterdrückung der Religion im Sowjetreich. Glauben und Kult der orthodoxen Kirche wurden ebenso wie Glauben und Kult des Islam als obskur und hinterwäldlerisch abgetan. Vor allem standen Christentum und Islam dem sowjetischen Herrschaftsstreben entgegen. Der neue Machtanspruch indessen, den die Islamische Befreiungspartei und die Islamische Bewegung Usbekistans erheben, ist nicht minder verwerflich. Unrealistische territoriale Ziele, wie sie etwa der HT-Führer Abdel Qadeem Zaloom, ein Palästinenser, erhebt, paaren sich mit einem Totalitarismus, der jenem der alten Sowjetunion gleicht. Die HT strebt zum Beispiel die Vereinigung der chinesischen Sinkiang-Provinz mit Zentralasien in einem einzigen muslimischen Staat an. Und wie die islamistischen Bewegungen des Nahen und Mittleren Ostens – von der palästinensischen Hamas bis hin zum Islamischen Dschihad und zu Al-Qaida – vertreten auch die in Zentralasien wirkenden Gruppen einen Retro-Islam, der die Menschen in einer neuen ideologischen, diesmal islamistisch gewebten Zwangsjacke einschnüren will.

Die Saat, die besonders Saudi-Arabien überall in der islamischen Welt gesät hat, die Abschaffung des Denkens zugunsten der Unterwerfung unter eine Ideologie, hat sich nicht nur über die arabisch-islamische Welt und ihr Kernland, das ursprünglich multikulturelle, islamisch-christliche Ägypten, ausgebreitet. Nun besteht die Gefahr, dass diese Saat in Afghanistan und auch in Zentralasien abermals aufgeht.

Auch ein anderes aus dem Nahen und Mittleren Osten wohlbekanntes Handlungsmuster wiederholt sich in Zentralasien. So besuchte zum Beispiel General Tommy Franks (Oberbefehlshaber des Krieges gegen den Irak im Frühjahr 2001) zwei Jahre vor dem Irakfeldzug Zentralasien. Als Chef des »Central Command« (CENTCOM) beschwor er die Gefahr, die »vom Terrorismus« ausgehe. Eine kleine Zahl fanatischer Terroristen könne in der gesamten Region Unsicherheit säen. In der usbekischen Hauptstadt Taschkent, dem Herrschaftszentrum Präsident Karimows, eines der schlimmsten Autokraten der Region, beschwor Tommy Franks die gute Zusammenarbeit zwischen amerikanischen und usbekischen Militärs bei der Bekämpfung des Terrorismus.[11] Von notwendigen demokratischen Reformen, die moglicherweise dabei helfen könnten, dem Terror die Grundlage zu entziehen, sprach Franks nicht. Offenkundig ist das Paradigma des Nahen und Mittleren Ostens, wo sich die USA seit Jahrzehnten mit autoritären Regimen verbünden, weiterhin Maxime des Handelns. Von der Förderung der Demokratie, um deretwillen die USA angeblich in den Irak einmarschierten, ist in Usbekistan nicht einmal ansatzweise die Rede. Als der republikanische Mehrheitsführer im amerikanischen Repräsentantenhaus, Tom DeLay, im November 2003 im BBC-World-Fernsehen gefragt wurde, warum man im Irak auf Demokratie setze und in Usbekistan nicht, war die lapidare Antwort, Usbekistan sei ein »flügger« Staat, bei dem Geduld angebracht sei.

Vergessen sind die guten Vorsätze, die einst Präsident Clintons stellvertretender Außenminister Strobe Talbott der amerikanischen Politik in Zentralasien und in Afghanistan mit auf den Weg geben wollte. Sein Land, erklärte Talbott 1997, habe kein Interesse an der Wiederholung des Großen Spiels. Ein solcher »Atavismus« müsse vermieden werden. Die Völker Zentralasiens hätten die Chance, jene Erfahrung hinter sich zu lassen, bei der sie Bauern auf einem Schachbrett waren, »während die Großmächte auf ihre Kosten um Reichtum und Einfluss wetteiferten«.[12] Leider blieb diese wegweisende Einsicht bisher Makulatur. Wie einst im Nahen und Mittleren Osten versäumen es die USA, ihre Wirtschafts- und Militärhilfe mit der Forderung nach demokratischen Reformen zu verbinden. Der Unzufriedenheit der Völker wird nicht Rechnung getragen.

Afghanistan aber bleibt ein Prüfstein für die zukünftige Weltordnung. Einer Befriedung ist das Land, in dem erneut Weltpolitik gemacht wird, noch nicht wirklich näher gerückt. Dem Sieg der Amerikaner über die Taliban und der Aufbau- und Versöhnungsstimmung, welche dieser militärische Erfolg nach sich zog, ist eine »Verzettelung ins Kleingedruckte« gefolgt. »Irgendwo im Nirgendwo jagen die US-Truppen noch nach Terroristen«, resümiert Peter Münch in der *Süddeutschen Zeitung* die Lage. »Der davon losgelöste internationale Friedenseinsatz aber ruht auf drei Säulen: Wegggucken, Wegducken und nach dem Sankt-Florians-Prinzip mit dem Finger auf andere zeigen.«[14]

Von Zentralasien über Afghanistan, Pakistan, Iran, Irak und die Arabische Halbinsel bis nach Israel/Palästina zieht sich das Krisengebiet, in dem die Zukunft der Welt wesentlich mit entschieden wird. Im Hintergrund lauert die Weltmacht der Zukunft, China. Die Ingredienzien dieses nicht enden wollenden Konfliktes sind die Sucht nach immer mehr Energie, der Kampf zwischen der Supermacht Amerika und einer kaum richtig greifbaren, dezentral im Untergrund operierenden islamistischen Terror-Internationale und schließlich auch der ewige Streit von Juden und Arabern um jenes winzige Stückchen Land, das Palästina heißt. Normalerweise müsste man versuchen, einen Konflikt dieser Größenordnung in seine Bestandteile zu zerlegen und einen Unterkonflikt nach dem anderen einer Lösung näherzubringen. Ein solches Vorgehen ist derzeit unwahrscheinlicher denn je, weil US-Präsident George W. Bush alle politischen Gegner über einen Kamm schert. So setzt er zum Beispiel Hamas mit Al-Qaida gleich und leitet daraus die Berechtigung für seinen »weltweiten« Kampf gegen den Terror ab. Dieser Mangel an Differenzierung, man könnte zugespitzt auch von einer fatalen Globalisierung des politischen Urteils sprechen, wird die Welt noch lange in Atem halten.

Anhang

Danksagung

Ein Buch hat viele Urheber. Etwa einen Verlag, der Wünsche äußert. Oder den jahrzehntelangen Arbeitgeber, die *Süddeutsche Zeitung*, die auch in den finanziell schwierigen Zeiten, durch welche die deutsche Tagespresse derzeit geht, mit Reiseerlaubnissen nicht gegeizt und auf diese Weise dazu beigetragen hat, die Kenntnisse des Autors zu vertiefen. Oder die Kolleginnen und Kollegen sowie viele Gesprächspartner und Helfer in Kairo und in der Region, die stets zur Stelle sind, wenn Rat gefragt ist. Auch die zahlreichen Autoren sind zu nennen, die sich in vielen grundsätzlichen, wohlrecherchierten Werken mit der Region befasst haben und die im Literaturverzeichnis aufgeführt sind. Schließlich muss ich besonders den kritischsten aller Geister, meine Frau, hervorheben. In so manchen abendlichen Lektürestunden hat sie das Manuskript unter dem Gesichtspunkt der Verständlichkeit und der Flüssigkeit des Textes durchforstet und viele gute Formulierungsvorschläge gemacht.

Anmerkungen

Kapitel 1

1 George Friedman: Smoke and Mirrors. The United States, Iraq and Deception. Stratford, 21. Januar 2001.
2 Le Monde Diplomatique, englische Internetausgabe, April 2002.
3 Palestine Documents, S. 66.
4 Ebd.
5 Ebd.
6 Steven Runciman: Geschichte der Kreuzzüge, S. 106 und 765.
7 Amin Maalouf: Les Croissades vues par les Arabes, S. 50 ff.
8 Hans Wollschläger: Die bewaffneten Wallfahrten nach Jerusalem, S. 11.
9 Andreas Meier: Der politische Auftrag des Islam, S. 48 f.
10 Abdel Rahman al-Garbati: Bonaparte in Ägypten, S. 81 ff.

Kapitel 2

1 Palestine Documents, S. 76.
2 Robert John, Sami Hadawi: Palestine Diary. Vol. 1, S. 57.
3 Ebd., S. 37 f.
4 Nachzulesen bei Henry Laurens: Ottoman Empire – The Division of the Spoils, Le Monde Diplomatique, engl. Internetausgabe, April 2003.
5 Palestine Diary. Vol. 1, S. 126 ff.
6 J. M. N. Jeffries: Palestine, the Reality, S. 258 f.
7 Zitiert nach John Esposito: The Islamic Threat, Myth or Reality, S. 48.
8 Palestine Documents, S. 81.
9 Ebd., S. 64 f.
10 Henry Cattan: Palestine and International Law, S. 54.
11 Documents on British Foreign Policy 1919–1939, 1st series, Vol. IV, zitiert nach Henry Cattan, ebd., S. 59.
12 Palestine Documents, S. 108.
13 American Bar Association Journal, Vol. 43, S. 522–525, 1957.
14 Mary C. Wilson: King Abdallah, Britain and the Making of Jordan, S. 3.
15 David Fromkin: A Peace to End all Peace, S. 505 f.

16 Ebd., S. 455 ff.
17 Robert Kaplan: The Arabists, S. 249.
18 Bernard Lewis: The Crisis of Islam, S. XVIII.
19 Robert Lacey: The Kingdom.
20 Sandra Mackay: The Iranians, S. 161.
21 Ebd., S. 161 f.
22 Steven Kinzer: All the Shah's Men, S. 31.
23 Ebd, S. 39.
24 Steven Kinzer, ebd., S. 39.
25 Ebd., S. 64

Kapitel 3

1 Avi Shlaim: The Iron Wall, S. 13 ff.
2 Ebd., S. 13 ff.
3 The Wall in Palestine. The Palestinian Environmental NGO Network, S. 32 ff. Und: Bericht der UN vom 10. November 2003.
4 Die folgenden Ausführungen stützen sich überwiegend auf Barbara W. Tuchmans Buch *Bible and Sword – How the British Came to Palestine*.
5 Karen Armstrong: Jerusalem, S. 347 ff.
6 Walter Laqueur: Der Weg zum Staate Israel, S. 19 ff.
7 Amos Elon: Fathers and Sons, S. 77.
8 Donald Neff: Fallen Pillars, S. 52.
9 Theodor Herzl: Der Judenstaat, S. 15 ff.
10 Theodor Herzl: Briefe und Tagebücher, Band 2, S. 332 ff.
11 Bernard Lewis: Semites and Antisemites.
12 Theodor Herzl: Zionistisches Tagebuch, S. 367 f.
13 David Hirst: The Gun and the Olive Branch, S. 15 f.
14 Ebd., S. 19.
15 Anita Shapira: Land and Power. The Zionists Resort to Force, 1881–1948, S. 43.
16 Avi Shlaim: The Iron Wall, S. 1.
17 Sara Roy: The Gaza Strip, S. 49.
18 David Hirst, S. 29 ff. und Kenneth W. Stein: The Land Question in Palestine 1917–1939, S. 69 ff.
19 Anita Shapira, S. 227 f.
20 Palestine Documents, S. 34 ff.
21 Lesley McLaughlin: Ibn Saud, S. 165.

22 Benny Morris: The Birth of the Palestinian Refugee Problem, 1947–1949, S. 132 ff.

23 Ebd., S. 133 f.

24 Theodor Herzl: Zionistisches Tagebuch, Band 2, S. 117.

25 Benny Morris, S. 136.

26 Benny Morris, ebd.

27 Nur Masalha: Expulsion of the Palestinians, S. 157 f.

28 Hannah Ahrendt: To Save the Jewish Homeland. In: The Jew Pariah, New York 1978, S. 183.

29 Avi Shlaim: The Iron Wall, S. 145 ff.

30 Ebd., S. 178.

31 Avi Shlaim, ebd., S. 235.

32 Nur Masalha: A Land Without a People, S. 80 ff.

33 Ebd., S. 84.

34 Edward W. Said: Where negotiations have led. In: The End of the Peace Process, S. 14. Ursprünglich in Arabisch in der Zeitung Al-Hayat, 1. Oktober 1995.

35 Palestine Documents, S. 292.

36 Palestine Documents, S. 303.

37 Colin Shindler: The Land Beyond Promise, S. 284.

38 Ebd., S. 286.

39 Amira Hass: Israelische Siedlungen. Die Politik der vollendeten Tatsachen. In: Inamo, Heft 23/24, 2000, S. 15 f.

40 Ari Shlaim: The Iron Wall, S. 530.

41 Robert Malley: Camp David – The Tragedy of Errors. In: The New York Review of Books, Vol. 48, Number 13, 9. August 2001.

42 Sarah Roy: The Gaza Strip, S. 49.

43 Statistiken nach Angaben der israelischen Menschenrechtsorganisation Betselem und des palästinensischen Sicherheitsdienstes »Preventive Security«.

44 Avi Primor: Terror als Vorwand, S. 143 ff.

45 Patrick Seale: Sharon, Bush and the Race for Greater Israel. In: The Daily Star, Beirut, 17. Oktober 2003.

46 Süddeutsche Zeitung vom 12. September 2003.

Kapitel 4

1 Egon Friedell: Kulturgeschichte Ägyptens und des Alten Orients, S. 221 (Ausgabe Phaidonpress von 1947).

2 Philip K. Hitti: History of the Arabs, S. 292 ff.

3 Peter Sluglett and Marion Farouk Sluglett: Iraq Since 1958, S. 7 ff.
4 George Antonius: The Arab Awakening, S. 77.
5 Eleanor Franklin-Egan: The War in the Cradle of the World, S. 101.
6 David Fromkin: A Peace to End all Peace, S. 200 ff.
7 Das Folgende ist entnommen Janet Wallach: Desert Queen, S. 193 ff.
8 Fromkin, S. 451.
9 Janet Wallach: Desert Queen, S. 193 ff.
10 Hanna Batatu: The Old Social Classes..., S. 173.
11 Fromkin, S. 452.
12 Janet Wallach, S. 225.
13 Sluglett, S. 13 ff.
14 Hanna Batatu, S. 772.
15 Ebd., S. 802.
16 David McDowall: A Modern History of the Kurds, S. 152 ff.
17 Ebd., 163 f.
18 Ebd., 302 ff.
19 Sluglett, S. 103 ff.
20 Heiko Flottau: Die Angst, wieder Saddams Beute zu werden. In: Süddeutsche Zeitung vom 2. Dezember 1998, S. 11.
21 McDowall, S. 361 ff.
22 Heinz Halm: Der schiitische Islam, S. 15 ff.
23 Yitzhak Nakash: The Shi'is of Iraq, S. 25 ff.
24 Juan Cole: Sacred Place and Holy War, S. 110 f.
25 Nakash, S. 117.
26 Halm, S. 144.
27 International Crisis Group (ICG): Iraqs Shia under Occupation, 9. September 2003, S. 12 f.; Juan Cole: Shia Religious Groups Fill Vacuum in Iraq, in: Middle East Report (MERIP) Online, 2. April 2003; Juan Cole: SCIRI and the Badr-Corps. In: Le Monde Diplomatique, Engl. Internetausgabe, Juli 2003. Und eigene Recherchen des Autors, der zu der Zeit im Irak weilte.
28 ICG: Shia under Occupation, S. 8.
29 Ebd., S. 21.
30 Sluglett, S. 197.
31 Heiko Flottau: Die Scheichs von Nadschaf. Unterwegs in der Heiligen Stadt der schiitischen Moslems. Süddeutsche Zeitung, 7. Mai 2003, S. 3.
32 ICG, S. 4.
33 Yitzhak Nakash: The Shiites and the Future of Iraq. In: Foreign Affairs, Juli–August 2003, S. 17.

34 Dilip Hiro: Iraq. In the Eye of the Storm, S. 157; Sluglett: Iraq Since 1958, S. 147.
35 Geoff Simons: The Scourging of Iraq, S. 1 ff.
36 Ebd., S. 2.
37 Gespräch des Autors mit einem damaligen jordanischen Regierungsmitglied, das nicht genannt sein will.
38 Gespräch des Autors in den Jahren seit 1998 mit westlichen Diplomaten im Irak.
39 Mitteilung des Programms »Öl für Lebensmittel«, Februar 2003.
40 Simons, S. 118 f. Mitteilungen Hans von Sponecks an den Autor.
41 Website: www.parliament/publications.uk
42 Andrew Cockburn und Patrick Cockburn: Out of the Ashes, S. 136 f.
43 Bob Woodward: Bush at War, S. 49.
44 ICG: »Governing Iraq«, 25. 8. 2003, S. 4.
45 Ebd.
46 Stratfor, 27. Juli 2003.

Kapitel 5
1 Lesley McLaughlin: Ibn Saud, S. 26.
2 Gilles Kepel: Das Schwarzbuch des Dschihad, S. 376.
3 Angaben aus saudischen Zeitungen, von westlichen Botschaften in Riad zusammengestellt.
4 Louis Alexandre Olivier de Corancez: The History of the Wahabis From Their Origin Until the End of 1809, Paris 1810, Nachdruck 1995, S. 19 ff.
5 Robert Lacey: The Kingdom, S. 27.
6 Said K. Aburish: The Rise, Corruption and Coming Fall of the House of Saud, S. 14.
7 Ebd., S. 24.
8 Lacey: The Kingdom, S. 73 ff.
9 Aburish, S. 21.
10 Fred Halliday: Arabia without Sultans, S. 48.
11 Lacey, S. 149.
12 McLaughlin, S. 61 ff., S. 78.
13 Ebd., S. 62.
14 George Antonius: Arab Awakening, S. 331 ff.; Alexei Vassiliev: The History of Saudi Arabia, S. 243 ff.
15 McLaughlin, S. 122.
16 Halliday, S. 51.

17 Halliday, ebd.
18 Edward L. Morse und James Richard: The Battle for Energy Dominance. In: Foreign Affairs, März–April 2002, S. 21.
19 McLaughlin, S. 72.
20 Sandra Mackay: The Saudis, Inside the Desert Kingdom, S. 7.
21 Robert Lacey: The Kingdom, S. 406 ff.
22 Ebd. S. 494.
23 Eric Rouleau: Trouble in the Kingdom. In: Foreign Affairs, Juli–August 2002, S. 84 f.
24 Ebd., S. 81.
25 Alain Gresh: As for what young people want, no one is sure, Le Monde Diplomatique, Internetausgabe, Juni 2003.
26 Michael Scott Doran: Palestine, Iraq and American Strategy. In: Foreign Affairs, Januar–Februar 2003.
27 Diese Angaben bei Lacey, S. 526 ff.; McLaughlin, S. 71; Aburish, S. 51 f., sowie Jean-Michel Foulquier: Arabe Saoudite, S. 182 und S. 202 f.
28 Klare ist Autor des Buches Resource Wars – The New Landscape of Global Conflict, New York 2001. Das Zitat stammt aus seinem Aufsatz »United States Energy and Strategy«. Le Monde Diplomatique, engl. Internetausgabe, November 2002.
29 Alain Gresh: Saudi Arabia – Radical Islam or Reform? In: Le Monde Diplomatique, engl. Internetausgabe, Juni 2003.
30 Gresh, ebd.

Kapitel 6
1 M. E. Yapp: The Making of the Modern Near East, S. 225.
2 David Fromkin: A Peace to End all Peace, S. 508.
3 Said K. Aburish: A Brutal Friendship, S. 11 f.
4 Ebd., S. 120 ff.
5 Werner Brockdorff: Sonderkommandos des Zweiten Weltkriegs, S. 398–414.
6 Steven Kinzer: All the Shah's Men, S. 53 ff.
7 Kinzer, ebd., S. 80 ff.
8 Aburish: A Brutal Friendship, S. 270.
9 The Guardian, 27. September 2003.
10 Fromkin, S. 437.
11 Barbara Tuchman: Bible and Sword, S. 329.

Kapitel 7

1 Palestine Documents, S. 155.
2 Karen Armstrong: Jerusalem, S. 375.
3 Palestine Documents, S. 109.
4 Tom Segev: One Palestine Complete, S. 72. Die Ereignisse in Hebron ebd., S. 314 ff.
5 Palestine Documents, S. 131 ff.
6 David Hirst: The Gun and the Olive Branch, S. 76.
7 Walid Khalidi: L'Histoire Véridique de la Conquête de la Palestine. In: Revue d'Etudes Palestiennes, Sonderausgabe 1998.
8 Palestine Documents, S. 156 ff.
9 Hirst, S. 93.
10 Aus der zahlreichen Literatur über diese Ereignisse sei hier nur David Hirst, The Gun and the Olive Branch, S. 126 ff., erwähnt. Wichtig sind auch der israelische Historiker Ilan Pappé: The Making of the Arab-Israeli Conflict, S. 162 ff., und Walid Khalidi: Deir Yassin: Autopsie d'un Massacre. In: Revue d'Etudes Palestiennes, Nr. 17, Herbst 1998.
11 Ariel Sharon (with David Chanoff): Warrior – An Autobiography, S. 83 ff.
12 Journal of Palestine Studies 124, Vol. XXXI, Nummer 4, Sommer 2002, S. 80.
13 Ebd., S. 82 f.
14 Heiko Flottau: Glauben bis zum Donnerschlag. Bericht aus Qibia. In: Süddeutsche Zeitung vom 13. Mai 1998, S. 3.

Kapitel 8

1 Die Ausführungen über Arafat nach Said K. Aburish: Arafat, S. 7 ff., und eigenen Recherchen.
2 Ebd., S. 45 ff.
3 The Israeli-Palestinian Conflict, S. 317 ff.
4 Fernsehsendung BBC-Panorama vom 17. Juni 2001.
5 Ebd.
6 The Israeli-Palestinian Conflict, S. 390 ff.
7 Aburish: Arafat, S. 206 ff.
8 Jeremy Bowen im BBC-World-Fernsehen, 16. November 2003.

Kapitel 9

1 Palestine Documents, S. 585.

2 Nicholas Blanford: Hisbollah in the Firing Line Middle East Report Online, 28. April 2003.

3 Ebd.

4 MERIP, ebd.

5 Amal Saad-Ghorayeb: Hisbullah-Politics, Religion, S. 22 ff., S. 88 ff.

6 International Crisis Group: Hisbullah-Rebel without Cause? 30. Juli 2003, S. 6.

7 Ebd., S. 9.

8 So die israelischen Autoren Shaul Mishal und Avraham Dela, in: The Palestinian Hamas, S. 18 ff.

9 Ebd., S. 57.

10 Ebd., S. 181.

11 Heiko Flottau: Wir beanspruchen ganz Palästina – Interview mit Hamas-Sprecher Mahmut Zahar, in: Süddeutsche Zeitung vom 18. Juli 2000, S. 8.

Kapitel 10

1 Arab Human Development Report, franz. Fassung, S. 72. Das Folgende S. 27 und 51.

2 David Pryce-Jones: The Closed Circle, S. 45.

3 Abdul Hamif Brahimi in: Arab Human Development Report, S. 115.

4 Hanna Batatu: The Old Social Classes and the Revolutionary Movements of Iraq, S. 25 f.

5 Ebd., S. 735.

6 Andreas Meier: Der politische Auftrag des Islam, S. 133 ff.

7 Pryce-Jones, S. 7 f.

8 George Antonius: The Arab Awakening, S. 218 f.

9 Avi Shlaim: Israel and the Arab Coalition in 1948, S. 79 ff. In: Avi Shlaim (Hrsg.) und Eugene L. Rogan: The War for Palestine. Rewriting the History of 1948.

10 Ebd. S. 85 ff.

11 Jlan Pappé: The Making of the Arab-Israeli Conflict 1947–1951, S. 65.

12 Ebd., S. 22 ff.

13 Aus dem Buch von Lenni Brenner: The Iron Wall, Zed Books, London 1984, bzw. im Internet unter der Suchmaschine Google, Lenni Brenner.

14 Encyclopaedia Britannica, Ausgabe 1993, Band 2, S. 3299 ff.

15 Zitiert nach Raphael Patai: The Arab Mind, S. 259 ff.

16 Ebd., S. 255.

17 Ebd.
18 Said K. Aburish: A Brutal Friendship. The West and the Arab Elite.
19 Tariq Ali: Bush in Babylon, S. 29.
20 Fouad Ajami: The Dream Palace of the Arabs. A Generation's Odyssey, S. 26 ff.

Kapitel 11
1 Andreas Meier: Der politische Auftrag des Islam, S. 50 ff.
2 Ebd. S. 65 f.
3 Ebd. S. 84 ff.
4 Ebd., S. 92 f.
5 Zitiert nach Albert Hourani: Arabic Thought in the Liberal Age, 1798–1939, S. 329 f.
6 Meier, S. 175 ff.
7 Ebd., S. 194 ff.
8 Joel Beinin/Joe Stork, Political Islam, S. 321.
9 Andreas Meier, S. 372.
10 Bernard Lewis: The Crisis of Islam, S. 107.
11 Fatima Mernissi: Islam and Democracy, S. 37.
12 Ebd., S. 48.
13 Frankfurter Rundschau vom 25. November 2003.

Kapitel 12
1 Michael Lind: The Weird Men behind George W. Bush's War. In: New Statesman, London, 7. 4. 2003.
2 Donald Neff: Fallen Pillars, S. 36.
3 www.newamericancentury/bushletter/htm
4 www.cc.org
5 www.christianity.com
6 Ibrahim Warde: Which God is on Whose Side? In: Le Monde Diplomatique, engl. Internetausgabe, Sept. 2002.
7 Warde, ebd.
8 Donald Wagner: A Historical Account of Christian Zionism. Artikelserie im Beiruter *Daily Star*, 5.–11. Oktober 2003.
9 Ebd.
10 Ebd.
11 Bruce Murphey: Neoconservative Cloud seen in US-Iraq Policy. In: Milwaukee Journal Sentinentel, 5. April 2003. www.jsonline.com

12 Aus: Rebuilding America's Defenses. Strategy, Forces and Resources for a New Century. A Report of the Project for the New American Century, September 2000.

13 In der Zeitschrift *Foreign Affairs* September–Oktober 2002, S. 49ff., begrüßte G. John Ickenbury, Professor für Geopolitik und globale Gerechtigkeit an der Washingtoner Georgetown-Universität, diese Rede. Ickenbury erteilte dem traditionellen System für kollektive Sicherheit eine Absage, weil Amerika viel mächtiger sein werde als andere Staaten. Deshalb werde jedes Land – nicht nur die USA – unter der globalen Führung Amerikas besser dastehen als je zuvor.

14 Zitiert nach Hisham Ben Abdallah El Alaoui: The Arab World after the Occupation of Iraq. In: Le Monde Diplomatique, engl. Internetausgabe, Oktober 2003.

15 www.bbcworld.companorama. Sendung Panorama vom 18. Mai 2003. Zu Richard Perle siehe auch Seymour Hersh: Lunch with the Chairman. In: The New Yorker, 17. 3. 2003.

16 Zu finden beim Institute for Advanced Strategic and Political Studies, Jerusalem-Washington. www.israeleconomy.org/strat1.htm

17 Sendung BBC World Panorama, 18. Mai 2003.

18 Joshua Micah Marshall: Practice to Deceive. Washington Monthly Online, April 2003.

19 Bruce Murphey (siehe Anm. 11).

20 Eric Hobsbawm, Unites States – Wider and Wider. In: Le Monde Diplomatique, engl. Internetausgabe, Juni 2003.

21 Alain Gresh: Waves of Chaos. In: Le Monde Diplomatique, engl. Internetausgabe, September 2003.

22 Phyllis Bennis: Calling the Shots, S. 1.

23 Avi Shlaim: The Iron Wall, S. 189.

24 Phyllis Bennis, S. 217ff.

Kapitel 13

1 Thomas Kiernan: The Arabs, S. 475.

2 Das Folgende: ebd. S. 484ff.

3 Robert Lacey: The Kingdom, S. 341.

4 Ebd. S. 305.

5 Graham Fuller und Jan O. Lesser: Persian Gulf Myths. In: Foreign Affairs, Mai–Juni 1997, S. 43ff.

6 Kenneth M. Pollack: Securing the Gulf. In: Foreign Affairs, Juli–August 2003, S. 3ff.

7 National Energy Policy Development Group, September 2001.

8 Jean-Christopher Servant: The New Gulf Oil States. In: Le Monde Diplomatique, engl. Internetausgabe, Januar 2003.

9 Ebd.

10 Einzelheiten über die Lage am Kaspischen Meer in der Spiegel-Online-Serie »Der Kampf um das Kaspische Öl« von Lutz C. Klevemann, 8 Teile. Iran: Teil 6.

11 David G.Victor und Nadeida M.Victor: Axis of Oil? The New Russian-American Relationship. In: Foreign Affairs, März–April 2003, S. 47 ff.

12 Russian-Israeli Cooperation – A Threat to Saudi Oil? In: Stratfor-Internetdienst, 17. Juli 2003.

13 Michel T. Klare: The New Geography of Conflict. In: Foreign Affairs, Mai–Juni 2001, S. 49 ff.

14 Irene Gendzier: Öl, Politik und Militär im »Anti-Terror-Krieg« der USA. In: INAMO, Nr. 33, Frühjahr 2003, S. 15 ff.

Kapitel 14

1 Peter Hopkirk: The Great Game. Siehe auch Literaturverzeichnis.

2 Ralph H. Magnus und Edan Naby: Afghanistan, S. 60 ff. u. S. 122 f.

3 Karl Meyer: The Dust of Empire, S. 118 f.

4 Ebd., S. 91.

5 Ahmed Raschid: Taliban, engl. Ausgabe S. 176.

6 Patrick Karam: Asie Centrale, S. 9.

7 Ebd., S. 9.

8 Council on Foreign Relations: Afghanistan – Are We Losing the Peace?, Juni 2003.

9 International Crisis Group: Peacebuilding in Afghanistan, 29. September 2003, S. 19.

10 Ahmed Raschid: Heiliger Krieg am Hindukusch, S. 152 f. und 176 f.

11 Ebd., S. 238.

12 Ebd., S. 235.

14 Peter Münch: Der virtuelle Friede. In: Süddeutsche Zeitung vom 3. Dezember 2003, S. 4.

Literaturverzeichnis

Bücher

Aburish, Said K.: *Arafat. From Defender to Dictator.* Bloomsbury, New York 1998.

Aburish, Said K.: *A Brutal Friendship. The West and the Arab Elite.* Indigo, Washington-London 1998.

Aburish, Said K.: *The Rise, Corruption and Coming Fall of the House of Saud.* Bloomsbury, London 1994.

Ajami, Fouad: *The Dream Palace of the Arabs. A Generation's Odyssey.* Pantheon Books, New York 1998.

Al-Garbati, Abdelrahman: *Bonaparte in Ägypten.* Übersetzt von Arnold Hottinger. Artemis Verlag, Zürich–München 1983.

Ali, Tariq: *Bush in Babylon. The Recolonisation of Iraq.* Verso, London-New York 2003.

Antonius, George: *The Arab Awakening.* Simon Publishers, Safety Harbor, Florida, 2001. Nachdruck der Original-Ausgabe von 1939.

Armstrong, Karen: *Jerusalem.* Alfred A. Knopf, New York 1996.

Batatu, Hanna: *The Old Social Classes and the Revolutionary Movements on Iraq.* Princeton University Press 1978.

Beinin, Joel/Stork, Joe (Hrsg.): *Political Islam. Essays from Middle East Report.* University of California Press 1997.

Bennis, Phyllis: *Calling the Shots. How Washington Dominates Today's UN.* Olive Branch Press, New York 2000.

Brenner, Lenni: *The Iron Wall. Zionist Revisionism from Jabotinsky to Shamir.* Zed Books, London 1984.

Brockdorff, Werner: *Sonderkommandos des Zweiten Weltkriegs.* Verlag Welsemühl, München-Wels 1967.

Cattan, Henry: *Palestine and International Law. The Legal Aspects of the Arab-Israeli Conflict.* Longman, London 1973.

Chomsky, Noam: *Offene Wunde Nahost. Israel, die Palästinenser und die US-Politik.* Europa Verlag, Hamburg-Wien 2003.

Cockburn, Andrew und Patrick: *Out of the Ashes. The Resurrection of Saddam Hussein.* HarperCollins, New York 1999.

Cole, Juan: *Sacred Place and Holy War. The Politics, Culture and History of Shi'ie Islam.* I. B.Tauris, London 2002.

Eden Naby/Ralph H.Magnus: *Afghanistan. Mullah, Marx and Mujahid.* Westview Press, Boulder, Colorado, 2002.

Elon, Amos: *The Israelis. Founders and Sons.* Adam Publishers, Tel Aviv 1981.

Foulquier, Jean-Michel: *Arabie Saoudite. La Dictature Protégé.* Editions Albin Michel, Paris 1995.

Franklin-Egan, Eleanor: *The War in the Cradle of the World.* London o. J. ca. 1920.

Friedell, Egon: *Kulturgeschichte Ägyptens und des Alten Orients.* Phaidon Press, London 1948.

Fromkin, David: *A Peace to End all Peace. Creating the Modern Middle East 1914–1922.* Penguin Books, London 1989.

Halliday, Fred: *Arabia without Sultans.* Penguin Books, London 1975.

Halm, Heinz: *Der schiitische Islam. Von der Religion zur Revolution.* C. H. Beck, München 1994.

Herzl, Theodor: *Der Judenstaat. Versuch einer modernen Lösung der Judenfrage.* Manesse Verlag, Zürich (nach der Ausgabe von 1896).

Herzl, Theodor: *Briefe und Tagebücher. Zionistisches Tagebuch 1895–1899.* Propyläen Verlag, Berlin 1983.

Hiro, Dilip: *Iraq. In the Eye of the Storm.* Nation Books, New York 2002.

Hirst, David: *The Gun and the Olive Branch. The Roots of Violence in the Middle East.* 2.Auflage Faber and Faber, London 1984.

Hitti, Philip K.: *History of the Arabs.* 10.Auflage, Macmillan, London, 1970.

Hopkirk, Peter: *The Great Game. On Secret Service in High Asia.* Oxford University Press 1990.

Hourani, Albert: *Arabic Thought in the Liberal Age 1798–1939.* Oxford University Press 1962.

Jeffries, J. M. N.: *Palestine: The Reality.* Longman, Green & Co. London 1939.

Kaplan, Robert D.: *The Arabists. The Romance of An American Elite.* Maxwell Macmillan International, New York 1993.

Karam, Patrick: *Asie Centrale. Le Nouveau Grand Jeu.* L'Harmattan Press, Paris 2002.

Kepel, Gilles: *Das Schwarzbuch des Dschihad. Aufstieg und Niedergang des Islamismus.* Piper, München-Zürich 2000.

Kiernan, Thomas: *The Arabs. Their History, Aims and Challenge to the Industrialized World.* Abacus, New York 1984.

Kinzer, Steven: *All the Shah's Men. An American Coup and the Roots of Middle East Terror.* John Wiley and Sons, Hoboken, New Jersey 2003.

Lacey, Robert: *The Kingdom.* Oxford University Press 1981.

Laqueur, Walter: *Der Weg zum Staate Israel. Geschichte des Zionismus.* Europa-Verlag, Wien 1972.

Lewis, Bernard: *The Crisis of Islam. Holy War and Unholy Terror,* London 2003.

Maalouf, Amin: *The Crusades Through Arab Eyes.* Al-Saqi Books, London 1984.

Mackay, Sandra: *The Iranians. Persia, Islam and the Soul of a Nation.* Plume-Penguin Books, London 1998.

Mackay, Sandra: *The Saudis. Inside the Desert Kingdom.* Norton, New York 2002.

Masalha, Nur: *A Land Without a People. Israel, Transfer and the Palestinians 1949–1996.* Faber and Faber, London 1997.

Masalha, Nur: *Expulsion of the Palestinians. The Concept of »Transfer« in Zionist Political Thought 1882–1948.* Institute for Palestine Studies, Washington, D.C., 1992.

McDowall, David: *A Modern History of the Kurds.* I.B.Tauris, London 1996.

McLaughlin, Lesley: *Ibn Saud. Founder of a Kingdom.* Macmillan, London 1993.

Meier, Andreas: *Der politische Auftrag des Islam. Programme und Kritik zwischen Fundamentalismus und Reformen. Originalstimmen aus der islamischen Welt.* Peter Hammer Verlag, Wuppertal 1994.

Mernissi, Fatima: *Islam and Democracy. Fear of the Modern World.* Addison-Wesley Publishers, New York 1992.

Meyer, Karl E.: *The Dust of Empire. The Race for Mastery in the Asian Heartland.* Century Foundation, New York 2003.

Mishal, Shaul/Sela, Avraham: *The Palestinian Hamas. Vision, Violence and Coexistence.* Columbia University Press, New York 2000.

Morris, Benny: *The Birth of the Palestinian Refugee Problem, 1947–1949.* Cambridge Middle East Library 1987.

Nakash, Yitzhak: *The Shi'is of Iraq.* Princeton University Press 1994.

Neff, Donald: *Fallen Pillars. U.S. Policy Towards Palestine and Israel Since 1945.* Institute for Palestine Studies, Washington, D.C., 1995.

Olivier de Corancez, Louis Alexandre: *The History of the Wahabis From Their Origin Until the End of 1809.* Garner Publishing, Reading 1995 (Nachdruck der Originalausgabe Paris 1810).

Pappé, Ilan: *The Making of the Arab-Israeli Conflict 1947–1951.* I. B. Tauris, London 1992.

Pappé, Ilan: *The Israel/Palestine Question.* Routledge, London 1999.

Patai, Raphael: *The Arab Mind.* Charles Scribner's Sons, New York 1983.

Primor, Avi: *Terror als Vorwand. Die Sprache der Gewalt.* Droste Verlag, Düsseldorf 2003.

Pryce-Jones, David: *The Closed Circle. An Interpretation of the Arabs.* Harper and Row, New York 1989.

Rashid, Ahmed: *Taliban. Afghanistans Gotteskrieger und der Dschihad.* Droemer, München 2001.

Rashid, Ahmed: *Heiliger Krieg am Hindukusch. Der Kampf um Macht und Glauben in Zentralasien.* Droemer, München 2002.

Roy, Sara: *The Gaza Strip. The Political Economy of De-development.* Institute for Palestine Studies, Washington, D.C., 1995.

Roy, Olivier: *The Failure of Political Islam.* I. B.Tauris, London 1994.

Runciman, Steven: *Geschichte der Kreuzzüge.* C. H. Beck, München 1983.

Saad-Ghorayeb, Amal: *Hizbullah – Politics, Religion.* Pluto Press, London 2002.

Sabbah, Raid: *Der Tod ist ein Geschenk. Die Geschichte eines Selbstmordattentäters.* Droemer, München 2002.

Said, Edward W.: *The Question of Palestine.* Random House, New York 1992.

Said, Edward W.: *The Politics of Dispossession. The Struggle for Palestinian Self-Determination 1969–1994.* Vintage Books, London 1995.

Said, Edward W.: *The End of the Peace Process. Oslo and After.* Vintage Books, New York 2001.

Said, Edward W.: *Out of Place. A Memoir.* Granta Books, London 1999.

Segev, Tom: *One Palestine Complete. Jews and Arabs Under the British Mandate.* Little, Brown and Company, London 2000.

Shapira, Anita: *Land and Power. The Zionist Resort to Force, 1881 to 1948.* Stanford University Press 1992.

Shapira, Anita/Reinharz, Yehuda (Hrsg.): *Essential Papers on Zionism.* Wellington House, London 1996.

Sharon, Ariel: *Warrior. An Autobiography.* Touchstone Books, New York, 2. Auflage 2001.

Shindler, Colin: *The Land Beyond Promise. Israel, Likud and the Zionist Dream.* I. B. Tauris, London 1995.

Shlaim, Avi: *The Iron Wall. Israel and the Arab World.* Penguin Books, London 2000.

Shlaim, Avi/Rogan, Eugene L.: *The War for Palestine. Rewriting the History of 1948.* Cambridge University Press 2001.

Simons, Geoff: *The Scourging of Iraq. Sanctions, Law and Natural Justice.* Macmillan, London 1996.

Sluglett, Peter/Farouk-Sluglett, Marion: *Iraq Since 1958. From Revolution to Dictatorship.* I. B. Tauris, London 1987, Nachdruck 2001.

Sponeck, Hans von/Zumach, Andreas: *Irak – Chronik eines gewollten Krieges. Wie die Weltöffentlichkeit manipuliert und das Völkerrecht gebrochen wird.* Kiepenheuer und Witsch, Köln 2003.

Stein, Kenneth W.: *The Land Question in Palestine 1917–1939.* The University of North Carolina Press 1984.

Tuchman, Barbara W.: *Bible and Sword. How the British Came to Palestine.* New York University Press 1956.

Vassiliev, Alexei: *The History of Saudi Arabia.* New York University Press 2000.

Wallach, Janet: *Desert Queen. The Extraordinary Life of Gertrude Bell: Adventurer, Adviser to Kings, Ally of Lawrence of Arabia.* Weidenfeld and Nicolson, London 1996.

Wilson, Mary C.: *King Abdullah, Britain and the Making of Jordan.* Cambridge Middle East Library 1990.

Woodward, Bob: *Bush at War.* Simon and Schuster, New York 2002.

Yapp, M.E.: *The Making of the Modern Near East 1792–1923.* Longman, London-New York 1987.

Quellen

Batatu, Hanna: *The Old Social Classes and the Revolutionary Movements in Iraq.* Princeton University Press 1978.

John, Robert/Hadawi, Sami: *The Palestine Diary.* Vorwort von Arnold J. Toynbee. 2 Bände, The Palestine Research Center, Beirut 1970.

Lukacs, Yehuda: *The Israeli-Palestinian Conflict. A Documentary Record 1967–1990.* Cambridge University Press 1992.

Meier, Andreas: *Der politische Auftrag des Islam. Programme und Kritik zwischen Fundamentalismus und Reformen. Originalstim-*

men aus der islamischen Welt. Peter Hammer Verlag, Wuppertal 1994.

Yahya, Adel H.: *The Palestinian Refugees 1948–1998. An Oral History.* Abu Ghush Press, Al-Bireh-Ramallah 1999.

Zafarul-Islam, Khan (Hrsg.): *Palestine Documents.* The Institute of Islamic and Arabic Studies. New Delhi 1998.

Websites

International Crisis Group. www.crisisweb.org

Middle East Report, MERIP, USA. www.merip.org

Stiftung Wissenschaft und Politik, Berlin. www. swp-berlin.org

Strategic Forecast (Stratfor, gegen Gebühr), USA www.stratfor.com

Zeitschriften

Foreign Affairs, USA.

INAMO. Informationsprojekt für den Nahen und Mittleren Osten. Berichte und Analysen zu Politik und Gesellschaft des Nahen und Mittleren Ostens, Berlin. Website: www.inamo.de

Journal of Palestine Studies, University of California Press, Berkeley, USA.

Revue d'Etudes Palestiennes, Beirut-Paris. http://palestine-studies.org

Zeittafel

762
Gründung Bagdads durch den Kalifen Mansur. Beginn der Blütezeit des arabisch-muslimischen Imperiums unter der Herrschaft der Abbassiden.

1099
Massaker in Jerusalem. Kreuzritter plündern die Stadt und töten ihre Einwohner.

1187
Salah al-Din (Saladin) erobert Jerusalem für die Muslime zurück. Die Einwohner werden geschont.

1258
Eroberung des Abbassidenreiches durch die Mongolen. Bagdad wird geplündert, die meisten Einwohner werden ermordet.

1798
Napoleon fällt in Ägypten ein.

1831
Scheich Rifaa Rafi al-Tahtawi veröffentlicht seinen Erfahrungsbericht über seinen Aufenthalt in Paris unter dem Titel *Errettung aus der Nacht der Unwissenheit*. Ägypten, so das Resümee der Schrift, müsse sich dem Westen öffnen.

1869
Eröffnung des von den Franzosen gebauten Suezkanals. In der aus diesem Anlass in Kairo gebauten Oper wird vor europäischem Hochadel Verdis »Rigoletto« gegeben.

1882
Antieuropäische Demonstrationen in Alexandria. 14 000 Ausländer verlassen die Stadt. Der Aufstand Ahmed Orabis wird von den Briten niedergeschlagen. Orabi wird verbannt. Die Briten übernehmen die Kontrolle über Ägypten.

1885

Der Mahdi erobert Khartum. Der britische General Gordon wird von den Anhängern des Mahdi nach Gefangennahme ermordet.

1889

Lord Curzon, britischer Vizekönig in Indien, spricht von Afghanistan als einem »Schachbrett«, auf dem »die Herrschaft über die Welt« entschieden werde.

1896

Theodor Herzl veröffentlicht seine Broschüre *Der Judenstaat*.

1898

General Kitchener erobert Khartum von den Anhängern des Mahdi zurück. Die Leiche des Mahdi wird ausgegraben und in den Nil geworfen.

1901

Ibn Saud erobert Riad. Der dreißigjährige saudische Eroberungszug beginnt.

Der in Bombay geborene britische Schriftsteller Rudyard Kipling veröffentlicht seinen Roman *Kim*. Sujet ist das »Große Spiel« der Mächte um Afghanistan.

1907

Anglo-russische Aufteilung des Iran.

1908

Entdeckung von Öl im Iran.

1913

Die britische Kriegsmarine stellt den Betrieb ihrer Flotte von Kohle auf Öl um.

Ibn Saud erobert die Al-Hassa-Provinz am Persischen Golf.

1915

Die Briten landen auf der Halbinsel Fao am Schatt al-Arab, dem Zusammenfluss von Euphrat und Tigris.

Der britische Hochkommissar in Ägypten, Sir Henry McMahon, stellt den Arabern die Schaffung eines einheitlichen Königreiches in Aussicht.

1916

Eine britische Armee unter General Townshend unterliegt bei Kut am Tigris türkischen Verbänden unter dem deutschen General Colman von der Goltz.

Auf der Arabischen Halbinsel bricht der von Emir Hussein, Emir Abdallah und T. E. Lawrence (Lawrence von Arabien) organisierte arabische Aufstand gegen die Türken aus.

Briten und Franzosen einigen sich in einem Geheimabkommen über die Aufteilung der arabischen und türkischen Gebiete des vor dem Zusammenbruch stehenden Osmanischen Reiches.

1917

Der britische Generalmajor Sir Stanley Maude verkündet in Bagdad die »Befreiung« der Araber vom jahrhundertelangen türkischen Joch.

Der britische Außenminister Lord Arthur Balfour erklärt in einem Brief an Lord Rothschild, die britische Regierung favorisiere die Schaffung einer »jüdischen Heimstatt in Palästina«.

General Allenby erklärt in Jerusalem, mit der Eroberung der Stadt durch die Briten seien die Kreuzzüge an ihr Ende gelangt.

1918

Der amerikanische Präsident Woodrow Wilson legt seine 14 Punkte vor. Er fordert u. a. Selbstbestimmung für die von den Osmanen befreiten Völker.

1919

Auf der Friedenskonferenz von Paris übergibt Chaim Weizmann US-Präsident Wilson ein Memorandum mit der Bitte, die jüdische Ansiedlung in Palästina zu unterstützen.

Emir Faisal aus Mekka plädiert auf der Friedenskonferenz für einen einheitlichen arabischen Staat in den arabischen Gebieten des ehemaligen Osmanischen Reiches.

Der Ägypter Zaad Zaglul plädiert für die Unabhängigkeit seines Landes. Gründung des Völkerbundes. Artikel 22 spricht den im Ersten Weltkrieg »befreiten« Völkern die Fähigkeit ab, unter den »harschen« Bedingungen der Moderne ihr Schicksal selbst zu bestimmen. Die »Entwicklung« dieser Völker sei deshalb eine »heilige« Pflicht der zivilisierten Völker.

1920

Auf der Konferenz von San Remo erhält Frankreich das Mandat über Syrien-Libanon. England erhält das Mandat über Irak-Jordanien-Palästina. In einem Geheimabkommen beschließen England und Frankreich, die gesamten Ölvorkommen des Nahen und Mittleren Ostens allein auszubeuten.

Unruhen in Jerusalem. Araber demonstrieren gegen die zionistische Einwanderung. Der Palm-Bericht stellt fest, die Araber seien enttäuscht über die Nichteinhaltung des alliierten Versprechens, nach dem Krieg einen einheitlichen arabischen Staat zu gründen.

1921

Der britische Zivilverwalter im Irak, Sir Percy Cox, lässt den Iraker Sayyid Talib verbannen, der ein Ende der britischen Herrschaft im Lande gefordert hatte.

Auf der Konferenz von Kairo beschließt Winston Churchill, damals britischer Kolonialminister, die Gründung des Emirates Transjordanien, aus dem 1946 das »Haschemitische Königreich Jordanien« hervorgeht.

Resa Pahlewi entmachtet den letzten Schah aus der Dynastie der Qajaren.

Emir Faisal wird König des Irak.

1924

Mustafa Kemal, Gründer der modernen Türkei und später Atatürk genannt, schafft das Kalifat ab.

1925

Ibn Saud erobert den Hedschas mit den heiligen Stätten Mekka und Medina. Emir Hussein geht ins Exil.

1928

Der Ägypter Hassan al-Banna gründet die Muslimbruderschaft.

1929

Arabisches Massaker an Juden in Hebron, 67 Juden sterben. Die meisten Juden der Stadt aber werden gerettet, weil Araber sie in ihren Häusern verstecken.

1932

Ibn Saud gründet das Königreich Saudi-Arabien.
Der Irak wird »unabhängig« und Mitglied des Völkerbundes. Großbritannien behält sich die Aufsicht über Außen- und Verteidigungspolitik vor.

1933

König Faisal des Irak stirbt.

1936

Der Ägypter Taha Hussein schreibt: »Wir müssen europäisch werden in jeder Weise und dabei alle guten und alle schlechten Seiten annehmen. Wir müssen dem Pfad der Europäer folgen, um ihre gleichberechtigten Partner in der Zivilisation zu sein.«

1936–1939

»Großer Arabischer Aufstand« gegen die britische Besatzungsmacht und gegen die jüdische Einwanderung.

1937

Die von den Briten berufene Peel-Kommission empfiehlt ein Verbot des Landverkaufes an Juden und eine Suspendierung der zionistischen Einwanderung nach Palästina.
König Ghazi des Irak stirbt. Anhänger des Königs vermuten ein britisches Komplott gegen den englandfeindlichen Herrscher.

1938

Im Bohrloch Nummer 7 von Damman/Saudi-Arabien wird Öl gefunden.

1941

Rebellion gegen die Briten im Irak. Hitler befiehlt die Unterstützung der Aufständischen unter Führung von Raschid al-Gailani. Der deutsche Oberst von Blomberg wird bei Bagdad getötet.

1942

Angesichts des Holocaust beschließen zionistische Delegierte im New Yorker Biltmore-Hotel eine verstärkte Einwanderung von Juden nach Palästina.

1946
Menachem Begins *Irgun* sprengt das King-David-Hotel in Jerusalem.

1947
Die Vereinten Nationen beschließen die Teilung Palästinas in einen jüdischen und einen arabischen Staat.

1948
Menachem Begins *Irgun* zerstört das arabische Dorf Deir Yassin bei Jerusalem. Etwa 250 Palästinenser werden getötet. Gründung Israels. Erster Nahostkrieg.

1951
Das iranische Parlament verstaatlicht die Erdölindustrie.

1952
General Mohammed Naguib und Oberst Gamal Abdel Nasser stürzen die ägyptische Königsdynastie.

1953
Der iranische Ministerpräsident Mossadeq wird durch einen CIA-Putsch gestürzt.
Ibn Saud, Gründer des Königreiches Saudi-Arabien, stirbt.
Hussein Ibn Abdallah wird König von Jordanien.
Vergeltungsaktion Ariel Scharons in dem jordanischen Dorf Qibia. 69 Araber werden getötet.

1954
Said Qutb, Mitglied der Muslimbrüder, beginnt im Gefängnis in Ägypten mit der Abfassung seiner berühmten Schrift *Der Dschihad im Islam*.

1956
Nasser verstaatlicht den Suezkanal. Zweiter Nahostkrieg: französisch-britisch-israelische Militärintervention gegen Ägypten.

1958
Oberst Abdel Karim Qassem stürzt König Faisal des Irak. Ende der von den Briten installierten Haschemitendynastie. Die USA und Großbritannien ziehen eine Intervention in Erwägung.

1959
Jassir Arafat und seine Begleiter gründen in Kuwait die *Fatah*, die »Bewegung zur Befreiung Palästinas«.

1960
Gründung der OPEC in Bagdad.

1964
Im Irak wird Abdel Karim Qassem gestürzt.

1967
Sechstagekrieg zwischen Israel, Ägypten, Syrien und Jordanien. Verheerende Niederlage der arabischen Staaten. Auf ihrer Gipfelkonferenz von Khartum sagen die Araber anschließend nein zu Israel, nein zum Frieden und nein zu Verhandlungen.
Jassir Arafats Fatah wird beherrschende Fraktion in der »Palästinensischen Befreiungsorganisation« (PLO).

1968
Die Baathpartei übernimmt endgültig die Macht im Irak. Staatspräsident ist Hassan al-Bakr, starker Mann des Regimes ist Saddam Hussein.

1970
Gamal Abdel Nasser stirbt. Nachfolger wird Anwar al-Sadat.
Jassir Arafat und seine Fatah planen die Machtübernahme in Jordanien. Niederlage Arafats gegen König Husseins Beduinentruppen im September 1970.
In Syrien kommt Hafis al-Assad an die Macht.

1972
Verstaatlichung der irakischen Ölindustrie.
Überfall arabischer Terroristen auf die israelische Olympiamannschaft in München.

1973
Vierter Nahostkrieg. Während des israelischen Feiertages Yom Kippur überschreiten ägyptische Truppen den Suezkanal. Arabisches Ölembargo.

1975

Beginn des libanesischen Bürgerkrieges.

Abkommen von Algier. Saddam Hussein und Schah Mohammed Resa Pahlewi einigen sich auf die Grenzziehung am Schatt al-Arab. Der Schah stellt die militärische Unterstützung für die irakischen Kurden ein.

1979

Im Irak ergreift Saddam Hussein die volle Macht. Im Iran stürzt Ayatollah Khomeini den Schah.

Friedensvertrag zwischen Israel und Ägypten in Camp David/USA.

Sowjetische Truppen rücken in Afghanistan ein.

1980

Erster Golfkrieg. Irakische Truppen überschreiten die Grenze zum Iran.

1981

Ermordung Anwar al-Sadats in Kairo. Hosni Mubarak wird Präsident.

1982

Hafis al-Assad unterdrückt brutal die Muslimbrüder in der Stadt Hama. Israels Libanonfeldzug unter Verteidigungsminister Ariel Scharon. Massaker in den Beiruter Palästinenserlagern von Sabra und Shatila.

1983

Donald Rumsfeld wird von Saddam Hussein empfangen.

1985

Entführung des Kreuzfahrtschiffes *Achille Lauro* durch palästinensische Terroristen. Der Jude Leon Klinghoffer, der gelähmt ist und sich nur im Rollstuhl bewegen kann, wird über Bord geworfen.

1987

Beginn der ersten palästinensischen Intifada. Scheich Ahmed Yassin bereitet die Gründung der Hamas vor.

1988

Ende des ersten Golfkrieges. Irak und Iran schließen einen Waffenstillstand.

Massaker an irakischen Kurden in der Stadt Halabscha durch Saddam Husseins Cousin Hassan Ali al-Madschid, genannt »Chemischer Ali«.
Die PLO erkennt auf ihrer Tagung in Algier Israel an.

1989
Die Sowjetunion zieht sich aus Afghanistan zurück.
Ayatollah Khomeini stirbt.

1990
Saddam Husseins Truppen fallen in Kuwait ein.
Ende des fünfzehnjährigen libanesischen Bürgerkrieges.

1991
Zweiter Golfkrieg. Saddam Hussein wird aus Kuwait vertrieben. Gründung der UNSCOM zur Zerstörung des irakischen Arsenals von Massenvernichtungswaffen. Aufstand der Schiiten im Süden und der Kurden im Norden des Irak.
Nahostfriedenskonferenz von Madrid. Die arabischen Staaten wollen Israel anerkennen, sofern Israel die 1967 eroberten Gebiete räumt (»Land für Frieden«).

1993
Verträge von Oslo. Israelis und Palästinenser einigen sich auf einen Friedensprozess.

1996
Jassir Arafat wird in freien Wahlen zum Vorsitzenden der Palästinensischen Autonomiebehörde gewählt.
Erneute Invasion Israels im Südlibanon. Durch israelischen Beschuss werden auf der UN-Basis im Ort Qana 102 palästinensische Flüchtlinge getötet.
Machtübernahme der Taliban in Afghanistan.

1998
US-Präsident Clinton lässt vier Tage lang den Irak bombardieren.

1999
König Hussein von Jordanien stirbt. Nachfolger wird sein ältester Sohn Abdallah (Abdallah II.).

2000

Israel zieht sich aus dem Südlibanon zurück.
Hafis al-Assad stirbt. Sohn Baschar al-Assad wird syrischer Präsident.
Israelisch-palästinensische Friedenskonferenz von Camp David scheitert.
Beginn der zweiten palästinensischen Intifada.

2001

George W. Bush wird Präsident der USA.
Ariel Scharon wird israelischer Ministerpräsident.
Terrorangriff der Al-Qaida auf New York und Washington am 11. September. Die USA beschließen, die Taliban in Afghanistan von der Macht zu vertreiben. Erstmals wird ernsthaft eine Intervention im Irak erwogen. Jassir Arafat wird von Ariel Scharon in seinem Amtssitz in Ramallah unter Arrest gesetzt.

2002

Auf der arabischen Gipfelkonferenz von Beirut bietet Kronprinz Abdallah von Saudi-Arabien Israel den Frieden an, sofern sich Israel aus den 1967 eroberten palästinensischen Gebieten zurückzieht.
Nach verheerenden Selbstmordattentaten von Hamas und Dschihad lässt Ariel Scharon die Städte des Westjordanlandes erneut besetzen. Heftige Kämpfe in Dschenin. Ende des in Oslo 1993 eingeleiteten Friedensprozesses.

2003

Amerikanisch-britische Invasion des Irak. Saddam Husseins Regime wird gestürzt. Formierung des irakischen Widerstandes. Ausländische »Kämpfer« im Irak, vermutlich auch von Osama Bin Ladens Al-Qaida.
Selbstmordanschläge in Riad und Istanbul, Vermutlich unter Beteiligung Al-Qaidas.

Personenregister

A

Abbas, hl. 107
Abbas, Mahmut (Abu Mazen) 216
Abdallah, Kronprinz von Saudi-Arabien 162, 164, 166 f.
Abdallah I., König von Jordanien 31, 33, 35, 147 ff., 153 f., 177, 196, 205, 214, 244
Abdallah II., König von Jordanien 177
Abdel Rahman, Sohn Ibn Sauds 164
Abdu, Scheich Mohammed 257 ff.
Abdul Illah, Prinz 178
Abdul Madschid, Sohn Ibn Sauds 164
Abdulhamid II., Sultan 37
Abdus, Mohammed 192
Abu Abbas 211
Abu Bakr, Kalif 108
Abu Dschihad 213 f.
Abu Ode, Adnan 239 f.
Abu Zaid, Nasr Hamid 269
Aburish, Said K. 144, 153, 177, 203, 250
Aflaq, Michel 241 f.
Ahmed, Schah 42
Ahmed, Sohn Ibn Sauds 164
Aischa 161
al-Afghani, Gamal Addin 257

al-Alfi, Hassan 266
al-Arsusi, Zaki 241
al-Assad, Baschar 187 f., 222, 237
al-Assad, Hafis 73, 75, 128, 159, 184–188, 206, 237, 242, 250, 264
al-Azm, Sadiq 270
al-Bakr, Ahmed Hassan 103, 105
al-Banna, Hassan 39, 159, 260 f., 269
al-Bitar, Salah al-Din 241
Albright, Madeleine 131 ff., 289
al-Din, Salah (Saladin) 16 ff.
al-Din, Schah Nassir 41
Alexander der Große 87, 173
Alexander II., Zar 56
al-Fahda 164
al-Gailani, Abdur Rahman 95
al-Gailani, Raschid 178 f., 246 f.
al-Garbati, Abdel Rahman 20, 255, 258
al-Hakim, Abdul Asis 116
al-Hakim, Mohammed Baqir 115 f.
al-Hakim, Mohsen 116
al-Husseini, Haj Amin 179, 193, 244 ff.
al-Husseini, Mohammed Abdel Rahman Abdel Raouf Arafat al-Qudua *siehe* Arafat, Jassir
Ali Ibn Abi Talib 108, 233
Ali, Mohammed 142, 201, 256, 258
al-Khalidi, Yusuf Zia 61

al-Khoei, Abdel Madschid 115, 117
Allenby, Sir Edmund 175
Allenby, Sir Edmund 16
Allon, Yigal 77
al-Madschid, Ali Hassan 105, 124
al-Mamun, Kalif 90
al-Nabhani, Taqi al-Din 317
al-Najafi, Bascheer 116
al-Otaybi, Juhayman Ibn Mohammed Ibn Saif 160
al-Qasimi, Abdallah Ali 249
al-Qassem, Izzedin 192 f.
al-Qawuqji, Fausi 245
al-Rashid, Harun 89 ff.
al-Sadat, Anwar 73 f., 81, 183, 250, 264 ff.
al-Sadr, Mohammed Baqir 115, 117
al-Sadr, Mohammed Sadiq 115
al-Sadr, Muqtada 114 f., 120
al-Said, Nuri 98, 177
al-Sistani, Ali 116, 119 f.
al-Sudeiri, Hassa 164
al-Tabachali, Nadim 99
al-Tabataba'i al-Hakim, Mohammed Said 116, 120
al-Tahtawi, Scheich Rifaa Rafi 253, 256, 258, 263
al-Tunesi, Hairaddin 256 f.
al-Wa'iz, Ali 120
al-Yamani, Ahmed Zaki 296

al-Zawahari, Aiman Mohammed Rabi 244, 265 ff.
al-Zayat, Montasser 266
Ammar, Jassir 202
Annan, Kofi 214, 288
Antonius, George 92, 243
Arafat, Jassir 74 ff., 79 ff., 187, 192 f., 201 ff., 205–210, 213, 215 f., 218, 221, 224 f., 252, 275 ff.
Arafat, Suha 202
Arafat, Zahwa 202
Arendt, Hannah 68, 230
Arif, Abdelsalam 99, 103
Arthur, König von England 144
Ashdown, Paddy 127
Asis, Abdel 142
Atta, Mohammed 254 f., 262, 266
Azzam, Abdel Rahim Pascha 244, 265

B

Baker, James 315
Balfour, Lord Arthur 27 ff., 53, 59, 64, 81, 94, 189, 223
Banse, Geograph 87
Barak, Ehud 78, 80
Barsani, Masud 106 f.
Barsani, Mullah Mustafa 102 ff.
Batatu, Hanna 99

Begin, Menachem Wolfowicz 50,
74, 81, 195 f., 244 f.

Bell, Gertrude 30, 94 ff.

Ben Baz, Abdel Asis 153, 161

Ben Gurion, David 66–70, 244

Bennike, Vagn 199

Bennis, Phyllis 286

Bentwich, Norman 28

Bernadotte, Graf Folke 196 f.

Bildt, Carl 86

Bin Dschalawi, Abdallah Bin
Mussalem 144

Bin Laden, Osama 15, 114, 122,
132 f., 135–140, 149, 159,
161, 163, 166 ff., 203, 238,
254 f., 266, 268, 277, 291,
299 ff., 303, 314 ff.

Bismarck, Otto von 259

Blair, Tony 15

Blix, Hans 134

Blomberg, Major von 179

Blomberg, Werner von 179

Bols, Sir Louis 29

Börne, Ludwig 55

Bose, Subhas Chandra 247

Bourdillon, Hochkommissar 112

Bremer, Paul 15, 95, 120 f., 243

Breschnew, Leonid 310

Burg, Avraham 85

Bush, George H. W. 44, 75, 127,
214, 282 f., 315

Bush, George W. 13 ff., 21 f., 53,
75, 81, 86, 88, 113, 135, 181,
223, 275 f., 279 f., 282 f., 285,
298, 321

C

Carlucci, Frank 315

Carter, Jimmy 74, 79, 278, 303 f.

Chamoun, Camille 184, 205

Cheney, Richard (Dick) 138, 283,
298

Christopher, Warren 185

Chruschtschow, Nikita 70

Churchill, Winston 30 ff., 42, 92,
153

Clemenceau, Georges B. 24 f.

Clifford, Clark 287

Clinton, Bill 79 f., 133, 209, 285,
320

Cox, Sir Percy 15, 32, 176

Crewe, Lord 146

Cromer, Lord Evelyn B.
26

Crossman, Richard 276

Curzon, Lord George N. 32,
40 ff., 44, 145 f., 309,
311

D

Da'ud Khan, Sardar Mohammed
310

Dayan, Moshe 69 ff., 77

DeLay, Tom 285, 319

Disraeli, Benjamin 55

Drabkin, Zvi 191

Draper, Morris 210

Dreyfus, Alfred 58

Dschemayel, Baschir 210
Dschumblatt, Kamal 206, 307
Dulles, John Foster 69, 183, 295
Durrell, Lawrence 174

E

Eckstein, Yechiel 277
Eisenhower, Dwight Dean 70,
    185, 287, 291
Eliot, George 55
Elon, Amos 55 f.
Epstein, Yitzhak 62
Eugenie, Kaiserin von Frankreich
    172
Evans, Sir Francis 199

F

Fadlallah, Mohammed Hassan
    117
Fahd, König von Saudi-Arabien
    128, 137, 156, 162, 164, 166
Faisal, König von Saudi-Arabien
    155 f., 161, 167
Faisal I., König des Irak 16,
    25 ff., 33, 35, 89, 96 ff., 102,
    149, 153, 176, 186, 236, 243
Faisal II., König des Irak 99, 178,
    295
Falwell, Jerry 278 f.
Farag, Mohammed Abdassalam
    268

Faruk, König von Ägypten
    69, 153, 182, 184, 261 f., 264
Fayadh, Ishaqh 116
Foda, Farag 267
Frank, Tommy 15 f.
Franklin Egan, Eleanor 93
Franks, Tommy 319
Friedell, Egon 87, 89
Friedman, George 14, 122, 135
Fromkin, David 30
Frum, David 282
Fukuyama, Francis 276

G

Gandhi, Mahatma 247
Garner, Jay 15, 95
Gershon, Ben Zion 191
Ghazi, König des Irak 98, 102,
    176 ff.
Glaspie, April 127
Goldstein, Baruch 228 f.
Goltz, Colmar von der 93
Gordon, Charles George 171 f.
Gouraud, Henri 16, 18
Gracia-Granados, Jorge 246
Graham, Billy 277
Graham, Franklin 277

H

Ha-Am, Ahad 61
Habash, George 205 ff.

Halliday, Denis 131
Hankey, Maurice 24
Hartington, Lord 258
Hassan, Kalif 108
Hassan, Süleiman Mustafa 200,
  205
Hawatmeh, Najef 205 f.
Hawi, Khalil 252
Heine, Heinrich 55
Herder, Johann Gottfried 241
Herzl, Theodor 54, 57–63, 66 ff.,
  77, 81, 84, 208, 224, 276
Herzog, Chaim 72 f.
Hess, Moses 56
Hitler, Adolf 42, 178 f., 239,
  246 f.
Hitti, Philip K. 90 f.
Hobeika, Elie 210 f.
Hobsbawm, Eric 285
Hodson, H. V. 312
Hopkirk, Peter 309
Hulagu 87, 251
Hulsman, John C. 279, 285
Huntington, Samuel 280
Hussein, Emir von Mekka 23 ff.,
  33, 35, 38, 147 ff., 153, 176,
  186, 243
Hussein, König von Jordanien 72,
  127 f., 148, 177, 205 ff., 214,
  239, 264
Hussein, Märtyrer 107 f., 113,
  142
Hussein, Saddam 14, 33, 43, 45, 75,
  89, 91, 100, 104–109, 113–118,
  120, 123–129, 131–137, 139,

182, 187, 214, 237, 241 f., 248,
  251, 288 f., 296 f., 308, 315
Hussein, Taha 259 f., 269
Hussein, Udai 115, 117
Hutchens, James 278

I

Ibn Abdel Wahhab, Mohammed
  110, 141 f., 149 f., 154 ff., 159,
  165 f., 168, 269
Ibn al-Khattab, Umar 18
Ibn al-Nadim 90
Ibn al-Sayyid Abdallah, Moham-
  med Ahman
  siehe Mahdi
Ibn Faisal al-Saud, Abdul Asis Ibn
  Abdul Rahman siehe Ibn Saud,
  König
Ibn Saud, König von Saudi-Ara-
  bien 31, 34, 65, 110, 137,
  143–150, 152 ff., 160 f., 164,
  166, 235 f., 293
Ibn Saud, Mohammed 110, 142 f.
Ibn Yusuf, Hadschi 124
Ibrahim, Saad Eddin 269
Imermann, Noah 191
Islambuli, Khalid 265

J

Jabotinsky, Wladimir 49 ff., 65,
  195 f., 200, 230

359

Jabr, Salih 98
Jesus 141

K

Karam, Patrick 315
Karimow, Islam Abduganijewitsch
    311, 318 f.
Karl der Große 90
Karzai, Hamid 316
Kastel, Meir 191
Kemal Atatürk, Mustafa 34,
    37 ff., 42, 97, 102, 147, 153,
    261
Kennedy, John F. 167
Khalidi, Walid 56
Khan, Zadoc 61
Khomeini, Ruhollah Musavi 98,
    105 f., 112 ff., 117, 125, 160 f.,
    181 f., 219, 293, 302, 306
Kipling, Rudyard 43, 263, 309,
    311
Kissinger, Henry 74, 155, 248
Kitchener, Horatio H. 172
Klare, Michael T. 166, 307
Klinghoffer, Leon 211
Kristol, William 276, 279, 282 ff.

L

Lacey, Robert 151
Lawrence, T. E. 24 f., 30 f., 96
Ledeen, Michael 282

Lewis, Bernard 60, 268
Lind, Michael 281
Lloyd George, David 15, 24 f.
Lytton, Lord 263

M

Maalouf, Amin 17 f.
Macmillan, Harold 185
Madschid, Sohn Ibn Sauds 164
Mahdi 171 ff.
Mahmut von Süleimania, Scheich
    101
Malley, Robert 80
Mandela, Nelson 215, 273, 283,
    289
Mansur, Kalif 88, 90 f.
Maqdisi 91
Mathews, Jessica 285
Maude, Sir Stanley 13, 15 f., 22,
    27, 42, 88, 99
May, Karl 254
McGee, George 36
McMahon, Henry 23
Meir, Golda 28, 67, 244
Melman, Yossy 72
Mendelssohn, Moses 54
Mernissi, Fatima 269
Meyerson, Golda siehe Meir,
    Golda
Mishal, Shaul 226
Mohammed, Bruder Ibn Sauds
    164
Mohammed, Prophet 38, 108,

138, 141, 144, 147, 202, 223, 235, 261

Moltke, Helmuth von 107

Moses 141, 190

Mossadeq, Mohammed 43, 113, 179 ff., 293, 295, 297

Muawiyya, Kalif 108

Mubarak, Gamal 237

Mubarak, Hosni 128, 182, 237

Münch, Peter 320

Murad IV. 88

Muravchik, Joshua 281

Murdoch, Rupert 283

Mussolini, Benito 42

N

Nadschib Pascha, Mohammed 110 f.

Naguib, Mohammed 182

Nakrashi, Mohammed 205

Namangani, Dschuma 318

Napoleon I. Bonaparte 18 ff., 201, 255 f.

Napoleon III., Kaiser von Frankreich 172

Nasabajew, Nursultan 300

Nasrallah, Hassan 117, 221 f.

Nassar, Nadschib 63 f.

Nasser, Gamal Abdel 69–73, 98, 103, 158 f., 161, 173, 175, 182 ff., 202 ff., 238, 256, 261 f., 264 f., 295, 307, 310

Nayef, Sohn Ibn Sauds 164

Nehru, Jawaharlal 183

Netanjahu, Benjamin 50, 78, 211, 228, 275, 281 f.

Nixon, Richard 155

Nixon, Sir John 93

Nukrashi, Mahmut Fahmi 261

O

Omar, Kalif 108

Omar, Mullah 159, 314 f.

Onassis, Aristoteles 295

Orabi, Ahmed 173 ff.

Orlando, Vittorio Emmanuele 25

P

Palm, General 190

Palmerston, Lord Henry John Temple 53, 58

Palmon, Yehoshua 245

Pascha, Sir Glubb 144, 244

Pascha, Tawfiq 173

Peres, Schimon 78, 81, 220, 282

Perez, Alfonso 295

Perle, Richard 14, 276, 283 f.

Peter der Große, Zar 40

Pfaff, William 280

Philby, Harry St. John 152

Philby, Kim 152

Picot, Georges 22 f., 148

Pinsker, Leo 56

Pollack, Kenneth M. 297

Powell, Colin 122, 133, 188
Primor, Avi 84

Q

Qasim, Talat Fuad 267
Qassem, Abdel Karim 89, 97, 99, 103, 114, 118, 123, 127, 184, 295 ff., 307
Quayle, Dan 283
Qutb, Said 139, 159, 262, 266 f., 269

R

Rabin, Yitzhak 78, 81, 214, 282
Rahman, Scheich Omar Abdel 266
Rashid, Ahmed 314 f.
Razmara, Ali 180
Razzaz, Munif 249
Reagan, Ronald 126, 137, 278, 283
Reed, Ralph 278
Resa Pahlewi, Mohammed 34, 39, 104, 180 f., 273, 305 f., 308
Resa Pahlewi, Schah 34, 39, 42, 153, 180
Reuter, Baron Julius de 41
Rice, Condoleezza 283
Ritter, Scott 134

Roosevelt, Archibald 311
Roosevelt, Franklin D. 36, 65, 153, 287
Roosevelt, Kermit 43, 181, 311
Roosevelt, Theodore 311
Rosen, Emmanuel 211
Rothschild, Lord 27
Rouleau, Eric 159
Rumsfeld, Donald 121, 126, 132, 276
Runciman, Steven 18

S

Sabbah, Raid 217
Sadawi, Nawal 269
Said, Edward 77
Sakal, Shlomo 212
Saleh, Abdallah 237
Salman, Sohn Ibn Sauds 164
Samuel, Sir Herbert 193
Sanchez, Ricardo 120
Sasonow, Sergej 23
Saud, König von Saudi-Arabien 154 f., 293, 295 f.
Schamir, Yitzhak 213 f.
Scharett, Mosche 199
Scharon, Ariel 50 f., 74, 77 f., 80–84, 189, 198 ff., 205, 207, 210 f., 215, 229 f., 252, 277, 279, 283
Schewardnadse, Eduard 304

Schukeiri, Ahmed 204
Schwartzkopf, H. Norman jun. 43, 129
Schwartzkopf, H. Norman sen. 43, 180
Seale, Patrick 84
Sela, Avraham 226
Shaftesbury, Anthony Ashley Cooper, Earl of 52 f., 58, 274, 278
Shakespear, William 146
Shapira, Anita 65
Sharett, Moshe 67
Shaw, Sir Walter S. 191 f.
Shertok, Moshe Sharett 64
Shlaim, Avi 51, 70 f., 79
Sissi, Hatem 212
Sistani, Ali 115
Sistani, Mohammed Rida 115
Sokolow, Nahum 26
Sophronius 18
Spafford Vesper, Bertha 16
Sponeck, Hans Graf von 131
Stahl, Lesley 131
Stalin, Jossif W. 312
Stern, Abraham 194 ff., 246 f.
Sukarno, Achmed 183
Suleiman der Prächtige, Sultan 88 f.
Sultan, Sohn Ibn Sauds 164
Sun Myung Moon 283
Sykes, Sir Mark 13, 15, 22 f., 27, 59, 148

T

Tal, Rami 71
Talabani, Dschalal 100, 105 ff.
Talbott, Strobe 320
Talib, Sayyid 175 f.
Talleyrand, Charles-Maurice 20
Tamerlan 87
Tariki, Abdallah 294 ff.
Tawil, Raymonda 202
Tawil, Suha 202
Tito, Josip Broz 183
Townshend, Charles Vere Ferrers 93 f.
Truman, Harry S. 287
Tschou En-lai 183
Tuchman, Barbara 13, 52, 186
Turki, Sohn Ibn Sauds 164
Tutwiler, Margaret 127

U

Urabi, Ahmed 257
Urban II., Papst 13, 17
Uthman, Kalif 108

V

Varnhagen, Rahel 55
Venizelos, Elefteros 38
Verdi, Giuseppe 173

W

Wagner, Donald 278
Waite, Terry 221
Wallach, Janet 95 f.
Warde, Ibrahim 277 f.
Weizmann, Chaim 26, 50, 66,
    186, 190, 204, 228
Wilhelm II., Kaiser von Deutsch-
    land 59, 92
Wilson, Arnold 15, 32, 95, 101
Wilson, Woodrow 25, 27, 286,
    286
Wolfowitz, Paul 121 f.
Wurmser, David 282
Wurmser, Meyray 281 f., 284

X

Xenophon 87

Y

Yassin, Scheich Ahmed 224 f.

Z

Zaghlul, Zaad 174 f.
Zahar, Mahmut 218, 227
Zaim, Hosni 205, 234
Zaloom, Abdel Qadeem 318
Zayed, Scheich 155
Zia, Sayyed 180 f.
Zurayk, Constantine K. 248 f.
Zwangwill, Israel 61 f., 67

Rob Cowley (Hrsg.)
Was wäre gewesen, wenn?

Wendepunkte der Weltgeschichte

Oft hing das Schicksal ganzer Epochen an einem seidenen Faden. Was wäre gewesen, wenn der Erste Weltkrieg nicht stattgefunden hätte? Wenn Amerika von den Arabern entdeckt worden wäre? Oder wenn die Mongolen im 13. Jahrhundert Europa erobert hätten?

Ob es der Menschheit besser bekommen wäre, wenn die Geschichte andere Wege beschritten hätte, lässt sich schwer ausmachen. Aber die ungeschehenen Möglichkeiten der Geschichte auszuloten, von den alten Griechen bis zu Mao Tse-tung, von den Azteken bis zu Napoleon, ist in jedem Fall faszinierend. Und auf höchstem Niveau, von führenden Historikern betrieben, ist die virtuelle Geschichte erst recht ein Vergnügen.

»Angenehm gruselige Lektüre«
Der Spiegel

Knaur Taschenbuch Verlag

Das Standardwerk über Afghanistan

Ahmed Rashid
Taliban

Afghanistans Gotteskrieger und der Dschihad

Auch nach dem Sturz der Taliban ist Afghanistan ein politisches Lehrstück. Ahmed Rashids brillante Analyse ist »Pflichtlektüre« (Frankfurter Rundschau) und bleibt höchst aktuell, weil die USA ihr selbst gestecktes Ziel verfehlt haben, Osama bin Laden und Mullah Omar, den Führer der Taliban, zu fassen.

Abseits der großen Städte ist die Wirklichkeit kaum anders als zu Zeiten der Taliban – und der islamische Fundamentalismus ist keineswegs besiegt. Im Gegenteil: In jüngster Zeit scheinen sich die Gotteskrieger neu zu formieren, und der Arm der Zentralregierung in Kabul reicht nicht weit.

»Eine Pioniertat ... aus Rashids Buch kann man vieles lernen.«
Frankfurter Allgemeine Zeitung

Knaur Taschenbuch Verlag